新编
电子商务概论
（第3版）

卢金钟　张淑涵◎主　编
乔洪滨　阿茹娜　胡安华◎副主编

21世纪经济管理类创新教材

清华大学出版社
北京

内 容 简 介

本书根据教育部电子商务专业教学指导委员会对电子商务专业知识模块的划分，从基础理论出发，结合现代电子信息技术，全方位阐述了电子商务的特点、应用和技术创新。全书共分 10 章，分别为电子商务导论、电子商务体系框架与商业模式、电子支付与数字货币、网络营销、电子商务物流管理、电子商务供应链管理、电子商务技术与电子商务安全、社交电子商务与直播电子商务、跨境电子商务、大数据与商务智能。

本书运用了最新的数据和案例，结合电子商务的实践性要求和新的发展动态，既可以作为普通高等院校电子商务专业和其他经济管理类专业学生的教材，也可以作为电子商务从业人员的参考用书。

本书封面贴有清华大学出版社防伪标签，无标签者不得销售。
版权所有，侵权必究。举报：010-62782989，beiqinquan@tup.tsinghua.edu.cn。

图书在版编目（CIP）数据

新编电子商务概论/卢金钟，张淑涵主编. —3 版. —北京：清华大学出版社，2022.9
21 世纪经济管理类创新教材
ISBN 978-7-302-61892-8

Ⅰ. ①新… Ⅱ. ①卢… ②张… Ⅲ. ①电子商务—高等学校—教材 Ⅳ. ①F713.36

中国版本图书馆 CIP 数据核字（2022）第 175753 号

责任编辑：杜春杰
封面设计：刘　超
版式设计：文森时代
责任校对：马军令
责任印制：沈　露

出版发行：清华大学出版社
网　　址：http://www.tup.com.cn，http://www.wqbook.com
地　　址：北京清华大学学研大厦 A 座　　邮　　编：100084
社 总 机：010-83470000　　邮　　购：010-62786544
投稿与读者服务：010-62776969，c-service@tup.tsinghua.edu.cn
质量反馈：010-62772015，zhiliang@tup.tsinghua.edu.cn

印 装 者：北京同文印刷有限责任公司
经　　销：全国新华书店
开　　本：185mm×260mm　　印　　张：20　　字　　数：490 千字
版　　次：2012 年 5 月第 1 版　　2022 年 10 月第 3 版　　印　　次：2022 年 10 月第 1 次印刷
定　　价：59.80 元

产品编号：096539-01

前言

数字经济浪潮已奔涌而来，全球化趋势不可逆转，电子商务必将成为践行"以人民为中心"发展思想、实现普惠化发展的重要力量，助力建设强大的国内市场，推动新一轮全球化深入发展。面向未来，机遇与挑战并存，我们需要在政府与市场协同、线上与线下协同、国内与国外协同、城市与乡村协同等方面持续发力，进一步完善治理体系，提升发展质量，优化创新生态，加强国际合作，推动国际电子商务大市场形成。

2020年是我国"十三五"规划收官之年，也是全面建成小康社会、决战决胜脱贫攻坚之年。"十三五"时期我国电子商务保持良好发展势头，已成为数字经济中发展规模最大、增长速度最快、覆盖范围最广、创业创新最为活跃的重要组成部分，也是实体经济与数字经济融合发展的重要推动力。电子商务的发展实现了规模效益双丰收，在助力构建国内国际双循环新发展格局上取得重大成果。2020年，电子商务助力脱贫攻坚战取得全面胜利，作为精准脱贫的重要抓手，引领农民增收、致富奔小康。电子商务正领跑"互联网+"时代。电子商务以其高成长性成为产业转型升级、经济发展的新引擎，不断催生新机遇、新产业，为大众创业、万众创新创造最佳平台。新冠肺炎疫情暴发以来，电子商务在抗疫保供、复工复产和消费回补等方面作用凸显，为做好"六稳"工作，落实"六保"任务做出了积极贡献，成为维护社会稳定和促进经济发展的重要力量。

同时我们也看到，电子商务作为一种新型的商业文明，正在改变人们的生活和工作方式，影响着人们的思维方式和行为准则，其意义已远远超过技术和商务本身。传统商务模式和商务流程亟须向电子商务转型，传统企业和组织无不积极思考并实践着转型、升级、提质、增效，这些需要电子商务与实体经济进一步融合创新，以适应电子商务时代发展的需要。

"十四五"时期，电子商务发展将继续坚持以习近平新时代中国特色社会主义思想为指导，全面贯彻党中央、国务院决策部署，坚持稳中求进工作总基调，坚持新发展理念，坚持高质量发展，坚持以供给侧结构性改革为主线，进一步推动电子商务融合创新发展、普惠均衡发展，强化电子商务国际合作、深化电子商务要素市场化配置、提高电子商务治理水平，推动电子商务全面进入高质量发展。因此，尽快并尽可能多地培养出复合型的电子商务专业人才，成为当前开设电子商务专业的高校的迫切任务，以适应电子商务的快速发展，满足社会电子商务活动的需要，提高电子商务从业人员的整体素养。

电子商务概论作为电子商务专业的学科基础课程，是整个专业的基石，其主要目的是使学生对从电子商务的基本理论、运营环境到电子商务的高级应用层次、产业化发展和电子商务的经济性等各方面有全面而深入的了解、认识和把握，为进一步学习后续各门电子商务的专业知识奠定坚实的基础。本教材在作者前期陆续出版的《新编电子商务概论》《新编电子商务概论（第2版）》《电子商务物流管理》《电子商务英语》的基础上，融合国内外学者、专家和作者自己的学术、科研与实践成果，以及电子商务业界前沿的最新发展动态，在多次讲课的基础上再次修订而成。

本教材根据教育部电子商务专业教学指导委员会对电子商务专业知识模块的划分，从基础理论出发，结合现代电子技术，全方位阐述了电子商务的特点、应用和技术创新。它在注重电子商务的基本理论、基本知识和基本应用的同时，突出了电子商务的创新性和前沿性，强调理论与应用相结合，力图比较完整地反映电子商务专业知识的基本概貌和电子商务理论与应用的最新发展。本书根据教学的需要，运用最新的数据和案例，结合电子商务的实践性要求和新的发展动态进行编写。

全书分为4篇，共10章。

（1）电子商务基础知识篇（第1章、第2章）。

（2）电子商务经济知识篇（第3章）。

（3）电子商务管理知识篇（第4章、第5章和第6章）。

（4）电子商务综合篇（第7章、第8章、第9章和第10章）。

本教材既可以作为电子商务专业学生的课程教材，也可以作为其他经济管理类专业学生的专业基础课教材以及其他专业选修课的参考教材。

在本书编写过程中，我们参阅了许多与电子商务相关的教材和网站资料以及有关研究成果，在此，一并向其作者表示衷心感谢！

电子商务是一门新兴的学科，发展速度很快，其理论、技术和应用都是在不断发展和变化中逐渐得以成熟与完善的，由于作者水平有限，书中疏漏和不妥之处在所难免，恳请专家、学者和读者批评指正。

编　者

2022年8月

电子商务基础知识篇

第1章 电子商务导论 ... 2
学习目标 ... 2
引例 ... 2
1.1 电子商务的产生与发展 ... 4
1.1.1 电子商务的产生 ... 4
1.1.2 促进电子商务发展的积极因素 ... 6
1.1.3 中国电子商务的发展历程 ... 8
1.2 电子商务的概念 ... 10
1.2.1 国际组织对电子商务的定义 ... 10
1.2.2 世界著名公司对电子商务的定义 ... 11
1.2.3 本书对电子商务的定义 ... 11
1.2.4 电子商务的本质 ... 12
1.3 电子商务与传统商务 ... 13
1.3.1 电子商务与传统商务比较 ... 13
1.3.2 电子商务运作流程变化 ... 14
1.3.3 电子商务对传统商务的影响 ... 14
1.4 电子商务的分类 ... 15
1.4.1 按参与交易对象分类 ... 15
1.4.2 按地域范围分类 ... 18
1.4.3 按交易所涉及的商品内容分类 ... 19
1.4.4 按电子商务所使用的网络类型分类 ... 19
1.4.5 O2O电子商务 ... 20
1.5 电子商务的功能和特点 ... 22
1.5.1 电子商务的功能 ... 22
1.5.2 电子商务的特点 ... 24
1.6 电子商务的意义 ... 25
1.6.1 电子商务对传统企业的影响 ... 25
1.6.2 电子商务对社会的意义 ... 27
1.6.3 电子商务发展带来的问题 ... 28

1.7 电子商务的法律环境 29
　　1.7.1 电子商务法律概述 29
　　1.7.2 电子商务交易的法律法规 31
　　1.7.3 电子商务知识产权和隐私权保护 33
　　1.7.4 国际电子商务法律与法规 39
　　1.7.5 电子商务信用体系建设 44
1.8 电子商务的发展趋势 46
本章小结 48
复习思考题 48
案例分析 49

第2章 电子商务体系框架与商业模式 51
学习目标 51
引例 51
2.1 电子商务体系框架 52
　　2.1.1 电子商务的框架结构 53
　　2.1.2 电子商务系统的支撑环境 53
　　2.1.3 电子商务系统的基本结构 54
　　2.1.4 企业电子商务系统的应用框架 55
2.2 电子商务生态系统 56
　　2.2.1 电子商务生态系统的主要物种种群 56
　　2.2.2 电子商务价值链 57
　　2.2.3 电子商务的"流"要素 58
2.3 电子商务企业运营模式 59
　　2.3.1 电子商务企业运营模式分类 59
　　2.3.2 电子商务企业的商业模式 60
2.4 主流与前沿的电子商务模式 62
　　2.4.1 主流电子商务模式 63
　　2.4.2 前沿电子商务模式 69
　　2.4.3 电子商务营利模式存在的问题 71
　　2.4.4 电子商务营利模式的创新和战略选择 72
本章小结 73
复习思考题 73
案例分析 73

电子商务经济知识篇

第3章 电子支付与数字货币 76
学习目标 76

引例 76
3.1 电子支付概述 78
　　3.1.1 电子支付的概念与特征 78
　　3.1.2 电子支付的流程 80
　　3.1.3 电子支付的类型 80
3.2 电子支付工具 81
　　3.2.1 电子支付的工具 81
　　3.2.2 第三方支付 83
3.3 移动支付 85
　　3.3.1 移动支付的概念 85
　　3.3.2 移动支付业务的应用 86
　　3.3.3 二维码支付 89
　　3.3.4 移动支付的优点和潜力 89
　　3.3.5 移动支付的交易过程 90
　　3.3.6 互联网金融下移动支付的特点 91
3.4 网上银行与电子银行 92
　　3.4.1 网上银行的概念及特点 92
　　3.4.2 网上银行的业务与介绍 93
　　3.4.3 电子银行 94
3.5 数字货币 95
　　3.5.1 数字货币的概念 95
　　3.5.2 数字货币的分类 95
　　3.5.3 数字货币的特点 96
　　3.5.4 我国央行数字货币发展现状 97
　　3.5.5 数字货币与虚拟货币、电子货币的关系 97
本章小结 98
复习思考题 99
案例分析 99

电子商务管理知识篇

第4章 网络营销 102
学习目标 102
引例 102
4.1 网络营销概述 104
　　4.1.1 网络营销的产生与发展 104
　　4.1.2 网络营销的概念和特点 105
　　4.1.3 网络营销的理论基础 107
　　4.1.4 网络营销与传统营销的关系 111

4.2 网络营销方法 ... 112
4.2.1 网络服务营销方法 ... 112
4.2.2 信息宣传营销方法 ... 112
4.2.3 口碑宣传营销方法 ... 113
4.2.4 综合型营销方法 ... 114
4.3 网络营销策略 ... 114
4.3.1 市场营销的理论 ... 115
4.3.2 网络营销产品策略 ... 115
4.3.3 网络营销定价策略 ... 117
4.3.4 网络营销渠道 ... 119
4.3.5 网络营销促销策略 ... 121
4.3.6 关系营销策略 ... 123
4.4 网络市场调查 ... 123
4.4.1 网络市场调查概述 ... 123
4.4.2 网络市场调查方法 ... 124
本章小结 ... 126
复习思考题 ... 126
案例分析 ... 127

第5章 电子商务物流管理 ... 130
学习目标 ... 130
引例 ... 130
5.1 电子商务物流概述 ... 132
5.1.1 电子商务物流的产生背景 ... 132
5.1.2 电子商务物流的概念 ... 133
5.1.3 电子商务物流的内容 ... 135
5.2 电子商务物流配送 ... 138
5.3 自动识别技术 ... 140
5.4 智能物流技术 ... 141
5.5 物流业务外包 ... 143
5.5.1 物流业务外包的发展 ... 143
5.5.2 第三方物流 ... 144
5.5.3 第四方物流 ... 145
5.6 电子商务物流解决方案 ... 149
5.6.1 国外电子商务物流模式 ... 149
5.6.2 电子商务环境下的综合物流代理 ... 151
5.7 物联网 ... 153
5.7.1 物联网的概念 ... 153

5.7.2 物联网的界定 154
　　5.7.3 物联网的产业实践主要方向 155
　　5.7.4 目前物联网的应用领域 155
　　5.7.5 物联网关键技术 158
本章小结 159
复习思考题 159
案例分析 160

第6章 电子商务供应链管理 162
学习目标 162
引例 162
6.1 供应链管理概述 164
　　6.1.1 供应链的概念 164
　　6.1.2 供应链的特征 164
　　6.1.3 供应链的运作模式 164
　　6.1.4 供应链管理的产生 165
　　6.1.5 供应链管理的概念 165
　　6.1.6 供应链管理的体系结构 165
　　6.1.7 供应链管理与物流管理的关系 166
6.2 供应链管理策略 166
　　6.2.1 电子商务对供应链的影响 166
　　6.2.2 快速响应（QR） 166
　　6.2.3 有效客户响应（ECR） 167
　　6.2.4 QR 与 ECR 的比较 167
6.3 供应链管理的发展趋势 168
　　6.3.1 敏捷供应链 168
　　6.3.2 绿色供应链 169
　　6.3.3 全球供应链 169
　　6.3.4 闭环供应链 169
本章小结 170
复习思考题 170
案例分析 171

电子商务综合篇

第7章 电子商务技术与电子商务安全 174
学习目标 174
引例 174
7.1 计算机网络技术 177

- 7.1.1 计算机网络 ... 177
- 7.1.2 互联网 ... 179
- 7.1.3 内联网 ... 180
- 7.1.4 外联网 ... 181

7.2 网站开发技术（客户端开发技术） ... 182
- 7.2.1 用户界面体系结构 ... 182
- 7.2.2 体系结构选项与跨平台技术 ... 182
- 7.2.3 脚本语言及 CSS 样式表应用 ... 183

7.3 网站开发技术（服务器端开发技术） ... 184
- 7.3.1 服务器端技术 ... 184
- 7.3.2 基于 PHP 的服务器端开发 ... 185
- 7.3.3 基于 JSP 的服务器端开发 ... 185
- 7.3.4 基于.NET 的开发技术 ... 187

7.4 电子商务安全概述 ... 188
- 7.4.1 电子商务安全的内涵 ... 188
- 7.4.2 网络安全面临的问题 ... 188
- 7.4.3 电子商务面临的安全威胁 ... 188
- 7.4.4 电子商务的安全需求 ... 189
- 7.4.5 电子商务安全的主要措施 ... 190
- 7.4.6 电子商务安全的体系结构与层次 ... 190

7.5 电子商务安全技术 ... 191
- 7.5.1 电子商务的安全威胁 ... 192
- 7.5.2 电子商务安全现状 ... 193
- 7.5.3 电子商务安全对策 ... 193

7.6 网络安全 ... 194
- 7.6.1 防火墙技术 ... 194
- 7.6.2 入侵检测技术 ... 196
- 7.6.3 虚拟专用网技术 ... 197
- 7.6.4 反病毒技术 ... 198

7.7 交易安全 ... 199
- 7.7.1 数字加密技术 ... 199
- 7.7.2 数字摘要 ... 201
- 7.7.3 数字签名 ... 202
- 7.7.4 数字信封 ... 202
- 7.7.5 数字时间戳 ... 203
- 7.7.6 认证技术 ... 203

7.8 安全协议 ... 205
- 7.8.1 安全嵌套层协议 ... 205

    7.8.2 安全电子交易协议 206
    7.8.3 SSL 协议与 SET 协议的比较 207
    7.8.4 HTTPS 协议 208
  本章小结 208
  复习思考题 208
  案例分析 209

第 8 章　社交电子商务与直播电子商务 211

  学习目标 211
  引例 211
  8.1　社交电子商务 213
    8.1.1 社交电子商务的概念 214
    8.1.2 我国社交电子商务的发展历程 214
    8.1.3 社交电子商务发展现状 214
    8.1.4 社交电子商务的发展特点 216
    8.1.5 社交电子商务的作用与影响 217
    8.1.6 社交电子商务的模式 218
    8.1.7 社交电子商务存在的问题 219
    8.1.8 发展趋势 219
  8.2　直播电子商务 220
    8.2.1 直播电子商务的概念 220
    8.2.2 直播电子商务的发展历程 221
    8.2.3 直播电子商务的发展现状及优缺点 223
    8.2.4 直播电子商务的特征 225
    8.2.5 直播电子商务的发展特点 227
    8.2.6 直播电子商务存在的问题 232
    8.2.7 直播电子商务发展趋势 232
  本章小结 233
  复习思考题 234
  案例分析 234

第 9 章　跨境电子商务 237

  学习目标 237
  引例 237
  9.1　跨境电子商务基础 240
    9.1.1 跨境电子商务的定义及特点 240
    9.1.2 跨境电子商务的意义 241
    9.1.3 跨境电子商务的发展历程 241
    9.1.4 跨境电子商务的现状 242

9.1.5 跨境电子商务的发展趋势 243
9.2 中国跨境电子商务行业发展环境 243
    9.2.1 政策环境 244
    9.2.2 行业环境 246
    9.2.3 资本环境 246
    9.2.4 用户环境 247
9.3 跨境电子商务模式 247
    9.3.1 出口跨境电子商务 B2B 规模表明出口 B2B 仍为主流模式 247
    9.3.2 出口跨境电子商务网络零售规模占比小，短期难以成为主流 248
    9.3.3 出口跨境电子商务卖家主要地域分布 249
    9.3.4 出口跨境电子商务卖家品类分布情况 249
    9.3.5 出口跨境电子商务国家分布情况 250
9.4 我国跨境电子商务主要商业模式 251
    9.4.1 跨境电子商务的分类 251
    9.4.2 B2B 模式（信息服务平台、交易服务平台）... 251
    9.4.3 B2C 模式（开放平台、自营平台）... 252
    9.4.4 主要企业优劣势分析 253
    9.4.5 跨境进口电子商务模式 254
    9.4.6 跨境出口电子商务模式 255
9.5 跨境电子商务行业特征 257
9.6 跨境电子商务营销 258
    9.6.1 跨境电子商务营销概述 258
    9.6.2 社交媒体营销 259
    9.6.3 搜索引擎营销 259
    9.6.4 电子邮件营销 260
    9.6.5 站点营销方式 260
9.7 跨境电子商务支付与结算 261
    9.7.1 跨境电子商务支付与结算概述 261
    9.7.2 跨境支付购汇方式 261
    9.7.3 跨境收入结汇方式 262
    9.7.4 跨境第三方支付方式 263
9.8 跨境电子商务物流 264
    9.8.1 跨境电子商务物流概述 264
    9.8.2 跨境电子商务中的传统物流形式 265
    9.8.3 跨境电子商务物流的新模式 266
    9.8.4 跨境电子商务物流模式演进方向 268
    9.8.5 跨境电子商务的物流承运商 268
本章小结 268

复习思考题 269
　　案例分析 269

第10章　大数据与商务智能 273
　　学习目标 273
　　引例 273
　　10.1　数据仓库技术 276
　　　　10.1.1　数据仓库的概念 276
　　　　10.1.2　数据仓库的特征 276
　　　　10.1.3　数据仓库与数据库的区别 276
　　　　10.1.4　数据仓库的相关概念 277
　　　　10.1.5　数据仓库在电子商务中的应用 278
　　10.2　联机分析处理 278
　　　　10.2.1　联机分析处理的概念 278
　　　　10.2.2　联机分析处理的功能 279
　　　　10.2.3　联机分析处理的相关概念 279
　　　　10.2.4　联机分析处理的分类 279
　　　　10.2.5　联机分析处理的基本操作 281
　　　　10.2.6　联机分析处理在电子商务中的应用 282
　　10.3　数据挖掘 283
　　　　10.3.1　数据挖掘的概念 283
　　　　10.3.2　数据挖掘的产生 283
　　　　10.3.3　数据挖掘的分类 283
　　　　10.3.4　数据挖掘的功能 284
　　　　10.3.5　数据挖掘的流程 284
　　　　10.3.6　数据仓库、OLAP和数据挖掘的关系 284
　　　　10.3.7　数据挖掘在电子商务中的应用 285
　　10.4　商务智能 285
　　　　10.4.1　商务智能的概念 285
　　　　10.4.2　商务智能的产生背景 286
　　　　10.4.3　商务智能的框架 286
　　　　10.4.4　商务智能系统的组成图 286
　　　　10.4.5　商务智能的功能 287
　　　　10.4.6　商务智能的应用 287
　　10.5　大数据 288
　　　　10.5.1　大数据的概念 288
　　　　10.5.2　大数据的特征 288
　　　　10.5.3　大数据的发展历程 289

  10.5.4 大数据技术 289
  10.5.5 大数据的应用 292
  10.5.6 大数据与电子商务的融合趋势 293
 10.6 云计算 293
  10.6.1 云计算概述 293
  10.6.2 云计算技术架构 294
  10.6.3 云计算应用 298
 10.7 区块链 300
  10.7.1 区块链的概念 300
  10.7.2 区块链的起源及发展过程 301
  10.7.3 区块链的分类及其特点 302
  10.7.4 区块链的特征及应用价值 302
 本章小结 303
 复习思考题 304
 案例分析 304

参考文献 306

电子商务基础知识篇

第1章　电子商务导论
第2章　电子商务体系框架与商业模式

第 1 章 电子商务导论

学习目标

- 理解电子商务的概念。
- 掌握电子商务的功能和作用。
- 认识电子商务的分类和意义。
- 了解电子商务的产生和发展。

引例

疫情期间加速企业数字化转型——星巴克数字化之路

1999 年,时任星巴克 CEO Howard Schultz 向外界宣布,星巴克正式从一家卖咖啡的公司转型为一家互联网公司,推出门户网站和在线购物平台。结果星巴克股价当天应声下跌 15%。

投资者不能理解一家卖咖啡饮料的公司为什么要如此积极地使用互联网技术。直到 2012 年 8 月 Schultz 掏出 2500 万美元进入移动支付公司 Square 的董事会,外界才发现,Schultz 从未放弃过为自己的公司加入科技基因的努力。Schultz 如此迫切地向电子商务、手机支付和社交网络营销转移,原因很简单——顾客在哪儿,星巴克就去哪儿。实际上,数字化一直以来都是星巴克营收增长的重要战略。星巴克并不缺乏数据。它在全球拥有 3 万多家门店,每周完成近 1 亿笔交易。这使它对顾客的消费和享受有了全面的了解。

2019 年第三财季财报显示,星巴克这个财季营收达 68 亿美元,较 2018 年同期的 63 亿美元上涨了 8%;净利润为 14 亿美元,同比上涨 64%。

"两年前,我分享过一个观点——当今零售环境下有两大变革因素:一是体验式零售,二是数字化客户关系的延伸。"现任 CEO Kevin Johnson 在电话会议中说。

数字化

2018 年 3 月,星巴克 CEO Kevin Johnson 在年度股东大会上宣布,未来 10 年,星巴克创新策略将围绕以下三部分——更多的数字化投入,在中国市场的继续扩展以及发展高端甄选线作为创新的中心。

"整个零售业都会受到数字化的巨大冲击,所以未来的零售赢家将是这样的企业:其能找到一种优雅的方式,既提供店内体验,同时也提供数字化体验。"Johnson 说。

星巴克将此称为赛博零售(cyber retail),在这个关于未来零售的想象中,店铺体验和数字化就像缺一不可的两翼。在 Johnson 看来,零售业的冲击和转型正在加速,未来能留存下来的赢家不会很多。过去的几年中,美国零售业的收购战已经越演越烈:沃尔玛、亚马逊、麦当劳都在加速数字化布局。早在 2016 年星巴克在宣布五年科技创新计划时就提出了数字化战略,星巴克将其称为数字飞轮(digital flywheel)计划。所谓的数字飞轮指的是围绕移动端进行数字化方面的布局,具体涉及四大模块:星巴克会员体系、移动支付、个性化体验和移动端购买体验。

基于云计算的"数字飞轮"战略程序(digital flywheel program)旨在通过人工智能技术(AI)的支持,更加准确地了解消费者的真正需求。同时,星巴克将通过该人工智能技术为消费者提供更多个性化的服务。

数字化转型之路

星巴克比大多数公司更好地展示了数据、技术和商业之间的关系。从以下5个方面可以体现星巴克是如何利用数据以及人工智能、物联网和云等技术改善自身业务的。

第一,个性化促销。客户数据的经典用法是根据个人消费者的偏好提供个性化服务,星巴克也不例外。2015年星巴克推出了Mobile Order & Pay,通过线上线下的打通,实现用户数据化,可以为不同用户提供不同的产品,可根据历史消费习惯进行产品预测,实现用户的个性化营销和订单预测,从而影响到供应链。

算法准不准确,很大程度上取决于数据的质量。到现在,星巴克移动App有1700万活跃用户,带来海量的数据。星巴克的算法会将消费者买咖啡的数据(在何时何地买了何种咖啡)与其他数据相联系,比如天气和节假日,然后给消费者提出合适的建议。

第二,跨渠道产品开发。个性化的促销活动无疑是有效的,但对星巴克来说同样重要的是利用顾客数据开发其产品。在一家企业里,有些方面的数字转型比另一些方面来得快,而生产一般是比较慢的。这是因为扩张产品线和生产地点之前,需要做大量的用户和市场调查。而星巴克通过利用消费者数据,设计了一系列产品适应消费者习惯。最显著的例子是2016年星巴克进军家庭咖啡领域,其主流产品进入超市,让顾客可以在家煮咖啡。还推出了K-Cup胶囊咖啡。这些产品的推出,也是为了满足不同消费者多样化的需求,而店内数据为决定哪些产品适合居家提供了强有力的依据。

第三,门店规划。在此之前,星巴克的决策就像许多其他组织一样基于经验和判断。现在星巴克利用大数据选址,在哪里开新店现在是一项复杂的数据分析工作,这个应用程序的核心技术是基于位置的人工智能分析,也被称为制图或GIS(地理空间信息系统)。GIS综合考虑人口密度、人口特征、周围星巴克的距离远近和交通状况,来决定新连锁店的位置。这对于星巴克而言的确是非常实用的,因为数据库里用户数量的增长和App使用量的增加,不仅帮助公司提高了消费者体验,还帮助它精准地找到了新店的最佳选址。

该系统还考虑了现有星巴克门店的位置。它会考虑在附近地区开设新店对现有利润的影响。

第四,动态数字菜单。上面所举的例子是说,星巴克有能力不断完善和调整产品。其使用数据的方式意味着它可以根据顾客、地点和时间进行修改,这就会影响产品促销和定价。然而,如果在柜台上方的印刷菜单上展示店内商品,那么就无法持续地调整商品种类,这就是像黑板这样低技术含量的解决方案仍然受到零售商欢迎的原因之一。但对星巴克来说,解决之道是在商店里推出数字标牌,通过计算机设置菜单。这样就可以在菜单中反映顾客偏好和产品调整,降低菜单成本,同时及时进行更改。

第五,优化机器维护。星巴克对数据的使用方式还包括物联网,尤其是店内业务——从咖啡机逐步扩展到其他店内设备,比如烤箱。典型的星巴克门店有交易成本较低、持续时间较短的特点。高客户吞吐量是商店成功的关键。因此，如果一台机器出现故障，它可能会严重影响业务绩效。让工程师在故障发生时在场并不现实。因此，时间就是金钱，效率就是生命，让工程师尽快修理坏掉的机器是最重要的。解决这个问题也有传统的方法——这通常意味着收集关于故障、机器使用、所需修理等方面的数据。常规数据分析善于发现趋势和模式，人工智能可以帮助提高这一水平，预测故障和维护需求。

星巴克已经向前迈进了一步，开发了一种新的咖啡机——Clover X，目前只在旗舰店和概念店使用。它不仅煮出的咖啡出类拔萃，还能连接云端。这样一来，星巴克不仅可以更全面地收集操作数据，还能够远程诊断故障，甚至远程修复。类似的概念也适用于其他机器。例如，星巴克在全球范围内的商店都配备了标准的烤箱，也是由计算机控制的。然而，目前的机器需要时不时更新 USB 驱动器。例如，每当有新产品推出时，机器就需要更改相应的配置，进行升级。在未来，这无疑会直接连接云端，把更多的事情交给人工智能去做。

有人说：星巴克并不是伴装成科技公司的咖啡连锁店，而是一家用美味咖啡和舒适感来引诱你的科技公司。在数字化时代，企业的增长对技术的依赖程度越来越高。在消费者越来越习惯电子平台消费的今天，星巴克实现了和消费者的有效交流，快速适应了消费者习惯的转变。

星巴克的数字化升级转型并非一蹴而就，而是慢慢摸索、持续优化的。值得注意的是，疫情期间餐饮龙头纷纷主动休市，星巴克目前在中国临时关闭了超过 2000 家门店，另一方面，为应对更多咖啡市场兴起的玩家，星巴克将如何持续创新，并发挥其品牌优势以抵御冲击，令人期待。

（来源：疫情当下，加速企业数字化转型：星巴克数字化之路[EB/OL].（2022-02-19）. https://baijiahao.baidu.com/s?id=1658907013223631006&wfr=spider&for=pc.）

案例讨论：

1. 星巴克公司数字化转型的意义有哪些？
2. 星巴克除了数字化转型，还有哪些改变？

电子商务代表着 21 世纪社会经济的发展方向。在当前经济全球一体化的大背景下，伴随着互联网的迅速普及与互联网经济的迅猛发展，电子商务作为 Internet 的一个重要应用已真正走入社会生活的各个角落和各个领域，并为人类社会生活的各个层面带来了巨大的影响和改变。它带来了一种全新的商业文明即电子商务文明，创造出了崭新的商业模式和海量的商业机会。企业的经营模式，政府的管理模式，人们的生产、生活方式均面临着巨大的冲击。毋庸置疑，这是技术进步推动的社会进步，每个人都应积极面对，拥抱变化。

1.1 电子商务的产生与发展

1.1.1 电子商务的产生

电子商务是伴随着 Internet 的发展、成熟而不断成长的。Internet 经过了近 20 年的发展。

1969 年，美国国防部先进研究项目管理局（DARPA）建立了用于国防研究项目的 ARPAnet，以连接有关高校、研究机构和国防工程承包商的计算机系统。1986 年，由美国国家科学基金会（NSF）接手投资扩建成 NSFnet，成为推动科学技术研究和教育发展的重要工具；1992 年，美国政府提出"信息高速公路"计划，进一步加强对 Internet 的资金支持，并取消商业性应用的禁令。这些都给电子商务发展铺平了道路。自 1995 年起 Internet 主干网转由企业支持，从而实现商业化运营，使电子商务进入快速成长阶段。

20 世纪 90 年代初期，信息高速公路、信息经济、电子商务还是很抽象、很遥远的概念，即便在发达国家，许多人也认为那不过是可望而不可即的海市蜃楼，或者是商家为吸引股民和消费者而玩的噱头。如今，欧美发达国家的企业和消费者早已实际受益于电子商务带来的效益和各种便利，即使在中国这样的发展中国家，广大民众也深刻感受到"互联网+"和电子商务给社会经济生活带来的巨大影响。如今坐在家中足不出户即可通过互联网及相关平台完成商务活动中的几乎所有事项；通过网上银行、电子钱包、手机银行、银证转账等即可轻松实现各类交易及查询，通过 12306 网、去哪儿网、携程网、美大网等可完成火车票、飞机票、酒店客房、餐饮等的线上预订与支付等，这一切极大地节约了商务成本及时间成本，切实提高了商务效率。

电子商务的发展应划分为如下五大阶段。

第一阶段：电子邮件阶段。这个阶段大概从 20 世纪 70 年代开始，其间平均的通信量以每年几倍的速度增长。

第二阶段：信息发布阶段。从 1995 年起，以 Web 技术为代表的信息发布系统爆炸式地成长起来，成为当时 Internet 的主要应用。

第三阶段：电子商务阶段（electronic commerce，EC）。之所以把 EC 列为一个划时代的产物，是因为 Internet 的最终主要商业用途就是电子商务。海量的商业信息主要通过 Internet 高效传递与分享，Internet 成为这个商业信息社会的神经系统。

第四阶段：全程电子商务阶段。随着 SaaS（software as a service）软件服务模式的出现，软件纷纷登录互联网，延长了电子商务链条，形成了当时最新的"全程电子商务"概念模式。

第五阶段：智慧电子商务阶段。2011 年，互联网信息碎片化以及云计算技术愈发成熟，主动互联网营销模式出现，i-commerce（individual commerce）顺势而出。电子商务摆脱传统销售模式生搬上互联网，从主动、互动性强、重视用户关怀等多角度出发与用户进行深层次沟通。其中以 IZP 科技集团提出的 ICE 最具代表性。

电子商务应用经历了由初级到高级、由简单到复杂的过程，对社会经济的影响也是由浅入深、从点到面。从网上相互交流需求信息、发布产品广告，到网上采购或接受订单、结算支付账款，企业应用电子商务是从小部分到大部分，直至覆盖全部业务环节。从具体业务领域来看，也是由少到多逐步发展完善的循序渐进的过程。

Internet 正全面改变着当今社会生活的面貌。网上商城、电子图书馆、网上书店、电子音乐厅、网上医院、电子社区、网上游戏厅、电子棋牌室、网上投票、电子政府、网络幼儿园、虚拟娱乐中心等蓬勃发展。Internet 和电子商务的影响无处不在，已经成为人们生活中不可缺少的内容，"电子社区""电子生活""电子城市""电子政府"充斥了整个社会。

美国是 Internet 的发源地，也是电子商务应用最发达的国家之一，目前其电子商务交易总额仍占全球电子商务交易额的一半以上。自 1992 年美国政府取消 Internet 商业应用的禁令后，电子商务推广与 Internet 扩张互为因果、互相促进，形成良性循环。在政府的鼓励和促进下，电子商务迅速推广普及。

Internet 和电子商务的飞速发展创造了新的商业文明，阿里巴巴、京东、Amazon、新浪、eBay 等网络企业依靠电子商务的优越性和投资者对网络企业的认知，从最初的仅能获得几百万或几千万美元投资迅速成长为市值达数百亿甚至上千亿美元的巨型企业。

资料 1-1

1.1.2 促进电子商务发展的积极因素

电子商务作为一种新兴的商业文明，无疑已成为经济增长的助推器、新引擎。随着时代的发展，国内外的政治环境、经济环境、社会环境以及一日千里的技术进步都在推动电子商务的发展。

1. 计算机应用的普及和 Internet 的高速发展

近年来，计算机处理速度越来越快，处理能力越来越强，价格越来越低，应用越来越广泛。与此同时，Internet 也逐渐成为全球通信与交易的新媒体，全球上网用户呈级数增长，趋势已逾数亿，而且还在迅速增长。Internet 打破时空的限制，使建立快速的全球性贸易成为可能。这是电子商务发展的关键因素之一。微型计算机、智能手机获得普及与应用，几乎所有的单位和家庭都在利用计算机和智能手机开展各种工作。

资料 1-2

2. 银联在线支付及第三方支付的迅速发展与普及

（1）银联在线支付。银联在线支付是由中国银联联合各商业银行共同打造的银行卡网上交易转接清算平台，是为满足各方网上支付需求而打造的银行卡网上交易转接清算平台，也是中国首个具有金融级预授权担保交易功能，全面支持所有类型银联卡的集成化、综合性网上支付平台。其涵盖认证支付、快捷支付、小额支付、储值卡支付、网银支付等多种支付方式，可为用户境内外网上购物、水电气缴费、商旅预订、转账还款、基金申购、慈善捐款以及企业代收付等提供"安全、快捷、多选择、全球化"的支付服务。其基本特点如下。

① 方便快捷。简单灵活，支付无须烦琐程序，加快交易进程，提升用户体验，有助于银行、商户吸引更多客户，促进网上交易，所有银联卡普遍适用。

② 安全可靠。多重安全防控技术保障，实时风险监控，完备的风险处置和化解机制，前中后台联动，充分保证交易安全。

③ 全球通用。银联跨境网上支付服务已经覆盖全球主要国家和地区，国内主要银行发行的银联卡均可使用，免收货币转换费，持卡人足不出户即可"轻点鼠标，网购全球"。

④ 金融级预授权担保交易。银联在线支付是国内首个支持金融级预授权担保交易的在线支付平台，与其他担保支付方式相比，银联在线支付完全按照金融规范和标准提供预授

权担保交易。在交易最终确认前，交易资金在自有账户内冻结，无须提前向第三方划转，免除了利息损失和挪用风险，解决了持卡人对支付资金安全问题的担心，最大化地保证了银行、商户和持卡人的利益。银联的互联网商户通过了严格的入网审核和实名认证，在商户规则和业务管理环节，银联/收单机构要求商户提供可信赖的保证，以确保商户本身拥有良好的纠纷处理能力。

⑤ 综合性商户服务。基于中国银联强大的资金清算体系和综合服务能力，银联在线支付不仅可为商户提供线下线上一体化的资金清算服务、便利的交易管理服务，提高资金管理效率，更可为商户带来庞大的客户资源和无限商机。

⑥ 无门槛网上支付。银联在线支付通过特殊的无卡支付通道，让无网银客户也能畅享网上支付服务，有助于银行减少对网银系统的资源投入，吸引更多客户进行网上交易。

（2）第三方支付。除网上银行、电子信用卡等支付方式，还有一种方式可以相对降低网络支付的风险，那就是迅猛发展起来的第三方机构的支付模式及其支付流程，而这个第三方机构必须具有一定的诚信度。所谓第三方支付，就是一些和产品所在国家以及国内外各大银行签约，并具备一定实力和信誉保障的第三方独立机构提供的交易支持平台。在通过第三方支付完成的交易中，买方选购商品后，使用第三方平台提供的账户进行货款支付，由第三方通知卖家货款到达、进行发货；买方检验物品后，通知第三方平台付款给卖家，然后第三方平台将款项转至卖家账户。第三方支付采用支付结算方式。按支付程序分类，结算方式可分为一步支付方式和分步支付方式，前者包括钞票结算、票据结算（如支票、本票、银行汇票、承兑汇票）、汇转结算（如电汇、网上支付），后者包括信用证结算、保函结算、第三方支付结算。

目前，国内第三方支付排名较为靠前的包括支付宝、微支付、快钱、汇付天下、易宝支付、通联支付、环迅支付、拉卡拉等。银联在线及第三方支付以其方便、快捷、安全等优点成为人们消费支付的重要手段，推动并形成了完善的全球性信用卡计算机网络支付与结算系统，电子支付已不再是妨碍电子商务发展的瓶颈。

3. 安全电子交易协议的出台

为确保网上支付的安全性，美国 VISA 和 MasterCard 国际组织等联合制定了安全电子交易协议（secure electronic transaction，SET），并于 1997 年 5 月 31 日公布。作为在开放网络上进行电子支付的安全标准，其主要目的是解决信用卡电子付款的安全保障性问题。SET 协议的颁布得到了许多厂商的认可和支持，为网上购物与支付提供了安全的环境。

4. 各国政府的支持

各国政府的支持与推动是电子商务成功的关键因素之一。纵观全球电子商务的发展，各国政府高度重视、大力推动电子商务的发展。1997 年 4 月欧盟发布了欧洲电子商务协议，1997 年 7 月美国政府发布了《全球电子商务纲要》，受到各国关注，推动了全球电子商务的发展。各国政府纷纷采取各种有效措施支持和推动电子商务的发展，这为电子商务的发展提供了强有力的支持。

2021 年 10 月 9 日，根据《中共中央关于制定国民经济和社会发展第十四个五年规划和二〇三五年远景目标的建议》和《中华人民共和国国民经济和社会发展第十四个五年规划和 2035 年远景目标纲要》，商务部、中央网信办和发展改革委研究编制了《"十四五"电子商务发展规划》（以下简称《规划》）。《规划》首次建立了电子商务发展的主要指标体系，确定了三个规模发展指标和三个分领域发展指标，紧密围绕电子商务在服务构建新发展格局的重要作用，设定了"十四五"时期我国电子商务发展战略框架。

此外，由于计算机的普及应用以及互联网技术的发展，人们的信息化观念和意识不断提高，也为电子商务的发展提供了有力的公众支持。

5. 政策的制定和法规的完善

电子商务最基本的要求就是安全性与合法性，商务活动要有法律的保障。世界各国的经验表明，为了促进电子商务快速、健康发展，必须加快电子商务的立法，进一步创造良好的政策、法律环境。从推动重点行业和骨干企业电子商务建设、引导电子商务推广应用、创建良好的电子商务发展环境、完善电子商务支撑体系、发展第三方电子商务交易与服务、积极开展国际合作和培育新的经济增长点等多个方面推进电子商务协调发展。这些法律和政策的颁布与实施，必将进一步改善电子商务的法制环境，促进安全可信的电子交易环境的建立，推动电子商务进入新的发展阶段。

6. 市场的潜在机会与日俱增

埃森哲最新调查表明，电子商务拥有众多的潜在机会，能为全球国家带来新的机遇。该研究报告举出了几个推动电子商务发展的积极因素。

首先，在每个国家广阔但未开发的市场中，互联网用户的数量都在持续不断地增长。

其次，移动电话使用以惊人的速度增长，为移动商务提供了绝佳的机会。

最后，电子商务可以在不远的将来大量应用于采购和后勤。一些研究结果进一步显示，成功的公司在供应链中积极寻求合作，改善它们在产品设计、预测、计划、库存管理和采购方面的效率。

移动电话和无线应用的快速增长，将大大推动移动商务和无线业务收入的增长。越来越多的企业正在加强它们的内部流程。根据这一原则，许多企业将重塑自我，在获得规模经济的同时，充分利用外包、合作和联网增强竞争实力。互联网不断地产生新的技术进步和机会，先行者的优势正在扩展到许多新的领域。

1.1.3 中国电子商务的发展历程

1. 起步期（1990—1993 年）

此阶段为 EDI 时代，也是我国电子商务的起步阶段。20 世纪 90 年代，中国正式开启了基于 EDI 的电子商务，从 1990 年开始，EDI 就已列入"八五"国家科技攻关项目。1991 年 9 月，由国务院电子信息系统推广应用办公室牵头，会同国家计委、科委、海关总署和税务局等国家智能部门正式进入电子政务时代。同年 10 月成立"中国 EDIFACT 委员会"，并参加亚洲 EDIFACT 理事会。EDI 在对内对外贸易、金融、交通等方面得到应用。作为电子商务的起步期，电子数据交换作为电子商务的原始雏形逐渐壮大。

2. 雏形期（1993—1997 年）

这个阶段政府领导并组织开展"三金工程"，为电子商务发展期打下了坚实的基础。1993年，由国务院副总理担任主席，成立了国民经济信息化联席会议及其办公室，相继组织了金关、金卡、金税等"三金工程"，取得了重大进展。1996 年 1 月，成立了国务院国家信息化工作领导小组，由副总理任组长，20 多个部委参加，统一领导组织中国信息化建设。1996年，全桥网与 Internet 正式开通。1997 年，信息办组织有关部门起草编制中国信息化规划。1997 年，中国第一家垂直互联网公司——浙江网盛科技股份有限公司（浙江网盛生意宝股份有限公司）诞生。1997 年 4 月在深圳召开全国信息化工作会议，各省、市、地区相继成立信息化领导小组及其办公室，各省开始制定本省包含电子商务在内的信息化建设规划。

1997 年，广告主开始使用网络广告。1997 年 4 月以后，中国商品订货系统（CGOS）开始运行。

3. 发展期（1998—2000 年）

这是互联网电子商务的发展阶段。1998 年 3 月，中国第一笔互联网网上交易成功。1998年 10 月，国家经贸委与信息产业部联合宣布启动以电子贸易为主要内容的"金贸工程"，它是一项推广网络化应用、开发电子商务在经贸流通领域的应用的大型应用试点工程。1999年 3 月，8848 等 B2C 网站正式开通，网上购物进入实际应用阶段。1999 年，政府上网、企业上网电子政务（政府上网工程）、网上纳税、网上教育（湖南大学、浙江大学网上大学）、远程诊断（北京、上海的大医院）等广义电子商务开始启动，并已有试点，进入实际试用阶段。

4. 稳定期（2000—2009 年）

这个阶段电子商务逐渐从传统产业向 B2B、B2C、C2C 这些典型的电子商务模式转变，不再是简单的商务网上化，这标志着电子商务已经进入可持续发展的稳定期。2000 年 5 月，卓越网成立，它是我国早期的 B2C 网站之一。2003 年 5 月，阿里巴巴集团投资 1 亿元人民币成立淘宝网，进军 C2C。2006 年 5 月，环球资源入股慧聪国际，结成中国最大 B2B 战略联盟。2008 年，中国电子商务 B2B 市场交易达 3 万亿美元，网购交易也首次突破千亿大关，达 1500 亿元人民币。2009 年，当当网宣布率先实现盈利，平均毛利率达 20%，成为国内首家实现全面盈利的网上购物企业。

5. 成熟期

IT 技术的蓬勃发展促使全网全程的电子商务 V5（version5）时代成型，它所具有的全网全程、主动营销等特点是前几个电子商务发展时期所不具备的。这个时代，人类已离不开互联网，传统互联网已经无法满足消费者对于电子商务平台的需求，曾经无法实现的移动互联网电子商务得以蓬勃发展。而国家对于电子商务发展的政策支持，给这个产业增加了更多发展机会。当下，全国每个省（市、区）、市、县均在大力进行电子商务生态布局，电子商务园区、物流园区、高新科技园区、大学生创新创业园区等如雨后春笋般地迅速生长。成熟的电子商务生态体系功能日益完善。纳入电子商务生态圈的很多产业被高效整合，发挥出明显的集聚效应。

国家投入专项资金全力发展农村电子商务,重点向建设县、乡、村三级物流配送体系倾斜,培育农村电子商务生态环境。如今的农村电子商务发展风起云涌,尤其在带动就业、物流建设、拉动农村消费、农业产业化发展等方面呈现出不同特点和亮点。现在,随着时代的进步,电子商务越来越成为人们生活中不可或缺的部分。电子商务的迅速发展不仅创造了新的消费需求,引发了新的投资热潮,开辟了就业增收新渠道,还为大众创业、万众创新提供了新空间,而且电子商务正加速与制造业融合,推动服务业转型升级,催生新兴业态,成为提供公共产品、公共服务的新生力量,成为经济发展新的原动力。

1.2 电子商务的概念

电子商务作为近年来一门新兴的学科,其自身拥有一整套理论体系和逻辑,毋庸置疑,电子商务是一门科学,包含着广泛的内容。各种组织、政府、公司、学术团体等依据自己的理解和需要,为电子商务做了一系列定义。但迄今为止还没有一个全面的、具有权威性的、能够为大多数人认同的电子商务的定义,或许很多年之后,电子商务这个概念将消失,这个名字或被互联网商务取代,抑或只有商务一词,不再有电子之分。为此,我们当前并不能追求对电子商务有一个严格的、固定不变的定义,而应从专家学者、IT企业、政府、国际组织等对电子商务的认识着手来理解电子商务的本质。

1.2.1 国际组织对电子商务的定义

国际化组织包括全球信息基础设施委员会、国际标准化组织、联合国国际贸易法律委员会、联合国经济合作和发展组织等,它们都曾提出过电子商务的定义。

(1)全球信息基础设施委员会(GIIC)电子商务工作委员会在报告草案中对电子商务的定义:电子商务是运用电子通信作为手段的活动,通过这种方式人们可以对带有经济价值的产品和服务进行宣传、购买和结算。这种交易方式不受地理位置、资金或零售渠道的所有权影响,是各种国有、私有企业,公司,政府组织,各社会团体,一般公民,企业家都能自由参加的经济活动,其中包括农林牧渔业、工业、私营和政府的服务业。电子商务能使产品在世界范围内交易并向消费者提供多种多样的选择。

(2)国际标准化组织(ISO)对电子商务的定义:电子商务是企业之间、企业与消费者之间信息内容与需求交换的一种通用术语。

(3)联合国国际贸易法律委员会(UNCITRAL)对电子商务的定义:电子商务是采用电子数据交换(EDI)和其他通信方式增进国际贸易的职能。

(4)联合国经济合作与发展组织(OECD)对电子商务的定义:电子商务是发生在开放网络上的发生在企业之间、企业和消费者之间的商业交易。

(5)欧洲议会在《欧洲电子商务动议》中对电子商务的定义:电子商务是通过电子方式进行的商务活动。它通过电子方式处理和传递数据,包括文本、声音和图像。它涉及许多方面的活动,包括货物电子贸易和服务、在线数据传递、电子资金划拨、电子证券交易、电子货运单证、商业拍卖、合作设计和工程、在线资料、公共产品获得。

（6）加拿大电子商务协会对电子商务的定义：电子商务是通过数字通信进行商品和服务的买卖以及资金的转账。它还包括公司之间和公司内部利用电子邮件、电子数据交换（EDI）、文件传输、传真、电视会议、远程计算机联网所能实现的全部功能。

1.2.2 世界著名公司对电子商务的定义

国内外一些著名的公司根据自身在电子商务发展过程中所处的地位和业务竞争的需要，也纷纷提出了各自的电子商务的理念和定义。

（1）IBM 公司对电子商务的定义：电子商务是在 Internet 的广泛联系和传统信息技术系统的丰富资源相互结合的背景下应运而生的一种相互关联的动态商务活动。它所强调的不仅仅是硬件和软件的结合，也不仅仅是通常意义下的狭义的电子商务，而是把买方、卖方、金融机构、厂商及其合作伙伴在 Internet、企业内部网和企业外部网结合起来的在网络计算环境下的商业电子化应用。IBM 公司在 1997 年提出电子商务概念时，将电子商务诠释为 E-business=IT+Web+business。

（2）Intel 公司对电子商务的定义：电子商务是基于网络连接的在不同计算机之间建立的商业运作体系，利用 Internet/Intranet 网络来使商务运作电子化。电子商务等于电子化市场、电子化交易和电子化服务的总和。

（3）HP 公司对电子商务的定义：电子商务是通过电子化手段来完成商业贸易活动的一种方式。电子商务使我们能够以电子交易为手段完成物品和服务等的交换，是商家和客户之间的联系纽带。它包括两种基本形式：商家之间的电子商务及商家与最终消费者之间的电子商务。

（4）SUN 公司对电子商务的定义：电子商务是利用 Internet 进行的商务交易。其强调的是电子商务的技术基础（特别是基于 Java 技术的企业）和企业电子商务的逐步实现过程。以现有的基于 Web 的信息访问与发布系统为基础，加上基于 Java 的网络应用软件完成网上公开交易。在现有的企业 Intranet 的基础上，开发 Java 的企业网上应用，实现企业应用的 Intranet 化，进而扩展到企业 Intranet 化，使外部客户可以通过企业的网上应用软件进行交易。客户通过广泛分布和应用的具有 Java 网络计算功能的各种电子工具，如网络计算机、机顶盒、个人数字助理、电话、个人计算机、手机等进行企业和跨企业的交易。

（5）GE 公司对电子商务的定义：电子商务是通过电子方式进行商业交易的一种方式。它可以分为企业与企业之间的电子商务和企业与消费者之间的电子商务。

（6）用友公司的电子商务理念：电子商务的基础是企业内部资源的网络化和业务模块的集成化。一家企业要实现电子商务，首先必须从企业的财务管理入手，实现内部资源（资金流、物流、信息流）的网络化管理。而在其中，财务又是企业管理的核心，所以财务管理作为核心的企业信息化是企业电子商务的基础。

1.2.3 本书对电子商务的定义

本书认为，电子商务通常是指在全球各地广泛的商业贸易活动中，在因特网开放的网络环境下，基于浏览器/服务器应用方式，买卖双方不面对面地进行各种商贸活动，实现消费者的网上购物、商户之间的网上交易和在线电子支付以及各种商务活动、交易活动、金融活动和相关的综合服务活动的一种新型的商业运营模式。所谓电子商务，就是"互联网+商务"。其又有广义和狭义之分。

广义的电子商务（electronic business，EB），是指各行各业包括政府机构和企业、事业单位各种业务的电子化、网络化。EB可称为电子业务，包括电子商务、电子政务、电子军务、电子医务、电子教务、电子公务、电子事务、电子家务等。

狭义的电子商务（electronic commerce，EC），是指人们利用电子化手段进行以商品交换为中心的各种商务活动，如公司、厂家、商业企业、工业企业与消费者个人之间利用计算机网络进行的商务活动。EC也可称为电子交易，包括电子商情、电子广告、电子合同签约、电子购物、电子交易、电子支付、电子转账、电子结算、电子商场、电子银行等不同层次、不同程度的电子商务活动。

随着我国网络技术普及率的日益提高，通过网络进行购物、交易、支付等的电子商务新模式发展迅速。电子商务凭借其低成本、高效率的优势，不但受到普通消费者的青睐，还有效促进中小企业寻找商机、赢得市场，已成为我国转变发展方式、优化产业结构的重要动力。

狭义电子商务和广义电子商务之间的关系如图1-1所示。

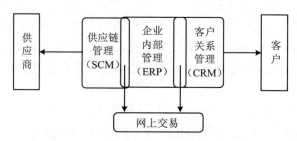

图1-1 狭义电子商务和广义电子商务之间的关系

企业的上游是供应商，下游是客户，企业与供应商以及客户之间利用互联网进行交易活动，这就是狭义的电子商务。企业内部的管理称为企业资源计划系统（enterprise resource planning，ERP），企业与上游供应商之间的管理称为供应链的管理（supply chain management，SCM），企业与下游客户之间的管理称为客户关系管理（customer relationship management，CRM）。包括电子交易狭义的电子商务在内以及企业的内部和企业之间的管理称为广义的电子商务。

1.2.4 电子商务的本质

在电子商务初期实践中，一部分人认为电子商务的本质是电子化交易，另一部分人认为电子商务的形式是电子，本质是商务。然而电子商务是在实践中不断发展和完善的，电子商务的实践拓展，使人们对电子商务本质的认识发生了深刻的变化。电子商务起源于商务活动的电子化，最初目的是想通过网络手段开展商务活动。但目前电子商务活动的发展远远突破了商务活动的范围,是以电子化的信息共享和资源交换为特征的管理活动。如现在最为流行的团购活动、在线游戏、供应链管理、物流管理、远程教育、电子政务等,都是电子商务涉及的领域,具有信息和资源交换的基本特征,但都没有传统商务活动的特点。如果将电子商务限定在商务活动范围内而不是管理领域,将很难归纳和概括出共同特征。与交易活动有密切关系的活动应该称为电子交易,而交易双方为交易进行商务策划和沟通交流的活动应称为网络营销。有人认为电子商务的本质是商务,其实混淆了电子商务与网络营销的根本区别——电子商务的目的在于营利,这也是商务的目的,本质上是管理手段与方式的创新,重点关注和解决经营管理领域利用高效的电子商务手段提高组织效率和降低成本的问题。

电子商务来源于传统商务,又是对传统商务的蜕变与扬弃。根据演变方式的不同,其产生了两类不同的企业。一类是传统企业:通过电子商务手段改造原有经营流程和业务种类,以提高企业效率、降低经营成本或从网络上增加新的交易机会,从而提高企业经营效益。苏宁云商是其中的典型代表,它由苏宁电器从连锁经营转型和蜕变而成。另一类是直接产生于互联网经济的典型企业,如淘宝、天猫。事实上,它只是互联网交易的平台与中介,通过收取技术服务费、诚信保证金和增值服务等方式获取收益。

电子商务起源于商品交换与交易的过程,它是伴随信息技术的产生而发展起来的,是对交易方式和手段的一种革命。电子商务的目的是商务,而本质应该是一种创新的交易模式和手段,它可以是一种变革传统商务的工具和手段,更应该是在互联网上创新设立的、前人未曾尝试过的崭新经营方式和手段。传统商务与电子商务的根本区别在于在交易方式和交易手段上存在很大的不同,从而导致一种新的商业模式的产生或原有企业经营方式的蜕变。在传统商务中,信用交易只是重要形式和补充,在中国的中小型企业交易中使用并不多。电子商务与传统商务相比,经营背景、经营方式和经营效果都发生了很大改变,电子商务是依靠网络等手段进行多方协同的信用交易,交易的数量和金额远远超出了传统商务。电子商务严重依赖信用交易,在没有信用制度保障下开展电子商务只能是事倍功半,电子商务参与各方都很难受益,这在电子商务发展初期特别明显。根据商品交换的发展历程,从辩证法的角度来分析和思考,电子商务是企业商务活动信息化的过程,可知电子商务是企业与外部进行信息共享和资源交换的活动,是企业将管理触角伸向外界的手段之一。电子工具的应用水平是反映企业电子商务能力的标志,信息和资源的整合水平反映了企业经营管理水平的高低,也反映了企业电子商务能力的高低。

1.3 电子商务与传统商务

1.3.1 电子商务与传统商务比较

传统商务在流通渠道上,企业到消费者一般会经历多个中间环节,从企业、代理商、批发商到分销商、零售商,再到消费者。而在电子商务环境下,企业可以直接通过网络把商品卖给消费者;在交易对象上,传统商务受地域的限制,只能销售到部分地区,而电子商务通过互联网可以销往全球；在交易的时间方面，传统商务受营业时间的限制，而电子商务可以实现 24 小时全天候的销售；在销售的方式方面，传统商务企业生产的产品由企业决定，是企业推动式，而在电子商务环境下，先由消费者在网上提出需求，然后企业进行生产，是消费者拉动式；在对客户的服务方面，传统商务反馈时间较长，而电子商务可以通过互联网迅速掌握客户需求；在销售地点方面，传统商务一般来说需要实体店，而电子商务一般都是网店形式，也可以采取线下线上相结合的方式（见表 1-1）。

表 1-1 电子商务与传统商务的比较

项目	流通渠道	交易对象	交易时间	销售方式	客户服务	销售地点
传统商务	企业—分销商—消费者	部分地区	营业时间	企业推动式	反馈时间长	有实体店
电子商务	企业—消费者	全球	24h 全天候	消费者拉动式	迅速掌握客户需求	虚拟网点

1.3.2 电子商务运作流程变化

在运作流程方面，传统商务与电子商务也存在差异。我们把交易划分为 4 个阶段，分别是交易准备、贸易磋商、合同签订和支付过程。在这 4 个阶段，传统商务和电子商务有明显的区别。传统商务在交易准备方面，一般通过报纸、电视和杂志等媒体了解信息，而电子商务都是通过互联网；在贸易磋商阶段，传统商务一般进行口头磋商，通过纸张单证，而电子商务是通过电子文档进行网络传递；在合同签订方面，一般传统商务使用书面合同，通过邮寄传递；而电子商务使用电子签名，通过网络传递；在支付方式方面，传统商务采用现金、支票，而电子商务一般采用电子支付。

综上，电子商务与传统商务在交易准备、贸易磋商、合同签订和支付过程方面均有不同，如图 1-2 所示。

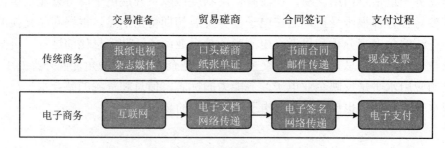

图 1-2 电子商务运作流程

1.3.3 电子商务对传统商务的影响

电子商务对传统商务的影响主要表现在三个方面。

（1）电子商务对于商务市场的影响。首先，市场形态呈现虚拟化、全球化的特点。在电子商务环境下，商品和一切涉及商品交易的手续，包括合同、资金以及运输的单证等，都是以虚拟的方式呈现的。同时，由于市场沟通成本的降低、时空界限的消失，企业所面临的市场和竞争对手也不再局限于国内，而是扩大到全世界范围。其次，提高了商务活动的交易效率。在传统的商务活动中，商品要经过多个环节才能到达消费者手中，花费的时间较长，可能会失去最佳商机。在电子商务环境下，原材料的采购、银行的汇兑、保险以及货物的托运等过程都可以通过互联网瞬间完成，提高了商务活动运作的效率和速度。最后，降低了商务活动的交易成本。在电子商务环境下，电子商务使得交易双方的联系由滞后联络变成了实时互动联系，同时减少了中间的交易环节，提高了人力和物力的利用效率，降低了交易成本。

（2）电子商务对于企业的影响。可参考 1.6.1。

（3）电子商务对于消费者的影响。第一，消费者购物方式发生了变化。消费者购物趋于理性化，在传统商务中商场的销售人员很热情地向顾客介绍产品，顾客很可能会碍于面子而购买自己并不需要的商品。在电子商务环境下，消费者不再需要考虑促销人员的感受，完全从自己的需求出发购买自己喜欢的商品，轻而易举地就能跨店选购商品，在网络上也可以获取更多的服务。从实物商品到无形商品极大地方便了消费者。第二，消费者的购买决策过程发生了变化。在电子商务环境下，在确认的需求阶段是浏览网站；在搜索信息和决策阶段是通过社区查看评论，在不同的平台上进行比价；在购买以后的行为阶段是在网上分享心得，提出建议。这些都是电子商务对于传统商务存在的影响。

1.4 电子商务的分类

1.4.1 按参与交易对象分类

按参与电子商务交易涉及的对象不同，可以把电子商务分为 B2B、B2C、C2C、C2B 和 ABC 等类型。

1. 企业与企业之间（business to business，B2B）的电子商务

B2B 是电子商务应用最多和最受企业重视的形式，企业可以使用 Internet 或其他网络对每笔交易寻找最佳合作伙伴，完成从订购到结算的全部交易行为，包括向供应商订货、签约、接受发票和使用电子资金转移、信用证、银行托收等方式进行付款，以及在商贸过程中发生的其他问题，如索赔、商品发送管理和运输跟踪等。典型的 B2B 电子商务平台包括阿里巴巴和环球资源网等。

资料 1-3

B2B 是企业之间的电子商务交易模式，即企业与企业之间通过 Internet 进行产品、服务及信息的交换。当前全球 80%的电子商务交易额是在企业之间，而不是企业和消费者之间完成的。B2B 是电子商务中最重要的一种模式。据统计，B2B 的市场规模是 B2C 的 6 倍。它的对象为不确定的、企业以外的、潜在的大宗批发商或零售商，客户关系不稳定，没有发展为长期客户关系的客户。B2B 市场蕴藏着巨大的机会，是电子商务的主流，是新经济最重要的特征和基础。它的主要效益为提高销售工作效率，减少库存，降低采购、销售售后服务等方面的成本；打破时空限制，可在世界范围内以最快的速度销售产品和做产品广告。

B2B 电子商务包括两种基本模式。第一种是面向制造业或面向商业的垂直 B2B。垂直 B2B 可以分为两个方向，即上游和下游。生产商或商业零售商可以与上游的供应商之间形成供货关系；生产商与下游的经销商可以形成销货关系。第二种是面向中间交易市场的 B2B。这种交易模式是水平 B2B，它是将各个行业中相近的交易过程集中到一个场所，为企业的采购方和供应方提供一个交易的机会。B2B 只是企业实现电子商务的一个开始，它的应用将会得到不断发展和完善，并适应所有行业的企业的需要。

B2B 电子商务模式交易商品的特点：B2B 交易次数少，交易金额大，适合企业与供应商、客户之间大宗货物的交易与买卖活动。另外，B2B 模式交易对象广泛，它的交易对象可以是任何一种产品，既可以是中间产品也可以是最终产品。因此，B2B 是目前电子商务发展的推动力和主流。以面向中间交易市场的水平 B2B 为例，B2B 交易商品的特点是在 B2B 交易平台上完成交易，平台商品种类齐全。这是因为企业和企业之间的交易是大额交易，不像普通消费者以日用、休闲、娱乐等消费品为主，单宗交易数额小，交易量大。另外，B2B 交易在线下完成，这和企业之间的大额交易特点有关。B2B 只是一个交易平台，它将交易双方汇聚在一起，撮合双方达成交易。

2. 企业与消费者之间（business to customer，B2C）的电子商务

消费者利用 Internet 直接参与经济活动的形式，类同于商业的零售商务。随着 Internet 的普及，网上销售也迅速发展起来。目前，在 Internet 上有许多各种类型的虚拟商店和虚拟企业，提供各种与商品销售有关的服务。通过网上商店买卖的商品既可以是实体化的，如书籍、鲜花、服装、食品、汽车、电视等；也可以是数字化的，如新闻、音乐、电影、数据库、软件及各类基于知识的商品；还可以是提供的各类服务，如安排旅游、在线医疗诊断和远程教育等。典型的 B2C 电子商务平台有搜狐和网易的网上商城等。

资料 1-4

B2C 电子商务是指企业对消费者直接开展电子商务的模式，主要借助互联网来开展在线的销售活动。它是一种电子化零售模式，采用在线销售，以网络手段实现公众消费和提供服务，并保证与其相关的付款方式电子化。目前，在 Internet 上遍布各种类型的网上商店和虚拟商业中心，它们提供从鲜花、书籍、饮料、食品、玩具到计算机、汽车等各种消费品和服务。有很多 B2C 类型电子商务成功应用的例子，如全球最大的亚马逊虚拟书店。为了获得消费者的认同，网上销售商在"网络商店"的布置上往往煞费苦心。网上商品不是摆在货架上，而是做成了电子目录，里面有商品的图片、详细说明书、尺寸和价格信息等。网上购买引擎和购买指南还不时帮助消费者在众多的商品品牌之间做出选择。消费者只要用鼠标轻轻一点，选中的商品就会被拖到网络的"购物车"里。在付款时消费者需要输入自己的姓名、家庭住址以及信用卡号码，确认后，一次网上购物就完成了。为了消除消费者的不信任感，大多数网上销售商还提供免费电话咨询服务。

B2C 电子商务模式的特点：商品的交易完全通过网络的方式进行，从消费者在网上挑选和比较商品开始，到网上购物支付和物流配送以及售后服务，都是以网络为媒介完成的，企业和消费者之间不进行面对面的交易。

因此，以 B2C 模式交易的商品有如下特点。

（1）适合在网上销售。这是 B2C 电子商务模式对产品的特殊要求。只有能通过电子形式传输的产品和服务，如电影、电子杂志等，才适合在网上销售，这样的产品被当作 B2C 电子商务最好的目标产品。B2C 在网上实施全天候服务，实时交易，商品传递速度快。

（2）商品的搜索成本低。这是因为适合做 B2C 电子商务的商品大多是书、音乐和光盘等。

（3）具有标准化、不易变质、适合传递等特征。如小型数码产品适合电子商务。在网上销售的商品受限较多，如没有库存、不能完全真实地感受信息及物流配送的特点等，一般要求网上商品具有标准化、不易变质、适合传递等特征。

3. 消费者与消费者之间（customer to customer，C2C）的电子商务

资料 1-5

C2C 电子商务是消费者对消费者的交易，简单地说，就是消费者本身提供服务或产品给消费者。C2C 商务平台就是通过为买卖双方提供一个在线交易平台使卖方可以主动上网拍卖商品，而买方可以自行选择商品进行竞价。典型的网站是一些拍卖类的网站，如易趣网和淘宝网等。

个人电子商务市场的巨大潜力吸引了诸多国内外企业和投资者的目光，尽管中国大多的 C2C 网站仍然没有实现赢利，而是靠母公司的不断注资维持经营，但是培育中国个人电子商务市场已经成为国内外众多企业争取用户份额、留住客户、进行强力竞争的手段。

C2C 电子商务模式的特点：C2C 交易平台上交易产品丰富、范围广，并且以个人消费品为主。从本质上来说，C2C 交易也是网上撮合成交，并通过网上或者网下的方式进行交易的交易形式。

4. 企业、消费者、代理商三者相互转化类型（ABC）

ABC 模式是新型电子商务模式的一种。ABC 分别是代理商（agents）、商家（business）、消费者（consumer）英文的第一个字母，被誉为继阿里巴巴 B2B 模式、京东商城 B2C 模式、淘宝 C2C 模式之后电子商务界的第四大模式。它是由代理商、商家和消费者共同搭建的集生产、经营、消费为一体的电子商务平台。企业、消费者和代理商之间可以相互转化。生产者、消费者、经营者、合作者、管理者都是这个平台的主人，并且相互服务，相互支持，你中有我，我中有你，真正形成一个利益共同体，资源共享，产、销共生，从而达到共同幸福的良性局面。淘众福是全球首创的 ABC 模式。

5. 其他电子商务类型

其他电子商务类型包括消费者与企业之间（customer to business，C2B）的电子商务、企业与政府机构（business to government，B2G 或 government to business，G2B）之间的电子商务、消费者与政府机构（customer to government，C2G 或 government to customer，G2C）之间的电子商务、企业与员工（company to employee，C2E 或 employee to company，C2E）之间的电子商务、企业联合体与消费者（business to business to customer，B2B2C）之间的电子商务等。

（1）C2B 模式。该模式采用消费者主动的方式，把各地有同样需求的消费者集中起来

统一和厂家"侃价"。Priceline 网站更是由传统的商家出价看哪个消费者愿意购买，改为消费者出价看哪个商家愿意卖。这种模式的优点不言而喻，缺点是不能及时达成交易，消费者需要等待数天或者更长的时间才能知道是否成交。

（2）B2G 或 G2B 模式。贸易企业对政府机构（B2G）的电子商务模式可以覆盖公司与政府组织间的许多事务。目前，我国很多地方政府已经推行网上采购，出现了政府机构对企业的电子商务（G2B）。

（3）C2G 或 G2C 模式。C2G 或 G2C 电子商务行为不以营利为目的，主要包括政府采购，网上报关、报税等活动。其中消费者对行政机构间的电子商务指的是政府对个人的电子商务活动。这类电子商务活动目前在我国还没有真正形成。然而，在个别发达国家，如澳大利亚，政府的税务机构已经通过指定私营税务或财务会计事务所用电子方式为个人报税。这类活动虽然还没有达到真正的报税电子化，但是，它已经具备了消费者对行政机构电子商务的雏形。随着商业机构对消费者、商业机构对行政机构的电子商务的发展，政府将会对社会公民实施更为全面的电子服务。政府各部门向社会纳税人提供的各种服务，如社会福利金的支付等，将来都会在网上进行。

（4）C2E 或 E2C 模式。正当人们把焦点集中在 B2B 和 B2C 等立足销售关系的电子商务模式时，一种以改进企业内部管理形态为目的的新型电子商务形式悄然出现。广州地球村计算机网络软件技术有限公司把一种新的电子商务模式 C2E 和 E2C 运用于实践并取得了成功。

（5）B2B2C 模式。该模式是一种复合的交易模式，其意为中间的 B 直接面对客户，把订单交给第一个 B 来执行。这种模式看起来好像只是传统渠道销售的翻版，在 Internet 时代，根本不可行，因为 Internet 经济的一大特征就是压扁中间渠道，亚马逊等大行其道的原因也正是基于这种"中间商之死"的论调，它们抢占的正是原来中间商的利润。因此 B2B2C 模式长期以来被认为是一种不可能成立的模式。但如果中间的 B 能够提供一种独特的服务，把消费者都吸引到它那里去，并通过它下订单，则该模式就是可行的。当然这对中间的 B 要求非常高，因为它必须提供一种独一无二、对消费者而言价值很大的服务，而且在一年、两年甚至更长的时间内都无法模仿才行，否则消费者就不会聚焦于此，B2B2C 模式也就无法运转。

（6）C2B2B2S 模式（consumer to business to business to service-partners）即消费者（C）、渠道商（小 B）、制造商（大 B）、电子商务服务提供商市场集群（S）。这是新的电子商务商业模式，只有把 C（消费需求端）当作原点，把 B（供应端）当作终点，并让 S（服务商）参与其中，整个产业链条才能真正被有效重构。随着电子商务的发展及技术的进步，传统电子商务的细分领域如 B2B、B2C、C2C、C2B 甚至是 O2O 等之间的界限正在日益模糊。

1.4.2 按地域范围分类

按照电子商务交易活动的地理范围，电子商务可以分为本地电子商务、远程国内电子商务和全球电子商务。

1. 本地电子商务

本地电子商务通常是指利用本城市内或本地区内的信息网络实现的电子商务活动，如当前高歌猛进、异常火爆的团购业务就是典型的本地服务电子商务，其特征是电子交易的地域范围较小。本地电子商务系统是开展远程国内电子商务和全球电子商务的基础系统，因此，它的建立和完善是实现全球电子商务的关键。

2. 远程国内电子商务

远程国内电子商务是指在本国范围内进行的网上电子交易活动。其交易的地域范围较大，对软硬件设备和技术要求较高，并要求在全国范围内实现商业电子化、自动化，实现金融电子化；同时，交易各方应具备一定的电子商务知识、经济能力和技术能力，并具有一定的管理水平和能力。

3. 全球电子商务

全球电子商务是指在全世界范围内进行的电子交易活动，参加电子交易各方通过网络进行贸易。有关交易各方的相关系统包括买卖各国进出口公司系统、海关系统、银行金融系统、税务系统、运输系统、保险系统等。全球电子商务业务内容繁杂，数据来往频繁，要求电子商务系统严格、准确、安全、可靠。

1.4.3 按交易所涉及的商品内容分类

按照电子商务涉及的商品对象特征可以把电子商务分为有形商品电子商务和无形商品电子商务。

1. 有形商品电子商务

有形商品是指实体类商品，它在交易过程中所涉及的信息流和资金流完全可以在网上传输，买卖双方在网上签订购货合同后又可以在网上完成货款支付。但交易的有形商品必须由卖方通过某种运输方式送达买方指定地点，所以有形商品电子商务还必须解决好货物配送的问题。有形商品交易电子商务由于三流（信息流、资金流、物流）不能完全在网上传输，又被称为非完全电子商务或间接电子商务。

2. 无形商品电子商务

无形商品是指包括软件、电影、音乐、电子读物、信息服务等可以数字化的商品，这类无形商品交易可以直接在网上联机订购、付款和交付或免费下载。无形商品网上交易与有形商品网上交易的区别在于前者可以通过网络将商品直接送到购买者手中。由于这种无形商品电子商务模式完全可以在网上实现，又被称为完全电子商务或直接电子商务。

1.4.4 按电子商务所使用的网络类型分类

按照电子商务所使用的网络类型，可以将电子商务分为 EDI 商务、Internet 商务、Intranet 商务和移动商务。

1. EDI 商务

电子数据交换（electronic data interchange，EDI）是按照一个公认的标准和协议，将商务活动中涉及的文件标准化和格式化，通过计算机网络，在贸易伙伴的计算机网络系统之间进行数据交换和自动处理。

2. Internet 商务

Internet 商务是利用联通全球的网络开展的电子商务活动。它以计算机、通信、多媒体、数据库技术为基础在网上实现营销、购物服务，真正实现了网上商务投入少、成本低、零库存、高效率，避免了商品的无效搬运，从而实现了社会资源的高效运转和最大节余。消费者不再受时间、空间和厂商的限制，在网上以最低的价格获得了最为满意的商品和服务。在 Internet 上可以进行各种形式的电子商务业务，这种方式涉及的领域广泛，全世界各个企业和个人都可以参与，是目前电子商务的主要形式。

3. Intranet 商务

Intranet 是在 Internet 基础上发展起来的企业内部网，它在原有的局域网上附加一些特定的软件，将局域网与 Internet 连接起来，从而形成企业内部的虚拟网络。Intranet 与 Internet 最主要的区别在于 Intranet 内的敏感信息或享有产权的信息受到企业防火墙安全网点的保护，它只允许被授权者访问内部网点，外部人员只有在许可条件下才可进入企业的 Intranet。

4. 移动商务

移动商务是基于移动通信网络和 Internet 使用手机、个人数字助理（PDA）和掌上电脑等其他移动智能终端进行的交易、支付和认证等电子商务活动。与传统电子商务相比，移动商务拥有更为广泛的用户基础，因此具有极为广阔的市场前景。

1.4.5　O2O 电子商务

O2O（online to offline）是指把线上的消费者带到现实的商店中——在线购买线下的商品和服务，再到线下去享受服务。目前较火爆的团购，如美团、大众点评、百度糯米等就是 O2O 模式中的一种。

资料 1-6

随着移动互联网的兴起，渠道碎片化、场景化颠覆型项目的出现，粉丝经济风靡，营销重回个性化时代。但究其根源特征，O2O 的发展是技术驱动的；资源在碎片化和中心化之间不断转换；新技术应用发起于个体，快速转变为工业化离不开社会化。

1. 作为产品和服务信息流挖掘者的 O2O

在中国电子商务发展中，O2O 是历史最悠久的商业模式之一。在早期的 O2O 中，携程网为其优秀代表。在 20 世纪，携程网收购线下的旅游公司，用网上信息吸引游客，再让游客到线下的公司接受旅游服务。携程旅行网成立于 1999 年，2003 年 12 月在美国纳斯达克上市。携程网使 O2O 模式成为中国最早的上市概念，甚至可以说，纳斯达克是先认识了中国的 O2O，然后才知道中国电子商务的。

像标准的 O2O 一样，携程网有线上、线下两部分业务。线上提供"目的地指南"，涵盖全球近 500 个景区、10 000 个景点的住、行、吃、乐、购等旅行信息；线下向会员提供酒店预订、机票预订、度假预订等旅行服务。目前，携程旅行网拥有国内外 5000 余家会员酒店可供预订，是中国领先的酒店预订服务中心，每月酒店预订量达到 50 余万间。除携程、艺龙，酒店预订都采用到付模式，线上只发生信息流，不发生资金流。而青芒果则采用预付模式，与现在的 O2O 一样。

中国电子商务早期 O2O 的另一个成熟应用，就是订票服务。2007 年，看购网正式推出看购网网络平台，观众可以通过看购网预订全国百家影院影票预订联盟所属的百家影院的影票、提前订座。看购网将票务定制、影卡充值、娱乐资讯、影院阵地宣传及周边营销活动等业务进行整合，并打造了属于自己的网络娱乐品牌——看购娱乐。目前，这项 O2O 服务已覆盖全国 11 座城市。飞机订票是另一项相当普及的 O2O 订票服务。国内目前影响力较大的当属去哪儿网。每个人都可以在网上进行询价、比价、订购飞机票，然后到现实的机场去接受航空旅行服务。

2. 适合 O2O 的有形产品

电子商务主要由信息流、资金流、物流和商流组成。O2O 的特点是只把信息流、资金流放在线上进行，而把物流和商流放在线下进行。最直观地看，那些无法通过快递送达的有形产品要应用电子商务，适合 O2O。像音乐下载、在线视频这样的产品，就很难发挥 O2O 作用。阿里巴巴曾通过网货会首次试水汽车产品类 O2O 模式，组织者说："消费者在购车前平均要花费 18～19 小时在互联网上，研究购车信息及有关资料，占整个购车周期的 60%，很多消费者在购车后，还需要一些增值服务，如想做汽车美容却不知哪儿最便宜，想买配件却不知最近的汽配店在哪儿，想买内饰却不知道哪个店的最好，而所有这些需求都可以借助互联网完成。"他们希望让 Online 为 Offline 服务的核心特点向更多的领域拓展。

Uber 是一个已经在旧金山得到很好推广的 O2O 服务。使用 Uber 需在手机上下载私家车搭乘服务应用程序。通过这个程序发出打车请求后，服务提供者通过 GPS 追踪定位私家车，让它几分钟内到达消费者面前；支付和小费通过信用卡自动完成。与汽车类似的适合 O2O 的产品还有住房。2010 年 9 月在纽约证券交易所成功上市的搜房网就是一家 O2O 模式的房地产家居网络平台。搜房网拥有 6000 多名员工，网络业务覆盖 314 座城市，在中国 86 座城市拥有分公司和办公室。搜房网通过在线传递信息，将客户引向新房、二手房、租房、别墅、商业地产、家居、装修装饰等线下交易。

2011 年全球十大网商之一的伟业我爱我家，采用的也是线上与线下结合的 O2O 模式，线上是房地产交易热门网站 5i5j.com，它连接着线下的五大展销服务中心、800 家连锁门店以及售楼处，业务覆盖 40 余座大中型城市，并进一步向二、三线城市和新兴区域扩展。爱日租提供 O2O 服务，主要工作是通过提供在线房源信息，将用户引向线下交易。爱日租的地面团队有 30 多人，主要工作就是寻找优质房源，先判断出有需求后，由地面人员去寻找房源，再和房东进行联系，以此保证线下资源正是人们在线上所寻找的。从表面看，O2O 有利于那些实体难以搬到网上的交易，深入来看，却不尽然。

3. 信息流长于创造意义价值

在电子商务初期，只采用信息流方式，是不得已而为之。那时物流、支付条件还不具备，要想发展电子商务，就只能用网站来进行信息流活动。O2O 要成为一种刻意的模式选择，需要在发挥信息流本身优势上做文章。O2O 的优势在于创造意义价值。在电子商务初期，因为受技术和环境限制，只能采用信息流的方式。

O2O 有两个重要优势有利于创造意义价值，精准服务顾客。一是让顾客对实体和价值进行意义判断，节省交易费用。一件商品对顾客有没有意义，决定了它在实体上该不该生产，该生产多少；决定了它在价值上值不值得，值多少。从理论上说，如果意义是已知的，那么市场上既不应有多余的产品，也不应有不足的产品。但在实体商业中，精确到个人的意义是未知的，实体商场不得不采取或多或少的数量，不得不采取或高或低的价格，出售商品。信息流的优势，就是可以让商品在不发生实体或价值上的耗费的条件下，通过传递商品实体性能和价格的信息，诉诸顾客的选择和判断，使那些只符合意义价值的商品发生实体和价值运动，从而避免无效的中间耗费。因此，意义挖掘成为 O2O 深入发展可以倚赖的稳定技术和商业优势。二是发挥数据的作用，深入把握顾客所认同的意义。实体商店进行交易的一个无法克服的缺陷，是难以对用户的数据进行采集和分析。由于 O2O 模式要求用户在网上支付，支付信息就成为商家对用户个性化信息进行深入挖掘的宝贵资源。掌握用户数据，可以大大提升对老客户的维护与营销效果；通过分析，还可以提供发现新客户的线索，预判甚至控制客流量。

4. 作为体验提供者的 O2O

O2O 更大的潜力在于体验。1980 年前托夫勒就预言，制造业、服务业之后，体验业将是产业升级的方向。10 年前，这个预言开始在世界范围成为现实。如今，电子商务仅仅满足于销售货物、销售服务已经不够了，它能不能销售体验，以获得更高附加值呢？O2O 很可能就是一个答案。O2O 适合那些面对面"亲自"接受的体验型服务。例如，亲自会朋友、亲自下馆子、亲自健身、亲自看剧场演出、亲自美容美发等。这些特别适合到店消费的服务，都不能在线完成，又都具有体验的性质。这正是 O2O 发挥优势的舞台。从宏观上看，未来 5 年，中国服务业的 GDP 占有率将超过制造业，有一种看法甚至认为："如果把商品塞到箱子里送到消费者面前的网上销量有 5000 亿元，那么生活服务类的网上销量会达到万亿元。"O2O 对于电子商务从销售货物向提供服务和体验转变起到了推动作用，自身也会顺势而上，提高电子商务服务业在产业链和价值链上的地位。

1.5 电子商务的功能和特点

1.5.1 电子商务的功能

电子商务具有强大的功能，在商务活动的各个方面都能够发挥作用。从电子商务的角度对商务活动进行分析和分解，可以将纷繁复杂的商务活动大致分为三个方面或三个层次，即信息、管理和交易。所有商务活动都可以归入其中一类，或者同时归入两类、三类。比如广告或商品宣传，可归入信息类，商品进销存问题可归入管理类，而商品订货则可归入交易类。

可见，商品信息、管理和交易构成了商务活动的三个方面或者三个层次。电子商务的功能正是从这三个方面或者三个层次得以体现的。按照电子商务的功能目标的不同，与商务信息、管理和交易相对应，一般将电子商务系统的功能分为内容管理（content management）、协同处理（collaboration processing）和交易服务（commerce service）。由于三个词的英文拼写均以字母"C"开头，因此三大功能也简称为"3C"。

电子商务的系统功能分类是既有区别又相互联系的三个方面，它们的组合构成了电子商务的基本功能。三大功能之间相互交叉，组成一个有机的整体。图 1-3 所示为三者之间的关系。

图 1-3　电子商务各功能之间的关系

1. 内容管理

内容管理即需要管理在网上发布的各种信息，通过更好地利用信息来增加产品的品牌价值，扩大企业的影响，等等。其主要包括以下内容。

（1）对企业信息进行分类管理。

（2）提供 Web 上的信息发布，经常更新 Web 站点上的主页。

（3）提供产品与服务的相关信息。

（4）支持企业内部信息的共享，并通过 Internet 将企业的政策、通知传递给雇员、客户、供应商和业务伙伴。

2. 协同处理

协同处理支持群体人员的协同工作，通过自动处理商业流程来减少成本，缩短开发周期。它主要体现在邮件与信息共享、写作与发行、人事和内部工作管理与流程、销售自动化等方面，具体包括以下内容。

（1）企业内部网和外部网。企业内部网（intranet）连接的主要是企业的各个部门、分厂（店）。企业外部网（extranet）连接的则主要是企业的供应商、经常性的客户、企业商业伙伴等。

（2）通信系统，包括 E-mail 和信息系统。

（3）企业内部资源管理，包括人力资源、资金、设备和材料等。

3. 交易服务

交易服务完成网上交易，提供交易前、交易中和交易后的各种服务。其主要包括以下内容。

（1）提供可供交易的产品或服务目录。

（2）订单处理，如接受客户订货、签订交易合同、进行网上支付。

（3）提供售后服务。

1.5.2 电子商务的特点

与传统的贸易活动方式相比，电子商务主要具有以下几个方面的特点。

1. 虚拟化交易

基于 Internet 的贸易平台，贸易双方从贸易磋商、签订合同到支付等，无须当面进行，均通过 Internet 完成，整个交易完全虚拟化。对卖方来说，可以到网络管理机构申请域名制作自己的主页，组织产品信息上网。而买方只需通过虚拟现实、网上聊天等新技术使自己根据需求选择广告并将信息反馈给卖方。通过信息的推拉互动签署电子合同，完成交易并进行电子支付。整个交易都在网络的虚拟环境中进行。

2. 低成本交易

电子商务使得贸易双方的交易成本大大降低，具体表现在电子商务在网络上进行信息传递的成本相对于信件、电话、传真而言较低。此外，缩短时间及减少重复的数据录入也降低了信息成本。贸易企业利用企业内部网可实现无纸办公，为提高内部信息传递的效率节省时间，并降低管理成本。

3. 高效率交易

由于 Internet 将贸易中的商业报文标准化，使商业报文能在世界各地瞬间完成传递与计算机自动处理，使原料采购、产品生产、需求与销售、银行汇兑、保险、货物托运及申报等过程无须人员参与，在最短时间内即可完成。在传统贸易方式中用信件、电话和传真传递信息必须有人的参与，且每个环节都要花不少时间甚至有时由于人员合作和工作时间的问题而使传输时间延误，失去最佳商机。电子商务克服了传统贸易方式费用高、易出错、处理速度慢等缺点，使整个交易快捷、方便及正确无误。

4. 透明化交易

由于买卖双方从交易的洽谈、签约到货款的支付、交货通知等整个交易过程都在网络上进行，因而通畅、快捷的信息传输既可以使各种信息之间实现互相核对，也可以防止伪造信息的流通。例如，在典型的许可证 EDI 系统中，由于加强了发证单位和验证单位的通信、核对，虚假的许可证就不易漏网。

5. 突破了时空限制的贸易

时间、空间限制是人们从事贸易活动的主要障碍，也是构成贸易企业经营成本的重要因素。电子商务大大弱化了商业和其他业务活动所受的时空限制，从而降低了企业经营成本和国民经济运行成本。基于 Internet 的电子商务是 24×7 全天候运行的，利用 Internet，人们足不出户就可以达成交易、支付款项，完成各种业务手续，实现各种贸易活动，同城交易与异地甚至跨国交易所需的时间相差无几。随着全球信息高速公路的发展以及宽频光纤通信的普及，电子商务打破时空限制的优越性会进一步展现。

6. 少环节的贸易

电子商务在商务活动的全过程中，通过人与电子通信方式的结合，极大地提高商务活动的效率,减少不必要的中间环节,使生产"直达"消费。传统的制造业借此进入小批量、多品种的时代,"零库存"成为可能;传统的零售业和批发业开创了"无店铺""网上营销"的新模式;各种线上服务为传统服务业提供了全新的服务方式。

1.6 电子商务的意义

1.6.1 电子商务对传统企业的影响

电子商务的飞速发展使商业和人们的生活发生了深刻的变化,同时对企业的经营环境和经营手段产生了极大的影响,促使企业在组织管理和生产经营方面必须做出相应的战略和策略调整,以适应电子商务时代的要求。

1. 电子商务对企业组织管理的影响

从企业组织信息传递的方式来看,由过去单向的"一对多式"转换为双向的"多对多式"。在网络化的企业组织结构里,信息无须经过中间环节就可以到达各方,使工作效率得到提高。

从企业工作方式上看,电子商务打破了传统职能部门依赖分工与协作完成整个工作任务的过程,形成了并行工程的理念。电子商务改变了过去只有市场部和销售部才可以与客户打交道的状态,在电子商务的构架里,其他职能部门也可以通过商务网络与客户频繁接触。原有各工作单元之间的界限被打破,重新组合成一个直接为客户服务的工作组。这个工作组直接与市场接轨,以市场的最终效果衡量生产流程的组织状况和各组织单元间协作的好坏。

从企业经营活动的范围来看,企业的经营活动打破了时间和空间的限制,虚拟企业,这种新型的企业组织形式诞生了。它打破了企业之间、产业之间、地域之间的一切界限,把现有资源组合成为一种超越时空、利用电子手段传输信息的经营实体。虚拟企业可以是企业内部几个要素的组合,也可以是不同企业之间的要素组合。其管理由原来的相互控制转为相互支持,由监视转为激励,由命令转为指导。

2. 电子商务对生产经营的影响

国内越来越多的企业已经充分认识到,在以计算机、通信、网络为代表的信息产业快速发展的今天,实现电子商务是企业能够在越演越烈的全球化市场竞争中得以生存、发展的必由之路。这是因为电子商务不仅对传统企业的管理,如计划、组织和控制产生了影响,而且对企业的研究开发、采购、生产、加工、制造、存储、销售以及客户服务也产生了巨大的影响。

(1)电子商务对企业采购产生的影响。到目前为止,国内大部分传统企业仍将订货会、供需见面会等作为采购原材料的主要方法,由此耗费了大量的人、财、物,而电子商务恰好可以弥补这方面的不足,成为减少企业采购成本的一种有效途径。电子商务的发展使企业之间的竞争不再取决于企业实际所占资源的多少,而是取决于企业可控制运用的资源的多寡。因此，企业必须利用外部资源，尤其要发挥网络的作用，通过 Internet 使自己与合作伙伴、供应商互通互联，做到信息资源实时共享，最大限度地提高运作效率，降低采购成本。

（2）电子商务对企业生产加工产生的影响。电子商务对企业的生产运作方式、生产周期、库存等都会带来巨大的影响。

一方面，传统经营模式下的生产方式是大批量、规模化、流程固定的流水线生产，是产品的全程生产，外协加工工序较少。而电子商务的生产方式是顾客需求拉动型的生产，能够减少企业库存，提高库存管理水平。产品生产周期越长，企业越需要较多的库存来应付可能出现的交货延迟、交货失误，对市场需求变化的反应也就越慢。而库存越多，其运转费用就越高，效益就越低。大量库存使货物所在仓库的租金成本上升，也使企业对库存的管理与维护费用显著增加。而在电子商务环境下，企业通过 Internet 可以直接找到供应商，减少了中间商进行"加价"的机会而直接让利于消费者；同时，由于专业化程度越来越高，企业之间的合作不断加强，更多先进生产方式（如制造资源计划、企业资源计划、JIT 适时管理）的应用，为企业实现精确生产、"零库存"奠定了基础。

另一方面，缩短了生产与研发的周期。在 Internet 上，消费者可以以互动的方式进行订购，并协助企业设计出整套解决方案，使企业最大可能地理解消费者，从而使产品几乎以零开发周期的速度进入市场。

（3）电子商务对企业销售产生的影响。电子商务对企业销售产生的影响具体表现在以下三个方面。

第一，电子商务突破了时间和空间的限制。传统企业由于受到地域的限制，面对的市场是有限的。而电子商务则使得企业通过 Internet 直接面对全球市场，在网上开展营销活动；同时 Internet 提供的是每周 7 天、每天 24 小时的销售，交易时间的延长给传统企业带来了更多的机会。

第二，电子商务可以降低企业的交易成本。电子商务模式构筑的是全球营销网络，建立的是无中介的销售渠道，通过 Internet 进行广告宣传及市场调查，改变了市场准入及品牌定位等规则。企业可以利用 Internet 资源建立个性化的电子商务网站，在网上进行企业宣传，展示自己的产品，树立企业形象，扩大企业影响，并进行促销活动，从而大大降低企业的促销成本。与传统营销方式相比，网络营销的费用大大降低。

第三，电子商务全方位展示产品，使顾客根据需求理性购买。传统的销售虽然也展示真实的商品，但商家必须有相应的基础设施，如仓库、展厅、店铺等来支持，从而增加了企业的销售成本。另外，作为消费者的顾客还要占用大量的时间和精力。而企业通过网络全方位展示商品功能的内部结构、商品的性能、质量、价格及付款条件等，帮助消费者完全认识了商品及服务，根据需求购买。

（4）电子商务对企业客户服务产生的影响。现实的和潜在的消费者是企业最重要的资源。企业内部的一切努力，如开发新产品、提高生产效率和产品质量以及降低消耗等，最终目的都是促使顾客的购买行为成为现实。因此，不断了解顾客需求，改善客户服务质量，改进产品及售后服务，实施互动式沟通，提高客户满意度和忠诚度，就成为企业能否在竞争激烈的市场上立足的关键。

1.6.2 电子商务对社会的意义

1. 电子商务改变了商务活动的方式

电子商务减少了传统商务活动的许多中间环节，缩短了企业与用户需求之间的距离，大大降低了各种经济资源的消耗；不受时空限制，全球化、全天候的服务使交易更加便利；无须地理上的营销渠道，无须大量的库存清单，无须办公场所。这些都是电子商务所带来的改变。人与电子通信方式的结合极大地提高了商务活动的效率，继而实现了全球化的商务活动，使人类进入了"直接经济"时代。

电子商务从根本上使传统的商务活动转变为一种低成本、高效率的商务活动。它运用电子信息化管理的手段，让商务采购、库存管理、供需见面、结算、配送、售后服务等诸多方面联系起来，建立起一个完整的电子信息系统。

2. 电子商务改变了企业经营管理的方式

（1）优化业务流程。现代企业的运作依赖各种各样的流程，这些流程是一系列相互关联的活动和决策，是信息流和物流的复杂结合。流程是企业个性化的产物，流程的优化带来的是企业运作效率的提升、质量的优化、服务的改善以及竞争力的增强。企业流程再造（BRP）的主要内容是：从职能管理和专项管理实现向业务流程管理的转变；打破企业内一切功能性的小单位；关注整体的最优化；组织结构高度服从于流程；面向整个供应链设计企业流程；一切工作建立在企业信息技术平台基础之上。

（2）降低采购成本。采购成本在许多企业的总成本中所占比例很高，降低采购成本的手段主要有：尽可能广泛地询问价格，找到最佳供货商；在供货商报价后，对其报价进行精细的成本分析和核算，在此基础上再合理压价。

（3）改善库存状况。在企业的各种成本中，库存成本始终占据着重要地位。仓库场地占用费、维护费、建造费、库存商品毁损和仓库保管人员的开支等均不容忽视。此外，库存占用了企业大量资金，也增加了企业的成本。电子商务时代物流管理的思想更是以信息代替库存，将供应链作为仓库，实现物流的敏捷配送并最终实现零库存。

（4）缩短生产周期。利用电子商务，采用辅助生产的信息系统，改善信息沟通状况和提高各部门间的协同能力，在保证甚至提高产品质量的前提下最大化地压缩生产周期，规避了重复劳动，使得企业降低生产成本、提高市场快速反应能力的迫切需求得以实现。产品生命周期管理（PLM）系统是企业缩短产品开发周期的有力武器。利用 PLM 系统可以实现产品设计者、技术研发者、销售者以及使用者之间的有效沟通，完成从产品研发、技术设计到售后支持、次品回收整个产品生命周期的管理。

（5）提升客户关系。随着市场竞争的日益加剧、竞争者的不断增加、消费者选择余地增大以及消费需求的个性化趋向，企业需要全面提升与客户之间的关系。这种关系不仅仅维系于售后服务环节，而且，企业在生产、经营、管理活动的方方面面都要以客户为中心。使用传统办法做到这一点是很困难的，需要付出较大的成本。电子商务时代客户关系管理系统（CRM）以"一切以客户为中心"为管理理念，强调用信息化、智能化的手段为客户打造个性化的产品和服务,从而全面提升客户关系和客户体验,是企业自下而上发展不可或缺的部分。

(6) 降低销售价格。大幅降低产品销售价格是电子商务的巨大魅力所在。从更少的人员开支到更低的库存占用,从更扁平的分销渠道到更短的生产周期,从更低的采购价格到更有效的宣传推广,这一切都是电子商务能够降低销售价格的原因所在。

(7) 获取新的商机。Internet 的普及、电子商务的成熟给企业和个人创造了无数全新的商机,传统企业也可以通过从事电子商务获得启发,从而发现新的利润来源。

(8) 全面把握市场。开展电子商务的企业必然增强了对市场的感触力,从而可以通过多种方式获取实时、全面和精准的市场信息,以辅助企业自身的各种决策。

3. 电子商务改变了人们的消费方式

电子商务对人们的消费观念和消费方式的改变主要体现在以下几个方面。

(1) 选择性多的消费者将拥有比过去更大的选择自由。他们可根据自己的个性特点和需求在全球范围内找寻满意的商品,货比无数家,且不受时空的限制。

(2) 节省时间,足不出户就可以把商品买回家。

(3) 享受低价。电子商务省去了许多中间环节,可以直接面对生产者或经销商,不必负担中间商的利润,从而享受到最低价格。

(4) 保护个人隐私。

(5) 满足个性化消费需要。

1.6.3 电子商务发展带来的问题

在电子商务发展的过程中,人们必然会对安全、保密、认证、法律等技术手段和标准规范是否成熟可靠等问题进行讨论和研究,从而进一步解决所面临的系列问题。电子商务是一项复杂的系统工程,由于其发展环境和相关技术需要不断改进、不断完善,因此电子商务的应用不可避免地存在各种各样的问题,面对各种各样的挑战。

1. 安全问题

电子商务的运作涉及多方面的安全问题,如资金安全、信息安全、货物安全、商业秘密等。其中,电子交易的安全问题是阻碍电子商务发展的最大问题。安全问题不仅体现在技术层面,还体现在法律法规方面。电子商务发展中出现的问题有的需要技术的提高才能解决,即通过防火墙、加密技术、数字签名、身份认证等技术手段,来确保网上信息流的保密性、完整性和不可抵赖性。但是,就目前而言,技术的提高并没有完全解决电子商务的安全问题。只有法律和技术双管齐下,才能维护和保障电子商务的稳健发展。安全问题如果不能妥善解决,全面实现高质量的电子商务就是空谈。

2. 应用技术问题

电子商务的核心是技术。电子商务技术的不断创新对于解决电子商务的发展瓶颈显得尤为重要。技术方面的进步滞后于电子商务发展的需求,制约了电子商务的发展,如基础设施方面的问题可能对电子商务应用系统性能全部展现产生不利影响,如服务器、网卡、总线等跟不上互联网经济发展步伐，主存储器和超高速缓存也需要迎合云技术发展的匹配，等等。目前，电子商务的全面应用对诸如电子发票的实现、交易技术的改进及相关应用系统无缝对接等需求迫切。

3. 电子商务的税收问题

国家重要的财政来源无疑是税收。电子商务的交易活动是在没有固定场所的国际信息网络环境下进行的，因而会造成国家难以控制和收取电子商务的税金。因此，在制定与电子商务有关的政策法规时，需要重新审视传统的税收政策和手段，建立有效的、新的税收机制。

4. 其他问题

电子商务区域发展不平衡是当下电子商务存在的突出问题。与其他经济环境一样，电子商务环境一定也存在地域上的差异。此外，电子商务还存在诸多问题，如法律、企业的经营方式和管理水平落后、商家的信誉、物流体系不健全、电子商务人才缺乏等问题。与自然界的生态系统一样，电子商务产业应有一个产业生态系统，在这个生态系统中的各个相关种群共生共荣、相互支撑。良好的生态系统能使整个地区电子商务产业繁荣兴旺。电子商务生态系统的形成及健康、良性运转需要产业内生机制和非生物生态环境两个维度共同提供保障。

1.7 电子商务的法律环境

电子商务作为新型的商业文明，代表着 21 世纪贸易的发展方向，但是，对于电子商务这种新型的商业文明，目前很多有关社会和法律方面的规章制度都与之不相适应，甚至存在空白领域。为更好地规范电子商务领域的行为，促进电子商务的发展，不断完善电子商务法律及规章已成为当务之急。

1.7.1 电子商务法律概述

1. 电子商务法的概念

电子商务法是指电子商务活动中所产生的以各种社会关系为调整对象的法律规范的总和。电子商务法是一个新型的综合法律领域。

资料 1-7

这里的社会关系指的是电子商务信息流、物质流和资金流三个环节活动中所产生的商事交易关系，还有社会关系和政府管理关系的组成。

电子商务法不仅指 2019 年 1 月 1 日起实施的《中华人民共和国电子商务法》（以下简称《电子商务法》）这一部法律，而是涵盖了我国现有的与电子商务有关的所有法律法规，包括电子合同法、电子签名法和电子商务法等系列法规。

因此，电子商务法是市场经济健康发展的有利保障，是互联网安全的有力保障，也是规范电子商务活动的有力保障。

2. 电子商务法的特征

第一，国际性。电子商务的跨国性要求电子商务规则应该是可协调的，为联合国的《电子商务示范法》的协调一致奠定了基础。

第二，科技性。电子商务活动依赖互联网等高科技决定了电子商务法应该与高科技相结合。

第三，开放性。电子商务在空间、时间和技术等方面的大跨度决定了电子商务法开放的特点。

第四，安全性。电子商务法需要保障电子商务与计算机系统的安全运行，所以具有安全的特点。

第五，复杂性。电子商务法不仅要调节交易关系，还要调节社会关系和政府管理关系，所以具有复杂的特征。

3. 电子商务法的基本原则

第一，安全原则。电子商务的高效快捷必须以安全为前提，它不仅需要技术上的安全措施，同时也离不开法律的规范。例如，通过法律保障电子签名的合法性。

第二，中立原则。在电子商务的活动中建立公平交易的原则，主要包括技术中立、实施中立、同等保护三个方面。技术中立是指任何技术手段一视同仁，不可厚此薄彼，并且还要给未来的技术发展留下法律空间；实施中立是指在本国的电子商务活动与跨国性的电子商务活动的法律待遇上，应该一视同仁；同等保护是指电子商务法对于商家和消费者，国内的当事人与国外的当事人都应该一视同仁。

第三，交易自治原则。一方面，国家应当鼓励和尊重市场导向，为电子商务创造一个良好的法律环境和制度保障；另一方面，电子商务法应当尽可能地为当事人自治和行业自治原则留有余地。只要法律没有禁止的就是允许的，或不视为违法，只要法律没有强制规定，那么当事人之间的安排就是合法的。

第四，保护消费者合法权益原则。要求网络上对于消费者的保护不能小于其他环境下对消费者的保护，国家应该提供清楚一致和可预测的法律，促进对网络交易当事人的保护。

4. 电子商务的法律关系

（1）电子商务法律关系的内涵。电子商务法律关系是指各种相关的电子商务法律规范所确认的电子商务活动中的当事人之间具有权利义务内容的经济关系。

电子商务法律关系包括电子商务法律关系主体、客体和内容三个要素，必须三个要素同时具备，缺一不可。

（2）电子商务法律关系的主体。电子商务法律关系中的主体是指电子商务的各方参与者是享有权利、承担义务的当事人。主要包括四个方面，首先，是电子商务的经营者。它包括电子商务平台经营者、平台内经营者、自建网站类经营者和其他电子商务经营者四个部分，如图1-4所示。

电子商务平台是进行商务活动的网络空间，京东、淘宝、天猫等就是典型的电子商务平台经营者。平台内的经营者是各大电子商务平台上经营的第三方商家，比如，五粮液、

电子商务平台经营者	JD京东 TMALL suning.com苏宁易购
平台内经营者	五粮液、三只松鼠……都是淘宝、京东等电子商务平台上的第三方商家
自建网站类经营者	微商、苹果、迪奥等在自有网站销售自身产品的企业，通过微信、微博等社交App销售产品的经营者
其他电子商务经营者	微商+微店经营者平台经营者——腾讯

图 1-4　电子商务法律关系的主体

三只松鼠等就是平台内的经营者。自建网站类的经营者，例如海尔、苹果、迪奥等这些在自建网站上销售产品以及通过微信、微博等社交 App 销售产品的经营者，属于自建网站类的电子商务经营者。还有其他电子商务经营者，如个人利用朋友圈、网络直播等渠道进行销售的行为层出不穷，微商也是电子商务的主体，受电子商务法约束。

其次，是电子商务服务的提供者。它包括互联网服务提供商（ISP）、网络内容提供商（ICP）、应用服务提供商（ASP）等。

再次，是电子商务认证机构。它是提供身份验证的第三方，例如 CA 中心。

最后，是电子商务监管者，即政府监管部门。

（3）电子商务法律关系的客体。电子商务法律关系的客体是指电子商务法律关系主体享有的权利和承担的义务所指向的对象。这里所指的对象不仅包括有形的实体商品，还包括数字化商品，例如电子书刊、软件、游戏等。另外，还包括网上服务，例如网上旅游服务、咨询服务、教育培训服务等也属于电子商务法律关系的客体。

1.7.2　电子商务交易的法律法规

1. 电子签名的法律问题

（1）电子签名的内涵。2004 年 4 月实施的《中华人民共和国电子签名法》（以下简称《电子签名法》）是为维护有关各方的合法权益而制定的法律，确定了电子签名的法律效力，其第 2 条规定："电子签名，是指数据电文中以电子形式所含、所附用于识别签名人身份并标明签名人认可其中内容的数据。"

（2）电子签名的法律效力。《电子签名法》采取了折中式的立法模式。这里的折中式，即在借鉴外国立法后，综合了广义电子签名和狭义电子签名的优点，引入了可靠的电子签名一词，从总体上对一般的电子签名做了明确。什么是可靠的电子签名呢？

第一，电子签名制作数据用于签名时，属于电子签名人专有。

第二，签署时，电子签名制作数据仅由电子签名人控制。

第三，签署后，对于电子签名的任何改动都能够被发现。

第四，签署后，对数据电文的任何改动都能够被发现。

《电子签名法》规定：当事人约定使用电子签名的文书，与手写签名或者盖章具有同等的法律效力。

2. 电子合同的法律问题

（1）电子合同的内涵。电子合同是双方或多方当事人之间通过电子信息网络以电子的形式达成的设立、变更、终止财产性民事权利义务关系的协议。

我们把电子合同分为广义的电子合同和狭义的电子合同。广义的电子合同是指通过传真、电报、电子数据交换、电子邮件等方式订立的合同，这类合同都是以电子形式传递信息的；狭义的电子合同专指以交易为目的，通过计算机网络形式订立的明确双方权利与义务关系的协议。

（2）电子合同的特点。第一，电子文本。这是因为电子合同是以计算机程序为基础生成的。第二，网上运作。电子合同的修改、流转、存储等均需要在网上进行。第三，电子签名。电子合同的要约与承诺通过数字签名来确认。第四，电子合同生效。通过互联网自动发出邀约或者表示承诺，而承诺一旦生效，合同即告成立。第五，易受攻击。由于电子数据具有消失性和易改性，所以电子合同容易受到攻击。

（3）电子合同的法律效力。按照《联合国国际贸易法委员会电子商务示范法》和我国2019年第二次修正的《电子签名法》第14条规定，可靠的电子签名与手写签名或者盖章具有同等的法律效力。电子合同以数据电文形式存在，通过互联网自动发出邀约或者表示承诺，采取收到生效原则。《民事诉讼法》第63条也将电子证据归为采纳证据，电子证据可以作为合法的证据来认定实施。

3. 电子商务的税收问题

（1）电子商务为税收法律制度带来的冲击。电子商务给常设机构的原则带来冲击；电子商务给纳税依据带来冲击；电子交易引发国际避税问题；国际税收管辖权的冲击。

（2）《电子商务法》对电子商务经营者纳税问题的规定。《电子商务法》第11条明确规定，电子商务经营者应当依法履行纳税义务，并依法享受税收优惠，不需要办理市场主体登记的电子商务经营者在首次纳税义务发生后，应当依照税收征收管理法律、行政法规的规定申请办理税务登记，并如实申报纳税。

4. 消费者权益保护问题

（1）电子商务中消费者权益受侵害的类型。电子商务的消费者权益受到的侵害有以下五种类型。第一，对消费者知情权的侵害。消费者作为电子商务交易中必不可少的主体之一，也常常因为各种各样的因素被侵权。商家散布虚假消息、虚假广告侵害消费者知情权。第二，对消费者公平交易权的侵害。例如，商品与订购要求不符、售后服务难以保障、退换困难、配送缓慢，这些都侵害了消费者的公平交易权。第三，对消费者选择权的侵害。包括强制性条款、强迫付款方式、强制链接浏览等侵害消费者的选择权。第四，对于消费者求偿权的侵害。包括消费者被侵权后，侵权对象和责任的认定困难、取证困难、司法管辖的认定困难等。第五，利用网络的虚拟性，纯粹的虚拟诈骗是对消费者财产权的侵害。

（2）《电子商务法》对消费者权益的保护。在信誉评价方面，禁止虚假交易、编造评价，不得删除评价，禁止刷单以保障消费者的知情权，违者被行政处罚，情节严重的处最高50

万元以下罚款。在捆绑搭售方面，未经消费者同意变相强制搭售的行为侵害了消费者的知情权和选择权。《电子商务法》规定，商品搭售要显著提示，默认勾选被禁止。在押金退还方面，押金的所有权属于消费者，经营者不得挪用。《电子商务法》规定，电子商务经营者应明示押金退还的方式、程序，不得设置退还障碍，违者给予行政处罚，情节严重的最高可处50万元以下罚款。在消费者人身权益方面，《电子商务法》规定，电子商务平台经营者对平台内的经营者的资质未尽到审核义务，或者未尽到安全保障义务，造成消费者损害的，承担相应的责任。在合同方面，《电子商务法》规定，平台的经营者应当制定公示平台的合同、平台服务协议和交易原则，明确进入和退出平台、商品和质量保障、个人信息保护等方面的权利和义务。

5. 电子商务争议解决问题

首先，是消费者权益保护机制。该机制可以通过制定商品服务担保机制进行保障，即平台可与平台内经营者约定消费者权益保证金，根据《中华人民共和国消费者权益保护法》（以下简称《消费者权益保护法》）的先行赔付制度，一旦因商品质量或者服务质量出现纠纷，平台可以先行赔付消费者。

其次，是投诉举报机制。《电子商务法》要求电子商务经营者建立投诉举报机制，公开投诉举报信息，及时受理并处理举报信息。

再次，协助维权。消费者与平台内的经营者发生争议，电子商务平台经营者应当积极协助消费者维护合法权利。

最后，争议在线解决机制。经营者可以建立争议在线解决机制，制定公示解决规则，公平公正解决争议。

1.7.3 电子商务知识产权和隐私权保护

电子商务发展，要求建立清晰的、有效的网上知识产权保护体系，解决网上著作权、专利权、商标权和域名的保护问题，制止盗版行为。同时，要给予消费者权益的充分保护。

1. 电子商务知识产权保护内容

知识产权是专利权、商标权、著作权、版权、专用技术、商业秘密，以及邻接权、与贸易有关的知识产权的统称。随着科学技术的迅速发展，知识产权保护对象的范围不断扩大，新型的智力成果不断涌现，如计算机软件、生物工程技术、遗传基因技术、植物新品种等，这些也是当今世界各国所公认的知识产权的保护对象。而上述权利在 Internet 上得以自然延伸，一切侵犯上述权利或数字化后的上述权利的行为都将构成对知识产权的侵害。版权、专利权和商标权是传统知识产权的主要内容，如今这一传统的知识产权体系在网络中受到了前所未有的挑战，具体内容如下。

1）版权保护

所谓版权，有时也称作者权，在我国被称为著作权，是基于特定作品的精神权利以及全面支配该作品并享受其利益的经济权利的合称。版权法自产生以来，受到技术发展的重大影响，版权制度随着传播作品的技术手段的发展而不断向前发展。法律上的客体是指主体的权利与义务所指向的对象。版权的客体是指版权法所认可的文学、艺术和科学等作品，简称作品。计算机技术以及网络通信的发展给版权的客体带来了新的内容。

（1）计算机软件。目前世界上已经建立了一个比较全面的著作权保护法律体系，将计算机软件纳入著作权保护之中，给软件提供更加及时和完善的保护。计算机软件不同于一般的文字作品，其版权保护对象是操作系统、微程序、固化程序、SSO（程序的结构、顺序和组织）、用户接口、数据库、文档和其他应用软件。

（2）数据库。由版权作品选编、汇集而成，属于汇编作品并受版权法保护；如数据库由不受版权保护的材料组合而成，但因在材料的选择和编排上具有独创性，而构成智力创作成果时，也可作为版权法意义上的编辑作品加以保护。上述两种数据库所受的保护与一般文学艺术作品没有本质区别。

（3）多媒体。多媒体作品是指将传统的单纯以文字方式表现的计算机信息以图形、动画、声音、音乐、照片、录像等多种方式来展现的作品。

2）专利权保护

所谓专利权指的是一种法律认定的权利。它是指对于公开的发明创造所享有的一定期限内的独占权。授予专利权的发明、实用新型和外观设计都要求满足一定的实质性要求。发明专利和实用新型专利要求具备新颖性、创造性、实用性，即通常所说的"三性"；而外观设计则只需要具备新颖性。

3）商标权保护

商标在一定程度上体现了商品生产者或服务提供者的信誉这一"人格化因素"。在电子商务环境下，商标权的保护涉及如下内容。

（1）网络链接的商标侵权。在 Internet 上，处于不同服务器上的文件可以通过超文本标记语言链接起来。上网的人常常都有这样的经历：只要在网页的某个图标上轻轻点击一下，另一个网页或者网页的另一部分内容就会呈现在眼前。这种网页跳跃和文件转换的过程就是"链接"。因此在网站设计时，不要一味追求网页色彩缤纷、鲜亮美丽，而随意采用别的网站或公司的图标，否则将会在无意之中陷入一场知识产权的纠纷。

（2）网络搜索引擎的隐性商标侵权。隐性商标侵权的特点是某个网主将他人的商标置于自己的网页的源代码中，这样虽然用户不会在该网页上直接看到他人的商标，但是当用户使用网上搜索引擎查找商标时，该网页就会位居搜索结果的前列。这种隐性使用他人商标，靠他人的商业信誉把用户吸引到自己网页的网主有淡化、贬低他人知名商标、商号之嫌，情节严重的则侵犯了知名企业的商标权。

（3）电子形式的商标侵权。在北京市某信息技术公司诉某集团总公司侵犯商标权的案件中，被告在其软件安装、运行的界面上（含对话框、标题栏、图标）使用了原告的商标，预示着网络上的商标侵权已经在身边发生。只有网络管理机构加强对 Internet 的管理，广大网民积极提升对网上商标权的维护意识，政府积极出台相应的知识产权法规，才能有效杜绝此类案件的发生。

4）域名的保护

任何厂商如果要从事电子商务，都必须拥有一个自己的网络名称——域名。作为一种全新的网上资源和商战热点，域名抢注的纷争近年来频繁发生。原因在于用户对域名这一新生事物的法律性质认识不足，对其注册与使用行为的法律性质分析不够深入，同时也缺乏相应的法律来规范。因此，在电子商务环境下域名保护成为企业知识产权保护的一个重要内容。

2. Internet 上的侵权行为

当今时代，网络已经渗透到我们生活的各个角落，Internet 上的侵权行为俯拾皆是，由此引发的法律问题也不计其数。Internet 上的侵权行为包括直接侵权、间接侵权和不正当竞争行为等。

1）直接侵权

未经作者或者其他版权人许可而以任何方式复制、出版、发行、改编、翻译、广播、表演、展出、摄制影片等，均构成对版权的直接侵害。在对直接侵权责任视为无过错责任的前提下，按照网络活动的主题分别对直接侵权责任进行分析。

（1）网主的直接侵权责任。网主，就是以网络技术形式向 Internet 提供信息的主体。网主所提供的信息有实在的材料和虚拟的材料之分。实在的材料就是网页上包括的存储在该网页所在服务器上的内容；虚拟的材料则是指网主的网页上包括的，但并非存储在该网页所在服务器上，而是网主运用超文本链接技术从其他服务器上借用的内容。

（2）网络服务提供者（ISP）的直接侵权责任。网络服务提供商提供中介服务，无论是用户上网浏览，还是向电子布告板系统发送信息，都要经过 ISP 的服务器。在收集、编辑或链接过程中若实施了侵犯版权的行为，这类网络服务提供商毫无疑问将承担直接的版权侵权责任。个人用户虽然在很多情况下是网络服务的接受者，但是当其将新闻转载至其个人主页或 BBS 时，其充当的又是网络信息提供者的角色，与机构网站转载新闻并没有实质性的区别。

（3）用户的直接侵权责任。网络用户可分为一般用户和平面媒体，一般用户应对其擅自上载他人作品的侵权行为承担直接侵权责任，内容提供商应有义务对上载人的真实姓名、地址和其他联系信息进行确认，以备将来出现侵权行为时查找。一般来说，直接侵权人应当承担严格责任。这是一种无过错责任，即无论直接侵权行为人有无过错，都要承担责任。

2）间接侵权

间接侵权有两种不同的含义：其一是指某人的行为系他人侵权行为的继续，从而构成间接侵权；其二是指某人须对他人的侵权行为负一定责任，而他自己并没有直接从事任何侵权活动。前一种间接侵权责任被称为帮助性侵权的责任，又称二次侵权责任。二次侵权责任行为依赖于直接侵权行为，是直接侵权行为的继续和扩大。后一种间接侵权责任被称为代替责任，是由法人为雇员的侵权行为承担责任发展而来的，在现代社会中主要是指雇主代替承担雇员完成本职工作时产生的侵权责任，或者委托人代替承担受托人履行委托合同时的侵权责任。网上的间接侵权责任主要是指 Internet 服务提供者（ISP）和网主因用户的侵权行为承担的侵权责任。

间接侵权责任是过错责任，即间接侵权行为人只有在有过错的情况下，才承担相应的责任。越来越多的国内学者主张对直接侵权责任与间接侵权责任加以区分，以完善知识产权的保护。如在线服务商通常只是为用户提供交流信息的渠道而自己并不直接引起信息传输,一般不是网上使用版权材料的直接责任人,所以间接侵权责任越来越普遍地被认为更适合用以确定在网上侵权行为中在线服务商的责任。而帮助侵权责任是间接侵权责任中的主要侵权责任之一。

3)不正当竞争行为

电子商务中的不正当竞争行为主要分为以下四类。

(1)网络虚假广告。所谓网络虚假广告是指经营者通过在互联网上发布对产品的质量、制作成分、性能、用途、生产者、企业概况等引人误解的虚假宣传而诱导消费者购买其商品或接受其服务并从中牟取暴利的商业广告。网络虚假广告的特点:一是影响范围大,由于 Internet 覆盖面广,通过公共网络就可能涉及许多网民的权益;二是速度快,一旦发布虚假广告,可在瞬间将这些虚假信息传送到世界各地;三是有较强的隐蔽性,发布者可通过匿名的方式躲避检查,或者寻找没有法律调整或者执法不严地区发布使执法者束手无策。网上的虚假广告、诈骗广告、贬损他人抬高自己的广告、故意用相似商标和缩略语攀附名牌引起消费者误解的网上广告均属于不正当竞争行为。

(2)网上商业诽谤。在电子公告牌上张贴诽谤其竞争对手的材料,在网上论坛诽谤竞争对手,对竞争对手的商业信誉、产品或服务声誉进行诋毁,削弱对手的竞争能力,网上压价销售挤对竞争对手等属于不正当竞争行为。2010 年 10 月 19 日晚,若干网络论坛传出消息,称曾在网上引起轩然大波的"圣元奶粉致儿童性早熟事件"是奶业巨头蒙牛及其公关公司策划出来的,目标是打击竞争对手。同时,另一奶业巨头伊利公司也指控蒙牛对伊利旗下产品 QQ 星儿童奶粉、婴儿奶粉进行有计划的舆论攻击。2010 年 10 月 24 日,蒙牛诽谤门案件侦破,涉及蒙牛诽谤门的蒙牛未来星品牌经理安勇、北京博思智奇公关顾问公司郝历平、赵宁和马野四人,因涉嫌"损害商业信誉以及商品声誉罪"被批捕。这是一起典型的网络诽谤案件。相比传统的商业诽谤,网络时代的商业诽谤多了个网络公关公司的角色,而由其统领着的浩大的"网络水军"便是诽谤侵害人所期待的舆论声势的力量源泉。

(3)网上倾销。电子商务是发展的大趋势,这个势头是不能阻挡的,它给传统的商品销售带来了巨大的冲击。网络购物的发展势头迅猛,既有积极的方面,也存在着棘手的问题。以淘宝平台为例,市场统一价格的商品在某些店铺里卖得异常便宜,远远低于其他商家给出的会员价,甚至有些商家只要赚上三五个点就可以卖出。因为他们没有店面,没有成本开销,加上一些品牌没有市场保护的意识从而纵容了这些行为,使一些中小零售商家的生存空间受到严重挤压,夹在中间左右为难。对此,相关部门研究并出台相应的规章制度让市场更加规范。

(4)通过网络窃取、破坏他人的商业秘密。网上的资源有些是公开的,有些是保密的,只有授权访问者才能获得保密的商业信息。任何非法解密登录他人的远程终端、窃取破坏他人的商业秘密的行为均属于不正当竞争行为。

3. 隐私权保护

目前,电子商务在隐私权保护方面存在着很多问题,给网络消费者带来了很多麻烦和困惑。

1)隐私权保护

所谓隐私权,是指公民享有的私人生活与私人信息依法受到保护,不被他人非法侵犯、知悉、收集、利用和公开的一种人格权。一般认为，隐私权的主体只能是自然人，其内容具有真实性和隐秘性，主要包括个人生活宁静权、私人信息保密权、个人通信秘密权及个人隐私利用权。公民的隐私权是人格权利中最基本、最重要的内容之一，是伴随着人类对自身的尊严、权利、价值的认识而产生的。隐私权深入日常生活的细节和内心世界，来保护自然人的人格和精神状态，是种高层次的人格权。

2021年9月16日，一项由美联社与芝加哥大学全国民意研究中心联合进行的民调显示：约64%的美国人认为他们的社交媒体活动和物理位置信息在网上得不到保护；50%的美国人认为他们的网络私人对话信息缺乏安全性；此外，约71%的美国人认为，个人数据隐私应被视为国家安全问题。

2）网上隐私权保护

网络与电子商务中的隐私权，从权利形态来分有隐私不被窥视的权利、隐私不被侵入的权利、隐私不被干扰的权利、隐私不被非法收集利用的权利；从权利的内容可以分为个人特质的隐私权（姓名、身份、肖像、声音等）、个人资料的隐私权、个人行为的隐私权、通信内容的隐私权和匿名的隐私权等。

目前，网络隐私权保护主要存在三方面的问题：个人数据过度收集、个人数据二次开发利用、个人数据交易。关于网络隐私权的三个方面是相互联系的，它们共同对网络隐私权的保护构成威胁。但由于具体情况不同，不应该采取武断的处理方法，而应该在商家与消费者之间找到一个平衡点，既保证个人信息的正常流动，使得商家可以提供有针对性的服务，同时又要注意保护网络隐私，使网络消费者不受非法干扰。

4. 网络消费者权益保护

消费者权益，是指消费者依法享有的权利及该权利受到保护时给消费者带来的应得利益。它包括两个方面，即消费者权利和消费者利益，其核心是消费者权利。我国《消费者权益保护法》为消费者规定了安全保障权、知悉真情权、自主选择权、公平交易权、依法求偿权、结社权、求教获知权、受尊重权、监督批评权九项权利，并同时规定了经营者、国家和社会负有保障消费者权益得到实现的义务。

电子商务极大地拓展了消费市场，增大了消费信息量和增加了市场透明度，给消费者带来了极大的便利与增值服务，但是，又不可避免地使消费关系复杂化并增加了消费者遭受损害的机会。因此，电子商务给消费者权益保护带来了新的挑战。从国内外的实践来看，电子商务对消费者的威胁或者潜在威胁主要有以下五个方面。

1）消费者信息知情权

我国《消费者权益保护法》第8条规定："消费者享有知悉其购买、使用的商品或者接受的服务的真实情况的权利。消费者有权根据商品或者服务的不同情况，要求经营者提供商品的价格、产地、生产者、用途、性能、规格、等级、主要成分、生产日期、有效期限、检验合格证明、使用方法说明书、售后服务或服务的内容、规格、费用等有关情况。"尽管传统的消费者权益保护法规定了消费者的知情权和商家如实告知商品信息的义务，且与传统购物方式中的看货、了解情况、试用、讨价还价、进行交易、送货等一系列的环节相配套，但在虚拟的网络中是不足以保护消费者权益的。除送货外，这些环节在电子商务中都变为虚拟化的方式，消费者与供应者并不见面，通过网上的宣传了解商品信息，通过网络远距离订货，通过电子银行结算，由配送机构送货上门等。在这样的情况下，自然就产生了消费者看不到商家且摸不到商品、如何保证消费者能充分获得商品信息并保证其真实可靠的问题。因此，必须建立商业信用制度，这不仅可以预防或惩戒网上商业机构的欺诈行为，还可以增强消费者对网络交易的信心，使其积极参与网络交易活动，从而促进电子商务的繁荣与发展。

2）消费者安全使用产品的权利

在一般的电子交易中，要经过十几个步骤才能完成一个完整的电子交易，这其中可以包括：消费者浏览网页、选择商品进行购买、提出支付请求、商家发出 wakeup 唤醒电子钱包、消费者发送初始请求给商家、商家发送初始应答及证书、消费者收到应答并发送购买请求、商家收到购买请求后发送支付授权请求、支付网关收到授权请求、发送金融信息给金融机构、金融机构返回应答信息、商家处理授权应答并向消费者发送支付成功消息等。在交易过程中，往往是消费者支付款项在先，商家将货物送到消费者手中在后，而由于目前的电子商务存在安全性不高、支付体系不完善、送货系统效率低等诸多问题，货物要经过一定的时间才能送到消费者手中，甚至有时送不到。那么，在这样的情况下，消费者的付款能否作为预付款处理自然就成了问题。因为我国《消费者权益保护法》第47条明确规定："经营者以预付款方式提供商品或者服务的，应当按照约定提供。未按照约定提供的，应当按照消费者的要求履行约定或者退回预付款；并应当承担预付款的利息、消费者必须支付的合理费用。"

3）消费者退换货的权利

我国《消费者权益保护法》第23条规定："经营者提供商品或者服务，按照国家规定或者与消费者的约定，承担包修、包换、包退或者其他责任的，应当按照国家规定或者约定履行，不得故意拖延或者无理拒绝。"由于网络交易往往是先付款，后送货，当消费者接到货物时，货款早已汇出，一旦商品出现质量问题或者不符合要求，对于隔着千山万水、互不见面的商家，消费者难以行使退换货的权利。

在电子商务环境下，数字化商品（包括音乐及影视CD、软件、电子书籍等）一般都通过线上传递的方式交易，并且消费者在购买这些数字化商品前，大多有浏览其内容或使用试用版本的机会。然而，若根据传统的消费者保护原则，消费者在通过线上传递的方式购买了数字化商品之后，又提出退货的要求，则很可能产生对商家不公平的情形。因为商家无法判断消费者在退还商品之前，是否已经保留了复制件，而消费者保存复制件的可能性又非常大。所以，传统的《消费者权益保护法》中关于退换货的规定，在数字化商品的电子商务中，还需重新审视与斟酌。

除此之外，与电子商务中消费者退换货的权利相关的问题还有很多。例如，在商品送货上门之后，如果消费者提出非厂商、经销商或商品原因的退货要求，相应的配送费用应该由谁来承担；如果是因为网络上的商品信息不够充分，致使消费者在收到货物后发现与所宣传的不完全符合或存在没有揭示过的缺点，能否视为欺诈或假冒伪劣等而适用双倍返还价款的处罚；如果由于商品本身的特性导致一些特征无法通过网络认识，消费者购买或使用后才发现，双方又无退换货的约定和法律法规依据，那么消费者能否提出退货的要求，以及退换货是否会被视为违约;等等。

4)网上购物契约的效力问题

在进行网上购物时,很重要的一环就是要通过网络与商家签订相关的契约,这些契约内容一般已是商家事先准备好的固定的条款,可以称为定型化契约。对于这些定型化契约,一方面,由于其合同条款已经固定,没有另一方的意思表示,所以在具体执行中难免会对契约的效力和约束力等产生这样那样的异议;而另一方面,由于其条款完全由商家制定,难免会存在一些有违公平合理、等价有偿原则的条款,如类似无论商品有何瑕疵,消费者只能请求免费修理,而不能退货或求偿的条款,等等。这样也就自然产生了消费者认为这些契约有违我国民法的基本原则而请求认定无效的异议。要解决这些问题,就需要对网络购物中定型化契约的效力及民法的一些基本原则在网络购物如何具体认定等做出法律上的判断。

5)电子商务中系统风险的责任承担问题

无论办理网上银行业务、网上购物、网上炒股还是其他网上服务,安全性、准确性和及时性无疑是最为重要的。尤其在电子商务发展的初期,交易安全性与准确性方面发生问题恐怕难以避免。不管是系统错误还是服务失效,责任终归要由人来承担,显然这是一个非常敏感的问题。这一问题在某种程度上的解决,有赖于电子商务中损害责任的承担问题在法律上的健全。

1.7.4 国际电子商务法律与法规

1. 国际性、区域性组织在立法方面的现状

联合国国际贸易法律委员会在《电子商务示范法》中给数据电文的定义是:"就本法而言,数据电文是指以电子手段、光学手段或类似手段生成、发收或储存的信息,这些手段包括不限于电子数据交换(EDI)、电子邮件、电报、电传或传真。"当以数据电文为交易手段时,一般应由电子商务来调整。

为了给电子商务的发展提供良好的法律环境,以联合国为首的有关国际性、区域性组织及各国政府高度重视,对电子商务法律进行了积极探索,纷纷出台推动电子商务发展的政策、行动纲领和规范性文件,同时减少各国在立法上的冲突,为电子商务在全球范围内的发展扫平障碍。

1)国际组织的电子商务立法情况

联合国国际贸易法律委员会(简称"联合国贸法委")先后主持制定了一系列调整国际电子商务活动的法律文件,主要包括《计算机记录法律价值》报告、《电子资金传输示范法》、《电子商务示范法》、《电子商务示范法实施指南》以及《电子签名统一规则》等。

1998年10月在加拿大渥太华召开的第一次以电子商务为主题的部长级会议是由国际经济合作与发展组织(Organization for Economic Cooperation and Development,OECD)组织召开的。该会议形成了一批对于电子商务实际运作具有指导性意义的文件,主要有《OECD电子商务部长级会议结论》、《全球电子商务行动报告》、《OECD国际电子商务行动计划》和《国际组织和地区性组织电子商务活动和计划报告》,并于1999年12月制定了《电

子商务消费者保护准则》，1998 年制定了《经合组织关于电子商务中消费者保护指南的建议》，从信息透明、有效的保护，公平的商业、广告及销售行为，确认争议解决和救济，隐私等方面对消费者保护提出了指导性建议。

世界贸易组织（WTO）建立后，立即开展了信息技术的谈判，并先后达成了三大协议，分别为 1997 年 4 月 15 日达成的《基础电信协议》，该协议要求各成员方向外国公司开放其电信市场并结束垄断行为；1997 年 3 月 26 日达成的《信息技术协定》（ITA），该协议要求所有参加方自 1997 年 7 月 1 日起至 2000 年 1 月 1 日将主要信息技术产品的关税降为 0；1997 年 12 月 31 日达成的《金融服务市场协议》，该协议要求成员方对外开放银行、保险、证券和金融信息市场。

国际商会（ICC）于 1997 年 11 月 6 日至 7 日在法国巴黎举行的世界电子商务会议中通过了《国际数字化安全保证商务通则》（GUIDEC），为电子商务提供了指导性政策，并同意了有关术语；2000 年 1 月 1 日生效的《2000 年国际贸易术语解释通则》对使用电子方式通信等方面进行了修改和完善。

世界知识产权组织（WIPO）在电子商务领域所关注的焦点在于如何在电子商务环境下实现商标、版权和专利权的保护，尤其关心新兴的电子商务对电影、出版、多媒体和信息技术等行业的影响。1996 年，WIPO 通过了《世界知识产权组织版权公约》和《世界知识产权组织表演与唱片条约》，目的就是解决新技术给传统版权带来的问题；1999 年 4 月 30 日，WIPO 公布了《WIPO 国际互联网域名规程最终报告》，针对 Internet 上由域名引起的问题提出了一些建议；1999 年 9 月 WIPO 在日内瓦召开会议，从技术、商业和政策法规等多角度讨论了电子商务知识产权问题。

欧盟（EU）于 1997 年提出《欧盟电子商务行动方案》，为规范欧洲电子商务活动制定了框架，1998 年颁布《关于信息社会服务的透明度机制的指令》。1999 年年末，欧盟制定《欧盟电子签名统一框架指令》，该指令由 15 个条款和 4 个附件组成，主要用于指导和协调欧盟各国的电子签名立法。

亚太经合组织（APEC）在 1997 年 11 月召开的温哥华 APEC 领导人及部长会议上，决定启用 APEC 领域内的电子商务计划；1998 年 11 月的部长级会议签署了《APEC 电子商务行动蓝图》。

在 1999 年 6 月的新西兰会议上，电子商务工作组又单独就各方电子商务的发展及立法框架等方面交换了意见，并深入地进行了探讨。它们是世界各国电子商务立法经验的总结，同时又指导着各国的电子商务法律实践。

2）欧洲地区的电子商务立法

俄罗斯是世界上最早进行电子商务立法的国家：1994 年开始建设俄联邦政府网；1995 年，俄国国家杜马审议通过了《俄罗斯联邦信息、信息化和信息保护法》；1996 年通过了《国际信息交流法》；2001 年通过了《电子数字签名法》草案，规定了国家机构、法人和自然人在正式文件上用电子密码进行签名的条件，电子签名的确认、效力、保存期限和管理办法等。

此外，还有德国 1997 年的《信息与通用服务法》，意大利 1997 年的《数字签名法》，法国 2000 年的《信息技术法》，等等。

3）北美洲和澳大利亚的电子商务立法

1995 年美国犹他州制定了世界上第一个《数字签名法》，1997 年在统一商法典中增加了两章——"电子合同法"和"计算机信息交易法"，1998 年做出进一步的修改。20 世纪末，美国已有 44 个州制定了与电子商务有关的法律。2000 年，美国颁布《国际与国内商务电子签章法》。进入 21 世纪后，美国又出台了一系列的法律和文件，从而构成了电子商务的法律框架。1999 年，加拿大制定了《统一电子商务法》，正式承认数字签名和电子文件的法律效力。

1999 年澳大利亚颁布了《电子交易法》，确定了电子交易的有效性，并对适用范围进行了适当限制，对"书面形式""签署""文件之公示""书面信息的保留""电子通信发出、接收的时间和地点""电子信息的归属"进行了规定。

4）亚洲地区的电子商务立法

新加坡早在 1986 年就宣布了国家贸易网络开发计划，1991 年全面投入使用 EDI 办理和申报外贸业务。1998 年制定了《电子交易法》，并逐步建立起完整的法律和技术框架。

马来西亚是亚洲最早进行电子商务立法的国家。20 世纪 90 年代中期提出建设"信息走廊"的计划，1997 年颁布了《数字签名法》，该法采用了以公共密钥技术为基础，并建立配套认证机制的技术模式，极大地促进了电子商务发展。

韩国 1999 年的《电子商务基本法》是典型的综合性电子商务立法，包括关于电子信息和数字签名的一般规定、电子信息、电子商务的安全、促进电子商务的发展、消费者保护及其他；对电子商务的各方面做出基础性的规范。

日本于 2000 年制定了《电子签名与认证服务法》，主要篇幅用于规范认证服务，从几个方面对认证服务进行了全面、细致的规定；该法还明确了指定调查机构的权利与义务，形成了独特的监管模式。

印度于 1998 年推出了《电子商务支持法》，并在 2000 年针对电子商务的免税提出实施方案，促进了信息产业和相关产业的持续增长。

我国的《电子商务法》是政府调整、企业和个人以数据电文为交易手段，通过信息网络所产生的，因交易形式所引起的各种商事交易关系，以及与这种商事交易关系密切相关的社会关系、政府管理关系的法律规范的总称。《电子商务法》由中华人民共和国第十三届全国人民代表大会常务委员会第五次会议于 2018 年 8 月 31 日表决通过，从 2019 年 1 月 1 日起施行。该法共 7 章 89 条，《电子商务法》使我国电子商务行业的发展有法可依，使电子商务行业与实体经济的关系进一步在法律层面得到了明确，是公平竞争的关系，促进了线上线下的公平竞争，对我国电子商务的发展产生了重大的影响。

2. 国际电子商务法律与法规的内容与特点

1）国际电子商务立法主要内容

当前的国际电子商务立法主要涉及以下七个方面的内容。

（1）市场准入。市场准入是电子商务跨国界发展的必要条件。WTO 通过的有关电信及信息技术的各项协议均贯穿着贸易自由化的要求。例如，《基础电信协议》要求成员国开放电信市场，《信息技术协议》要求参加方在 2000 年以前涉及的绝大部分产品实现贸易自由化。

（2）税收。由于电子商务交易方式的特点，给税收管辖权的确定带来困难，因而引起了改革传统税收法律制度、维护国家财政税收利益的课题。1997年的美国《全球电子商务纲要》主张对网上交易免征一切关税和新税种，即建立一个网上自由贸易区。1998年5月20日，WTO第二届部长会议通过的《关于全球电子商务的宣言》规定，至少一年内免征Internet上所有贸易活动关税，并就全球电子商务问题建立一个专门工作组。网络贸易税收问题将成为新一轮贸易谈判的重点之一。

（3）电子商务合同的成立。电子商务方式是由买卖双方通过电子数据传递实现的，其合同的订立与传统商务合同的订立有许多不同之处，因而需要对电子商务合同的成立做出相应的法律调整。联合国贸法委于1996年通过的《电子商务示范法》对涉及电子商务合同的成立做了规定，《电子商务示范法》承认自动订立的合同中要约和承诺的效力，肯定数据电文的可接受性和证据力，对数据电文的发生和收到的时间及数据电文的收发地点等一系列问题均做了示范规定，为电子商务的正常进行提供了法律依据。国际商会制定的《电子贸易和结算规则》则以《电子商务示范法》为基础做了进一步的规定。

（4）安全与保密。在电子数据传输的过程中，安全和保密是电子商务发展的一项基本要求。

目前，一些国际组织已先后制定了一些规定，以保障网络传输的安全可靠性。1997年，国际商会制定了《电传交换贸易数据统一行为守则》。联合国贸法委于1996年的《电子商务示范法》中对数据电子的可靠性、完整性以及电子签名、电子认证等做了规定。OECD、欧盟、美国及其他发达国家也先后制定了网络交易安全与保密方面的规则。

（5）知识产权。全球电子商务的迅速普及，使现行知识产权保护制度面临新的更加复杂的挑战，对版权、专利、商标、域名等知识产权的保护成为国际贸易与知识产权法的突出问题。1996年，世界知识产权组织（WIPO）通过《WIPO版权条约》和《WIPO表演与录音制品条约》，这两项条约被称为Internet条约。WIPO于1998年10月宣布，将成立专门的指导委员会，加强与各地区成员国的协商，在1999年9月召开了全球电子商务的国际会议。在新一轮WTO谈判中，网络贸易中的知识产权保护也将成为电子商务谈判的一个重要内容，从而构成新的全球电子商务协定的组成部分。

（6）隐私权保护。满足消费者在保护个人资料和隐私方面的愿望是构建全球电子商务框架必须考虑的问题。OECD于1990年发布的《保护隐私和跨界个人资料指南》、欧盟于1998年10月生效的《欧盟隐私保护指令》对网上贸易涉及的敏感性资料及个人数据给予法律保护，对违规行为追究责任。

（7）电子支付。利用电子商务进行交易必然会涉及电子支付。电子支付是目前电子商务发展的一个重点。电子支付的产生使货币从有形流动转变为无形的信用信息在网上流动，因而将对国际商务活动与银行业产生深远的影响。国际商会制定的《电子贸易和结算规则》对电子支付的安全性、数字签名、加密及数字时间签章做了规定，该规则对电子商务及电子支付等交易具有重要的指导意义。

2）国际电子商务立法的特点

由于信息技术的发展具有以往几次科技革命所不具备的特点，因而由信息技术革命所引起的电子商务的国际立法在一定程度上也具有以往的国际经济贸易立法所不具备的特点。国际电子商务立法主要具有以下特点。

（1）电子商务的国际立法先于各国国内法的制定。以往的国际经济贸易立法通常是先由各国制定国内法律，然后由一些国家或国际组织针对各国国内法的差异和冲突进行协调，从而形成统一的国际经贸法律。20 世纪 90 年代以来，由于信息技术的跨越性发展和电子商务的迅猛发展，在短短的几年时间里即形成电子商务在全球普及的局面，因而使各国未能来得及制定系统的电子商务的国内法规。同时，由于电子商务的全球性、无国界的特点，任何国家单独制定的国内法规都难以适用于跨国界的电子交易，因而电子商务的立法是先制定国际法规而后推广到各国的，如联合国贸法委1996 年制定的《电子商务示范法》。

（2）电子商务国际立法具有边制定边完善的特点。由于电子商务发展迅猛，且目前仍在高速发展过程中，电子商务遇到的法律问题还将在网络交易发展过程中不断出现，因而目前要使国际电子商务法律体系一气呵成是不可能的，只能就目前已成熟或已达成共识的法律问题制定相应的法规，并在电子商务发展过程中不断加以完善和修改。典型法规为联合国贸法委《电子商务示范法》。该法第一部分为"电子商务总则"；第二部分为"电子商务的特定领域"，目前只制定了"第一章货物运输"，该部分其余章节则有待内容成熟后再逐章增加。该法于1996 年通过后不久其第一部分内容即于1998 年6 月由联合国国际贸易法委员会做了补充。联合国《电子商务示范法》的这一特点是以往国际经贸立法中所罕见的，也是与国际电子商务发展的特点相适应的。

（3）电子商务的贸易自由化程度较高。由于电子商务具有全球性的特点，如施加不当限制，将会阻碍其发展速度，因而要求电子商务实施高度贸易自由化。1997 年 7 月美国发布的《全球电子商务纲要》要求建立一个可预见的、干预最少的、一致的、简明的电子商务法律环境。1998 年 5 月 20 日，WTO 的 132 个成员通过《关于全球电子商务的宣言》，规定至少 1 年内免征互联网上所有贸易活动的关税，从而形成电子商务全球自由贸易区。可见，电子商务贸易自由化程度将高于其他贸易方式。

（4）电子商务国际立法重点在于使过去制定的法律具有适用性。电子商务的发展带来了许多新的法律问题，但电子商务本身并非同过去的交易方式相对立，而只是国际经贸往来新的延伸，因此，电子商务国际立法的重点在于对过去制定的国际经贸法规加以补充、修改，使之适用于新的贸易方式。例如，1980 年通过的《联合国国际货物销售合同公约》在制定时并未预见到电子商务的发展，因而其合同订立等条款并不完全适用于电子商务合同，联合国贸法委1996 年《电子商务示范法》在合同订立方面的规定实质上是对《联合国国际货物销售合同公约》的补充和完善，而并非推倒重来。又如，国际商会 2000 年 1 月 1 日生效的《2000 年国际贸易术语解释通则》，在使用电子方式通信方面，基本沿用了1990 年修订本的表述方式而未做推倒重来式的修订。

（5）发达国家在电子商务国际立法中居主导地位。由于发达国家具有资金、人才、技术优势，因而其电子商务普及程度远远高于发展中国家。发展中国家电子商务尚处于起步阶段甚至尚未开展，因而在电子商务立法方面，发达国家尤其是美国处于主导地位。目前，有关电子商务立法的各种构想也大多是发达国家（主要是美国和欧盟）提出的，而发展中国家则处于被动地位，即使此种立法对本国造成不利，也只能被迫接受。例如，1998 年美国向 WTO 提出电子商务免税的建议，虽然一些发展中国家存在种种担心和疑虑，但最后只得同意。

（6）工商垄断企业在电子商务技术标准和制定上起主要作用。由于互联网技术日新月异，政府立法步伐难免滞后于技术进步，妨碍技术更新。因此，美国等发达国家政府主张，电子商务涉及的技术标准由市场而不是由政府来制定。由于 IBM、HP 等工商大企业具有资金、技术优势，因而目前电子商务涉及的技术标准实质上是由发达国家工商企业制定的。例如，安全电子交易（SET）标准即由 VISA 和 MasterCard 两大集团于 1998 年 2 月 1 日共同制定，并得到 IBM、Microsoft 与 Netscape 等公司的支持。

1.7.5 电子商务信用体系建设

在电子商务全球化的发展趋势中，电子商务交易的信用危机也悄然袭来，虚假交易、假冒行为、合同诈骗、网上拍卖哄抬标的、侵犯消费者合法权益等各种违法违规行为屡屡发生，这些现象在很大程度上制约着电子商务快速、健康的发展。在经济进入全球化的过程中，信用是进入国际市场的通行证。电子商务作为一种商业活动信用同样是其存在和发展的基础。

1. 信用体系建设的基本情况

合理规范的信用体系不仅有利于电子商务的健康、规范发展，而且对树立全社会信用意识、完善我国的市场经济体制、建立公平公正的市场经济秩序起着巨大的推动作用。西方发达国家在"社会诚信体系"建设方面已有许多成功的经验。纵观国际社会，目前国际上主要存在以下几种征信规范模式。

1）市场运作、立法指导型

该模式最主要的特征是征信机构的设立、运作、消亡基本是通过市场机制进行的，而政府对征信行业的管理主要是以立法形式体现的。对这一模式可以细分为两类。

（1）以征信公司开展商业运作形成的信用管理体系。最典型的是美国。美国的企业、个人征信公司等从事征信业务的企业都是以市场化运作为主的，无论从事哪种征信业务的征信机构均属私营，政府不做投资或者组织；政府也不对征信服务行业实施任何准营许可而交由市场机制去决定和规制。市场的启动和认可完全依靠市场经济的法则和运作机制，是靠行业的自我管理而成长壮大的。在这种运作模式中，利益导向是核心。而政府则通过立法的形式规范征信活动各方的行为，使征信活动的各方参与者均能按照这样的游戏规则，遵循市场规律的基本原则，自由开展竞争。

（2）以中央银行建立的中央信贷登记为特征的征信管理体系。这种模式以欧洲为代表，和美国相同，欧洲等经济发达地区也是典型的"市场驱动型"发展模式，政府仅负责提供立法支持和监管征信管理体系的运转，征信机构的生死存亡取决于其在多大程度上满足投资者的需求。由于中央银行信贷登记系统掌握的信息包括企业和个人的信贷信息，这些信用信息成为征信机构进行企业、个人信用分析、评价的主要信息，因此，在这些国家的征信监管活动中，中央银行扮演着重要的角色。

2）政府推动、直接监管型

这是一种以政府力量为主导建立的征信管理体系,政府在征信行业管理领域投入较大。一些发展中国家就属于这种"政府驱动型"的发展模式,这一模式的实质表现是政府不仅是征信市场的监管者,而且是促进该国征信行业发展的直接推动力。它的主要特征是政府监管部门对资信评级机构和评级业务的推动及有效监管是评级业务发展的主要动力之一。从亚洲各国的实践来看,政府驱动的发展模式效果并不理想,一些国家都曾成立过由政府部门牵头的信用评级公司。

2. 电子商务信用模式

电子商务作为虚拟经济、非接触经济,如果没有完善的信用体系做保证,生存和发展将十分困难。个人和企业的交易风险都将提高,如买家付款后不能及时得到商品,卖家卖出商品不能保证收到货款,商品质量问题、网上重复拍卖问题等,都难以避免。易观国际在《C2C 市场趋势预测（2006—2010 年）》报告中指出,影响未来 C2C 市场交易规模的因素中,阻碍因素主要包括信用体系不完善、商业模式尚未得到验证、不断有主流厂商退出市场等。其中信用问题一直是影响电子商务市场发展的重要因素,社会对信用问题产生的负面影响的关注,一方面降低了人们对电子商务的认知,另一方面也从客观上暴露了问题。因此 C2C 平台需要在确认卖家的信息、构建信用评价体系等方面进一步投入资源。信用体系的不完善将制约用户在互联网平台的消费。

目前电子商务主要采取四种较为典型的信用模式,即中介人模式、担保人模式、网站经营模式和委托授权模式。

（1）中介人模式是将电子商务网站作为交易中介人,达成交易协议后,购货的一方要将货款、销售的一方要将货物分别交给网站设在各地的办事机构,当网站的办事机构核对无误后再将货款及货物交给对方。这种信用模式试图通过网站的管理机构控制交易的全过程,虽然能在一定程度上减少商业欺诈等商业信用风险,但却需要网站有较大的投资设立众多的办事机构,而且还存在交易速度和交易成本问题。

（2）担保人模式是以网站或网站的经营企业为交易各方提供担保,试图通过这种担保来解决信用风险问题的模式。这种将网站或网站的主办单位作为一个担保机构的信用模式,也有一个核实谈判的过程,无形中增加了交易成本。因此,在实践中,这一信用模式一般只适合用于具有特定组织性的行业。

（3）网站经营模式是通过建立网上商店的方式进行交易活动,在取得商品的交易权后,让购买方将购买的商品的货款支付到网站指定的账户上,网站收到购物款后才给购买者发送货物。这种信用模式是单边的,是以网站的信誉为基础的,这种信用模式一般主要适用于从事零售业的网站。

（4）委托授权模式是网站通过建立交易规则,要求参与交易的当事人按预设条件在协议银行建立公共交易账户,网络计算机按预设的程序对交易资金进行管理,以确保交易在安全的状况下进行。这种信用模式中电子商务网站并不直接进入交易的过程,交易双方的信用保证是以银行的公平监督为基础的。

电子商务目前所采用的这四种信用模式,是从事电子商务的企业为解决商业信用问题的积极探索。但各自存在的缺陷也是显而易见的。特别是这些信用模式所依据的规则基本上都是企业性规范,缺乏必要的稳定性和权威性。在此基础上,目前还需完善以下三点。

(1) 构建网上信用销售评估模型。西方企业信用部门在电子商务交易之前首先通过两种方式评估客户信用,一种方式是根据客户的财务报表进行评估,另一种方式是开发出适合本行业特点和本企业特征的信用评估系统。而我国大多数企业还只是停留在感性认识阶段,只有一部分外贸企业吸收了最近几年的经验,已经开始重视收集客户的信息资料并取得了良好的效果:应收账款逾期率、坏账率大幅下降,企业效益明显回升。

(2) 加强网上客户档案管理。欧美企业对赊销客户的档案一般进行定期(一般是半年)审查,根据客户信用信息的变化及时调整信用额度;而我国企业还不能及时根据用户信息的变化调整信用额度,因此优良的客户订单得不到增加,也不利于及时发现信誉较差的客户从而避免坏账损失。

(3) 建立合理的应收账款回收机制。西方国家和很多发展中国家对应收账款管理都有明确的规定,一般超过半年的应收账款就必须作为坏账处理,有的以 3 个月作为期限。为了防止坏账,当账款逾期在 3 个月以内,由企业内部的信用部门进行追收;超过 3 个月的,寻求外部专业机构和力量协助追收;超过 6 个月的,一般会采取法律行动追讨逾期账款。

1.8 电子商务的发展趋势

1. 电子商务形态发展的六大趋势

第一,纵深化。电子商务正在深入不同行业和不同类型的企业,深入商务流程的各个环节,不断创新各种商务模式。例如衣食住行,我们可以想到淘宝、美团、携程、飞猪、盒马鲜生带来的新零售的新消费。

资料 1-8

第二,融合化。电子商务正走向融合,包括同类兼并、互补性兼并和战略联盟协作等,出现跨行业的电子集市。例如,同为外卖餐饮行业的"饿了么"收购了百度外卖。

第三,专业化。面向消费者的垂直型网站和专业化网站、面向行业的专业电子商务平台发展潜力巨大。例如,钢铁网、粮食网等行业电子商务网站的兴起,中国制造交易网称为海量 B2B 企业的聚集地。

第四,国际化。电子商务已经成为国际贸易中一种基本的、主流的、不可替代的流通方式。例如天猫国际、速卖通、京东海外购等近年来发展迅猛。

第五,个性化。对个性化消费模式和网络定制服务需求强劲。例如,商品宅配利用电子商务以及中国制造 2025 的大环境推出第二代全屋定制,受到广大消费者的喜爱。

第六,产品数字化和服务化。适合网络交易和支付的产品发展迅猛,例如数字专辑逐渐取代实体光盘,电子书被越来越多的读者所接受。

2. 电子商务模式丰富化

一方面,从参与者的角度来说,首先由于参与者角色地位的转变,从而衍生出聚划算这样的 C2B 模式；其次，参与者类型的增多也扩充、丰富了电子商务的类型。例如，企业主导构建的 D2C（经销商对消费者）平台模式、企业联盟企业（BAB）模式、利用大学生电子商务平台链接消费者的新型电子商务（BUC）模式等。

另一方面，从平台的融合角度来说，首先，销售平台融合带来的新模式层出不穷，出现了以一个独立商城为主、N 个第三方平台为辅的"1+N"模式，线上线下相结合的 O2O 模式等；其次，宣传平台的融合也带来了模式的变革，新型社交网络主导的电子商务模式以及搜索引擎模式等进入人们的生活。

3. 电子商务的范围扩大化

如今，电子商务走出国门，成为国际贸易一种基本的、主流的、不可替代的流通方式，覆盖范围也从国内扩大到国外，跨境电子商务成为近年发展的热点领域，平台国际化、标准国际化、法律规范国际化、服务支持国际化等，都是电子商务范围扩大化的体现。

4. 大数据与电子商务的融合趋势

第一，大数据可以辅助电子商务决策运营，大数据下的定向推荐机制可以很好地降低电子商务企业的运营成本，提升消费者的体验和运营效率。

第二，电子商务可以依靠大数据应用进行差异化竞争。差异化竞争就是树立起企业在全行业范围中独有的东西，是一种战略定位。例如，通过大数据对某一行业进行分析，找到新的市场需求形成差异化竞争。

第三，大数据能够驱动电子商务消费。大数据消除了信息断层，使消费者可以透明、按需获取电子商务信息及产品，提升了消费者的满意度。例如，淘宝平台通过对用户购买行为进行大数据分析，使用"猜你喜欢"功能向用户推荐他可能购买的产品。

第四，大数据精准营销能够提升用户的体验。提升用户体验及产品服务的认可度是各大电子商务企业牢牢抓住的救命稻草，谁能从用户口碑中脱颖而出，谁就占据了市场。例如，高端酒店利用大数据环境下的客户关系管理系统分析出哪些用户即将流失，并及时与可能会流失的客户进行联系，防止流失，在节假日、生日等发送定制祝福来提高客户的认可度和忠诚度。

第五，数据服务成为电子商务发展趋势。当阿里巴巴、百度、腾讯等海量的数据拥有者面对数据挖掘带来的巨大财富时，数据服务已逐步成为中国电子商务的发展趋势，出售数据和相关服务成为新的利益增长点。

5. 社交电子商务

近年来社交电子商务异军突起，且呈现越演越烈的趋势，主要分布在以下几个领域。在教育行业，知名的教育机构推出"微教务""微班级"模式，形成"线下面授+线上服务"的闭环，依靠活动、问答、消息通知等社区模式，更好地服务客户；在新媒体行业，通过投稿，用户能够迅速发表自己的观点和看法，社区是信息传递、发酵的平台，也是用户持续跟踪新闻线索的工具；在医疗行业，患者社区可以实现用户交流、专家答疑、自助查询，提升了用户的黏度和归属感。医生社区具有医学资讯、名义电台、在线学习和病例分析等功能，可以使医生进行自主学习；在粉丝营销社区里，发烧用户聚集在一起互动，分享共同的兴趣，形成更多的话题、圈子，增大品牌效应和附加值。

社交电子商务的发展趋势有以下三种。首先，基于微信生态的拼团模式。例如拼多多，在 2018 年年初，微信上朋友之间发送拼多多链接，让帮忙砍价。通过砍价的商业模式，拼多多得以在很短的时间内实现病毒式的增长。其次，以 S2B2C 为代表的分销模式。最近，朋友圈卖货已经不是微商 1.0 时代那样简单的原始货物流动方式，已经成为一种新的模式，被称为 S2B2C 商业模式。"S"是大的供应商，"B"指渠道商，"C"为顾客。云集微店、环球捕手和爱库存等社交电子商务企业都采用了这一模式。最后，以 UGC 内容为依托的社区导购模式。简单地说，就是构造了一个用户、达人、品牌的三边关系。时尚达人对用户施加影响，用户产生跟随效应，而时尚达人和品牌之间则形成类似于商业代言的社会关系。小红书从社区起家，注重分享海外社区的导购经验，以吸引顾客消费，采取的就是 UGC 的导购模式。

本章小结

※ 电子商务就是用电子的方式开展交易活动。对电子商务进行分类，可以依据参与电子商务交易涉及的对象、电子商务交易活动的地理范围和电子商务所使用的网络类型等进行划分。

※ 电子商务具有强大的功能，按照电子商务功能目标的不同，与商务信息、管理和交易相对应，一般将电子商务系统的功能分为内容管理、协同处理和交易服务，即"3C"。与传统的贸易活动方式相比，电子商务以虚拟的方式进行交易，具有低成本、高效率和透明的特征，突破了时空的限制，减少了交易的环节。

※ 电子商务改变了商务活动的方式，减少了传统商务活动的诸多中间环节，缩短了企业与用户需求之间的距离，大大降低了各种经济资源的消耗。电子商务改变了企业经营管理的方式，其优化了业务流程，降低了采购成本，改善了库存状况，缩短了生产周期，提升了客户关系，降低了销售价格，有助于获取新的商机，从而有利于全面把握市场。

※ 电子商务法是指电子商务活动中所产生的以各种社会关系为调整对象的法律规范的总和。

复习思考题

1. 电子商务的产生与发展过程经历了哪些阶段？
2. 电子商务的本质是什么？电子商务的特点有哪些？
3. 国际组织及世界著名公司对电子商务有哪些定义？
4. 列举并浏览 B2C、B2B、C2C、O2O 知名电子商务网站，认识各电子商务网站。
5. 举出几个你身边电子商务运用的例子，说明电子商务是如何改变人们生产或者生活的。
6. 试述我国《电子签名法》的主要内容。
7. 电子商务发展对法律提出了哪些新的要求？

8. 列举 Internet 上的侵权行为。
9. 《电子商务示范法》对电子商务发展有何意义？
10. 简述认证机构在电子商务中的法律地位及认证机构建议的基本原则。

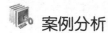

案例分析

人民财评：没有所谓的马云时代，只有时代中的马云

2019年9月10日晚间，马云兑现10年前的承诺，如期宣布卸任阿里巴巴董事局主席，引发舆论热议。

阿里巴巴作为一家企业，无疑是成功的，马云对于阿里巴巴的作用也毋庸置疑。但将企业领导者视为企业成功的唯一因素，则完全不符合事实。一家企业的成功固然不能缺少优秀个人的牵引，但归根结底却在于它是否生逢其时。一颗好苗子只有遇到了适合它的土壤和气候条件才能长成参天大树。一个好的时代，可以为企业的发展提供优越的制度条件和资源条件，更可以为其创造出充足的需求。一位成功的企业家、一家成功的企业也必须依托于伟大的时代背景。

历史上所有企业的成功无不是因为抓住了时代的机遇，呼应了时代的需求。例如，发明了T型汽车的亨利·福特通过引进流水线作业大大提升了汽车的生产效率，改善了员工福利。但我们也不能忽视的大背景是，20世纪初期整个美国的经济都在走向繁荣，美洲大陆逐渐成为全世界最具消费能力的区域，居民对于出行方式的改善有着强烈的需求，这就为福特以及其他汽车企业创造了一个巨大的发展市场。同理，比尔·盖茨之所以能够一度成为世界首富，也不仅仅在于他天生睿智，比别人更早了解计算机，更是因为他抓住了计算机时代革命的脉搏。

不能抓住时代需求往往事倍功半，甚至面临失败风险。早在100年前，保时捷的创始人波尔舍就试图造出电动汽车，但在经历了数十年的失败之后，他最终也只能放弃这一梦想。直到21世纪初，新能源电动车才开始在全世界蔚然成风。

阿里巴巴的发展也不是一帆风顺的。幸运的是，中国互联网应用的成熟最终为电子商务的崛起创造了条件。同时，中国经济的主导力量也开始逐渐从投资转向内需，超过十亿中国人的消费意识觉醒，成为淘宝和天猫崛起的最大红利，也成为马云成功的最大推手。

没有所谓的马云时代，只有时代中的马云。只有抓住了时代机遇的个人才有可能发挥出最大的潜力，无论是马云、马化腾、马斯克，还是我们每一个普通人，概莫能外。因此，盲目的崇拜很难带来成功，认清个人成功与时代的关系，找准方向并付诸行动，才是获得成功的根本。

伟大的企业家需要伟大的时代，伟大的时代缔造伟大的企业家。每一个时代的企业家都有自己的时代使命。当下的中国正在继续改进各项制度，打造更好的基础设施，为创新创业创造更多便利。我们相信，只要企业家们能够认清这个时代，积极拥抱机遇，抓住当下的机遇，未来的中国一定能够诞生更多伟大的企业和企业家。

案例讨论：

1. 人民网的观点非常客观："没有所谓的马云时代，只有时代中的马云。"对此谈谈你的见解。

2. 人民网同时指出："一颗好苗子只有遇到了适合它的土壤和气候条件才能长成参天大树。"对此谈谈你的见解。

第 2 章 电子商务体系框架与商业模式

学习目标

- 认识电子商务的框架结构。
- 了解电子商务的商业模式。
- 掌握电子商务的营利模式。
- 了解电子商务营利模式存在的问题。

引例

淘宝将上线元宇宙购物,抖音发力直播外卖

淘宝天猫公布官方直播玩法,将上线元宇宙购物

(1) 5 月 24 日,淘宝天猫公布官方直播玩法。天猫官方直播是"618"大促的"第二会场",链接消费者的官方活动互动窗口。"618"期间,官方直播开启 21 天联播,链接官方营销矩阵。天猫 618 超级预售直播盛典在预售开启前一周,联合达人明星等营销矩阵共同传播曝光。

(来源:天猫)

淘宝直播宣布推出"主播成长任务礼包",针对各层级主播定制了专属成长任务和不同激励措施。具体而言,淘宝直播面向新主播不断降低领流量门槛,新主播只要完成学习开播视频 30 s 即可领取流量券。淘宝直播还推出"新人开单神器",为新人主播定制专属货品池;面向中小主播提供加码任务玩法;面向 V4~V7 等级的主播,平台提供了 10~200W 的热浪币,满足更高层级主播的需求。

(来源:亿邦动力)

(2) 近日,记者从淘宝内部人士处独家获悉,为了备战此次"618",淘宝内部成立了元宇宙专项项目组,正连夜优化虚拟购物会场,将在"618"期间上线元宇宙购物。淘宝内部人士向 Tech 星球表示,淘宝早于数月前就抽调部分技术人员成立了元宇宙专项项目组,针对购物和交互场景进行探索。其中,重点要解决的是"人货场"的链接问题,保证用户在不穿戴外挂设备的基础上在前端初步实现虚拟购物链路,满足立体化"逛淘宝"的需求。

(来源:Tech 星球)

抖音电子商务"抖 in 域见好货"落地,为直播外卖商家开发小程序

(1) 近日,抖音电子商务服务商团队推出"抖 in 域见好货"计划,以跑通具备可借鉴、可复制、可推广的产业助力创新模式为目标,提供三大助力:平台级大促,塑造产业带名片影响力;产业带级活动,重推产地名片心智;产业带日常活动,促进商家渗透和跃迁。

5月23日，该计划首站落地常熟，同时开启产业带商家合作招募。抖音电子商务服务商业部负责人张浩表示，"除'抖 in 域见好货'助力计划外，接下来平台将重点聚焦精细化实操运营、定制化产品政策、体系化专项孵化三大方向进行精细化运营助力"。例如，面向产业带服务商，接下来平台将提供系列助力，包括服务商培育体系，以及围绕冷启激励、留存激励、招商激励的产业带扶持政策，围绕平台级节点活动、区域产地平台定制活动、产业带日常伴教活动的产业带专项政策。

常熟首站后，"抖 in 域见好货"计划将塑造更多区域产业带名片，如连云港生鲜、宁波厨具家电、川渝美食等。

（来源：抖音电商营销观察）

（2）2022年字节跳动本地生活业务全年目标将提升至500亿元，相较于2021年年底定下的保300亿争400亿的目标有所提高，但考虑到疫情影响的因素，此目标或将进行动态调整。

抖音生活服务相关负责人向 Tech 星球表示，考虑业务发展，为便于服务本地商户，抖音生活服务正在各地组建当地团队。北京、上海、成都、杭州等城市生活服务业发达，符合抖音生活服务业务发展方向，为首批业务拓展重点城市。

此外，字母榜从一位抖音本地生活服务商负责人处获悉，近日，抖音为他们开放了一个接口，可以为商家定制开发外卖的小程序，在直播间内实现类似美团外卖的功能，"后厨自动出单，第三方骑手自动接单"。一位抖音达人称，自 2021 年以来，抖音就开始主动邀请达人进行本地生活直播，并加大对商家直播的扶持力度。

（来源：淘宝将上线元宇宙购物，抖音发力直播外卖[EB/OL]. （2022-02-19）. https://baijiahao.baidu.com/s?id=1733977842986919227&wfr=spider&for=pc.）

案例讨论：

1. 各大电子商务直播平台与时俱进，不断进行商业模式的创新，上述材料中，淘宝天猫和抖音的创新体现在哪些方面？

2. 2021年"元宇宙"异常火爆，2022年继续这种火爆态势，谈谈你对天猫淘宝"元宇宙"购物的理解，并说说"元宇宙"购物体现了电子商务的哪些框架结构。

电子商务系统是一个庞大而又复杂的体系，这个体系支撑并保障了参与电子商务交易的各个环节流畅运转。理解电子商务体系的内涵，首先要从电子商务体系的框架结构入手，从庞杂的电子商务体系中抽象出电子商务概念模型，有助于更好地学习电子商务的基础知识。

2.1 电子商务体系框架

电子商务在一定程度上改变了市场的组成结构。传统的市场交易链是在商品、服务和货币的交换过程中形成的，现在，电子商务在其中强化了一个因素——信息，于是就有了信息商品、信息服务和电子货币。人们进行交换的实质并没有改变，但是贸易过程中的一些环节因为所依附的载体发生了变化,也相应地改变了形式。基于此,从单个企业来看,其贸易方式发生了一些变化;从整个贸易环境来看,有的商业机会消失了,同时又有新的商业机会产生了,有的行业衰退了,同时又有别的行业兴起了,从而使得整个贸易过程呈现出崭新的面貌。

2.1.1 电子商务的框架结构

电子商务的框架结构是指实现电子商务从技术到电子商务应用层所应具备的完整的运作体系。具体如下。

1. 网络基础设施层

网络基础设施层是实现电子商务最底层的基础设施,是信息传输系统,包括电信网、广电网、无线网和互联网等。网络基础层是电子商务发展的基本条件,没有一个快速、安全、稳定的网络环境,真正意义上的电子商务是不可能存在的。

2. 多媒体内容层

多媒体内容层是指在网络基础层提供的信息传输基础上,通过 Internet 传输的信息的内容,包括文本、图像、音频和视频等。其主要利用 HTML、Java 等技术进行构建。

3. 信息传播层

EDI、E-mail、HTTP 是 Internet 上通用的信息传播工具,它以统一的显示方式,在多种环境下显示非格式化的多媒体信息。

4. 商业服务层

商业服务层包括保证商业信息安全传送的方法、认证买卖双方合法性的方法、标准的商品目录服务、建立价目表、电子支付工具的开发等。

5. 电子商务应用层

电子商务的具体应用范围较广,包括供应链管理、电子广告及电子市场、网上娱乐、网上购物、网上银行、有偿信息服务等。

2.1.2 电子商务系统的支撑环境

与自然界的生物系统一样,电子商务体系的运转亦有一个与之相对应的产业生态系统,本书称为电子商务生态系统。电子商务生态系统既包括构成生态系统的各物种种群,也包括非生物生态环境因素。电子商务的支付环境、物流环境、信用环境、政策法律环境、各种技术标准、安全交易协议等构成了电子商务非生物生态环境,是电子商务体系存在的必要条件基础。

如图 2-1 所示,整个电子商务体系框架有两个支柱:政策法规和技术标准。关于第一个支柱政策法规,国际上,人们对于信息领域的立法工作十分重视。美国政府在其发布的《全球电子商务的政策框架》中,在法律方面做了专门的论述。俄罗斯、德国、英国等国家也先后颁布了多项有关法规。1996 年联合国贸易组织通过了《电子商务示范法》。目前我国在信息化方面的建设也在快速发展，中央网络安全和信息化委员会印发的《"十四五"国家信息化规划》为我国信息化发展指明了方向，为电子商务体系建设营造了良好的环境。

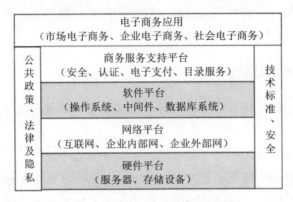

图 2-1　电子商务的一般架构模型

另外，政策法规需要考虑各国的不同体制和国情，而这同互联网和电子商务的跨国界性是有一定冲突的，这就要求加强国际的合作研究。例如在美国，它的社会体制决定了私有企业在美国经济运行中的主导地位，在制定政策法规时美国政府必将向私有企业倾斜，同时尽量减少政府限制。而在我国这样的同美国社会体制存在很大不同的国家，市场起着主导作用，但政府也以"无形的手"起着重要的调节作用，两者互相结合。此外，由于各国的道德规范不同，也必然会存在需要协调的方面。在通常情况下，由于很少接触跨国贸易，普通消费者不会感觉到它们的冲突，而在电子商务要求全球贸易一体化的号召下，用户可能很容易通过网络购买外国产品，这时就会出现矛盾。比如，酒类在有些国家是管制商品，但商家对此未必知晓，即使知道，也有可能在利益驱使下去违反规范。对于这些小宗的大量的跨国交易，海关该如何处理？近期，国家针对跨境电子商务出台了相关政策，已经带来了一些变化。另外，国家在制定法规时应该充分考虑多方面的因素。法律的不完善势必会影响我国企业参与国际竞争。

第二个支柱是技术标准。技术标准定义了用户接口、传输协议、信息发布标准等技术细节。就整个网络环境来说，标准对于保证兼容性和通用性是十分重要的。正如有的国家是左行制，有的国家是右行制，会给交通运输带来一些不便；不同国家 110 伏和 220 伏的电器标准会给电器使用带来麻烦。今天的电子商务在发展中也遇到了类似的问题。目前，许多厂商、机构都意识到标准的重要性，正致力于联合起来开发统一标准，比如 VISA、MasterCard 这样的国际组织已经同业界合作制定出用于电子商务安全支付的 SET 协议。

2.1.3　电子商务系统的基本结构

电子商务系统由网络平台、买方、卖方、认证中心、支付中心和物流中心六个部分组成，如图 2-2 所示。另外还有电子商务的服务商为电子商务活动提供支撑。电子商务的服务商专指提供网络接入服务、信息服务以及应用服务的企业。

其中，ISP（Internet service provider）是指为用户提供互联网接入服务的企业，如中国移动、中国联通。

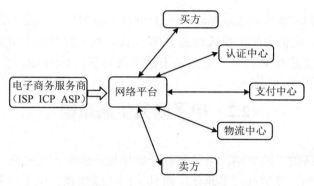

图 2-2　电子商务系统基本结构

ICP（Internet content provider）是指提供互联网信息服务的企业，将各种信息进行组织，并集中管理，以方便用户搜索，如新浪网，搜狐网等。

ASP（active server pages）是指主要为电子商务建设提供行业解决方案的公司，如浪潮集团、东软集团等。除此之外，政府部门的法律、税收、市场监管局等机构对整个电子商务市场起着监督和管理作用。

2.1.4　企业电子商务系统的应用框架

图 2-3 所示为电子商务系统的应用框架，从水平的方向上可以分为企业的内部、企业的上游和企业的下游；从垂直的方向上可以分为企业的商务活动和对应的商务模式，以及基于的网络类型。

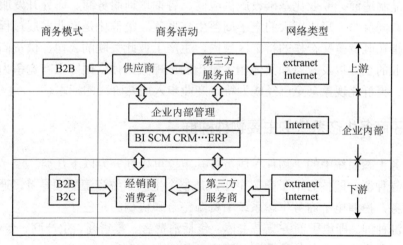

图 2-3　电子商务系统的应用框架

从企业内部来分析，企业内部的管理系统主要包括 BI（business intelligence）——商务智能系统、SCM（supply chain management）——供应链的管理系统、CRM（customer relationship management）——客户关系管理系统、ERP（enterprise resource planning）——企业资源计划系统。这些都是保证企业正常运转的系统，基于的网络类型都是 Internet。

企业和上游的供应商以及第三方服务商，比如物流服务商，它们之间的商务模式属于

B2B 模式，基于的网络类型是 Ext-Internet；企业和下游的第三方服务商，比如分销商、物流服务商等合作商，它们之间的模式也是 B2B 模式，基于的网络类型是 Ext-Internet；企业和消费者之间的模式是 B2B 模式，一般基于的网络类型是 Internet。

2.2 电子商务生态系统

随着互联网经济的不断成熟，电子商务开始出现产业集群化迹象，表现为参与的个人与企业数量急剧增加，类型逐渐多元化，而且协同关联性强。电子商务不再只是买卖双方交易的简单电子化，网购人群的增加与电子商务网站的发展促使大量机构开始参与电子商务产业，其他行业机构如银行、物流、软件、担保、电信等也开始逐渐围绕网络客户的需求进行集聚，通过互联网这一虚拟园区交织为庞大的新产业环境并进行更广泛的资源整合。这就形成了类似自然界生态系统的电子商务生态系统。电子商务生态系统中各"物种"成员各司其职、相互交织，形成完整的价值网络；物质、能量和信息通过这个价值网络在联合体内流动和循环，共同组成一个多要素、多侧面、多层次的错综复杂的商业生态系统。

电子商务产业的发展还吸引了大量增值服务机构的加入，如为改善电子商务交易环境而存在的技术外包商、认证机构、网络教育培训与人才服务机构等。这些机构为服务共同的客户，以核心电子商务公司为集聚点，通过互联网平台相互连接、相互促进和拉动，形成具有群体竞争优势和规模效应的产业群。例如携程网、阿里巴巴、腾讯等大型电子商务公司已经吸引了大量专业化供应商、金融机构、相关厂商以及因服务延伸而涉及的销售渠道、辅助产品制造商、专业化基础设施供应商、咨询培训服务商、研究开发服务商、标准制定机构的共同参与，形成庞大的电子商务生态群落。集群化是产业发展过程中非常普遍的现象，是指在既竞争又合作的特定区域内，生产上彼此关联的公司、供货商、服务供应商、相关产业的企业以及政府和其他相关机构的地理集聚体。国际上有竞争力的产业大多是集群模式，集群化现象甚至已经成为特定产业步入成熟阶段的标志。

2.2.1 电子商务生态系统的主要物种种群

电子商务生态系统中的"物种"成员按其定位可以划分为以下几类。

（1）领导种群。即核心电子商务企业，是整个生态系统资源的领导者，通过提供平台以及监管服务，扮演电子商务生态系统中资源整合和协调的角色。

（2）关键种群。即电子商务交易主体，包括消费者、零售商、生产商、专业供应商等，它们是电子商务生态系统其他物种所共同服务的"客户"。

（3）支持种群。即网络交易必须依附的组织，包括物流公司、金融机构、电信服务商以及相关政府机构等，这些种群并非依赖电子商务生态系统而生存，但它们可以从优化的电子商务生态系统中获取远远超过依靠自己的竞争力可得的利益。

（4）寄生种群。即为网络交易提供增值服务的提供商，包括网络营销服务商、技术外包商、电子商务咨询服务商等。这些物种寄生于电子商务生态系统上，与电子商务生态系统共存亡。电子商务生态系统概念模型如图 2-4 所示。

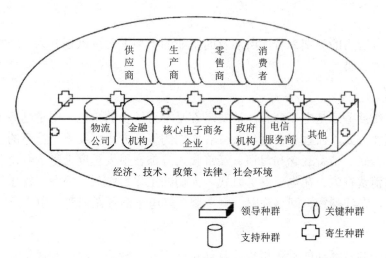

图 2-4　电子商务生态系统概念模型

2.2.2　电子商务价值链

迈克尔·波特在《竞争优势》一书中首先提及了价值链概念，他认为企业组织的设计、生产、销售、交货以及售后服务等活动集合统称为价值创造过程，企业的价值创造过程是通过一系列基本活动和辅助活动构成的，两种不同性质的活动既相互分离又相互联系，在动态磨合过程中产生了价值增值，这种线性的要素联结形式即价值链。事实上，无论是上下游关联企业之间还是企业内部各生产组织环节之间，都广泛存在着价值链，不同的价值链可以通过特定节点互相联结成范围更大的价值网络。

电子商务价值链的主要参与主体有企业、消费者、政府、CA 认证机构、银行、第三方支付平台等，如图 2-5 所示。其中，企业是电子商务最主要的推动者和受益者，消费者作为经济活动中不可缺少的角色必然要介入电子商务环境，另外两个主要角色——政府和中介机构也起着不可替代的作用。

图 2-5　电子商务的主要参与者

1. 企业

从电子商务应用的类别来看,所涉及的企业的类型主要可以划分为生产制造型、流通贸易型和服务型三类。

2. 消费者

无论是传统商务还是电子商务,消费者都是不可缺少的角色。电子商务不但大大改变了消费者的购物方式,而且正在逐步改变着人们的生活方式以及整个社会的就业结构。文化背景、生活方式、消费观念和习惯、经济收入等都在很大程度上影响着消费者对待电子商务的态度和消费行为。在电子商务时代,人们的工作、学习、消费、娱乐等许多方面都将在网上进行,在线购物、网络理财、网上服务等电子商务在消费者中广泛应用。

3. 政府

政府是电子商务活动的管理机构,具体包括工商、税务、海关和经贸等部门。政府作为现代经济生活的调控者,在电子商务环境中应该起什么样的作用,这是一个各国政府广泛关注的问题。政府需要解决政策导向、相关法律法规的建设与健全、信用体系建设、CA认证等问题。

4. 认证中心

认证中心(certificate authority,CA)是法律承认的独立于交易双方的第三方权威机构,它负责发放和管理电子证书,使网络的各方都能够互相确认身份。电子证书是一个包含证书持有人的个人信息、公开密钥、证书序号、有效期和发证单位的电子签名等内容的数字文件。

5. 支付网关

支付网关是信息网与金融网连接的中介,它承担双方的支付信息转换的工作,所解决的关键问题是让传统的封闭的金融网络能够通过网关面向互联网的广大用户,提供安全方便的网上支付功能。

6. 网上银行

网上银行包括发卡行和开户行。区别于传统银行,网上银行最重要的一点是为商务交易中的用户和商家提供 7×24 小时实时服务。

7. 配送中心

配送中心以商家的要求为依据组织运送商品,同时跟踪商品流向,将商品送到消费者手中。

2.2.3 电子商务的"流"要素

电子商务流程大都包括四种基本的"流"要素,分别是信息流、资金流、物流和商流。在电子商务活动中,信息流、资金流、物流和商流的整合与配合,保障了电子商务活动的顺畅进行,如图 2-6 所示。

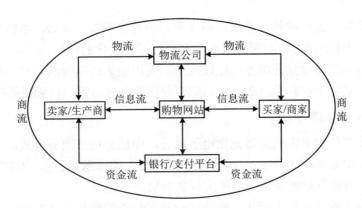

图 2-6　电子商务中的"流"要素

电子商务中，信息流、资金流、物流和商流各自的基本功能如下。

（1）信息流包括商品信息、技术支持信息、售后服务信息、企业资信信息等的传递过程，也包括询价单、报价单、付款通知单、转账通知单等商务贸易单证信息的传递过程。

（2）资金流是指资金的转移过程，包括付款、转账等。

（3）物流是电子商务体系流要素中较为特殊的一种，是唯一不能完全通过互联网完成的流动要素，它指物品在从供应地向接收地的实体流动中，根据实际需要，将运输储存、装卸、搬运、包装、流通加工、配送、信息处理等功能有机结合起来实现用户要求的过程。对于少数商品和服务来说，可以直接通过网络传输的方式进行配送，如各种电子出版物、信息咨询服务、有价信息软件等。而对于大多数商品和服务来说，物流要通过物理方式进行。

（4）商流一般是指商品交易过程中发生的有关商品所有权的交换转移。在电子商务中，信息流、资金流和商流都可以通过计算机和网络实现。

2.3　电子商务企业运营模式

2.3.1　电子商务企业运营模式分类

1. 垂直电子商务模式

垂直电子商务是指在某一个行业或细分市场深化运营的电子商务模式。垂直电子商务网站旗下商品都是同一类型的产品。这类网站多从事同种产品的 B2C 或者 B2B 销售业务，其业务都是针对同类产品的网上推广与销售。

垂直电子商务的核心是专业化，典型实例有中国化工网、中国小商品市场网等。

资料 2-1

垂直电子商务是指服务于某些特定人群或为某些领域提供更专业的服务的商店，可以满足这些特定人群的需求或提供有关这些领域的全面产品。如麦考林定位于 18～25 岁的年轻女性群体，起家是用 DM（直邮），后来慢慢倾向于网店；又如红孩子，起步时就是从母婴消费者这个细分市场切入的。

随着电子商务产业的成熟，垂直化的服务开始受到重视。例如，主营服饰的凡客、专业经营正品鞋的拍鞋网和 3C 起家的京东等都提供了个性化的体验。

电子商务的垂直化运营在国外已比较成熟。美国最大的购物网站亚马逊虽然经营的产品包罗万象，但是各个产品类目都有自己的专业团队独立运营，以满足不同用户的需求。

2. 综合电子商务模式

与垂直电子商务相对应的是多元化电子商务，即综合电子商务模式。中国电子商务在起步阶段孕育了很多多元化的电子商务网站，如 B2C 的卓越和当当、C2C 的淘宝和 B2B 的阿里巴巴等。这些网站就像综合类的大百货商店。

综合电子商务的核心是多元化，经营多行业多品类的商品，典型的综合电子商务企业有京东、凡客、当当、亚马逊、1 号店等。

3. 平台型电子商务模式

平台型电子商务在用户黏性方面具有先天优势。用户一般都希望一站式购物，解决所有需求，加上一些垂直电子商务经营的品类本身消费周期长，不需要经常重复购买，很难形成持续的黏性，只能通过市场投放吸引新用户来维持销量，市场成本居高不下。典型实例有淘宝、天猫、拍拍、易趣等平台。

4. 团购型电子商务模式

团购是指团体线上购物，根据薄利多销的原则，商家可以给出低于零售价格的团购折扣和单独购买得不到的优质服务，让认识或不认识的消费者联合起来，取得最优价格的一种购物方式。团购是一种新兴的电子商务模式，通过消费者自行组团，专业团购网、商家组织团购等形式，提升用户与商家的议价能力，并最大限度地获得商品让利，引起消费者及业内厂商甚至是资本市场的关注。例如，百度糯米、美团、大众点评等都是团购型网站的代表。

5. O2O 电子商务模式

O2O 是线上订购、线下消费双线并行的模式，是消费者在线上订购商品，再到线下实体店进行消费的购物模式，如爱邦客。这种商务模式能够消除消费者对网购诸多方面不信任的心理。消费者可以在网上众多商家提供的商品里面挑选最合适的商品，亲自体验购物过程。

去哪儿网在线销售电子机票，旅客持身份证即可到机场办理登机手续，登机享受航空公司提供的运输服务。消费者可在携程网上订机票、酒店，然后在线下体验。火车票销售网站 12306 也是如此。以上均是典型的 O2O 电子商务模式。

2.3.2 电子商务企业的商业模式

1. 商业模式理论

商业模式（business model）这个概念最早出现在 20 世纪 50 年代，但是直到 20 世纪 90 年代才开始广泛流行，并逐渐被人们使用和传播，成为一个独立的研究领域接入学术界、商业界。从 2003 年到现在，商业模式的研究取得了较大的进步。简而言之，商业模式研究的是企业的赚钱方法。

商业模式是一个公司赖以生存的模式，一种能够为企业带来收益的模式。商业模式包含了一系列要素及其相互关系的概念性工具，用以阐明某个特定实体的商业逻辑。它描述了企业能为客户提供的价值以及企业内部结构、合作伙伴网络和关系资本，用以实现（创造、推销和交付）这一价值并产生可持续收入的要素。

目前，国外专家对商业模式的定义主要有四大方面：一是经济方面的理论，主要侧重于为企业获取利润的模式；二是运营方面的理论，重点说明企业通过什么基本构造设计和内部流程来创造价值；三是战略方面的理论，着重对不同企业战略方向的总体考察，涉及市场主张、组织行为、增长机会、竞争优势和可持续性等；四是整合方面的理论，侧重于对企业商业系统如何更好运行的本质描述。根据国内吕延杰教授对商业模式研究理论的综述，商业模式的含义也大致分为三类。

（1）营利模式理论，说明企业是如何运营、营利的。

（2）价值创造理论，说明企业创造价值的模式。

（3）体系论，说明一个有很多因素构成的系统是一个体系或集合，强调商业模式的综合性，研究视角更全面、更宽泛，能够从各个维度更系统地诠释商业模式的实质。

随着信息技术的迅速发展、市场需求日益清晰以及资源日益得到准确界定，新型产品的出现、分销渠道的更新，需要拆分、重组原有产业价值链。用户消费群体的增加直接导致了更加激烈的竞争，从而带来了许多新的经营方式，商业模式也在经历着前所未有的创新。

传统的商业模式的"店铺模式"受到严重冲击，商业模式也不再是简单地赚钱，而变得更加复杂，从产品、服务、市场、价值链、营销等各方面逐渐成熟演变为完善的现代商业模式，并将市场需求和资源有机结合，全面提升竞争能力。因此，商业模式涵盖了企业从资源获取、研究开发、生产组织、产品营销到售后服务、客户关系、合作伙伴、收入方式等几乎一切活动，是一个正在形成和发展中的新的理论和操作体系。

电子商务企业的商业模式，是指在网络环境中基于一定技术基础的商业运作方式和一系列为了营利而创造核心竞争力的业务流程的集合。电子商务商业模式主要包括以下内容：厂商可为客户提供怎样的价值；可为哪些客户提供价值；如何提供价值定价；如何提供价值；如何在提供价值的过程中保持竞争优势。

2. 电子商务企业商业模式要素

电子商务企业商业模式要素一般有如下六种。

（1）客户以及公司与客户的关系，包括客户价值主张。

（2）公司所提供的所有产品及服务。

（3）制造和销售产品和服务所需的业务流程。

（4）制造和销售产品所需要的资源。

（5）组织的供应链，包括供应商和其他业务合作伙伴。

（6）营利模式、期望成本、财务资源以及预期利润。

3. 电子商务企业商业模式的类型

目前较为常见的商业模式主要有以下几类。

（1）直销（direct sales）。电子商务的特性使得很多厂商摆脱了对经销商、分销商等中间商的依赖，实现了去中间环节化，越来越多的厂商开始建立自己的门户网站，或者在各大电子商务平台建立门店直销自己的产品，或者是自己采购自己经销。戴尔、当当网等采用的就是直销商业模式。

（2）中介（intermediary）。电子商务中介的主要存在形式是信息平台，通过提供平台供交易双方发布各自所需信息，撮合交易，如阿里巴巴 B2B 平台、搜房网、58 同城、赶集网，还包括一些提供金融服务及物流服务的信息平台。

（3）内容提供商（content provider）。内容提供商是通过信息中介商向最终消费者提供信息、数字产品、服务等内容的信息生产商，或直接给专门信息需求者提供定制信息的信息生产商。内容提供商能够处理大量的信息，包括图像、图形、声音、文本等。由于信息安全性是第一要求，因此，信息内容提供商在存储介质和网络设施上投资较大。一些视频网站（如优酷）、在线音乐下载（如百度音乐）、新闻资讯（如新浪、搜狐）等均为内容提供商。

（4）服务提供商（full-service provider）。电子商务服务提供商涵盖 IT 技术类服务商、运营服务类服务商、营销推广类服务商、市场研究类服务商、仓储物流类服务商、品控保险类服务商和电子商务整体外包类服务商等。其属于电子商务生态系统中的支持种群。天气预报、股票指数等提供者可视为服务提供商商业模式。

（5）公共基础设施提供商（shared public infrastructure）。这类商业模式目前主要由各大电信运营商运营，如中国移动、中国联通、中国电信等。还有一些代理商从电信批发购买服务，再将服务零售给消费者。

（6）价值网集成商（value net integrator）。价值网集成商是将各种有价值的信息集成在一起的集成商商业模式。新浪门户网站集成了各类有价值的资讯、新闻、财经、科技、汽车、房产、博客、读书、教育、时尚等，类似的门户网站还有很多，这些均为价值网集成商。

（7）虚拟社区（virtual community）。天涯论坛、校友录、人人网、猫扑等为此类商业模式。

（8）综合服务商（consolidator of service）。新浪网在提供内容、价值网集成的同时，还提供其他服务，如服务器托管等，多种服务的提供者称为综合服务商。

2.4 主流与前沿的电子商务模式

电子商务是近年来发展比较迅速的商业模式，本节通过对主流和前沿的电子商务模式介绍，可以为想要从事电子商务的商家和个人提供可以参考的实际案例，加强对于电子商务环境和模式的了解。另外，还可以帮助电子商务从业者更有效地做好计划准备，避免盲目的选择，让商家找到最适合自己的模式。

2.4.1 主流电子商务模式

目前主流的电子商务有如下几种模式。

1. B2B 电子商务模式

B2B 电子商务模式（business to business，B2B）是指企业与企业之间通过互联网进行产品、服务以及信息交换，来完成商务活动的电子商务模式。

B2B 电子商务是企业通过信息系统，将上游供应商的采购业务和下游分销商的销售业务有机联系在一起，生产商和供应商之间是 B2B 的交易，生产商和分销商或零售商之间的交易也是 B2B 的交易，B2B 电子商务可以降低交易成本，提高客户的满意度。

根据华经产业研究院发布的数据，2016—2020 年，中国 B2B 电子商务交易规模呈现逐年上升的趋势，从 2016 年的 14.7 万亿元，到 2020 年的 31.2 万亿元，年均增长速度达到了 21%（见图 2-7）。2018 年，中国 B2B 的电子商务平台市场份额排在前三位的是阿里巴巴，占 28%，慧聪集团占 17.6%，科通芯城占 9.2%，如图 2-8 所示。

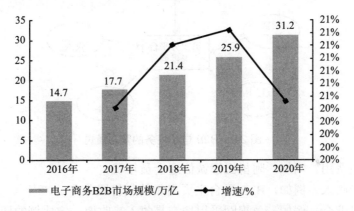

图 2-7　2016—2020 年中国电子商务 B2B 市场规模及增长趋势

（来源：华经产业研究院）

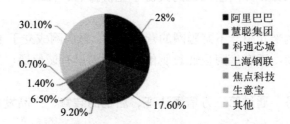

图 2-8　2018 年中国 B2B 电子商务平台市场份额占比

（来源：中国电子商务研究中心）

B2B 电子商务的类型有以下三种。

（1）基于卖方市场的 B2B 电子商务模式。基于卖方市场的 B2B 电子商务模式是一个卖家对应多个买家的模式，以企业为中心，一家企业即可以完成所有的销售活动，属于自建 B2B 电子商务销售平台模式。例如，海尔公司通过自建的 B2B 电子商务平台将产品销售给各地的分销商。

（2）基于买方市场的 B2B 电子商务模式。基于买方市场的 B2B 电子商务模式是一个买家对应多个卖家的模式，也是以企业为中心的电子商务模式。一家企业即可以完成所有的购买活动，属于自建 B2B 电子商务的采购平台。例如，华为公司通过 B2B 的电子商务平台，在全球范围内采购手机的配件。政府采购也属于这种模式，不同的是买方是政府部门。

（3）基于交易市场的 B2B 电子商务模式。交易市场模式通常是指由第三方企业为买卖双方创建一个信息交易的平台，买方和卖方可以在此分享信息、发布广告、竞拍投标进行交易。交易市场向所有的相关方，包括买方和卖方开放，所以可以看成是一个公共的电子市场，例如阿里巴巴、慧聪网等 B2B 的电子商务平台均属于交易市场模式。

B2B 电子商务的营利模式如图 2-9 所示。

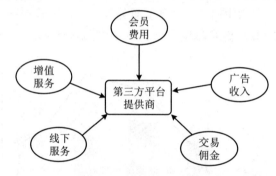

图 2-9　B2B 电子商务的营利模式

第一是会员费用。例如，阿里巴巴诚信通会员年费。
第二是广告收入。例如，B2B 平台主页出租的广告服务费。
第三是交易佣金。例如，敦煌网采用按交易收入来收取一定比例的佣金的形式。
第四是线下服务。例如，培训、展会和高峰论坛等。
第五是提供增值服务。如阿里巴巴的关键字竞价排名、在线专家咨询、慧聪网的金榜题名等服务。

我们以慧聪网为例来介绍一下慧聪网的营利模式。慧聪网成立于 1992 年，是国内 B2B 电子商务的服务提供商，素有南阿里北慧聪的说法。阿里有诚信通，慧聪有买卖通。慧聪网的营利模式如下。

买卖通的会员服务。通过第三方信用认证、店铺的装修、产品发布和查询等功能进行收费。

排名服务。谁先购买谁先得是固定排名。
广告服务。提供 banner、button 和链接广告。
内容服务。提供一些行业月度、季度或年度报告，通过售卖这些报告营利。
线下服务。会员供需的见面会也可以营利。
B2B 电子商务发展趋势有以下四个方向。
（1）B2B 与 B2C 融合发展。缩小企业和客户的距离，提高信息交流的速度和准确性，以降低成本。例如，在腾讯的战略升级中，腾讯的社交服务是 B2C 业务。腾讯新增的事业群服务于产业互联网就是 B2B 业务，即企业服务。腾讯扎根消费互联网的同时，也拥抱产业互联网，体现了 B2B 与 B2C 的融合发展趋势。

（2）信息服务向在线交易延伸。从以信息服务为核心向以在线交易为核心进行转变。例如，阿里巴巴对 B2B 业务进行整合，开展在线交易。

（3）线下支付向线上转移。线上、线下的渠道融合和第三方支付厂商的介入，都促进了线下支付向线上转移的趋势，由银行单独扮演支付和结算的角色发展为更多地采用第三方支付平台进行支付和结算。

（4）B2B 电子商务平台的垂直细分化。从"大而全"模式转向"专而精"模式。如中国化工网、中国水泥网和中国粮食网等都是垂直化的 B2B 电子商务平台。

2. B2C 电子商务模式

B2C 电子商务模式（business to customer，B2C）是指企业对消费者直接开展电子商务的模式，主要借助互联网开展在线的销售活动。

生产商和零售商之间是 B2B 的模式，零售商和消费者之间是 B2C 的模式，生产商也可以跨过零售商直接把商品卖给消费者，这也属于 B2C 的模式。中国电子商务市场在全球规模最大，也最有活力，其中 B2C 的销售额和网购消费者人数均排名全球第一。

截至 2018 年上半年，中国 B2C 的电子商务市场份额排在前三位的分别是天猫（53%）、京东（31.3%）、唯品会（5.7%）。到 2019 年，中国 B2C 电子商务市场份额排在前三位的变为天猫（51%）、京东（26.51%）、拼多多（12.8%）。从发展趋势上看，天猫和京东在缩小，黑马拼多多增长较快。

B2C 电子商务的经营方式有以下两种。

（1）实体商品的电子商务模式，也就是网络购物平台模式。这种模式有两种具体的表现形式。第一种是网上超市，网上超市一般都自建自运营。例如，苏宁易购是经销商搭建平台进行商品销售的模式；海尔商城既属于生产商，又属于建了商城的销售商，通过自建自运营的方式，形成了网上超市。第二种是网上商城。例如，天猫商城和亚马逊。这种模式的特点是，它既不是生产商，也不是销售商，而是专门提供一个商城，供买卖双方进行交易。

（2）无形产品的电子商务模式。无形产品的电子商务模式又可以分为以下三种方式。

第一种是广告的知识模式，例如百度、新浪、搜狐和网易等都属于广告的知识模式。

第二种是网上订阅模式。网上订阅模式又有以下几种表现形式：一种是在线出版，其通过互联网提供付费，在线下载服务内容，例如中国知网和万方数据；有的是免费与收费方式相结合，例如百度文库和豆丁网。而另一种表现形式是在线服务，通过收取按次或者固定费用提供在线服务，例如，携程网提供的订票和酒店的服务、前程无忧提供的招聘服务等都属于在线服务。

第三种是在线娱乐模式。在线娱乐模式通过提供网上游戏赢得消费者，是网上赠予模式，赠予消费者在线服务，靠广告或其他方式进行营利。例如，360 公司向用户提供免费的杀毒软件，靠其他的业务营利。

B2C 电子商务商业模式主要包含商城模式、团购模式、垂直电子商务模式、跨境电子商务模式等。

（1）商城模式。比如淘宝网推出了天猫商城，并且正式推出了独立域名，受邀企业可以缴纳担保金，进驻商城，在淘宝的宝贝搜索中，前几位一般都是为商城预留的。另外一个比较有实力的 B2C 商城是京东商城，京东的店铺商家也有不少。另外，我的网店平台推出的独立网店模式也很有竞争力。目前，平台店铺模式（B2C）中在中国占有市场的是天猫商城、京东商城、1 号店和我的网店。

（2）团购模式。团购模式也是商家将商品托管给平台的模式，该模式目前十分火爆，但是弊端很多，商品质量参差不齐。经过前些年的"千团大战"后，目前主流的团购网站有美团、大众点评、拉手、赶集网、糯米团、去哪儿团、聚划算等。目前，独立团购网站虽然红火，但有迹象显示：除糯米、美团这样的有千橡或者百度支撑的团购网站之外，其他可以存活的网站一般都是依靠其他电子商务平台和团购导航推行低价策略而维持的。

（3）垂直电子商务模式（vertical e-business models）。垂直电子商务网站旗下商品都是同一类型的产品。这类网站多从事同种产品的 B2C 或者 B2B 业务，其业务都是针对同类产品的，比如红酒商品、机票等。

垂直电子商务与多元化电子商务是电子商务的两种模式。垂直领域的优势在于专注和专业，能够提供更加符合特定人群的消费产品，满足某一领域用户的特定习惯，因此更容易取得用户信任，从而加深产品在用户心目中的印象和口碑传播，形成独特的品牌价值，这也是中小企业创业的必经之路。乐蜂网、酒仙网、聚美优品等均为有代表性的垂直电子商务模式。

（4）跨境电子商务模式。跨境电子商务是指分属不同关境的交易主体通过电子商务平台达成交易、进行支付结算，并通过跨境物流送达商品、完成交易的一种国际商业活动。跨境电子商务是基于网络发展起来的，网络空间相对于物理空间来说是一个新空间，是一个由网址和密码组成的虚拟但客观存在的世界。网络空间独特的价值标准和行为模式深刻地影响着跨境电子商务，使其不同于传统的交易方式而呈现出自己的特点。跨境电子商务具有全球性、无形性、匿名性、即时性、无纸化、快速演进等特征，这些内容在本书后续章节会专门进行介绍。

具有代表性的跨境电子商务有速卖通、亚马逊、天猫国际、网易考拉、苏宁云商海外购等。

B2C 电子商务平台包括自营或第三方平台，主要有以下几种营利模式。

第一种是产品或服务的差价。对于自营平台的商家来说，网络购物减少了中间环节，降低了交易的成本，提升了整体的收入。

第二种是网络广告模式。第三方 B2C 平台可以向企业销售广告位以获取收入，例如，天猫商城通过销售主页上的广告位来获取利润。

第三种是商户销售的提成。一般是指第三方交易平台向卖方企业收取交易佣金。

第四种是收取会员费。即入驻第三方平台的 B2C 企业必须注册为会员。平台通过收取会员费的形式提供服务，如天猫商城、京东商城等对入驻的商家收取会员费。

第五种是代理商的销售利润。通过代理商的团队营销能够给 B2C 的企业带来利润，例如旅游网站向消费者提供机票的代理服务、电信增值业务的代理等。

第六种是间接利润的来源。这也是 B2C 电子商务的营利模式之一。通过价值链的其他环节实现赢利，例如信用认证的零售模式、网上支付的营收模式等都属于通过间接利润来源获利。

B2C 电子商务的发展趋势有以下四点。

（1）模式趋势——由垂直走向综合，由自营走向开放，成为众多 B2C 平台的一致选择。例如，京东由原来的 3C 向综合平台过渡、由自营到平台过渡。新型的 B2C 平台，比如农产品、生鲜产品、医药和本地生活服务发展迅速。

（2）品类趋势——从标品到非标品，体现的是用户从追求功能到追求个性化的变迁；从低价到高价体现的是从追求价格向追求价值消费的升级；从商品到服务体现的是从追求商品消费的体验向线下服务体验的转变。

（3）运营趋势——由精细化运营向价值深耕成为各大 B2C 平台未来的核心战略。B2C 平台纷纷布局线下渠道，O2O 行业已成为大的趋势，C2B 的模式日渐兴起，移动电子商务成为各大 B2C 平台布局的重点。

（4）竞合趋势——电子商务平台的马太效应日益凸显，差异化竞争是唯一的出路，跨平台合作整合资源成为平台竞合的典型特征。

3. C2C 电子商务模式

C2C 电子商务模式（consumer to consumer，C2C）即消费者对消费者的电子商务，指买卖双方在电子商务平台运营商所搭建的平台上进行自主的商品交易。买方和卖方都是消费者。

消费者对于消费者的电子商务一般是通过第三方平台进行交易的。

C2C 电子商务的运作模式可分为以下三类。

（1）网上拍卖。网上拍卖有以下几种形式。

一口价。卖家设置商品价格。国内大多数的 C2C 网站一般都采用这种方式，在这种情况下，买家不会多出一分钱，但成交率较高。

网上英式拍卖。限时内出价高者拍得产品或服务。这种是最常见的网上拍卖方式。

网上荷兰式拍卖。限时内出价高者先得。通常，在到达截止时间时，出价高者获得他想要的数量，如果物品还有剩余，则可以出售给出价第二高者。例如出售 1000 吨大豆，出价高的人可以先购买他所需要的 600 吨，其余的再卖给出价第二高的买家。

反拍卖。卖家以低价向买家提供商品，出价一直降到买家接受为止。拍卖和反拍卖的区别为，拍卖是为卖方销售服务的，而反拍卖是为买方采购服务的；拍卖是向上竞价，而反拍卖是向下竞价；拍卖是高价成交，而反拍卖是出价低的成交。

团购。一般来说，购买人数越多价格越低。当出价的人数增加时，物品的价格也会有所下降。

（2）第三方交易平台。独立的第三方搭建平台，个人商家开设店铺出售商品，比较有代表性的就是淘宝网，这类平台都属于第三方交易平台。

（3）分类广告。分类广告是很多小广告的集合，例如 58 同城、百姓网等这样的分类广告网站，消费者可以把自己的闲置商品放在平台上进行销售，买方也是消费者，通过网站找到信息并达成交易。

C2C 电子商务的营利模式有以下五种。

（1）会员费。C2C 网站对于注册会员收取一定的费用，从而为会员提供网上的店铺出租以及公司的认证等多种服务。

（2）交易提成。从交易额中提取一定比例的佣金。

（3）广告费。出售网站的广告位营利。

（4）增值服务。为商家提供增值服务，如竞价排名和黄金铺位等。要获得黄金铺位，需要给平台支付一定的费用。

（5）支付环节收费。第三方支付平台按照比例收取手续费，例如支付宝设定了一个交易流量的标准，在交易流量之内是免费的，超出这个交易流量的部分则收取 5%的服务费，最低每笔 1 元，最高每笔 25 元。

C2C 电子商务的发展趋势如下。

（1）成为我国电子商务发展的重要组成部分。C2C 将在未来很长一段时间内推动中国的电子商务产业发展。2018 年 C2C 占零售电子商务的 37%，是我国电子商务经济发展不可分割的重要组成部分。

（2）B2C 取代 C2C 是行业发展的必然趋势。这是因为随着网络购物市场的逐步完善，B2C 在商品的质量和服务保障等方面具有的优势将更加明显，网民对 B2C 网购的认可程度相对高，会导致 B2C 转化率逐渐提高，因此，B2C 取代 C2C 是行业发展的必然趋势。

4. C2B 电子商务模式

C2B（customer to business）电子商务模式是指消费者对企业的电子商务，该模式通过聚合相对的弱势群体，实现与强势个体进行交易的话语权的提升，从而最终获得更大的利益空间。

C2B 电子商务模式是把消费者直接送到企业的面前，企业把利润返还给消费者，对于消费者来说，由被动的消费转为主动满足个性化需求。C2B 模式以汇聚需求取代传统的汇聚供应商的购物中心的形态，将商品的主导权和先发权由厂商交给了消费者。

C2B 电子商务的表现形式有以下两种。

（1）团购。团购就是团体购物，是指认识或者不认识的消费者联合起来，加大与商家的谈判能力，以求得最优价格的一种购物方式。

团购的形式有消费者自行组团、专业的团购网站以及商家组织团购等，提升消费者与商家的议价能力。

团购的优势有：对于企业来说，可以降低成本，扩大交易份额；对于消费者来说，可以有更多的选择机会和更低的价格。例如，聚划算就是因为团购活动降低了成本，产生了巨大的经济效益，惠及了企业和消费者。

团购的局限性：第一，行业的局限性。团购所提供的商品是固定和有限的，所以消费者不可能像进超市一样一次性购买自己所需的所有物品；第二，发展的局限性。由于经济的快速发展以及消费观念的改变，消费者的价格敏感度下降，品质和个性化的需求却成为其关注的最重要的方面。

（2）个性化定制。随着消费观念的转变和收入水平的提升，消费者把产品的品质和特性的重要性置于价格之上。个性化定制是 C2B 电子商务模式发展的第二个阶段，个性化定制是指消费者通过在线的渠道提出产品的质量、样式和材料等属性要求，由企业根据消费者的需求提供特定的产品。其核心思想是以资源分配为中心转型为以需求收集为中心。

2.4.2 前沿电子商务模式

资料 2-2

新型前沿的电子商务模式具备两个特点：一是区别于以往的电子商务模式；二是具有很大的发展前景。

1. C2M 电子商务模式

C2M 是英文 customer to manufactory（顾客对工厂）的缩写，其中文简称为"客对厂"。客对厂由爱优会社交购物平台提出，是一种新型的电子商务互联网商业模式，这种模式是基于社区社交网络（SNS）平台以及 B2C 平台模式的一种新的电子商务模式。

在 C2M 模式下用户可以在爱优会社交购物平台建立自己的社交关系网络，使规模巨大同时相互之间割裂的、零散的消费需求整合在一起，以整体、有规律、可操作的形式将需求提供给供应商，从而将"零售"转化为"集采"，使工厂的生产与资产、资金周转效率得到大幅提高，价格因而又有了一个巨大的下调空间；继而以"云采购"模式，将参与"集采"的消费者需求信息整合起来，速送工厂，使其"以需定产、量体裁衣"。

爱优会创新地将 SNS 与电子商务巧妙、无缝地融合在一起，通过朋友间的推荐、分享、评价、信任和相互影响，以业界首创的"云采购"模式将对同一类商品的需求整合起来向供应商进行集中采购，顺利达成零售领域难以实现的面向消费者的规模效应，真正实现了"人多力量大""越买越便宜"。

爱优会采取主动承担资金风险、不收取任何费用与返利、摒弃账期，而以现款现货的方式，跨过代理商直接向工厂采购，代表消费者将"云采购"所整合的用户需求向工厂直接下单，工厂按单排期、生产，一方面节省出中间环节所占据的 1/3 左右的价格空间，另一方面完全消除工厂资金风险、加快工厂资金周转、加快工厂固定资产折旧、提高工厂生产效率，从而创造出 1/5 左右的价格空间，因而最终为消费者创造出 1/2 左右的市场价下降空间。

我们熟知的拼多多就是一个专注于 C2M 拼团购物的第三方社交电子商务平台。

2. O2O 电子商务模式

O2O（online to offline）电子商务模式是指一种能够将线上的虚拟经济与线下的实体经济进行全面融合的商业模式。O2O 模式用线上营销、线上购买带动线下的经营和线下的消费。O2O 通过提供打折信息、服务预定等方式，把线下的商品信息推送给互联网用户，从而将他们转变为线下的客户，特别适用于必须到店消费的商品和服务，比如餐饮、健身、看电影、演出、美容美发和摄影等。

其核心思想是在线了解商品或服务，并在线支付，线下收取商品或享受服务。数据显示，即使在电子商务最发达的美国，线下的消费比例依旧高达 92%。

O2O 模式带给企业的益处如下。

（1）增加销售机会。通过提供折扣、信息和服务等方式，将互联网的用户转化为线下的客户。

（2）营销效果监测。通过在线销售数据检验营销效果。对于提供租赁服务的互联网公司而言，只有用户在线上完成了支付，自身才能从中获益，一旦没有在线支付功能，O2O中的"在线"不过是替他人做嫁衣。

O2O 与 B2C、C2C 的关系如下。

相同点：O2O 与 B2C 和 C2C 一样，均是在线支付。

不同点：在 B2C 和 C2C 模式下，消费者购买的商品是被装箱快递到手中的；而在 O2O 模式下，消费者在线上购买商品和服务后需要到线下去享受服务，这是在线支付为店主创造客流的一种方式，对于消费者来说，也是一种新的发现机制。

3. O2M 电子商务模式

线上、线下的互动营销目前以 O2M（offline to mobile）的渠道营销为主，线下实体店负责顾客体验，移动手机端负责顾客服务。O2M 是基于地域的线下销售团队的有效集合与线上平台为客户定制服务的能力相结合的全新服务体系。O2M 将以强大的线下实力为发展基础，依托移动互联技术，力图做到"通盘""通客""交叉销售""共享资讯""共享中台"，整合多种业务线为客户提供一站式、平台化、交叉交互式的轻资产房地产服务，最大限度地实现客户价值。

4. O2P 电子商务模式

O2P 商业模式是针对移动互联网商业浪潮背景下，瞄准传统渠道将向"电子商务平台+客户体验店+社区门店+物流配送"转型而推出的新型互联网商业模式。该轮变革主要体现在以下几点。

（1）渠道商/连锁经营从经销与批发向本地化平台经营转型。

（2）专卖店向体验店转型，社区门店变商城，社区终端为王。

（3）厂家向 C2B 个性化单品规模化生产转型，向互联网平台要渠道。

O2P 商业模式的核心是 online to partner，即采用互联网思维，围绕渠道平台化转型机会，构建厂家、经销商、零售商铺、物流机构、金融机构等共同参与的本地化生态圈，帮助传统产业向互联网转型，提升系统效率，创造消费者的完美购物体验。

5. B2Q 电子商务模式

B2Q 电子商务模式（business to business and ensure the quality，B2Q）指的是商家（泛指企业）对商家在以确保质量、诚信交易为前提的电子商务平台所进行的电子商务活动，即企业与企业之间通过第三方认证平台进行产品、服务及信息的交换。

6. BOB 电子商务模式

BOB 电子商务模式是指供应方与采购方通过运营者（operator）完成产品或服务的交易的一种电子商务模式。BOB 电子商务模式使供应方和采购方只需要专注其自身领域：厂家/批发商（供应方）负责做好生产/批发；采购方专注采购以及如何做好下一步 2C 零售；运营者承揽产业供应链两端之外的其他环节，实现商流、物流、资金流、信息流四流整合，进行产业供应链的优化管理。

BOB 电子商务模式有别于过去的 B2B、B2C、O2O 等电子商务模式，是一种全新的一站式电子商务运营模式。BOB 电子商务模式将电子商务以及实业运作中的品牌运营、店铺运营、移动运营、数据运营、渠道运营五大运营功能板块升级和落地，从而实现"品牌塑造+平台展示+立体分销+数据指导+新媒体营销+智能仓储+金融结算"一体化的供应链管理，使得传统批发商为其自身产业转型和升级储备了坚实的力量和后盾。

7. 直播电子商务模式

2020 年 3 月，中国消费者协会发布的《直播电商购物消费者满意度在线调查报告》中将直播电子商务的概念界定为"直播者通过网络的直播平台或直播软件来推销相关产品，使受众了解产品各项性能，从而购买自己的商品的交易行为，可以统称为直播电商"。

而本教材将直播电子商务定义为商家以直播为渠道，为观众推荐商品，激发其潜在购买欲望并最终达成营销目的，进而实现收益的电子商务形式，是数字化时代背景下直播与电子商务的双向创新融合。

直播电子商务相关概念可参考 8.2.1。

2.4.3 电子商务营利模式存在的问题

1. 营利模式单一、创新不足

很多电子商务系统主要靠企业赞助、广告费、会员费维持生存，少数能收取一些交易费用。我国大多数电子商务企业主要依靠对平台上注册的会员收取会员费以及增值服务费营利，如中国化工网，会员费是其主要收入来源。企业通过第三方电子商务平台参与电子商务交易，必须注册为网站的会员，每年要缴纳一定的会员费，才能享受网站提供的各种服务，目前会员费已成为我国 B2B 网站最主要的收入来源，如阿里巴巴网站收取中国供应商、诚信通两种会员费。

2. 盲目复制营利模式

严格地说，任何营利模式都是可复制的，只是复制的难度不同。复制难度大可以使竞争者难以进入，从而使商家为自己的发展赢得时间。对一种电子商务营利模式而言，抓住时机，利用先发优势、网络效应、切换成本等手段使其模式难以被竞争对手复制，也是其获得成功的重要因素。

但是许多电子商务公司未能把握市场走向，不注重企业内涵发展，存在盲目效仿复制营利模式的现象。当看到其他电子商务企业的营利模式能够使企业赢利时，这些电子商务公司就会盲目地复制，引用不符合自身发展规律的营利模式非但不能实现企业的效率化，而且容易造成巨大的经济损失，结果是企业付出沉重代价，失去市场生存机会。

3. 营利模式持久性差

营利模式设计的最终目的是长远获利，但是目前许多电子商务企业目标战略不清楚，问题分析不透彻，只顾眼前的利益而忽视长远利益。目前利用互联网赚钱的方式虽然不少，但是作为一种电子商务营利模式必须是针对一种长期存在的市场所设计出来的。

如果针对的只是一种临时的需求和市场，那不能算是一种成功的营利模式，因为市场一旦失去了，营利模式就没有存在的必要。

2.4.4 电子商务营利模式的创新和战略选择

任何商业模式要实现赢利，最本质的问题就是如何从用户手中获取利润。因为企业的市场竞争从根本上来说是围绕满足顾客需求而展开的，正如菲利普·科特勒所指出的："顾客是价值最大化者。"因此，所谓的满足顾客的需求，就是要为顾客提供最大、最多、最好的价值。

电子商务营利模式的分析必须从营利增长点、营利的对象、营利的措施和营利的屏障这四点来着手。其实如果从创新角度来考虑，重点还是核心竞争力。这就要求电子商务公司在如下几方面不断创新。

（1）建立专业细分的贸易商家数据库。对于电子商务平台来说，最核心的资源便是注册用户，即众多的供应商和采购商，而这些贸易商也正是企业的衣食父母。建立一个专业的按行业、产品细分的数据库，能够有效地提高企业的服务质量。相应供应商与采购商的直接对接，能有效地节省双方的时间成本，提高网站的使用效率，进而增加用户对网站的满意度。

（2）以服务的纵向深化来弥补市场横向扩张的不足。针对中小企业的现实需求，通过向中小企业直接或间接提供金融服务，帮助其摆脱"融资难"的困境。通过这种方式取得的收入是较稳定的，同时还能够增加现有用户对平台的黏性，提高用户满意度和忠诚度。横向与纵向的相辅相成，能够促使企业更加持续稳定地发展。

（3）加强企业合作，充分利用平台资源。现在市场竞争已从企业与企业层面的竞争上升到企业联盟与企业联盟层面的竞争。B2B 平台要发展金融服务，不能仅仅依靠企业自身的资源，还要加强企业间的合作，充分利用合作企业的资源。

（4）建立有效的平台互动机制。互动能够发现问题、探讨问题、解决问题。各方的积极参与使得平台"活"起来之后，再配以相应的服务，电子商务才会更好地发展。为了提高电子商务营利模式的有效性，维持电子商务企业竞争优势的持久性，可以选择适合自己发展的竞争战略。

一般来说，企业所采取的竞争战略有以下几种类型。

（1）差别化战略，即企业在营利模式上取得某种独特性，防止竞争者模仿。电子商务企业应更多地采用差别化战略。网络赋予了消费者更多的议价能力，企业只有提高产品的差别化程度，才能加强议价的能力以避免利润的下降。而网络技术的应用又使企业了解消费者的个性化需求，从而提供明显区别于竞争对手的异质产品或服务，进而使差别化战略能够实施得更为彻底。如新浪为其网站广告模式申请了专利，防止其他竞争者模仿。

（2）低成本战略，即电子商务企业通过降低成本向客户提供价值。其主要有三种方式：第一种，中间环节减少导致中间费用减少；第二种，中间环节增加，但中间费用减少；第三种，向交易双方提供交易平台，使双方同时赢利。同时，电子商务公司自身也要降低成本，如卓越网以前通过向会员发放印刷品会刊来介绍自己的每期产品，后来为了节约成本，用电子会刊的形式代替了印刷品会刊。

（3）抢先战略，即企业较早地将主要资源投入市场，不断对其营利模式进行创新。电子商务公司如果第一个创办了属于自己的营利模式并取得成功,那就要努力占据自己的市场,因为只有第一个占据新市场的人才能真正赢利。如阿里巴巴采用开放式经营方式与参与者共享收益和共同承担风险,这是阿里巴巴首次开创的自己的营利模式。

(4) 公司联合战略,即企业通过发掘其他企业的资源来完善自己的营利模式。当今全球化企业都强强联合加强自己的竞争力,电子商务公司也应该走向国际化。如惠普合并康柏,向客户提供优质服务。

目前,我国发展电子商务的环境,包括网络基础建设等运行环境、法律环境、市场环境、信息安全、认证中心建设等条件,正在逐步完善,国家有关电子商务的各项政策、法规也日益健全,为中国电子商务规范、高速前行提供了推动力。越来越多的电子商务公司已经找到属于自己的营利模式,正在打造具有中国特色的电子商务营利模式。

本章小结

※ 电子商务系统由网络平台、买方、卖方、认证中心、支付中心和物流中心六部分组成,另外还有电子商务的服务商为电子商务活动提供支撑。

※ 电子商务价值链的主要参与主体有企业、消费者、政府、认证中心、支付网关、网上银行和配送中心等。

※ 电子商务流程大都包括四种基本的"流"要素,分别是信息流、资金流、物流和商流。

※ 目前主流的电子商务模式有 B2B 电子商务模式、B2C 电子商务模式、C2C 电子商务模式和 C2B 电子商务模式,新型前沿的电子商务模式有 C2M 电子商务模式、O2O 电子商务模式、O2M 电子商务模式、O2P 电子商务模式、B2Q 电子商务模式、BOB 电子商务模式和直播电子商务模式。

复习思考题

1. 思考电子商务的框架结构和支撑环境。
2. 电子商务的主要商业模式有哪些?
3. 电子商务的营利模式有哪些?存在哪些问题?
4. 如何看待电子商务营利模式的创新与战略选择?

案例分析

兴趣电子商务带领商家追求有质量的商品交易总额

自 2021 年 4 月,抖音电子商务首届生态大会举办之后,"兴趣电子商务"这一概念在网络上迅速火了起来。抖音电子商务总裁康泽宇在会上的主题演讲中阐释了"兴趣电子商务的"概念,即一种基于人们对美好生活的向往,满足用户潜在购物兴趣,提升消费者生活品质的电子商务。兴趣电子商务的核心是帮助用户发现潜在的需求。

应该如何理解兴趣电商呢？据抖音电商调研显示，很多用户在消费前并没有明确计划，他们在抖音电商里购物，就像逛街一样，最初没有目的，但是被商品激发了兴趣，从而产生了交易。从激发兴趣到满足兴趣的这个过程，就是兴趣电商。康泽宇表示，这部分需求目前还未得到很好的满足，是抖音电商的发力方向。抖音有着良好的内容生态、众多优质创作者、多元化用户和较为成熟的兴趣推荐技术，能够发现用户的潜在需求，把商品推荐给感兴趣的人。

而且，抖音电子商务也有着发展兴趣电子商务的优势。

其一，短视频和直播的普及，让商品展示变得更生动、直观，大幅降低了消费者的决策门槛；其二，随着推荐技术越来越成熟，基于内容兴趣的个性化推荐成为市场标配；其三，平台内涌现大量优秀的短视频和直播创作者，使更多优质商品可以通过更好的内容形态展示出来，商家也有了更多机会通过创作者触达他们的粉丝。

对于消费者来说，兴趣电子商务能满足其潜在的购物需求，帮助其发掘新的商品服务，进而提升生活品质；对于商家来说，兴趣电子商务能够帮助其更精准地找到自己的消费者，通过激发更多消费者潜在的需求，获得更大的市场与增量机会。

在未来，兴趣电子商务将成为抖音电子商务发展的重点。一是通过个性化的推荐，实现从内容到兴趣的高效激发，二是实现兴趣与消费的规模化链接。为了更好地发力兴趣电子商务，抖音电子商务推出了三大扶持计划：未来一年，将帮助1000个商家实现年销破亿元，其中100个新锐品牌年销破亿元；帮助10万个优质达人实现年销10万元，其中1万个达人年销破千万元；帮助100款优质商品年销破亿元。

为了更好地通过兴趣电子商务为抖音电子商务商家带来新增量，抖音电子商务将完善平台对商家的基础服务能力，为用户提供优质的购买保障、客服体验，通过优先平台治理，营造良性电子商务环境，带领商家追求有质量的商品交易总额。

虽然目前还无法预料兴趣电子商务未来能够有怎样的发展前景，但是相信在抖音电子商务日渐成熟的推荐技术、快速增长的日活量，以及抖音电子商务对商家流量、资源以及各方面的扶持力度倾斜下，兴趣电子商务会在较短的时间内取得较大成就：帮助达人，为粉丝带去更多优价好物；帮助商家，将优价好物推荐给全网感兴趣的用户；帮助用户，触手可及美好生活。

（来源：兴趣电商引领电商新模式，兴趣电商带领商家追求有质量的 GMV[EB/OL].（2022-06-21）. http://biz.ifeng.com/c/87Ft6T0pTv1.）

案例讨论：

1. 列举你了解的直播电子商务平台并分析比较其异同。
2. 直播电子商务流量变现的方式有哪些？
3. 对网络主播不厌其烦地要求关注、点赞，你是如何理解的？

电子商务经济知识篇

第3章 电子支付与数字货币

第 3 章 电子支付与数字货币

学习目标

- 掌握电子支付工具和移动支付的特点及应用。
- 理解网上银行和电子银行的相关概念。
- 了解数字货币的特点及其与虚拟货币、电子货币的关系。

引例

央行范一飞：推动数字人民币体系与传统电子支付工具互联互通

历经三年试点，数字人民币 App 当前已在各大应用市场正式上架，软硬件钱包成功落地，智能合约、无障碍适老化产品等取得重大进展，多层次产品体系初步形成。下一步，如何在市场应用和技术创新中不断深化发展？

中国人民银行副行长范一飞在 9 月 8 日举行的 2022 中国（北京）数字金融论坛上针对数字人民币的生态发展、创新引用和受理标准三个方面提出了最新思考。他指出，在数字人民币研发试点运营过程中，始终重视创新与安全的辩证关系，坚持发展和规范并重，推动数字人民币工作走出一条符合中国国情的发展道路。下一阶段，将加快推进数字人民币体系的标准化建设，实现数字人民币体系与传统电子支付工具的互联互通，让消费者可以"一码通扫"。

生态构建：尊重市场规律也要发挥央行作用

目前，数字人民币生态体系建设方面取得了阶段性成果。范一飞指出，实践证明，"双层运营"架构是构建开放型数字人民币生态的最优方案，也被各国央行广泛借鉴。

一方面，央行通过实施中心化管理保证对货币发行和货币政策的调控能力；另一方面，央行为商业机构提供开放、中立、可信与稳定的基础设施。在此过程中，既要充分尊重市场规律，也不能忽略数字人民币"公共品"这个基本属性。

范一飞强调：首先，需要建立可持续发展的机制，注重市场经济中的制度安排，推动形成兼顾各方的利益平衡与商业激励机制，持续调动各方积极性，保持我国在央行数字货币领域的先发优势。

其次，要在尊重市场规律、市场主体的基础上，更好地发挥央行的作用，用政策引导市场预期，用规划明确发展方向，用法治规范市场行为。

"数字人民币和传统支付方式相比既有共性，也有个性，不能完全照搬实物现金和电子支付那一套，我在多个场合都提到过'该打破的打破，该约束的约束'。在制度建设和管理过程中，既要注重融合，又要支持创新。试点本身也是探索的过程，要积极运用新理念，凝聚新共识，服务新发展格局，最终目的是给人民带来实惠和便利。"他表示。

再次，分散决策、风险分担是市场经济的重要制度安排，与激励机制相辅相成。范一飞强调数字人民币要运用好这个规则，在"双层运营"架构下坚持权责对等，一方面强化激励约束，避免权责不对称引发的各类机构行为扭曲和低效，另一方面还要实现自主决策、自担风险，提升数字人民币生态的稳健性。

创新应用：要避免形成新的信息壁垒

数字人民币作为央行货币支付体系的重大创新和升级，在技术和业务模式上都有很大的调整，一个突出方面就是可编程性，通过加载智能合约实现定制化支付。

事实上，智能合约的概念早在1994年就已提出，但在此后20多年并没有服务实体经济的应用落地。随着金融科技快速发展，智能合约的技术运行条件不再是障碍，其广泛应用更多依赖于可信、开放的生态体系。

范一飞认为，数字人民币在此方面具有突出优势。数字人民币智能合约已在消费红包、政府补贴、零售营销、预付资金管理等领域成功应用，取得良好效果。他指出，未来，在具体推进中要注意以下几个方面：

首先，数字人民币智能合约要在支撑数字经济发展、服务营商环境建设和提升数字化治理能力方面切实发挥作用。智能合约本身需要具备的一致性、可观测性、强制性等技术特性，叠加数字人民币法币地位和"账户、准账户和价值特征"优势，有利于提升交易透明度，并降低履约成本和违约风险，有利于消费者权益保护、企业降本增效和监管能力优化。

其次，数字人民币智能合约坚持开放包容、公平竞争，要在央行中心化管理和"双层运营"架构的原则下统筹推进，避免形成新的信息壁垒。要广泛连接各类外部生态，确保在智能合约系统和外部系统、身份验证和合规性检查数据以及运行环境等方面实现互通，更高效地适应各行各业的实际需求。

再次，数字人民币智能合约要注意制度衔接和剩余风险防范。一方面，合约模板的合法性、一致性和通用性是智能合约发挥强制履约作用的重要基础，因此要建立有效机制对其加强管理。另一方面，新技术应用有助于解决现实难题，但是智能合约并不能消除各行业的原生风险，要加强与相关行业管理部门和司法部门的沟通协调，共同探讨业务剩余风险管理问题。

受理标准统一：加快推动"一码通扫"

货币体系作为市场经济的基石，标准的统一尤为关键。在范一飞看来，市场经济的主体是个人和机构，依靠法律来规范和约束；客体是产品与服务，依靠标准来规范和引领。标准与法律法规共同构成了市场经济平稳、有效运行的基础。

他进一步强调，数字人民币作为央行向人民群众提供的公共产品，要体现人民性，让使用更方便快捷。在推进数字人民币生态建设方面，受理环境和应用场景拓展亟待破局，其中标准的统一和规范是关键所在。为了实现数字时代的"钱同币、币同形"，要从信息交互、业务流程、技术规范等维度加快推进数字人民币体系的标准化建设。

具体来讲，要推动数字身份、报文规范、二维码制、蓝牙和NFC等方面规范和标准的统一，实现数字人民币体系与传统电子支付工具的互联互通，让消费者可以"一码通扫"，商户也不必增加成本即可支持各类支付工具。此外，为避免用户信息泄露，消除数据安全隐患，也需要统筹组织各方对相关技术进行升级加固，提升安全防护水平，保障支付的安全便捷。

（来源：李晖.央行范一飞：推动数字人民币体系与传统电子支付工具互联互通[EB/OL].（2022-09-18）. http://www.cb.com.cn/index/show/jr6/cv/cv12521123283.）

案例讨论：

1. 结合以上案例，谈谈我国数字人民币在生态体系建设方面取得了哪些阶段性成果。
2. 在建设数字人民币生态过程中，央行扮演了哪种角色，起到了什么作用？

支付是商务活动中的一个重要环节。电子支付方式的出现早于互联网，电子支付是最近几年才被人们普遍接受的。在电子商务比较发达的美国与加拿大等国，各大企业如 IBM、惠普、微软等纷纷推出各自的电子商务产品和解决方案。随着电子商务的发展，各种法规也随之健全，许多西方国家都已经通过数字签名和身份认证法律。1996 年下半年，美国财政部颁布有关《全球电子商务选择税收政策》白皮书，联合国国际贸易法委员会（UNCITRAL）已经完成模型电子商务法的制定工作，为电子交易制定出统一通用的规则。另外，两大国际信用卡组织 VISA 和 MasterCard 合作制定的安全电子交易协议（secure electronic transaction，SET）定义了一种电子支付过程标准，其目的就是保护互联网上支付卡交易的每一个环节。

蓬勃发展的电子商务推动电子支付向纵深发展，互联网金融正是这种背景下的金融创新。目前，互联网金融有两大表征：一是金融互联网，金融行业走向互联网；二是互联网金融，是依托于支付、云计算、社交网络以及搜索引擎等互联网工具，实现资金融通、支付和信息中介等业务的一种新兴金融。互联网金融是互联网时代金融的新生态。以互联网为代表的现代信息科技，特别是移动支付、云计算、社交网络和搜索引擎等，将对人类金融模式产生根本影响。在这种金融模式下，支付便捷，搜索引擎和社交网络降低信息处理成本，资金供需双方直接交易，可达到与现在资本市场直接融资和银行间接融资一样的资源配置效率，并在促进经济增长的同时，大幅减少交易成本。

3.1 电子支付概述

3.1.1 电子支付的概念与特征

20 世纪 70 年代，计算机和网络通信技术在一些发达国家得到应用，银行业务开始以电子数据形式通过电子信息网络进行办理，诸如信用卡、电子汇兑等一些电子支付方式开始投入使用。

1. 电子支付的概念

电子支付（electronic payment，E-payment）是指通过电子信息化的手段实现交易中的价值与使用价值的交换过程，即完成支付结算的过程。电子交易的当事人包括消费者、厂商和金融机构，它们使用安全电子支付手段，通过网络进行货币支付或资金流转。电子商务支付系统是电子商务系统的重要组成部分。电子支付的类型按照电子支付指令发起方式分为网上支付、电话支付、移动支付、销售点终端交易、自动柜员机交易和其他电子支付。

电子支付方式的出现早于 Internet，采用信息技术进行电子支付的形式经历了以下几个阶段。

第一阶段：银行利用计算机处理银行之间的业务，办理结算。

第二阶段：银行计算机与其他机构计算机之间资金的结算，如代发工资，代缴水电费、煤气费、电话费等业务。

第三阶段：利用网络终端向用户提供各项银行服务，如用户在自动柜员机（ATM）上进行存、取款操作等。

第四阶段：利用银行销售点终端（POS）向用户提供自动扣款服务，这种电子支付方式在商超、实体店较为常见并被广泛使用。

第五阶段：基于 Internet 的电子支付，将第四阶段的电子支付系统与 Internet 整合，实现随时随地通过 Internet 进行直接转账结算，形成电子商务交易支付平台。该阶段的电子支付称为网上支付。

第六阶段：基于移动互联网的电子支付，是第五阶段的电子支付系统利用移动智能终端与无线网络的整合与延伸，实现随时随地通过移动互联网进行直接转账结算，这种支付方式实现了电子商务线上线下渠道的融合，该阶段的电子支付是打通电子商务 O2O 闭环的关键环节。

随着支付宝钱包和微信支付等移动支付工具的大规模推广，一些电子商务企业如大众点评、美团等借助这两大平台，开始建立自己"完整"的 O2O 闭环。在一部手机或者智能终端上，电子商务与用户建立直接联系，打通线上线下形成闭环，然后通过对会员数据的分析实现精准营销，最终将线上用户引入线下门店消费。移动支付打通线上线下，引导更多的顾客进入线下门店消费，增加客流量，这是移动支付推动 O2O 发展对传统零售业的最大意义。

2. 电子支付的特征

相比较传统支付结算时普遍使用的"一现三票一卡"（现金、发票、本票、汇票和信用卡）电子商务电子支付方式，以 Internet 为主要平台的电子支付结算方式表现出更多的优点，其特征如下所述。

（1）数字化的支付方式。电子支付是采用先进的技术通过数字流转完成信息传输的，其各种支付方式都是采用数字化的方式进行款项支付的；而传统的支付方式则是通过现金的流转、票据的转让及银行的汇兑等物理实体的流转来完成款项支付的。

（2）开放的系统平台。电子支付的工作环境基于一个开放的系统平台（即 Internet），而传统支付则在较为封闭的系统中运作。

（3）先进的通信手段。电子支付使用的是最先进的通信手段，如 Internet、extranet；而传统支付使用的则是传统的通信媒介。电子支付对软、硬件设施的要求很高，一般要求有联网的计算机、相关的软件及其他一些配套设施；而传统支付则没有这么高的要求。

（4）明显的支付优势。电子支付具有方便、快捷、高效、经济的优势。用户只要拥有一台上网的 PC，便可足不出户，在很短的时间内完成整个支付过程。支付费用仅相当于传统支付的几十分之一，甚至几百分之一。

3.1.2　电子支付的流程

电子支付借鉴了很多传统支付方式的应用机制与过程，只不过流动的媒介不同：一个是传统纸质货币与票据，大多为手工作业；另一个是电子货币并为网上作业。

以 Internet 为基本平台的电子支付一般可以描述为以下流程。

（1）客户连接 Internet，用 Web 浏览器进行商品浏览、选择与订购，填写网络订单，选择应用的电子支付结算工具，并得到银行的授权使用，如信用卡、电子钱包、电子现金、电子支票或网络银行账号等。

（2）客户机对相关订单信息（如支付信息）进行加密，在网上提交订单。

（3）商家的电子商务服务器对客户的订购信息进行检查、确认，并把相关的经过加密的客户支付信息等转发给支付网关，直至银行专用网络的银行后台业务服务器进行确认，以期从银行等电子货币发行机构验证并得到支付资金的授权。

（4）银行验证确认后，通过建立起来的经由支付网关的加密通信通道，给商家服务器回送确认及支付结算信息，为进一步的安全，可以给客户回送支付授权请求。

（5）银行得到客户传来的进一步授权结算信息后，把资金从客户账号转拨至开展电子商务的商家银行账号上，而且可以是不同的银行，后台与银行借助金融专网进行结算，并分别给商家、客户发送支付结算成功的信息。

（6）商家服务器接收到银行发来的结算成功信息后，给客户发送网络付款成功的信息和通知。至此，一次典型的电子支付结算流程就结束了，商家和客户可分别借助网络查询自己的资金余额信息，以进一步核对。

在实际应用中，这些电子支付方式的应用流程由于技术、资金数量、管理机制上的不同还是有所区别的。需要说明的是，电子支付结算流程只是对目前各种网上支付结算方式的应用流程的普遍归纳，并不表示各种网上支付方式的应用流程都是一模一样的，或不同电子支付结算工具的应用流程也是一样的。

3.1.3　电子支付的类型

电子支付的业务类型按电子支付指令发起方式分为网上支付、电话支付、移动支付、自动柜员机交易、销售点终端交易和其他电子支付。图 3-1 所示为电子支付分类，下面主要介绍电子支付常见的三种类型，分别为网上支付、电话支付和移动支付。

1. 网上支付

网上支付是电子支付的一种形式。网上支付是以互联网为基础，利用银行所支持的某种数字金融工具，发生在购买者和销售者之间的金融交换，而实现从买者到金融机构、商家之间的在线货币支付、现金流转、资金清算、查询统计等过程，由此为电子商务服务和其他服务提供金融支持。

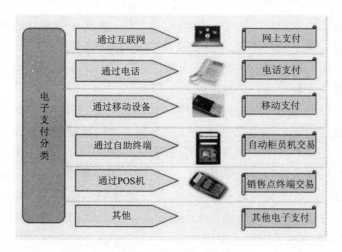

图 3-1 电子支付分类

2. 电话支付

电话支付是电子支付的一种线下实现形式,是指消费者使用电话(固定电话、手机、小灵通)或其他类似电话的终端设备,通过银行系统从个人银行账户里直接完成付款的方式。

3. 移动支付

详见 3.3 移动支付。

3.2 电子支付工具

3.2.1 电子支付的工具

随着计算机技术的发展,电子支付的工具越来越多。这些支付工具可以分为三大类:电子货币类,如电子现金、电子钱包等;电子信用卡类,如智能卡、借记卡、电话卡等;电子支票类,如电子支票、电子汇款(EFT)、电子划款等。这些方式各有自己的特点和运作模式,适用于不同的交易过程。以下主要介绍电子现金、电子钱包、电子支票和智能卡。

1. 电子现金

电子现金(E-cash)是一种以数据形式流通的货币,它把现金数值转换成一系列的加密序列数,通过这些序列数来表示现实中各种金额的币值。用户在开展电子现金业务的银行开设账户并在账户内存现金后,就可以在接受电子现金的商店购物了。

从我国电子商务支付技术来看,腾讯推出的微信支付的支付模式就属于电子现金类的支付工具。

2. 电子钱包

电子钱包是电子商务活动中网上购物顾客常用的一种支付工具,目前人们经常使用的支付宝钱包、财付通等就是典型的电子钱包支付工具。

电子钱包是电子商务购物活动中常用的支付工具。在电子钱包内存放的电子货币有电子现金、电子零钱、电子信用卡等。电子钱包为安全电子交易（SET）中的一环，其作为一类计算机软件，用以让消费者进行电子交易与储存交易记录。消费者在网络上进行安全电子交易前，必须先安装符合安全标准的电子钱包。

电子钱包有两种概念：一是纯粹的软件，主要用于网上消费、账户管理，这类软件通常与银行账户或银行卡账户连接在一起；二是小额支付的智能储值卡，持卡人预先在卡中存入一定的金额，交易时直接从储值账户中扣除交易金额。

持卡人在使用长城卡进行网上购物时，卡户信息（如账号和到期日期）及支付指令可以通过电子钱包软件进行加密传送和有效性验证。电子钱包能够在 Microsoft、Netscape 等公司的浏览器软件上运行。持卡人要在 Internet 上进行符合 SET 标准的安全电子交易，必须安装符合 SET 标准的电子钱包。

使用电子钱包的顾客通常要在有关银行开立账户。在使用电子钱包时，将电子钱包通过有关的电子钱包应用软件安装到电子商务服务器上，利用电子钱包服务系统就可以把自己的各种电子货币或电子金融卡上的数据输入进去。在进行收付款时，若顾客需用电子信用卡，如 Visa 卡或 Master 卡等付款，只要单击一下相应项目（或相应图标）即可完成，这种电子支付方式称为单击式或点击式支付方式。

在电子钱包内只能装电子货币，即装入电子现金、电子零钱、安全零钱、电子信用卡、在线货币、数字货币等。这些电子支付工具都可以支持单击式支付方式。在电子商务服务系统中设有电子货币和电子钱包的功能管理模块，叫作电子钱包管理器（Wallet Administration），顾客可以用它来改变保密口令或保密方式，用它来查看自己银行账号上收付往来的电子货币账目、清单和数据。电子商务服务系统中还有电子交易记录器，顾客通过查询记录器，可以了解自己都买了什么物品、购买了多少，也可以把查询结果打印出来。

电子钱包一直是全世界各国电子商务活动中的热门话题，也是实现全球电子化交易和互联网交易的一种重要工具，全球已有很多国家正在建立电子钱包系统以便取代现金交易的模式。目前，我国也正在开发和研制电子钱包服务系统。使用电子钱包购物，通常需要在电子钱包服务系统中进行。电子商务活动中的电子钱包软件通常都是免费提供的，可以直接使用与自己银行账号相连接的电子商务系统服务器上的电子钱包软件，也可以从互联网上直接调出来使用，采用各种保密方式利用互联网上的电子钱包软件。目前世界上有 VISA cash 和 Mondex 两大电子钱包服务系统，其他电子钱包服务系统还有惠普公司的电子支付应用软件（vWallet）、微软公司的电子钱包 MS Wallet、IBM 公司的 Commerce POINT Wallet 软件、MasterCard cash、Euro Pay 的 Clip 和比利时的 Proton 等。

3. 电子支票

电子支票（electronic check，E-check 或 E-cheque）是一种借鉴纸张支票转移支付的优点，利用数字传递将钱款从一个账户转移到另一个账户的电子付款形式。这种电子支票的支付是在与商户及银行相连的网络上以密码方式传递的，多数使用公用关键字加密签名或个人身份证号码（PIN）代替手写签名。

用电子支票支付，事务处理费用较低，而且银行也能为参与电子商务的商户提供标准化的资金信息，故而可能是最有效率的支付手段。

4. 智能卡

智能卡是在法国问世的。20 世纪 70 年代中期，法国 Roland Moreno 公司采用在一张信用卡大小的塑料卡片上安装嵌入式存储器芯片的方法，率先开发成功 IC 存储卡。经过 20 多年的发展，真正意义上的智能卡，即在塑料卡上安装嵌入式微型控制器芯片的 IC 卡，已由摩托罗拉和 Bull HN 公司于 1997 年研制成功。

在美国，人们更多地使用 ATM 卡。智能卡与 ATM 卡的区别在于两者分别是通过嵌入式芯片和磁条来储存信息的。但由于智能卡存储信息量较大，存储信息的范围较广，安全性也较好，因而逐渐引起人们的重视。2001 年，美国智能卡的使用占全球比例增加到 20%。2000 年，美国纽约 Jupiter 通信公司公布的一份报告称，美国联网商业的营业额达 73 亿美元，其中几乎有一半的金额是用智能卡、电子现金和电子支票来支付的。

随着信息化建设的开展，中国国家金卡工程取得了令人瞩目的成绩，目前 IC 卡已在金融、电信、社会保障、税务、公安、交通、建设及公用事业、石油石化、组织机构代码管理等许多领域得到广泛应用，像第二代居民身份证（卡）、社会保障 IC 卡、城市交通 IC 卡、电话 IC 卡、三表（水电气）IC 卡、消费 IC 卡等行业，IC 卡的应用已经渗透到百姓生活的方方面面，并取得了较好的社会效益和经济效益，这对提高各行业及地方政府的现代化管理水平、改变人民的生活模式和提高人民的生活质量，推动国民经济和社会信息化进程发挥了重要作用。

3.2.2 第三方支付

1. 第三方支付概述

第三方支付是指具备一定实力和信誉保障的独立机构，采用与各大银行签约的方式，提供与银行支付结算系统接口的交易支持平台的网络支付模式。第三方支付作为目前电子商务交易重要的支付手段和信用中介，实现了网上消费者、网上商家和银行的连接，起到了第三方监管和保障的作用。第三方支付平台较好地解决了长期困扰电子商务发展的资金流安全及诚信等问题。对于电子商务消费者来说，应用第三方支付平台可以较有效地保证商品交易和资金支付的安全性。对于电子商务企业来说，应用第三方支付平台可以提升企业的形象和竞争力，提高消费者忠诚度，降低交易风险。应用第三方支付平台已经成为开展电子商务以增强企业竞争力的新趋势。因此，第三方支付正在蓬勃发展。

第三方支付的经营模式大致分为两种：一种是第三方支付在具备与银行支付结算系统相连功能的同时，充当信用中介，为客户提供账户，进行交易资金代管，由其完成客户与商家的支付后，定期统一与银行结算，如支付宝；另一种是第三方支付与银行或银联合作，实现多家银行数十种银行卡的直通服务，充当客户和商家的第三方的银行支付网关，如中国银联电子支付平台。

目前国际上著名的第三方支付平台，如 PayPal（贝宝），可在全球 40 多个国家和地区的电子商务交易中使用。国内则涌现出了一批第三方支付平台，如阿里巴巴的支付宝、中国银联电子支付、财付通、安支通、快钱等。图3-2所示为快钱支付凭证。

图3-2 快钱支付凭证

2. 第三方支付流程

第三方支付是典型的应用支付层架构。在第三方支付模式中，买卖双方都先要在第三方支付平台上开立账户，买方存款后选购商品，再使用第三方平台提供的账户进行货款支付，并由第三方通知卖家货款到账、要求发货；买方收到货物并检验确认后，通知第三方支付平台付款给卖家，第三方支付平台再将款项转至卖家账户上。

第三方支付平台结算支付模式的资金划拨是在平台内部进行的，此时划拨的是虚拟的资金。真正的实体资金还需要通过实际支付层完成，如图3-3所示。

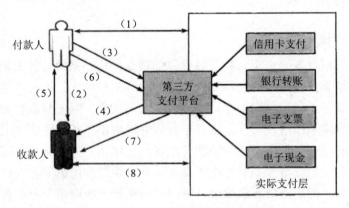

图3-3 第三方支付平台结算支付流程

第三方支付平台结算支付流程如下。

（1）付款人将实体资金转移到第三方支付平台的支付账户中。

（2）付款人购买商品（或服务）。

（3）付款人发出支付授权，第三方支付平台将付款人账户中相应的资金转移到第三方支付平台的专门账户中临时保管。

（4）第三方支付平台告知收款人已经收到货款，可以发货。

(5) 收款人完成发货许诺（或完成服务）。

(6) 付款人确认后通知第三方支付平台可以付款。

(7) 第三方支付平台将临时保管的资金划拨到收款人账户中。

(8) 收款人可以将账户中的款项通过第三方支付平台和实际支付层的支付平台兑换成实体货币。

3. 第三方支付的优点

(1) 比较安全。信用卡信息或账户信息仅需要告知第三方支付机构，而无须告诉每一个收款人，大大减小了信息失密的风险。

(2) 支付成本较低。第三方支付机构集中了大量的电子小额交易，形成规模效应，因而支付成本较低。

(3) 使用方便。较之 SSL、SET 等支付协议，利用第三方支付平台进行支付操作更加简单且易于接受，对支付者而言，所面对的是友好的界面，不必考虑背后复杂的技术操作过程。

(4) 第三方支付机构的支付"担保"业务可以在很大程度上保障付款人的利益。

(5) 利益中立，商业模式比较开放，能够满足不同企业的商业模式变革，帮助商家创造更多的价值。

(6) 相对于传统交易的资金划拨方式，第三方支付可以比较有效地对交易双方进行约束与监督，为保证公平和安全交易提供了支持。

4. 第三方支付的缺点

(1) 这是一种虚拟支付层的支付模式，需要其他"实际支付方式"完成实际支付层的操作。

(2) 付款人的银行卡信息将暴露给第三方支付平台，如果第三方支付平台的信用度或者保密手段欠佳，将带给付款人相关风险。

(3) 第三方支付机构的法律地位尚缺乏规定，一旦该机构终结或破产，消费者所购买的"电子货币"可能成为破产债权，无法追回。

(4) 由于有大量资金寄存在支付平台账户内，而第三方支付机构并非金融机构，因此存在资金寄存的风险。

3.3 移 动 支 付

3.3.1 移动支付的概念

移动支付也称为手机支付，就是允许用户使用其移动终端（通常是手机）对所消费的商品或服务进行账务支付的一种服务方式。支付方通过移动设备、互联网或者近距离传感直接或间接向银行金融机构发送支付指令，产生货币支付与资金转移行为，从而实现移动支付功能。移动支付将终端设备、

资料 3-1

互联网、应用提供商以及金融机构相融合,为用户提供货币支付、缴费等金融业务。

移动支付是典型的 OTT(over the top)业务,是指通过互联网向用户提供各种应用服务。这种应用和目前运营商所提供的通信业务不同,它仅利用运营商的网络,而服务由运营商之外的第三方提供。

移动支付主要分为近场支付和远程支付两种。所谓近场支付,就是用手机刷卡的方式坐车、买东西等,很便利;所谓远程支付,是指通过发送支付指令(如网银、电话银行、手机支付等)或借助支付工具(如通过邮寄、汇款)进行支付的方式,如掌中付推出的掌中电商、掌中充值、掌中视频等。目前,支付标准不统一给相关的推广工作造成了很多困惑。移动支付标准的制定工作已经持续了三年多,主要是银联和中国移动两大阵营在比赛。根据 Statista 发布的 *FinTech Report* 2021 – *Digital Payments*,2020 年全球数字支付市场规模为 54 746 亿美元,其中数字商业支付市场规模达 34 666 亿美元;移动 POS 机支付市场规模达 20 080 亿美元。强大的数据意味着,今后几年全球移动支付业务将呈现持续走强趋势。

3.3.2 移动支付业务的应用

手机钱包和手机支付业务是中国移动面向用户提供的综合性移动支付服务。图 3-4 所示为中国移动手机支付业务界面。

图 3-4 中国移动手机支付业务界面

1. 手机支付

中国移动手机支付是移动集团面向用户提供的一项综合性移动支付服务,在带给用户全新支付体验的同时,还大大提高了交易的安全性和便捷性。

手机支付优势明显,应用前景非常广阔,用户只需开通手机支付业务,系统即可为用户开设一个手机支付账户,之后用户可以通过该账户进行远程购物(如互联网购物,缴话费、水费、电费、燃气费及有线电视费等)。开通手机支付业务后,若用户在中国移动营业厅更换一张手机钱包(支持 RFID 功能的专用 SIM 卡),则还可以使用手机在布放有中国移动专用 POS 机的商家(如便利店、商场、超市)进行现场刷卡消费。轻松支付,随"机"消费,真正实现"一机在手,走遍神州"。

(1)手机支付的基本原理。基本原理是将用户手机 SIM 卡与用户本人的银行卡账号建立一种一一对应的关系，用户通过发送短信的方式，在系统短信指令的引导下完成交易支付请求，操作简单，可以随时随地进行交易。用户还可以通过 WAP 和客户端两种方式进行支付，无须任何绑定。用户在短信引导下完成交易，仅需要输入银行卡号和密码即可实现银联结算。

手机支付这项个性化增值服务可以实现众多支付功能，此项服务强调了移动缴费和消费。当我们在自动售货机前为找不到硬币而着急时，手机支付可以很容易地解决这个问题。当用户身处外地或者移动运营商的营业厅下班以后，手机支付能真正让手机成为随身携带的电子钱包。

(2) 手机支付的作用。手机支付的作用如下。

① 从商户的角度来看，手机支付将为自身业务的开展提供没有空间和时间障碍的便捷支付体系，在加速支付效率、减少运营成本的同时也降低了目标用户群的消费门槛，有助于进一步构建多元化的营销模式和提升整体营销效果。

② 从服务提供商角度来看，在完成规模化推广并与传统以及移动互联网相关产业结合后，手机支付所具备的独特优势和广阔的发展前景将为服务提供商带来巨大的经济效益。

③ 从消费者的角度来看，手机支付使得支付资金携带更加方便，消费过程更加便捷简单。消除了支付障碍之后，消费者可以更好地尝试许多新的消费模式，同时如果配以适当的管理机制和技术管控，支付资金的安全性也会得到进一步提高。

(3) 手机支付的技术方案。整个移动支付价值链包括移动运营商、支付服务商（银行、银联等）、应用提供商（公交、校园、公共事业等）、设备提供商（终端厂商、卡供应商、芯片提供商等）、系统集成商、商家和终端用户。目前移动支付技术的实现方案主要有三种：NFC、e-NFC 和 SIMpass——单芯片 NFC 移动支付解决方案。其中 SIMpass 方案目前在国内应用最多，如图 3-5 所示。

图 3-5　无线 SIMpass

SIMpass 是一张双界面的多功能应用智能卡，具有非接触和接触两个界面。接触界面上可以实现 SIM 应用，完成手机卡的通信功能；非接触界面可以同时支持各种非接触应用。

(4) 手机支付的主要功能。通过特殊技术（主要是 NFC 近距离通信技术）实现手机支付的手机，可支持电子支付和数据下载等多种功能。未来手机将集成公交卡、银行卡和钥匙等功能，方便市民出行购物，这一技术在日本已经十分成熟。这将大大提高公众的生活质量，使出行更加方便。

手机支付是指通过手机对银行卡账户进行支付操作，包括手机话费查询和缴纳、银行卡余额查询、银行卡账户信息变动通知、公用事业费缴纳、彩票投注等，同时利用二维码技术可实现航空订票、电子折扣券、礼品券等增值服务。

(5) 手机支付的特点（以中国移动手机支付业务为例）。

① 轻松即时结账，现场刷卡消费。无论是网上购物，还是用手机钱包在合作商户 POS 机上现场刷"机"消费，手机支付都能为客户轻松解决，随时随地享受手机支付方式的便捷，手机就是客户的"钱包"。

② 移动网点遍布，开通账户方便。移动用户可以足不出户，只要通过手机支付网站 cmpay.10086.cn 或编辑手机短信"KT"发送到"10658888"，即可开通手机支付。移动营业厅及业务网点遍布全国，也可为移动用户进行现场业务受理。

③ 操作简单便捷，多重安全保障。对于小额支付，移动用户只需回复手机短信即可实现消费结账，减少时间成本。采用金融级别的安全机制，并增加手机实时验证，让移动用户使用更放心。

④ 多种方式充值，支付途径丰富。传统的支付充值全部依赖银行，来源单一。手机支付支持现金充值、网银充值、移动话费充值卡充值等多种方式，不仅可以通过互联网、短信、语音、手机上网、手机菜单使用，还可直接在商户现场刷"机"使用。

与此同时，中国移动手机支付还为企业客户提供针对性的行业解决方案，与广大商户共享 6 亿移动手机用户资源。

2. 手机钱包

手机钱包业务是中国移动推出的综合性移动支付服务。移动用户开通手机支付业务，并将 SIM 卡更换为手机钱包的 RFID-SIM 卡后，即可利用手机，在与中国移动有合作关系的商场、超市等场所进行 POS 终端刷卡消费，完成消费支付。手机钱包业务适用于全球通用户和神州行用户。手机钱包的特点是能用手机刷卡，支付更便捷；可随时充值，网上查询，账单详细，支付轻松。

移动用户须在中国移动指定 POS 机上才能使用手机钱包进行现场支付。移动用户可以通过 STK 菜单暂停/恢复手机钱包，手机钱包处于暂停状态时，不能进行消费和充值交易。移动用户办理携号转品牌业务时，如新品牌不支持手机钱包业务，则需要先取消手机钱包业务，再办理携号转品牌。移动用户办理转户、合户、分户等业务前，需先取消手机钱包业务。

手机支付是远程购物，而手机钱包是现场购物。手机钱包的资金来源于手机支付的现金账户，开通手机钱包业务一定要开通手机支付业务，而开通手机支付业务不一定需要开通手机钱包业务。另外，手机钱包账户不能提现。

如何使用手机钱包支付？已开通了手机钱包业务的客户，在有手机支付相关业务合作标识的现场合作商家进行消费时，只需使用开通了手机钱包业务的手机在商家 POS 终端上刷卡即可轻松完成消费支付。

手机钱包销户时，里面的余额是要进行处理的。注销前，可以通过消费使余额清零，或将余额从手机钱包转入手机支付账户。一般来说，可以通过以下三种途径进行手机钱包余额查询。

（1）通过商店、营业厅 POS 终端的查询功能查询。

（2）通过 STK 菜单实时查询钱包余额。

（3）登录手机支付网站 www.cmpay.com 查询。

如果手机不慎丢失，手机钱包中的资金是无法冻结或找回的，这就需要用户妥善保管好自己的手机。但只要用户安全保管了密码，存在手机支付账户里的资金是不会丢失的。移动支付建议客户在手机钱包中存放少量资金便于日常使用，在遇到数额较大的消费时，刷卡前做一次钱包充值然后立刻刷卡消费，并妥善保管自己的密码。

随着中国电子商务的快速发展和移动网络应用的不断成熟，移动支付作为一项便民的增值服务，已成为新兴的最具发展潜力的业务，中国移动作为移动通信的领跑者，正全力打造"移动支付专家"，为推动支付产业的持续发展做出不懈努力。图 3-6 为移动支付平台示意图。

支持移动支付的银行有招商银行、中国银行、建设银行、交通银行、商业银行、广东发展银行、深圳发展银行、中信银行、福建兴业银行等。网络公司更是积极支持移动支付，在搜狐网站，可用手机点歌；在新浪网站，可用手机购买收费邮箱；在其他商业网站，还可用手机支付网络游戏或视频点播。

图 3-6　移动支付平台示意图

3.3.3　二维码支付

近几年推出的二维码移动支付具有良好的用户使用体验。以微信二维码支付为例，微支付在使用方式上具有极大的便利特征，购物的时候，通常情况下扫描二维码，获取信息后输入微支付密码即可完成购物流程。和支付宝钱包不同的产品特征在于，后者更多的是一种 C2C 模式的账户交易，但是微支付则具备了 C2C、B2C 等功能。举个简单的例子，在进行实际的购物交易时，微支付模式是直接支付购物所需的现金给店主，而支付宝的模式则是将购物所需的钱转账给店主。

传统 PC 时代，支付宝的便利使得贝宝、银联等更传统的支付工具黯然失色，在安全、操作模式、信任基础建立等方面，PC 时代是支付宝发展的最好黄金时代。在解决交易需求方面，支付宝完全满足了用户需求，是真正适合 PC 时代交易支付的最好工具，支付宝的出现使淘宝与 eBay（易趣）的交战有了分水岭。正是由于处在这种基于产品贴近用户模式的传统 PC 时代，支付宝雄霸传统 PC 支付方，领跑于其他支付工具，如财付通等。这正是时代所给予支付宝的。

传统 PC 时代和移动无线时代，是两个截然不同的互联网时代，二者在信息传输、交易方式等方面也有着截然不同的需求和特征，虽然支付宝钱包完美地继承了传统 PC 时代的优点，但对于真正的移动互联网时代而言，这种依葫芦画瓢的方式并不适合移动互联网。传统 PC 互联网的支付居于转账的方式多一些，但移动互联网的支付则是真正意义上的支付。两个模式中，前者更偏向 C2C 或 B2B，而后者更偏向 C2B。从目前的微支付功能来看，除基本的现金交易功能外，手机充值、电影票购买等方式都在逐渐渗透到用户的日常生活需求之中。因此，在未来微支付概念日趋普及的状况下，基于微信的用户基础微支付会获得更高的使用频率和更大范围的应用人群，并且已经超越了支付宝支付。

3.3.4　移动支付的优点和潜力

简化过程、方便操作是提升交易速度的关键因素，移动支付的最大特色就是它在操作上的便捷。这一支付方式不仅大大方便了消费者，而且必将引起商业领域的深层变革。

移动支付作为一种崭新的支付方式,具有方便、快捷、安全、低廉等优点,具有非常大的商业前景,而且正引领移动电子商务和无线金融的发展。手机付费是移动电子商务发展的一种趋势,它包括手机小额支付和手机钱包两大内容。手机钱包就像银行卡,可以满足大额支付,通过把用户银行账户和手机号码进行捆绑,用户可以使用短信息、语音、GPRS等多种方式对自己的银行账户进行操作,实现查询、转账、缴费、消费等功能,并可以通过短信等方式得到交易结果通知和账户变化通知。

与传统支付手段相比,移动支付操作简单、方便快捷,只要用短信把数据传送到各发卡银行,很快就能收到处理结果。另外,凭借银行卡和手机 SIM 卡的技术关联,用户还可以用无线或有线 POS 打印消费单据,付出多少、结余多少,一目了然。Enfodesk 易观智库发布的《中国移动支付市场年度综合报告 2011》显示,随着移动互联网业务的普及和移动电子商务的发展,远程支付市场规模将迅速发展,同时运营商和银联对近距支付推广力度也将不断增强,成为移动支付市场发展的重要驱动力。2013—2020 年中国移动电子商务规模及增长情况如图 3-7 所示。

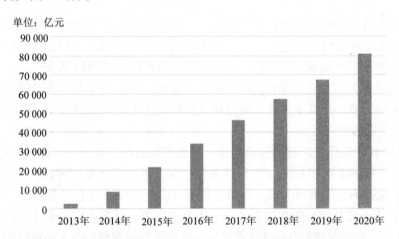

图 3-7　2013—2020 年中国移动电子商务规模及增长情况

(来源:中国电子商务研究中心)

3.3.5　移动支付的交易过程

图 3-8　利用移动支付购买电子客票流程

从消费者购买行为来看,消费者购物时使用手机支付是符合市场发展规律和现代生活方式的一种趋势。从手机支付工作原理来看,手机支付系统主要涉及消费者、商家和无线运营商三个方面。图 3-8 为利用移动支付购买电子客票流程。

移动支付一般包括以下流程。

(1)消费者通过 Internet 进入消费者前台系统选择商品。

(2)将购买指令发送到商家管理系统。

（3）商家管理系统将购买指令发送到无线运营商综合管理系统。

（4）无线运营商综合管理系统将确认购买信息指令发送到消费者前台消费系统或消费者手机上请求确认，如果没有得到确认信息，则拒绝交易。

（5）消费者通过消费者前台消费系统或手机将确认购买指令发送到商家管理系统。

（6）商家管理系统将消费者确认购买指令转交给无线运营商综合管理系统，请求缴费操作。

（7）无线运营商综合管理系统缴费后，告知商家管理系统可以交付产品或服务，并保留交易记录。

（8）商家管理系统交付产品或服务，并保留交易记录。

（9）将交易明细写入消费者前台消费系统，以便消费者查询。

3.3.6 互联网金融下移动支付的特点

以规模庞大的线下 POS 收单市场来说，越来越多的第三方支付企业对线下收单市场进行拓展，未来线下支付将给整个综合支付市场格局带来重要影响。一站式财务管理应用和社会化营销工具的融合以手机刷卡器为切入点，满足了中小微企业的线下收单需求。

互联网金融模式下的支付方式以移动支付为基础。移动支付依靠移动通信技术和设备的发展，特别是智能手机和 iPad 的普及。

随着 Wi-Fi、3G 等技术的发展，互联网和移动通信网络的融合趋势非常明显，有线电话网络和广播电视网络也融合进来。移动支付将与银行卡、网上银行等电子支付方式进一步整合，真正做到随时、随地和以任何方式进行支付。随着身份认证技术和数字签名技术等安全防范软件的发展，移动支付不仅能解决日常生活中的小额支付，还能解决企业间的大额支付，替代现金、支票等银行结算支付手段。

尽管移动通信设备的智能化程度提高，但受限于便携性和体积要求，存储能力和计算速度在短期内无法与 PC 相比。云计算恰能弥补移动通信设备这一短板。云计算可将存储和计算从移动通信终端转移到云计算的服务器，减少对移动通信设备的信息处理负担。这样，移动通信终端将融合手机和传统 PC 的功能，保障移动支付的效率。

互联网金融模式下，支付系统具有以下特点。

（1）所有个人和机构都在中央银行的支付中心（超级网银）开账户（存款和证券登记）。

（2）证券、现金等金融资产的支付和转移通过移动互联网进行（具体工具是手机和 iPad）。

（3）支付清算完全电子化，社会中无现钞流通。

（4）二级商业银行账户体系可能不再存在。

个人和企业的存款账户都在中央银行，将对货币供给和货币政策产生重大影响，同时也会促进货币政策理论和操作的重大变化。当然，这种支付系统不会颠覆人类由中央银行统一发行信用货币的制度。但是，社交网络内已自行发行货币，用于支付网民间数据商品购买，甚至实物商品购买，并建立了内部支付系统。据调查显示，在中国，35 岁以下的城市青年有 60%的人使用网上银行支付进行网上购物。

3.4 网上银行与电子银行

网上银行是银行业务处理和经营管理信息化、电子化发展的产物,降低了银行的运营成本,扩大了银行业务范围,是电子商务活动必不可少的组成部分。它不仅满足了市场的需求,也扩大了传统银行的义务,对己对彼都十分有利,因此,网上银行得到了迅速发展。

3.4.1 网上银行的概念及特点

随着全球经济一体化进程的加快,传统银行的资金媒介和支付服务功能已不能满足电子商务的要求,传统银行的支付功能优势正在减弱,银行业面临着社会的演变和管理制度的变迁等诸多挑战,正是在这样的背景下,网上银行应运而生。

1. 网上银行的概念

网上银行(network bank)又称网络银行(internet bank)、在线银行(online bank)、电子银行(electronic bank)或虚拟银行(virtual bank),是指银行以自身的计算机系统为主体,以单位和个人的计算机为入网操作终端,借助 Internet 技术,通过计算机网络向客户提供实时的银行金融产品与金融服务的无形或虚拟的银行。

网上银行利用网络信息技术,为客户提供综合、统一、安全、实时的银行服务,包括提供对私、对公的各种零售和批发的全方位银行业务,还可以为客户提供跨国的支付与清算等其他贸易、非贸易的银行业务服务。简言之,网上银行就是 Internet 上的虚拟银行柜台,它把传统银行的业务"搬到"网上,在网络上实现银行的业务操作。不过,那些只拥有自己网址和网页的银行算不上真正意义上的网上银行,只有在网上提供网上支票账户、网上支票异地结算、网上货币数据传输、网上互动服务和网上个人信贷等多种服务中至少一种的在线银行才是真正的网上银行。

网上银行具有能在任何时间(anytime)、任何地方(anywhere),以任何方式(anyhow)提供账务管理、查询转账、电子支付、缴纳各类费用等服务的综合功能,因此又被人们称为 3A 银行。

2. 网上银行的特点

网上银行具有以下特点。

(1)依托高速发展的计算机技术、网络通信技术和安全技术。

(2)突破了银行的传统业务模式,改变了银行的服务模式,银行业务和服务直接在 Internet 上推出。

(3)支持企业用户和个人用户开展电子商务,进行电子支付。

(4)网上银行服务系统采用了多种先进、可靠的技术以保障网上交易的安全性,维持金融秩序,最大限度地减少经济损失。

互联网技术越来越向便民化、亲民化、利民化方向发展,网上银行必将成为下一个迅速发展的浪潮。银行通过支付网关与特约商家的虚拟 POS 系统相连实现网上购物和电子支付功能；通过 WAP 协议与 Java 芯片技术，手机可以以浏览器的方式进行网上购物，与移动通信 GSM 技术相结合实现移动电子交易；网上银行系统可以与客户服务中心有机结合实现无缝的客户联系环境，提供个性化的金融服务。这些都是网上银行的未来发展趋势。

3.4.2 网上银行的业务与介绍

如今，网上银行的业务发展日趋完善，不仅有很细的业务分类，还有不同的服务对象。按照服务对象的不同可以分为个人网上银行和企业网上银行。下面以中国工商银行的企业网上银行为例，介绍其所包含的业务与服务，如图 3-9 所示。

中国工商银行的企业网上银行所包含的业务有以下几类。

（1）集团理财。实现随时掌握集团公司在全国范围内各地分公司账户的余额、明细等实时动态情况，另外，特别向集团公司提供主动收款功能，实现在全国范围内主动回笼各地销售资金，提高资金使用效率，达到监控各分公司资金运作情况、整个集团资金统一调度管理的目的。集团理财功能包含账户管理和主动收款两项子功能。

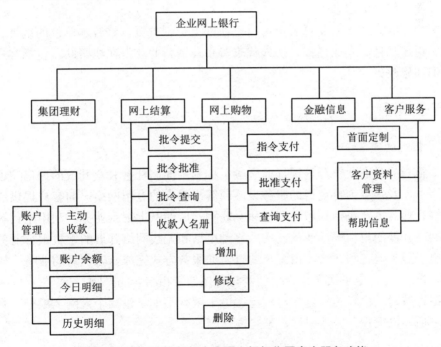

图 3-9 中国工商银行企业网上银行集团客户服务功能

（2）网上结算。可以使客户改变手工填写纸制凭证送交银行的传统结算模式，采用网上提交的更安全、高效的电子支付指令，不出办公室即可完成同城转账和异地汇款等大部分日常结算工作。图 3-10 为中国工商银行网上银行电子回单示例。

（3）网上购物。客户在工商银行 B2B 特约网站订货或购买服务并产生订单后，可利用此功能向卖方实时支付货款，从而迅速完成整个网上购物活动。

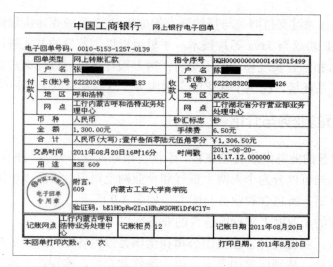

图 3-10 中国工商银行网上银行电子回单示例

（4）金融信息。提供实时证券行情、外汇牌价、基金净值公告、财经动态等国内外金融资讯，方便了解金融信息。

（5）客户服务。集团企业总公司可自己在网上定制首页，修改本单位的地址、联系电话、传真、电子邮件、企业名称、法人代表等企业资料并获得在线帮助，包括客户资料的管理、查询和修改。

3.4.3 电子银行

1. 电子银行的定义

电子银行指的是商业银行等银行业金融机构利用面向社会公众开放的通信通道或开放型公众网络，以及银行为特定自助服务设施或客户建立的专用网络，向客户提供的银行服务。电子银行业务主要包括利用计算机和互联网开展的网上银行业务，利用电话等声讯设备和电信网络开展的电话银行业务，利用移动电话和无线网络开展的手机银行业务，以及其他利用电子服务设备和网络，由客户通过自助服务方式完成金融交易的业务，如自助终端、ATM、POS 等。电子银行是金融创新与科技创新相结合的产物。

电子银行较网上银行的外延相对广泛，电子银行不单单包括个人网上银行、企业网上银行，还包括手机银行、电话银行、家居银行等。

2. 电子银行形式划分

一种是独立于传统银行、仅为互联网服务的电子银行。如 1995 年 10 月 18 日成立的世界首家网络银行——安全第一网络银行（Security First Network Bank，SFNB）。这类网络银行一般只有一个具体的办公场所，没有具体的分支机构、营业柜台、营业人员。这类银行的成功主要是靠业务外包及银行联盟，从而减少成本。

另一种是由传统银行发展而来的网络银行。这类银行是传统银行的分支机构，是原有银行利用互联网开设的银行分站。它相当于传统银行新开设的一个网点，但是又超越传统的形式，因为它的地域比原来的更加宽广。许多客户通过互联网就可以办理原来的柜台业务，这类网络银行的比重占网络银行的 95%。

3. 电子银行与传统银行的区别

首先，电子银行挑战传统银行理念，突破了传统银行业务在时间上的限制，实行 7×24 小时全天候运营，使银行更加贴近和方便客户。其次，电子银行将改变传统银行的营销方式和经营战略，使得银行服务的成本极大地降低，不仅降低了银行软、硬件开发和维护费用，也在此基础上降低了客户成本。再次，电子银行可以在更大的范围内实现规模经济并且可以拥有更广泛的客户群体。最终电子银行将会使传统的银行竞争格局发生变化。

3.5 数字货币

3.5.1 数字货币的概念

资料 3-2

对于数字货币的概念，目前学术界尚未形成统一定论。数字货币的概念目前主要有三种不同的观点。第一种观点认为数字货币与电子货币相同；第二种观点认为数字货币包含在电子货币内，属于电子货币其中的一种；第三种观点认为数字货币与电子货币和虚拟货币完全不同，是支付工具的革新。纵观发展历程，数字货币的发展潜力巨大，由于还处在积极探索阶段，作为新兴的货币形态，理论界尚未全面了解数字货币。早在 20 世纪 80 年代就有人提出数字货币的概念，经过不断的发展更新，现在数字货币越来越贴近人们的生活，有望形成未来货币的支付体系。

数字货币以区块链技术为支撑，展现出巨大的优势，在支付便捷性、交易效率提升方面有着明显改进。除了我们众所周知的比特币，还有众多数字货币在不断发展，如莱特币、天秤币等。

在世界经济快速发展、科技创新的背景下，数字货币应运而生。数字货币的相关概念还处于待完善阶段，结合目前的专家学者提出的观点，在搜寻众多参考文献的基础上，这里将数字货币分为广义数字货币与狭义数字货币两种。广义数字货币的定义范围较广泛，包括以区块链技术为支撑的数字货币和互联网上的其他所有电子货币。狭义数字货币即区块链技术下的数字货币，它最大的不同在于没有发行的主体，任意一个用户都可以进入。

相比传统货币，数字货币在交易速度以及便捷性上都体现出优势，在匿名性和降低成本方面也表现明显。当今，数字货币在众多场景中开始逐步应用，使用的范围也变得更广泛，使用人群不断增多，数字货币的发展潮流已势不可当。

3.5.2 数字货币的分类

（1）法定数字货币。法定数字货币是以政府信用作为担保，由中央银行发行的，具备法律属性，受国家法律政策的保护，与国家发行的纸币功能一致。该类数字货币是一种数字化的货币形式。国际清算银行认为法定数字货币就是中央银行发布的数字化形态的货币，该种类的数字货币具备政府支持的法律地位,通过央行进行集中统一化管理,因此具有充当一般等价物的属性,可作为衡量商品价值的标准。法定数字货币从诞生那天起便具备货币属性,稳定的价值使人们的支持度也高涨起来。

(2)私人数字货币。数字货币最初得到央行的关注正是由于私人数字货币的兴起,而私人数字货币中最典型的就是比特币。数字货币的快速发展催生出许多种类的私人数字货币,比如天秤币、以太币等。私人数字货币大部分采用比特币的设计模式,用代码源进行撰写。世界上接纳私人数字货币作为付款渠道的,主要是一些资金雄厚的大企业。由于比特币的价格波动过大,给企业的收入造成不稳定的影响,比特币作为付款渠道仍存在不确定性,因此在我国,比特币是全面禁止交易的。私人数字货币的价格一直不够稳定,一方面受政府政策的影响较大,另一方面发行主体的信用也存在不足,因此参与的用户对私人数字货币的态度存在疑虑,私人数字货币由于发行的主体不同,难以监管,存在不确定性风险。

3.5.3 数字货币的特点

(1)去中心化。数字货币与传统货币相比具有较高的独立性,数字货币信用机制的实现得益于其去中心化的特点,根据数字货币的加密算法进行点对点交易,各个节点之间实现信息互通,参与交易的用户自身就是主体,这就是数字货币的信任来源。传统货币可以通过政府和银行机构对货币价值进行管控,数字货币则没有权威机构进行统一管理,减少了人为干预导致的货币价格的波动。在数字货币体系中,任意个人都可以通过各自的节点进入交易系统,在节点上传交易信息,实现各个节点之间的信息传输与记录,这个过程将数字货币去中心化的特点呈现得淋漓尽致。

(2)匿名性强。数字货币的匿名性主要体现在它使用的过程中不需要严格提交个人详细身份信息,数字货币不像支付宝、银行卡等交易方式,需要进行实名认证后才可使用,参与的用户只需要资金即可进行购买,因此对于参与主体具有较强匿名性。数字货币的匿名性还体现在支付方式上,数字货币用其特有的加密算法,通过代码的形式使参与用户在不提供实名认证的条件下即可实现支付,对于参与主体在银行有无账户也无关紧要。比如 Ukash 支付平台,参与的用户可以在不透露个人身份信息的前提下,将支付平台内的资金转为代用券并在所有常规平台使用。数字货币的匿名性有助于保护正常交易主体的隐私,对于违法犯罪分子借助匿名特点谋取利益,则监管的难度增加了,不利于社会的稳定。

(3)支付便捷。数字货币相较于传统货币的一个较大优势体现在支付的便捷性。数字货币的点对点交易特点,无须现实的第三方机构参与,不受时间与空间的限制,交易效率大大提升。在跨境交易方面,数字货币不像传统货币那样需要繁复的手续,而且在转账汇款中传统货币需要依赖识别码等复杂程序,消耗时间较长,交易效率低下;反观数字货币则无须经过这些复杂程序,在交易成本方面也降低了消耗,比如 PayPal 支付平台在收到交易指令后立即实现资金到账,极大提升了跨境支付的效率,不像传统货币在跨境交易后需要几个工作日才能到账。数字货币支付便捷性的优势使其更受大众的欢迎。

(4)安全性高。数字货币的技术支撑来源于区块链技术,通过分布式账本技术使每一个节点的交易信息实现传递互通，每个节点之间串联成一条信息链，保证交易信息的稳定与安全。数字货币的交易模式均采用密码学相关技术，在安全性方面有所保障，不会轻易破解，任何用户在交易的过程中都不能篡改交易信息，自然也不可能存在交易造假的行为。数字货币也规避了假币现象，在技术的更新与进步后，克服了传统货币难以解决的问题，提升了交易的真实性与安全性。

3.5.4 我国央行数字货币发展现状

近年来，中国数字货币行业受到各级政府的高度重视和国家产业政策的重点支持。

我国央行早在2014年就已开启数字货币的研发，成立了专门的数字货币研究小组探索数字货币的核心技术领域、发行流通环境等相关问题，经过多年的努力研究与探索，最终将研究成果命名为DCEP，也就是数字人民币。2017年，中国人民银行成立数字货币研究所对数字人民币体系进行研发。2019年，中国人民银行结算司副司长穆长春在第三届"中国金融四十人伊春论坛"上表示，经过5年的研究，人民银行数字货币已经呼之欲出了。2020年4月3日，中国人民银行强调进一步推进法定数字货币的研发工作。在2020年5月，中国人民银行行长易纲表示，数字人民币的研发工作在有条不紊地进行，并且已经进入封闭内测阶段，在内部对数字人民币的使用情况进行测试，为以后的普及打下基础。2021年2月，成都市发放4000万数字人民币红包，可用于线下商户门店购买，从中我们可以发现数字人民币的前进步伐在逐渐迈大，使用的人数也在增加，使用的商户平台也在逐渐增多。国家陆续出台了多项政策，鼓励数字货币行业发展与创新，《金融标准化"十四五"发展规划》《关于进一步防范和处置虚拟货币交易炒作风险的通知》《关于进一步防范和处置虚拟货币交易炒作风险的通知》等产业政策为数字货币行业的发展提供了明确、广阔的市场前景，为企业提供了良好的生产经营环境。数字人民币在一波又一波的热浪中前行，在如今世界经济命运共同体的大背景下，数字人民币也在积极与各国达成合作，形成互惠互利的机制，为数字人民币走向国际化奠定基础。

数字人民币采用一定的区块链技术，主要对交易的流通过程进行追溯，同时也保证参与用户一定的隐私，通过该技术也可以让央行更深入地了解经济中的资金流动情况。公众持有和使用数字货币的信息能够直接反馈央行，大数据支持的央行数字货币能够更加及时准确地抓取货币流通的有效信息，为货币政策调控提供精准依据，提高货币政策的有效性。由国家管理的支付数据，一方面有助于保护公共隐私，另一方面也有助于打击洗钱和恐怖融资活动，打击偷税漏税等非法活动。

此外，数字人民币与传统纸币一样具有法律效力，用户在实体商铺想通过数字人民币进行支付，商家必须接收，不像支付宝、微信平台可以选择性地接收。数字人民币是由央行发行的，其以政府信用作为担保，作为一个权威的监管机构保障数字人民币的安全性。

3.5.5 数字货币与虚拟货币、电子货币的关系

（1）相同点。数字货币、虚拟货币以及电子货币三者之间的概念有交叉点，也有不同

点。随着科技的创新，数字货币的相关定义也逐渐清晰。事实上，关于电子货币，各大官方机构已给出具体的定义。2009年，我国中央人民银行第7号公告中首次给出了电子货币的具体含义：电子货币是存储在客户拥有的电子介质上、作为支付手段使用的预付价值。也就是说，电子货币是法定货币的电子化形式。虚拟货币可分为广义虚拟货币和狭义虚拟货币，广义上认为虚拟货币是一切数据化形式的货币，包含了数字货币与电子货币。狭义上的虚拟货币则指的是网络上由特定运营公司提供的专属服务器内发行的虚拟货币，仅在该服务器范围内使用，这里对比三者的关系主要考虑的是狭义虚拟货币。数字货币是依靠区块链技术实现点对点交易，运用密码学、共识机制等技术，由央行或者私人发行的货币。

2015年国际清算银行的下属组织在研究报告中指出，数字货币是基于分布式账本技术、采用去中介化支付机制的虚拟货币。国际清算银行对货币进行划分，认定数字货币属于广义的电子货币。实际上，三者都属于数据化的货币形式，都由信息技术作为基础，选择不同的技术手段，用代码或信息源的方式存在虚拟化空间内。

（2）不同点。数字货币、虚拟货币和电子货币三者的不同点主要表现在发行主体的不同和支付方式的不同。从发行主体分析，数字货币的发行主体根据其类型来定，未来主流的法定数字货币是由各国央行发行，以政府信用为支撑的权威性货币，私人数字货币则是由诸如微软等大企业发行的。虚拟货币的发行主体是网络运营企业，其使用的权限范围也仅仅在该网络内部，不能对接现实物品。比如，腾讯公司研发的 Q 币只能在 QQ 软件中使用，在该虚拟网络空间中进行购买交易。众多游戏币也是同样原理，只能在游戏这个虚拟网络中使用。电子货币的发行主体主要为大型知名的企业，比如商业银行发行的银行卡，阿里巴巴推出支付宝作为电子货币的支付方式，腾讯公司推出微信作为电子货币的支付方式，这是我国使用最普遍的三种电子货币支付方式。

从支付方式分析，虚拟货币以及电子货币的支付方式需要依靠第三方机构进行结算，如传统货币从一个账户交易到另一个账户，需要经过银行转账，通过银行的系统操作最终完成交易。如今使用最广泛的第三方支付比如微信，也需要经过微信转账系统的操作来完成交易。其间除了买家与卖家，还有第三方结算机构参与。而数字货币运用分布式账本技术，无须第三方机构的参与就能实现点对点的交易。这三种支付方式相比传统支付方式极大地提升了交易效率，可节约交易成本。三种货币的不同是由于采取的底层技术不同，虚拟货币和电子货币依靠传统的计算机技术，数字货币则依托于最近的区块链技术，属于在信息时代科技发展进程中诞生的新兴技术。

本章小结

※ 电子支付的类型有网上支付、电话支付、移动支付、销售点终端交易、自动柜员机交易和其他电子支付。

※ 移动支付的应用有手机支付、手机钱包支付和二维码支付等。

※ 数字货币具有去中心化、匿名性强、支付便捷和安全性高等特点。

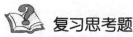 **复习思考题**

1. 电子支付及其流程是什么？
2. 网上支付工具都有哪些？
3. 第三方支付的特点是什么？列举几个知名的第三方支付平台。
4. 移动支付有何特点？移动支付的发展趋势有哪些？
5. 网上银行等同于电子银行吗？为什么？
6. 简述数字货币与虚拟货币、电子货币的关系。

 案例分析

数字货币将如何改变我们的生活

作为新兴事物，数字货币受到了社会各界的广泛关注，"十四五"规划也提出了"建设现代中央银行制度，完善货币供应调控机制，稳妥推进数字货币研发，健全市场化利率形成和传导机制"。我国早在2014年就开始推进数字货币并成立了数字货币研究小组，目前央行在深圳、苏州、上海、雄安、成都及未来的冬奥场馆等地进行试点，未来将继续不断测试优化和完善相应功能。但数字货币的优越性究竟体现在哪里？将怎样改变我们的生活呢？

与在大众媒体上较多出现的比特币相比，数字货币有其特殊性。比特币只是一种数字加密资产，缺乏市场监管。央行的数字货币拥有政府信用背书，是法币并能利用交易留痕大数据追踪洗钱等金融犯罪活动。我国微信和支付宝等电子支付手段比较发达，但仍致力于探索数字货币研发与推广，走了世界前列。2020年，深圳罗湖发放1000万元数字货币红包和苏州"双十二"购物发放2000万元数字货币红包，都是很前沿的探索。在安全性、便捷性、金融稳定性等诸多因素共同作用下，数字货币的必要性得到了提升，越来越多的国家开启了数字货币研发工作。2020年7月，七国集团决定就本国中央银行数字货币展开合作。欧洲央行认为欧元区数字货币的准备工作将持续2~4年，目前已完成数字欧元公众咨询；美联储认为研发央行数字货币具有很高优先级；日本将逐渐开启央行数字货币一阶段实验，涉及如发行和分配的基本问题；英国央行考虑推出自己的数字货币，大部分研究工作已经完成。国际清算银行（BIS）在2020年1月发表的一份研究中表示，截至2019年，在全球66家央行中，80%的央行开始研究和测试数字货币，较2018年上升10个百分点。其中，40%的央行进入试验阶段，10%的央行进入数字货币测试阶段。

我国推出数字货币对宏观经济发展、居民日常实际支付和反洗钱等政策有着极大帮助。首先，数字货币对我国经济良好发展起到重要助力作用。作为电子化人民币，能满足央行随时计算社会流动现金量的需求，有助于更好地制定货币政策、避免货币超发。支付即结算的先进技术可以提高商户资金周转率，很好地提升货币政策执行效率。在此前深圳和江苏的试点中，数字货币有助于更快完成中央消费券政策，随发随用。其次，数字货币更为便捷，能够更好满足居民实际支付需要。一方面，数字货币不同于纸币，更便于存储，使用寿命更长，不用担心假币风险；另一方面，在移动支付当道的今天，一些网络信号较弱的偏远地区和数字弱势群体无法享受智能终端支付的便捷，可见电子支付包容性较弱。数字货币则不然，双离线支付手段可以免去对网络的依赖，操作简单，即便不使用智能手机也能完成支付，有很强的普惠性。再次，数字货币普及对国家反洗钱、打击网络诈骗、打击恐怖金融等违法行为有极大帮助。数字货币能实现可控匿名，在防止泄露个人信息和完全匿名间取得平衡。在央行监管体系下，数字货币能对洗钱等违法犯罪行为起到抑制作用，对维护金融稳定乃至社会安定提供帮助。

对于居民来讲，最关心的还是数字货币会给日常生活带来哪些影响。过去，人民币以纸质形式出现在支付交易中，而数字人民币则是将人民币电子化，和纸质人民币具有同等效力，在使用中只需要打开数字货币 App，用扫码、转账、碰一碰等方式完成转账支付等交易。很多人问，既然都是移动支付，那么数字人民币和现有软件有什么区别呢？从本质上看，它们处于不同维度。央行曾表示，"微信和支付宝是金融基础设施，而数字人民币是支付工具"。如果把微信和支付宝比作钱包，那么数字人民币对应的是钱包中的内容。在数字人民币发行后，大家仍然可以用微信和支付宝支付，只不过钱包里增加了央行货币。与微信和支付宝不同的是，在日常使用这些 App 时，往往需要网络和智能手机等硬件设施支持，数字人民币不依赖网络即可实现双离线支付。同时对于老年人或使用智能终端困难的群体，央行还设置了可视卡等数字人民币产品，以更好地满足不同人群的需求。数字人民币的第一大特点是便利性，将省去在各个网络平台绑定个人账户或者线下办理多张银行卡等不必要的麻烦。第二大特点是安全性，它支持匿名支付，大大提高支付安全，保护个人隐私。数字人民币的第三大特点是降低跨境交易成本，使跨境支付变得更加方便，将降低过去跨境交易中的手续费，提升跨境交易和支付清算速度。

在可预见的未来，数字人民币和纸钞将长期并存。数字人民币是中国在金融创新方面迈出的重要一步，它的发展与时代背景相契合，具有广阔应用前景。未来，我们需要社会各方面共同努力，发挥市场积极性和创造性，共同建设数字人民币生态。相信随着数字人民币推广进程的加快，越来越多的人会享受到数字人民币带来的便利。

（来源：光明时评：数字货币将如何改变我们的生活[EB/OL]．（2021-01-27）．
https://politics.gmw.cn/2021-01/27/content_34577368.htm．）

案例讨论：

1．结合以上案例，谈谈数字货币给我们工作和生活带来了哪些便利。

2．我国为什么禁止使用比特币这一类的数字货币，它对我国国民经济安全构成了哪些威胁？

3．2020 年 10 月，深圳市采用"数字人民币"的形式为市民发放"红包"，总计达 1000 万元，这使数字人民币正式进入大众视野。央行法定数字货币逐渐普及，开始进入我们的生活。但微信、支付宝早已普及多年，"你扫我还是我扫你"成了商场的新常态，为此，你认为央行为什么还要推动普及数字人民币？

电子商务管理知识篇

第4章　网络营销
第5章　电子商务物流管理
第6章　电子商务供应链管理

第 4 章 网 络 营 销

 学习目标

- 掌握网络营销策略。
- 理解网络营销的相关理论。
- 了解网络市场调查方法和特点。

 引例

浅谈小米的网络营销

小米的营销是当今互联网时代最成功的营销模式之一,广受营销人士的称赞,其近乎免费的营销模式使广大营销精英望尘莫及。也许它的成功模式我们无法复制,但是从它的成功中我们可以学到很多。小米的网络营销模式包含以下几个方面。

信息发布

从小米公司内部和供应商爆料开始,到其关键信息正式公开,小米手机的神秘面纱一点点掀开,引发大量猜测,并迅速成为网络的热门话题。小米手机的创始人——雷军有很强的号召力,他自称是乔布斯的超级粉丝,在北京主导了一场酷似苹果的小米手机发布会。如此发布国产手机的企业,小米是第一个。不可否认,小米手机高调宣传发布会取得了众多媒体与手机发烧友的关注,并且网络上到处充斥了小米手机的身影,在各大 IT 产品网站上随处可见小米手机的新闻、拆机测评、比较等。

建论坛

2011 年,凭借 MIUI 论坛,手机论坛迅速建立起来。之后小米相继建立了几个核心的技术板块(资源下载、新手入门、小米学院),后来增加了生活方式的板块(酷玩帮、随手拍、爆米花等)。这些板块的人气为小米手机后续实施的"饥饿营销"起到了极大的宣传推广作用。

病毒式营销(又称"口碑营销")

也许你不关注 IT 产品,可是你仍然知道小米手机,因为你的手机控朋友都在讨论小米手机,出于好奇心,你也开始在网上了解小米手机,了解到小米手机的种种优越性,于是你不由自主地当起了"病毒传播者"。小米手机制造了各种"绯闻":小米手机的创意是"偷"来的,小米手机的发布会是模仿苹果的,许多名人要把苹果手机扔进垃圾桶改用小米……在人与人之间的各种交流中,小米手机实现了品牌的输入与推广。

事件营销

超强的配置、极低的价格、极高的性价比,小米手机凭借着这些特点吸引了媒体的眼球，而雷军也以向乔布斯致敬的新品发布会而被媒体报道。这次新品发布会之后，小米手机在网络上的关注从几千上升到了几十万。

微博营销

小米手机正式发布前，其团队充分发挥了社交媒体——微博的影响力。比如，在小米手机发布前，通过手机话题的小应用和微博用户互动，挖掘出小米手机包装盒"踩不坏"的卖点；产品发布后，又掀起转发微博送小米手机的活动，以及分享图文并茂的小米手机评测等。在小米手机之前，雷军每天发微博的数量控制在两三条，但在小米手机发布前后，他不仅利用自己的微博高密度宣传手机，还频繁地参与新浪访谈，出席腾讯微论坛、极客公园等活动。雷军的朋友们，包括过去雷军投资过的公司的高管，如凡客CEO陈年、多玩网CEO李学凌、优视科技CEO俞永福、拉卡拉CEO孙陶然、乐淘网CEO毕胜等，纷纷出面在微博里为小米手机造势。作为IT界的名人，他们中的每一个人都拥有众多粉丝，因此，微博的营销功能被小米团队运用到了极致。

饥饿营销

在小米手机发布前的一段时间，有媒体爆出小米手机硬件的采购细节，发现小米手机第一批产能只有1万台，这个消息让不少垂涎的"米粉"神经立马紧张起来，如此优秀的手机第一批产能居然只有一万台？这则消息除了让消费者神经绷紧，媒体方面也出现了诸多猜测，有的说小米实力不足，有的说小米搞饥饿营销，虽然小米官方辟谣，否定这些消息，但是这一万台的营销效果，直接引发了在网络上更广泛的讨论。对于网络营销来说，引发广泛讨论是必备的，很多朋友说推广要准备很多推广文案和信息，其实只要你找出几个有讨论价值的点，结合自己的产品，让用户对你的生产内容和信息进行讨论，这样你的推广效果就会事半功倍。

总结

在小米公司的前期发展中，基本上没有任何线下广告投放，完全凭借网络媒体进行传播。小米集团靠病毒式营销成功地实现了品牌的推广，让很多人认识了小米手机以及小米公司这个大家庭。同时也创造了国产手机营销的一个纪录，其中，网络营销手段功不可没！

谈到小米的网络营销，不得不提一下小米的营销团队。小米是一个新兴的互联网公司，主要借助的营销手段也是网络营销。所以在营销团队的组织上也和其他的公司大相径庭，近来，小米新媒体营销团队有近百人，小米论坛30余人，微博30余人，微信10余人，百度、QQ空间10余人。从小米的这种组织架构上，可以清晰地看到这种网络营销战略。

（来源：浅谈小米的网络营销[EB/OL].（2018-12-27）
https://baijiahao.baidu.com/s?id=1621007552188438671&wfr=spider&for=pc.）

案例讨论：

1. 小米的营销是互联网时代最成功的营销模式之一，以上案例中包含了小米的哪些营销策略？
2. 结合上述案例，谈谈网络营销的优势有哪些。

4.1 网络营销概述

随着现代电子信息技术和网络通信技术的发展，为了适应市场的变革、市场竞争，一种转变传统营销观念的新兴学科诞生了，它就是网络营销。这是一种新型的商业营销模式，相对于传统的市场营销，在许多方面存在明显的优势，并带来了一场营销观念的革命，更重要的是它对企业改善销售环境、提高产品竞争能力和市场占有率具有非常重要的现实意义。

4.1.1 网络营销的产生与发展

1. 网络营销的产生

网络营销的产生基于互联网。互联网的产生从根本上改变了人们的生活和工作习惯，网络营销作为一种新型的营销手段应运而生，它的产生主要基于以下三个因素。

（1）技术基础。基础互联网的产生与发展，为网络营销奠定了技术基础。

（2）观念基础。消费者的价值观由卖方垄断向买方垄断进行演变，具体表现在：首先是个性消费的回归，对个性化产品的需求成为社会的时尚；其次是主动性增强，消费者会主动获取商品的有关信息；最后由于互联网的公开性，消费者的忠诚度会下降。

（3）现实基础。即交易市场竞争日益激烈。

基于以上原因，网络营销产生了，并给企业的经营者带来了福音。

2. 网络营销的发展

我们把网络营销的发展划分为三个阶段。

第一个阶段是 2004 年以前，我们把它叫作 Web 1.0 时代的网络营销，代表的方法有搜索引擎的营销、电子邮件营销、即时通信营销及 BBS 营销。

第二个阶段是 2004 年到 2015 年，我们把它称为 Web 2.0 时代的网络营销，代表的方法有博客营销、RSS 营销、口碑营销、体验营销及 SNS 营销等。

第三个阶段是 2016 年之后的阶段，我们把它称为 Web 3.0 时代的网络营销，代表的方法有精准营销、嵌入式营销和数据库营销。

三个阶段的营销具有不同的特点，Web 1.0 时代是以企业为中心的时代，是从模仿传统的媒体开始的。Web 2.0 时代是以用户为中心的时代，注重交互性，弱化中心，以论坛的分群现象为特点。Web 3.0 时代以个性化为特点，信息的特征性更加明显，便于检索。

3. 网络营销的定义

网络营销是以企业营销理论为基础，借助于现代信息和网络技术，提供信息传递与沟通、商品与货币的价值交换、产品运输与服务全过程的营销决策支持，最大限度地满足客户的需求，以达到开拓市场、增加盈利的一个经营过程。

4. 网络营销的功能和职能

（1）网络营销的功能如图 4-1 所示。

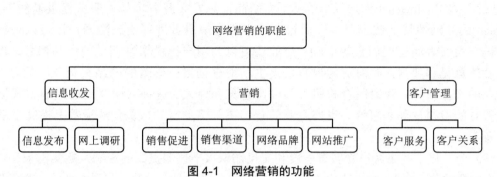

图 4-1　网络营销的功能

（2）网络营销的职能如下。

第一，信息的收发。其中有信息发布和网上调研。

第二，营销。营销主要包括销售促进、销售渠道的延伸、网络品牌的打造以及网站的推广。

第三，客户管理。主要包括客户服务和客户关系的维护。

4.1.2　网络营销的概念和特点

1. 网络营销的概念

网络营销环境在近几年内迅速发展变化，使得各种网络营销模式不断出现。正因如此，网络营销不论是从学科领域方面，还是从知识背景与结构方面或者研究方法和研究内容方面都存在着较多的争议。网络营销的英文写法有 Internet marketing、online marketing、web marketing、electronic marketing、network marketing 和 cyber marketing 等。那么网络营销将如何定义呢？中国电子商务协会网络营销专业委员会（PCEM）给出了相应的回答：网络营销是指为实现企业总体经营目标所进行的、以 Internet 为基本手段创造和实现网上经营环境的各种活动。

网络营销同其他学术名词一样，对其定义也有着不同的说法。这里从"营销"这一角度出发，将网络营销定义为：网络营销是以 Internet 为基础，并以现代市场营销理论为指导，借助于联机网络、通信技术和数字交互式媒体的力量来实现、制订营销目标的经营过程，也是企业整体营销战略的一个重要组成部分。

2. 网络营销的特点

随着 Internet 技术发展的成熟和入网成本的降低，Internet 将企业、团体、组织及个人跨时空联结在一起，使其信息的交换变得简单和高效。市场营销中最重要也最本质的是组织和个人之间进行信息传播和交换。正因为如此，Internet 具有营销所要求的一些特性，使得网络营销呈现出以下特点。

（1）跨时空。由于 Internet 技术发展的成熟和联网成本的降低以及 Internet 超越时间约束和空间限制进行信息交换的特性，使得遍布全球的各种企业、团体、组织及个人能够通过 Internet 跨时空地联结在一起，并能让企业有更多的时间和更大的空间进行营销，可每周 7 天、每天 24 小时提供全球性营销服务。

（2）互动式。Internet 为产品联合设计、商品信息发布及各项技术服务提供最佳工具。Internet 的互动性特征使企业能够通过多种方式与消费者进行信息沟通，还可以进行产品测试与消费者满意度调查等活动；企业还可以为用户提供丰富翔实的产品信息，收集消费者的意见和建议。而消费者也有机会主动地查询自己喜欢的产品和企业的信息，并对企业的产品设计、营销组合和服务等提出意见和建议。这种双向互动的沟通方式提高了消费者的参与性和积极性，也使企业的营销决策更加有的放矢，从根本上提高了消费者满意度。

（3）个性化。网络客户受教育程度和文化知识水平普遍提高的影响，购买需求和购买行为更加个性化。而 Internet 上一对一的、理性的、消费者主导的、非强迫性的、循序渐进式的促销方式正好满足了客户的需求。在网络环境下，消费者不再被动地接受不需要的信息和产品，而是根据自己的个性特点和需求在全球范围内寻找合适的消费品，甚至开始要求厂商为自己定制产品。网络营销真正奉行以客户为导向的营销观念，通过进入感兴趣的虚拟商店，消费者不但可以获取与产品相关的信息，而且可以量身定制产品，使购物过程更具个性。

（4）成长性。Internet 使用者快速增加并遍及全球，使用者多年轻，属中产阶级，教育高水准，由于这部分群体购买力强而且具有很强的市场影响力，因此是一个极具开发潜力的市场渠道。

（5）整合性。第一，技术整合。网络营销建立在以高技术为支撑的 Internet 基础上，企业实施网络营销必须有一定的技术投入和技术支持，在改变传统的组织形态基础上进行整合，提升信息管理部门的功能。第二，渠道流程整合。Internet 上的营销可由提供商品信息至收款、售后服务一气呵成，因此形成一种全程的营销渠道。第三，多媒体整合。它不再是以往的单一营销方式，而是综合了多种媒体的信息，如文字、声音、图像等信息，不仅很好地满足了消费者，还充分发挥了营销人员的创造性和能动性。

（6）超前性。Internet 是一种功能强大的营销工具，它同时兼具渠道、促销、电子交易、互动客户服务及市场信息分析，并提供多种功能。它所具备的一对一营销能力，正符合定制营销与直复营销的未来趋势。

（7）高效性。消费者购物所花费的时间、精力等也是购物成本的一个组成部分，并且消费者越来越重视这一成本的降低。信息社会的快节奏工作与生活使网络营销作为高效率的营销方式，可以简化购物环节，节约消费者的时间和精力，提高购物效率，必然会受到许多消费者的欢迎。

（8）经济性。传统营销方式需租用店面并雇用大量营业人员，为之付出高昂的费用；而网络营销只需投入极少的服务器硬件费用或网络服务器空间费用，大大节约了经营成本。此外，网络营销还可以使企业凭借 Internet 的优势降低市场调研和促销费用，减少流通过程中诸多环节带来的成本增加，减少库存商品资金占用，降低因经营规模扩大而增加的投入。

4.1.3 网络营销的理论基础

1. 整合营销

20 世纪 90 年代后期兴起的整合营销是把企业营销战略的重心由 4P 转向了 4C，体现了现代整合营销理论强调客户、注重沟通的思想。整合营销的基本思想是把从客户的需求产生到客户的需求满足都整合到整个营销过程中来，而且在整个营销过程中不断地与客户交互沟通，企业做出的每个营销决策都从消费者需求与欲望的角度出发，而不是像传统营销理论那样主要从企业自身获取利润的角度出发。

资料 4-1

1）网络整合营销的概念

网络整合营销是一种对各种营销工具和手段进行系统化结合，根据环境进行即时性的动态修正，以使交换双方在交互中实现价值增值的营销理念与方法。它以市场为条件方式，以价值为联系方式，以互动为行动方式，是现代企业面对动态复杂环境的有效选择。整合营销强调将营销中的各种要素进行组合，使各种作用力统一方向，形成合力，共同为企业的销售目标服务。

2）网络整合营销的含义

网络整合营销基于信息网络，其主要有两个方面的含义。一方面是传播资讯的统一性：企业用一种声音说话，各种营销职能如推销人员、广告、产品管理、营销调研等必须相互协调，且消费者无论从哪种媒体所获得的信息都是统一的。另一方面是互动性：营销必须使公司其他部门接受从顾客的角度进行思考的观念。营销并非是一个部门的工作，而是整个公司的导向问题，而且还要与消费者展开富有意义的交流，能够迅速、准确、个性化地获得信息和反馈信息。

3）网络整合营销的相关理论

（1）4P 理论：产品（product）、价格（price）、渠道（place）、促销（promotion）。它注重产品功能的开发，把产品的功能诉求放在第一位，再根据不同的市场定位，制定不同的价格策略，进行分销和促销。

（2）4C 理论：消费者（consumer）、成本（cost）、便利（convenience）和沟通（communication）。它强调企业首先应该把追求顾客满意放在第一位，其次是努力降低顾客的购买成本，然后要充分注意顾客购买过程中的便利性，而不是从企业的角度决定销售渠道策略，最后还应以消费者为中心实施有效的营销沟通。

无论是 4P 理论还是 4C 理论，都没有被放到与企业的利润同等重要的地位上来。而网络的互动性使得顾客能够真正参与整个营销过程，而且其参与的主动性和选择的主动性都得到加强。这就决定了网络营销首先要求把顾客整合到整个营销过程中，从顾客的需求出发开始整个营销过程。据此就提出了网络整合营销 4I 原则。

4）网络整合营销的 4I 原则

网络整合营销的 4I 原则即趣味原则（interesting）、利益原则（interests）、互动原则（interaction）、个性原则（individuality），集中体现了顾客的需求，同时也彰显了网络整合营销的精髓。

（1）不要卖你所能制造的产品，而是卖那些顾客想购买的产品，真正重视消费者。

（2）暂不考虑定价策略，而去了解消费者为了满足其需要与欲求所愿付出的成本。

（3）暂不考虑通路策略，而应当思考如何给消费者方便以购得商品。

（4）暂不考虑怎样促销，而应当考虑怎样沟通。

2. 直复营销

1）直复营销的概念

美国直复营销协会（AMDA）为直复营销下的定义是：直复营销（direct response marketing）是一种为了在任何地方产生可度量的反应和（或）达成交易，而使用一种或多种媒体相互作用的市场营销系统。麦当劳就是典型的例子。快餐业的顾客流失是非常快的，因而麦当劳要时时刻刻地增加新的消费者。麦当劳在世界杯期间在中国有一个非常有创意的举动，它利用手机短信，结合世界杯的最新消息来吸引消费者。它在合适的时间把手机短信发送到消费者手中，虽然短信的回应率只有12%，但这比用传统的直接促销手段的1%～5%有了很大的提高。这是麦当劳做过的非常有效、成功的一个营销活动，为麦当劳获得了更多新的消费者。

资料 4-2

2）直复营销的主要特征

直复营销具有如下特征。

（1）系统营销。它是一种有效的营销系统，其目的在于成功地将产品由生产者转移至客户。

（2）一对一沟通。企业营销活动不通过中间商，而是借助各种媒体（如报纸、信函、电话、网络等）和客户直接进行一对一沟通。

（3）互动性。营销者和顾客可以进行双向的沟通，营销者通过某些或特定的媒介向目标顾客或准顾客传递产品或者服务信息，顾客通过邮件、电话、在线等方式对企业的发盘进行回应。

（4）效果可测性。它要求营销的结果可以通过客户的回应测量出来。如可以直接通过点击率、计数器、邮件回复、营销数据库等得到回应。

（5）地点不限。直复营销活动可以发生在任何地点。只要是直复营销者选择的沟通媒介可以到达的地方都可以展开直复营销。如客户可以在家里、办公室、旅途中发出订单、支付款项等。

直复营销不同于直接销售（direct selling），它秉承了以客户需求为中心的市场营销观念。但它更强调比竞争对手更及时、以更有效的方式传递客户所期待的商品或服务，以更好地满足客户的需求。网络作为一种典型的交互式的可以双向沟通的渠道和媒体，可以很方便地在企业与客户之间架起桥梁，客户可以直接通过网络订货和付款，企业可以通过网络接收订单，安排生产，直接将产品送到客户手中。

3）网络营销的直复营销属性

（1）网络营销的最大优势是交互沟通。直复营销作为一种相互作用的体系，特别强调企业与目标客户之间的"双向信息交流"，它克服了以往线下营销中营销者与客户之间"单向信息交流"方式无法交互沟通的致命弱点。Internet 作为开放、自由的双向式的信息沟通渠道，企业与客户之间可以实现直接的"一对一"的信息交流和沟通。一方面，客户可以通过网络，向企业直接表达自己的需求；另一方面，企业也可以通过网络直接了解客户的需求，并据此进行生产和营销决策，以大大提高营销决策的效率和效果，在最大限度地满足客户需求的同时，实现盈利。

（2）网络营销可以实现快捷回应。直复营销活动的关键是为每个目标客户提供直接向营销人员反映的渠道，企业可以凭借客户反应找出不足，调整自己的营销活动。Internet 信息沟通方便、快捷的特点使客户可以方便地通过 Internet 直接向企业提出建议和购买需求，也可以直接通过 Internet 获取售后服务。企业可以通过网络营销获得客户的意见反馈、合理建议、服务要求及需求盲区等信息，发现企业营销活动的不足，按照客户的需求制定营销策略，使营销活动更具针对性，从而大幅度减少营销费用。

（3）网络营销可以实现随处可得的营销服务。直复营销强调在任何时间、任何地点都可以实现企业与客户的"信息双向交流"，提供随处可得的营销服务，创造随处可得的营销机会。Internet 覆盖全球的特点和 24 小时持续运行的特性，使客户可以根据自己的情况任意安排上网获取信息的时间，并且可以在任何时间、任何地点直接向企业发出需求信息和做出购买回应。企业也可以利用 Internet 自动地全天候提供网上信息沟通的特点，与客户利用 Internet 实现跨越空间和突破时间限制的双向沟通与交流。

（4）网络营销的效果易于测量。直复营销活动最重要的特性是营销活动的效果是可以数量化测定的。Internet 作为最直接的沟通工具，为企业与客户进行交易提供了方便的沟通工具和交易实现平台。例如，通过数据库技术和网络控制技术，企业可以以非常低廉的沟通费用和信息处理成本很方便地处理每一位客户发来的订单和发出的需求信息，而不必考虑客户的规模大小、购买量的多少。企业可以获得更全面的、比较精确的客户需求信息，从而使营销决策更具科学性。

总之，网络营销的特性和优势说明它是一种有效的直复营销工具，利用网络营销这一特性，可以大大提升营销决策的效率和营销活动的效益。

3. 软营销

传统营销活动中最能体现强势营销特征的有两种促销手段：传统广告和人员推销。在传统广告中，消费者常常被迫地、被动地受到广告信息的"轰炸"。在互联网上，由于信息交流是自由、平等、开放和交互的，强调的是相互尊重和沟通，使用者比较注重个人体验和隐私保护，因此企业采用传统的强势营销手段在互联网上展开营销活动势必适得其反。由此，网络软营销应运而生。

1）网络软营销的概念

网络软营销是指在网络营销环境下，企业向顾客传送的信息及采用的促销手段更具理性，更易于被顾客接受，进而实现信息共享与营销整合，是针对"强势营销"而提出的新理念。

网络软营销与传统强势营销的根本区别在于，软营销的主动方是消费者，强势营销的主动方是企业。

2）网络软营销的相关概念

（1）网络社区：它是具有相同兴趣和目的、经常相互交流和互利互惠、能给每位成员以安全感和身份意识等特征的互联网上的单位或个人团体。其主要特征表现为：共同讨论感兴趣的话题，成员之间隐匿身份、互利互惠、解决难题。

（2）网络礼仪：它是互联网诞生以来所逐步形成与不断完善的一套良好、不成文的网络行为规范，是网上一切行为都必须遵守的准则。

网络软营销正是通过各个网络社区的营销人员，向潜在的客户提供一种网上服务，并在遵守网络礼仪的同时，通过对网络礼仪的巧妙运用获得营销效果。

3）网络软营销的本质

为了更好地了解网络软营销的本质，现以网络软营销的实例来说明。

阅读资料4-4，网络软营销的本质似乎清晰可见，可以概括为以下几点。

（1）本质是广告，追求低成本和高效回报，不回避商业的本性。

（2）伪装形式是新闻资讯、管理思想、企业文化、技术、技巧文档、评论、包含文字元素的游戏等一切文字资源，使受众"眼软"。

资料4-3

（3）宗旨是制造信任感，使受众"心软"。

（4）关键要求是把产品卖点讲得明白透彻，使受众"脑软"。

（5）着力点是兴趣和利益，使受众"嘴软"。

（6）重要特性是口碑传播性，使受众"耳软"。

4. 关系营销

所谓关系营销，就是把营销活动看作一个企业与消费者、供应商、分销商、竞争者、政府机构及其他公众发生互动作用的过程，其核心是使企业建立和发展与这些公众的良好关系。但是网络关系营销并不是网络与传统的关系营销的简单叠加。

资料4-4

1）网络关系营销的概念

网络关系营销是指企业借助联机网络、计算机通信和数字交互式媒体的优势来实现营销目标。它是一种以消费者为导向、强调个性化的营销方式，适应了定制化时代的要求；它具有极强的互动性，是实现企业全程营销的理想工具；它还能极大地简化顾客的购买程序，节约顾客的交易成本，提高顾客的购物效率。并且，网络化营销更多地强调企业应借助电子信息网络，在全球范围内拓展客源，为企业走向世界夯实基础。现代企业应充分发挥"互联网络"的互动优势，灵活开展网络营销，促进企业的持续发展。图4-2为网络关系营销基础环境。

2）网络关系营销的作用

网络营销活动中，互联网作为一种有效的双向沟通渠道，企业与客户之间可以实现低成本、高效率的沟通和交流，它为企业与客户建立长期关系提供了有效的技术保障。

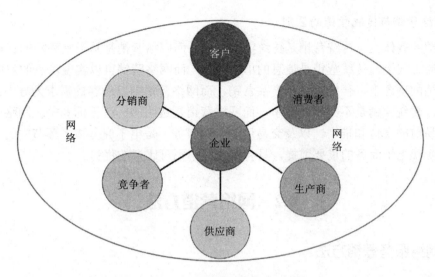

图 4-2　网络关系营销基础环境

（1）客户可以通过互联网直接提出自己的个性化需求，企业可以利用互联网直接接收客户的订单，了解客户的需求，企业根据客户的个性化需求，借助柔性生产技术，最大限度地满足客户需求，从而为客户消费产品和服务创造更多的价值。企业也可以从客户的需求中了解市场、细分市场和选定目标市场，最大限度地降低营销费用，提高对市场的反应速度。

（2）互联网不受时间和空间限制的特性使得企业能最大限度地与客户进行沟通，企业利用互联网可以更好地为客户提供产品或服务并与客户有效保持联系。而且通过互联网企业还可以实现从产品设计、产品生产、产品配送到消费者需求满足等营销活动全过程质量的控制，客户也可以借助互联网在最短时间内以最简便、快捷的方式获得企业的产品或服务。

（3）互联网能以低廉的沟通成本帮助企业与供应商、分销商等在市场竞争中建立合作发展的战略联盟关系，从而实现关系各方双赢或多赢发展。

在网络化信息时代，新的市场环境导致企业与客户的关系发生本质的变化，抢占市场的关键已从管理营销组合转变为企业与客户的互动关系管理。现代市场营销的发展趋势表现为从交易营销转向关系营销，不仅强调赢得客户，而且强调长期拥有客户；从着眼于短期利益转向重视长期利益；从单一销售转向建立友好合作关系；从以产品性能为核心转向以产品或服务给客户带来的利益为核心；从不重视客户服务转向高度承诺。这就要求网络营销方案的策划必须围绕处理好与客户的关系这个核心来展开，把服务、质量和营销有机地结合起来，通过与客户建立长期、稳定的关系，实现长期拥有客户的目标。

4.1.4　网络营销与传统营销的关系

1. 网络营销与传统营销的联系

目标相同。都是为了满足顾客的需要和欲望而进行的宣传和销售；网络营销以传统营销为理论基础，网络营销无法摆脱营销的本质，理论基础一样；两者无法取代，可以互相配合，互相服务。

2. 网络营销与传统营销的区别

在营销的载体上，传统营销是传统实体市场，而网络营销是基于互联网的营销。

在沟通方式上，传统营销是信息的单项传递，而网络营销可以实现信息的双向沟通。

在营销的理念上，传统营销是产品营销，而网络营销则以顾客的需求为导向；在营销的公平上，传统营销是不公平的竞争，而网络营销是透明的、公平的竞争；网络营销的重点在于交易前的宣传和推广，以及交易后的客户服务，是电子商务诸多环节中的重要组成部分，是实现电子商务的重要前提，具有传统营销不可比拟的优势。

4.2 网络营销方法

4.2.1 网络服务营销方法

（1）邮件列表营销。邮件列表营销是许可 E-mail 营销的一种具体表现形式，是在用户自愿加入的前提下，通过为用户提供有价值的信息，同时负担一定数量的商业信息，实现网络营销的目的。例如，亚马逊网上书店邮件列表营销，用户只要告诉网站对哪位作者的新书感兴趣，只要该作者有新书到货，用户就会收到亚马逊网上书店发送的通知，这种服务对于提高顾客的忠诚度起到了良好的效果。

（2）IM（instant messaging）营销。IM 营销又叫即时通信营销，是企业通过即时通信工具 IM 推广产品和品牌的一种手段，很多企业利用即时通信工具，如 QQ、MSN 和阿里旺旺等为网络咨询或售后服务提供方便的沟通平台。

（3）RSS（really simple synclication）营销。RSS 营销是企业在开发网站时利用 XM 技术添加 RSS 订阅功能，用户在访问网站时可以订阅企业的新闻，当有新内容发布时，用户的 RSS 订阅器就会显示。例如，羊城网友周刊在网站上提供 RSS 订阅服务，只要用户订阅该服务，不登录网站就可以在客户端及时阅读到最新发表的文章。RSS 营销的关键在于内容的不断更新。

（4）数据库营销。数据库营销就是将营销数据创建数据库，并根据对数据库内数据的分析进行市场营销活动。数据库营销的核心是数据挖掘。例如，德国的宝马汽车公司对于会员数据库进行分析，根据会员持有信用卡的类型向会员推广高档的新款车型，由于目标客户的定位准确，推广获得了非常好的收益。

（5）会员制营销。会员制营销就是企业通过发展会员，提供差别化的服务和精准的营销，提高顾客忠诚度，长期增加企业的利润。例如，京东商城把会员分为五个级别，有注册会员、铜牌会员、银牌会员、金牌会员和钻石会员，根据消费金额自动升降，享受不同的服务，比如最高级别的会员能够享受 VIP 电话、免运费和生日礼包等服务。

4.2.2 信息宣传营销方法

网络营销方法是信息宣传营销方法，信息宣传营销方法是指通过在网上提供相关企业的介绍信息，让客户了解企业文化、经营理念和服务项目等，增强其客户对企业的认识，实现营销的目的。

(1) 网络广告营销。网络广告营销是指利用网站上的广告横幅、文本链接和多媒体等形式，在互联网上发布广告的一种广告运作方式。网络广告营销常见的手段有四种，分别是横幅广告、束缚广告、浮动广告和弹出式广告。

(2) 搜索引擎营销（search engine marketing）。搜索引擎营销是根据用户使用搜索引擎的方式，利用用户检索信息的机会尽可能将营销信息传递给目标用户的营销方式。

常见的搜索引擎营销方式是竞价排名搜索引擎优化、关键字广告等。例如，凡客诚品曾利用搜索引擎营销进行网站宣传，分别在百度、谷歌、雅虎等搜索网站进行竞价排名，且排名都是第一位，力求抓住每位搜索凡客诚品的潜在客户。

(3) Wiki（维基）营销。Wiki 营销是一种建立在 Wiki 工具上的，以关键字为主，将关键字作为入口，建立产品或公司品牌相关链接的一种新型的营销手段。著名的 Wiki 平台有百度百科、维基百科和互动百科等。例如，淘宝网通过在百度百科中加入网站链接，社交网络用户在搜索"淘宝网"这个词条时，能够了解到淘宝网的网址，此外，当当、京东也都采用过此种方法。

(4) 企业博客营销。企业的博客营销是指企业通过博客这种网络应用平台进行企业或产品宣传，企业信息发布、品牌营销等，以达到企业营销宣传的目的。通用汽车的 Fast Lane 博客是最受欢迎的企业博客之一，其集中汽车设计、新产品、企业战略等方面的内容，提升了通用汽车的企业形象。

(5) 交换链接营销。网站交换链接也称为友情链接、互惠链接、互换链接等，是具有一定资源互补优势的网站之间的合作形式，即分别在自己的网站上放置对方网站的超级链接，使得用户可以从合作网站中发现自己的网站。例如，海南陆源商旅汽车租赁公司网站设置了许多友情链接，所链接的网站大多是海南当地与汽车车载产品履行等相关联的企业。这样，用户在租车的同时也能够了解到其他信息，为用户带来便利的同时，提升了企业的形象。

(6) 电子书营销。电子书营销就是某一主体（个人或企业）以电子信息技术为基础，借助电子书这种媒介和手段进行营销活动的形式。阿里巴巴是最擅长使用电子书营销的中国企业，例如阿里巴巴曾发布《外贸网络营销手册》和《阿里巴巴：让天下没有难做的生意》，让大家在了解阿里平台的基础上开店，取得了良好的效果。尝到了甜头之后，阿里巴巴陆续制作了大量的电子书。

4.2.3 口碑宣传营销方法

口碑宣传营销方法是指用户通过体验或了解与其他用户以相互分享、相互推荐的方式进行营销。网络社区营销是典型的口碑宣传营销方法。

(1) 网络社区营销。网络社区营销就是把具有共同兴趣的访问者或互相熟悉的人群集中到一个虚拟空间，达到成员相互沟通、资源分享的目的，从而达到商品的营销效果。网络社区的主要形式有论坛、聊天室、讨论组、贴吧、QQ 群、微信群、社会性网络服务等。例如，乐视公司将品牌植入开心农场游戏中，将乐视薯片作为开心农场的农作物，供网友种植和收获。口碑宣传营销还有蘑菇街、美丽说等社区电子商务导购平台。

（2）"病毒式"网络营销。在"病毒式"网络营销模式下，信息通过用户的口碑像病毒一样在网络上进行传播和扩散，利用快速复制的方式传向数以千计、万计的受众。"病毒式"营销的主要形式有免费邮箱、免费空间、免费域名等。例如 Hot-mail 邮箱的传播，用户通过使用 Hot-mail 邮箱发送邮件来宣传 Hot-mail 邮件系统。

（3）微博营销。微博营销是指企业通过微博建立起的用户关系进行信息分享、传播以及获取的营销模式。目前，国内的主要微博平台有新浪微博、腾讯微博等。

（4）微信营销。微信是腾讯公司推出的、提供免费即时通信服务的聊天软件，支持发送语音短信、视频、图片和文字，可以群聊。用户通过注册相互形成"朋友"，构成强关系，这使得微信的营销容易取得微信好友的信任。商家通过微信，特别是订阅号、公众号、微信小程序，提供用户所需的信息，实现点对点、点对多点、多点对多点的营销。现在各企业无论大小均使用微信平台进行营销，甚至政府部门也使用微信平台提供服务。

4.2.4　综合型营销方法

（1）网络活动营销。网络活动营销是指通过精心策划的、具有鲜明主题的、能够引起轰动效应的、具有强烈新闻价值的营销活动，达到有效的品牌传播和销售促进的营销方式。网络活动营销具有不受空间限制、互动性、经济性、大众性和延伸性的特点。例如，2008年北京奥运会期间，可口可乐作为奥运会火炬的赞助商与腾讯公司合作，在网上举办了一场在线奥运火炬传递仪式，这项活动受到了众多用户的大力追捧，是一次成功的受众参与体验、品牌蔓延扩散的网络营销活动。

（2）网络事件营销。网络事件营销是企业以网络为传播平台，让公众直接参与事件，达到吸引公众注意力，改善与公众的关系，塑造企业的形象以谋求企业发展的营销活动。2008年汶川地震，加多宝集团捐款一个亿，被网友追捧为最有良心的企业，该消息更是被各大知名论坛相继转载，直接推动了网友对于加多宝旗下产品的购买热情。

（3）网络视频营销。网络视频营销通过数码技术将产品营销现场实时视频图像信号和企业形象视频信号传输至互联网，以达到一定的宣传目的。每年临近春节，都是快消品营销大打亲情牌的时候。百事可乐视频广告短片采取了贺岁片的形式，让各个不同年龄段的明星集中出现在视频广告中。目前，多种网络视频营销平台，例如优酷视频、土豆视频、抖音，还有很多直播平台都为网络视频营销提供支持。

（4）网络软文营销。网络软文营销又叫网络新闻营销，是指通过网络上门户网站、地方或行业网站等平台传播一些具有阐述性、新闻性和宣传性的文章，及时、全面、有效、经济地向社会公众广泛传播品牌或产品的新型营销方式。例如 360 杀毒软件，营销的高明之处在于其并没有对杀毒软件的功能进行宣传，而是用杀毒软件的免费制造了新的热点，用大量的新闻软文达到了广告宣传的目的。

4.3　网络营销策略

网络营销模式是企业借助于互联网进行各项营销活动从而实现企业营销目标的营销模

式。在网络营销模式下,企业与客户关系变得非常紧密,从以前的一对多的营销模式转变为一对一的营销模式,继而出现了新的营销策略——网络营销策略。

4.3.1 市场营销的理论

(1) 4P 营销理论。4P 营销理论(the marking theory of 4P)产生于 20 世纪 60 年代的美国,随着营销组合理论的提出而出现。4P 分别为:产品(product),要求产品有独特的卖点,把产品的功能诉求放在第一位;价格(price),根据不同的市场定位制定不同的价格策略,定价依据企业的品牌战略;渠道(place),企业与消费者的联系是通过分销商来进行的;促销(promotion),包括一系列的促销营销行为。

资料 4-5

(2) 4C 营销理论。4C 营销理论(the marking theory of 4C)是由美国营销专家劳特朋教授在 1990 年提出的,他以消费者的需求为导向,重新设计了市场营销组合的四个基本要素,即消费者(customer)、成本(cost)、便利(convenience)和沟通(communication)。首先,消费者的含义是指应该把追求顾客满意放在第一位;其次,成本是指努力降低顾客购买成本;便利是指充分考虑顾客购买过程中的便利性;最后,沟通还应以消费者为中心,实施有效的营销沟通。

4P 是站在企业的角度来看营销,而 4C 是站在消费者的角度来看营销,出发点不同而已。两种思维方式都是正确的。这里我们用 4C 的观念制定 4P 的网络营销战略。

4.3.2 网络营销产品策略

在网络中,物质的概念会发生变化,它不再是传统意义上的一种物理的概念,即实实在在的东西,而是转变为一个综合服务和满足需求的概念。也就是说,企业售出的不光是一些物质性的产品,更是一种综合服务的理念。

1. 网络营销产品的概念

网络营销产品是企业在网络营销过程中为满足网络消费者的某种欲望和需要而提供给他们的企业网站、相关资讯、企业生产的产品与服务的总和。

2. 网络营销产品的特性

(1) 产品的性质。有知识性、标准化和受众广的特点。
(2) 产品的质量。由于网络具有虚拟性,因此产品的质量是重要的支撑。
(3) 产品的样式。由于消费者的需求是个性化的,样式也需要个性化。
(4) 产品的品牌。产品的品牌需要有一定的知名度,因为网购无法进行购物体验,使得消费者对于品牌产生较为强烈的依赖。
(5) 产品的价格。产品一般是低价位的。

3. 网络营销产品的分类

网络营销产品的分类如表 4-1 所示。

表 4-1 网络营销产品的分类

产品形态	实体产品	虚拟产品		
产品种类	普通产品	软件	在线服务	
产品	消费品、工业品、旧货	软件、游戏等	信息咨询,如法律、股市	互助式,如教育、医疗	网络预约,如机票、球票

4. 网络营销产品的层次

在网络营销中,产品的整体概念可以分为以下五个层次。

(1)核心利益层次。它是指产品能够提供给消费者真正想要购买的基本效用或益处。

(2)有形产品层次。它是产品在市场上出现时的具体物质形态,可以表现在品质、特征、式样、商标、包装等方面,是核心利益的物质载体。

(3)期望产品层次。在网络营销中,顾客处于主导地位,因此产品的设计和开发必须满足顾客的个性化消费需求。

(4)延伸产品层次。它是指由产品的生产者或经营者提供的购买者有需求的产品层次,主要帮助用户更好地使用核心利益和服务。

(5)潜在产品层次。它是在延伸产品层次之外,由企业提供的能满足顾客潜在需求的产品层次,是产品的一种增值服务。它与延伸产品的主要区别是顾客没有潜在产品层次仍然可以很好地使用顾客需要的产品的核心利益和服务。

从图 4-3 中,我们可以看出网络营销产品层次与传统营销产品层次的区别。

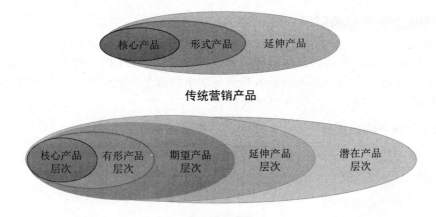

图 4-3 网络营销产品层次与传统营销产品层次

5. 网络营销的产品策略选择

知道网络营销产品的层次后,就要知道什么样的产品适合在网上销售,那就要从以下几个方面考虑。

(1)产品的消费对象是否与网民结构一致?2020 年,我国网民结构中,上网人口主要是从青年到中年这个阶段的人群。在职业结构中,学生最多,其次是个体户/自由职业者,从这个角度来讲,电子产品、服饰、日化、零食、旅游、书籍、鲜花和教育等比较适合网上销售。当然,网民的结构在随时变化,消费内容也在相应改变。

（2）产品的质量标准是否比较单一，消费者是否无须近距离接触就能比较清楚地了解其质量。从这个角度讲，名牌的家电和书籍等可能比较适合网上销售，而过于个性的服装则不适合。

（3）你的产品以传统方式购买是否特别费事？或很难找到？这里，网络可以发挥其信息收集与检索的优势。比如，网上的二手货买卖，互联网能轻易地把众多的买主与卖主集合在一起交易，能让买方通过检索方便地发现自己所需的产品。

（4）考虑到配送成本，你的产品在目标市场与别的商店（包括线下商店）相比是否具有价格优势？从这个角度讲，各种"软"产品，如教育、咨询、证券交易、软件和音乐等特别适合网上交易，一些体积小、价值高或与目标市场差价特别大的产品，如手工艺术品等也适合在网上销售。表4-2所示为网络营销的产品策略。

表4-2 网络营销的产品策略

商品形态	营销方式	销售品种
实体商品	在线浏览购物	日用品、工业品、农产品
	选择送货上门	
软体商品	提供咨询	资料库检索、电子新闻、电子图书、电子报刊、研究报、论文
	软件销售	电子游戏、套装软件
在线服务	情报服务	法律查询、医疗咨询、股市行情分析、银行、金融咨询服务
	互动式服务	网络交友、计算机游戏、远程医疗、法律救助
	网络预约服务	航空、火车订票、饭店、餐馆预约、电影票、音乐会、体育赛事、入场券预订、旅游预约服务、医院预约挂号

6. 网络营销产品策略的内容

（1）网络实体产品的营销策略。

第一，开发策略。交互式的市场调研、收集信息，以生产出符合客户需要的产品。

第二，包装策略。利用网络和多媒体展示商品，用强烈的视觉冲击强化商品信息，刺激消费者的购买欲望。

第三，解剖图策略。解剖产品外观、性能、品质、内部结构。

第四，定制策略。了解消费者的个性化需求。

（2）网络虚拟产品的营销策略。

第一，剥离策略。将附加信息与核心信息剥离，为用户提供售前、售中、售后全方位的信息服务，例如，延长保修期限。

第二，试用策略。提供免费的试用，通常用于软件、游戏。

第三，开放策略。网络的开放性为交易双方提供交流和互动的平台。

第四，定制策略。可以实现小众营销、一对一营销。

4.3.3 网络营销定价策略

1. 网络营销定价的概念

网络营销定价是指企业在互联网和大数据背景下，对其提供的产品或服务进行数字化精准定价，从而使企业的产品或服务具有更强的市场竞争力。

京东商城就是利用大数据、云计算等先进的科学技术对其在网络营销中提供的产品或服务进行精准定价，从而使其提供的产品或服务既能吸引消费者购买，又能促使其占据较大市场份额，成为市场领导者。

2. 影响网络营销定价的因素

影响产品价格的因素有很多，内部因素有定价目标、成本因素、营销组合战略、产品生命周期、产品的属性等；外部因素有客户因素、市场和需求的状况、竞争环境和竞争对手情况。可见，网络营销产品的定价应考虑多方面的因素，但是影响网络营销定价策略的独特因素主要包括以下几点。

（1）对价格的敏感度。
（2）独特的价值效应。
（3）客户参与的主动性。
（4）回归一对一谈判。

3. 网络营销定价目标

网络营销活动中，企业的定价目标一般有以下几个方面。
（1）以维持企业的生存为目标，主要是保本价或低价。
（2）以获取当前最高利润为目标，实现企业的利润最大化。
（3）以市场占有率最大化为目标，制定尽可能低的价格来追求高市场占有率的领先地位。
（4）以应付和防止竞争为目标，以较低的价格形成进入壁垒，减少竞争。

4. 网络营销定价策略的内容

第一，免费定价。用于促销和推广。早期腾讯公司通过免费注册使用 QQ 客户端，迅速占领市场。

第二，低价竞价。直接低价，受渠道影响，网络销售成本低；折扣低价，例如网购图书的打折；促销低价，如每年一度的"双十一"活动。

第三，定制定价。设计个性产品定价，如戴尔公司针对用户的需求，生产个性化、定制化的计算机。

第四，使用次数定价。用户只拥有使用权，例如知网，按下载论文的次数进行计费。

第五，拍卖定价。通过拍卖的方式进行定价，例如，在 eBay 网上进行拍卖。

5. 网络营销定价的特点

网络营销定价的特点如下。
（1）从价格水平分析，网络营销的价格相对较低。
（2）从价格弹性分析，价格竞争对销售影响不大。
（3）从标价成本分析，价格变动次数远大于传统商家，但幅度很小。
（4）从价格差异分析，根据商家知名度、品牌、信任度等的不同，价格具有不确定性。

6. 网络营销的定价策略选择

网络营销的定价策略有许多，下面仅介绍具有代表性的几种策略。

（1）低价渗透策略。企业把产品以较低的价格投放网上市场，以吸引网上顾客，抢占网上市场份额，提高网上市场占有率，以增强网上市场竞争优势。低价能使企业取得最大网上市场销售量，并且能够有效阻碍竞争者的跟进与加入。如低价折扣策略，为吸引更多的人到网上购买，一般对于公开定价商品多采用折扣策略。

（2）客户主导定价策略。网络环境下，一般企业的定价策略更多地由按成本定价转变为按客户理解的产品价值定价。如拍卖竞价，消费者通过互联网轮流公开竞价，在规定时间内价高者得。

（3）动态定价策略。在差异定价法基础上发展而来，通过客户跟踪系统经常关注客户的需求，时刻注意潜在客户的需求变化，使网站向客户需要的方向发展。在此前提下，企业连续、及时更新产品价格数据库，数据库里的价格信息随时间和用户因素的不同而即时变化。

（4）个性化定价策略。要求企业保持与客户的直接接触，理解客户的特殊要求；还要求企业能够及时根据市场需要组织原材料，以最快的速度生产客户需要的产品。基于上述几点自行定价。

4.3.4 网络营销渠道

1. 网络营销渠道的概念

狭义网络营销渠道是指借助于互联网将产品从生产者转移到消费者的中间环节；广义网络营销渠道是企业与消费者、企业与协作厂商之间的外部网络渠道，以及企业各生产环节的内部网络渠道相互连接构成的信息沟通、资金流通的网络渠道。

传统营销渠道的结构如图 4-4 所示。

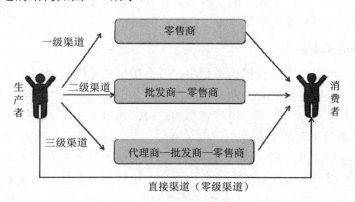

图 4-4　传统营销渠道的结构

中间商是营销渠道的重要组成部门，按照有无中间商可以分为直接渠道和间接渠道。直接渠道是指由生产者直接把商品卖给用户的营销渠道。间接渠道是指至少包括一个或一个以上的中间商的营销渠道。

从图 4-5 中可以看出，直接渠道中没有任何中间商，而间接渠道根据中间商的个数，又可以分为一级渠道、二级渠道和三级渠道。一级渠道只经过零售商。二级渠道除零售商之外，又增加了批发商。三级渠道除零售商和批发商之外，又多了代理商。经过的环节越多，到用户手中的产品价格会越高。

网络营销渠道的结构如图 4-5 所示。

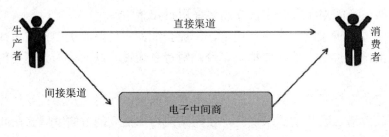

图 4-5 网络营销渠道的结构

网络营销渠道也可以分为直接渠道和间接渠道。但与传统的营销渠道相比较，间接渠道的结构要简单得多，一般通过一级的电子中间商就可以实现，和传统营销有明显的区别。

2. 网络营销渠道分类

（1）网上直销。网上直销与传统直接分销渠道一样，都没有营销中间商。网上直销渠道也要具有上述营销渠道中的订货功能、支付功能和配送功能。网上直销与传统直接分销渠道不同的是，生产企业可以通过建设网络营销站点，让顾客直接通过网站订货。通过与一些电子商务服务机构如网上银行合作，可以实现网上支付结算，简化了过去资金流转的流程。在配送方面，网上直销渠道可以利用互联网技术构造有效的物流系统，也可以通过互联网与一些专业物流公司进行合作，建立有效的物流体系。

（2）网络时代的新型中间商。由于网络的信息资源丰富、信息处理速度快，基于网络的服务可以便于搜索产品，但在产品（信息、软件产品除外）实体分销方面却难以胜任。目前出现许多基于网络的提供信息服务中介功能的新型中间商，可称之为电子中间商。

3. 网络营销的渠道策略

（1）直接渠道策略。直接营销渠道是生产者直接把商品销售给消费者，这种情况下，通过网络，消费者直接在生产者的网站下单，通过认证中心确认生产者和消费者的身份，通过网上银行或者第三方支付平台进行资金的支付，通过第三方的配送公司配送商品。例如，2000 年海尔股份公司成立海尔电子商务有限公司，建立了自己的网络商城，对于网络营销渠道下的间接渠道，一般来说，是在生产者与消费者之间要有一个电子中间商，生产者和消费者之间通过电子中间商的平台达成交易。认证中心确认生产者和消费者的身份，网上银行或者是第三方支付平台进行货款的支付，由配送公司配送商品。电子中间市场是一个虚拟市场，如天猫网上商店、京东虚拟市场和淘宝平台等都属于电子中间市场，如图 4-6 所示。

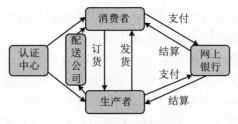

图 4-6 直接渠道策略

（2）双渠道策略。双渠道策略是指企业在进行网络分销决策时，同时使用网络直接销售渠道和网络间接销售渠道，以达到销售量最大的目的。例如，张裕集团使用"直供网+天猫旗舰店"销售商品。

4.3.5 网络营销促销策略

1. 网络促销的概念

网络促销是指利用现代化的网络技术向虚拟市场传递有关产品和服务的信息，以启发需求，引起消费者的购买欲望和购买行为的各种活动。例如，"双十一"就是大量商家集中使用促销策略的一个体现。

2. 网络促销的特点

网络促销具有如下特点。

（1）网络促销活动是通过网络传递有关信息。从事网络促销的营销者不仅要熟悉传统营销知识和技巧，还需要了解相应的计算机网络技术知识。

（2）网络促销活动是在虚拟市场上进行的。从事网上促销的人员必须分清虚拟市场和实体市场的区别，跳出实体市场的局限性。

网络促销与传统促销相比，不仅在时空观念上发生了变化，同时也在沟通方式、消费行为上发生了变化。企业的促销人员必须认识到这种时空观念的变化，调整自己的促销策略和具体实施方案。网上购物者直接参与生产和商业流通的循环，并且要快速吸收来自方方面面的媒体信息，还要普遍进行大范围的选择和理性的购买。

3. 网络营销促销的内容

（1）网络广告促销。网络广告促销就是企业利用互联网，通过广告的形式发布促销信息的促销行为。

如图 4-7 所示，一般来说，产品制造商想销售什么样的产品，就把其产品信息通过信息服务商推送给消费者。因此这种网络广告的促销采取的是推式的战略。一般来说，日用消费品，比如化妆品、食品饮料、医药制品、家用电器、网络广告促销的效果是比较好的。

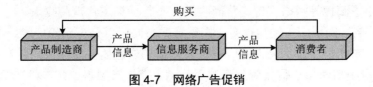

图 4-7 网络广告促销

（2）站点推广促销。站点推广促销就是利用网络营销策略扩大站点的知名度，吸引网民访问网站，起到宣传和推广企业以及企业产品的效果。

在这种模式下，企业着重宣传的是企业品牌、企业形象。企业通过这种宣传吸引消费者主动访问企业的网站以达到购买的效果。这种站点推广促销属于"拉"式战略。一般来说，站点推广促销常用的方法有搜索引擎推广、电子邮件推广、信息发布推广、病毒式营销、网络广告推广等。通常来说，大型的机械产品、专用品采取站点营销的方法是比较有效的，如图4-8所示。

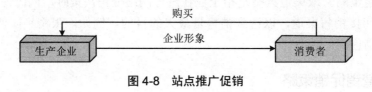

图 4-8　站点推广促销

（3）销售促进。销售促进又称为营业推广，主要用来进行短期性的刺激销售。企业在其网络营销站点采取网上打折促销、网上赠品促销、网上抽奖促销、积分促销、网上联合促销来达到企业促进产品和服务销售的目的。

4. 网络营销的促销策略选择

传统营销的促销策略主要有广告、销售促进、宣传推广和人员推销。网络营销是在网上市场开展的促销活动，相应策略有网络广告、站点推广、销售促进和关系营销。其中，网络广告和站点推广是主要的网络营销促销策略。图4-9为2017—2021年我国互联网广告行业市场规模及其增速。

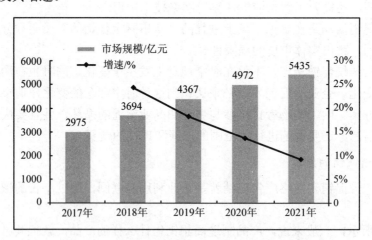

图 4-9　2017—2021 年我国互联网广告行业市场规模及其增速

注意，网络广告市场规模包括品牌图形广告、搜索引擎广告、固定文字链、分类广告、富媒体广告和电子邮件等网络广告运营商收入，不包括渠道代理商收入。

（1）网络广告。网络广告类型很多，根据形式不同可以分为旗帜广告、电子邮件广告、电子杂志广告、新闻组广告、公告栏广告等。网络广告主要借助网上知名站点（如ISP或者ICP）、免费电子邮件和一些免费公开的交互站点（如新闻组、公告栏）发布企业的产品信息，对企业和产品进行宣传推广。网络广告作为有效而可控制的促销手段，被许多企业用于在网上促销，但花费的费用也不少。

（2）站点推广。网络营销站点推广就是利用网络营销策略扩大站点的知名度，吸引上网者访问网站，起到宣传和推广企业以及企业产品的效果。站点推广主要有两大类方法：一类是通过改进网站内容和服务，吸引用户访问，起到推广效果；另一类是通过网络广告宣传推广站点。前一类方法费用较低，而且容易稳定顾客访问流量，但推广速度比较慢；后一类方法可以在短时间内扩大站点知名度，但费用不菲。

（3）销售促进。销售促进就是企业利用可以直接销售的网络营销站点，采用一些销售促进方法，如价格折扣、有奖销售、拍卖销售等方式，宣传和推广产品。

（4）关系营销。关系营销是通过借助互联网的交互功能吸引用户与企业保持密切关系，培养顾客忠诚度，提高企业收益率。

4.3.6 关系营销策略

网络关系营销就是通过借助互联网的交互功能吸引用户与企业保持密切关系，培养顾客的忠诚度，提高企业的收益率。例如，小米公司经营的一个社区网站，网站的服务对象就是小米手机的粉丝，简称"米粉"，从而塑造了自己的粉丝文化，促进小米手机的销售，甚至让"米粉"宣传小米、为小米代言。

4.4 网络市场调查

4.4.1 网络市场调查概述

网络市场调查是一股新生的力量，相对于传统的市场调查具有许多优势，会渐渐取代入户调查、随机访问等传统调查方式，慢慢地成为调查主流。

1. 网络市场调查的含义

网络市场调查是利用互联网对特定营销环境进行的市场调查，相应地，也有直接营销和间接营销两种方式。它的目的是摸清企业目标市场和营销环境，为经营者细分市场、识别消费者需求和确定营销目标提供相对准确的决策依据，提高企业网络营销的效率。

2. 网络市场调查的特点

网络市场调查的实施可以充分利用 Internet 作为信息沟通渠道的开放性、自由性、平等性、广泛性和直接性的特性，使得网络市场调查具有传统市场调查手段和方法所不具备的一些特点和优势。

（1）及时共享性。网络调查是开放的，任何网民都可以进行投票和查看结果，而且在投票信息经过统计分析软件初步自动处理后，可以马上查看到阶段性的调查结果。

（2）便捷低耗性。实施网络调查节省了传统调查中耗费的大量人力和物力，并可以快速便捷地提供优质服务。

（3）充分交互性。网络的最大好处是交互性，因此在进行网络调查时，被调查对象可以即时就问卷相关问题提出更多的看法和建议，可减少因问卷设计不合理导致的调查结论偏差。

（4）客观可靠性。实施网络调查时，被调查者在完全自愿的原则下参与调查，调查的针对性更强，因此问卷填写信息可靠、调查结论客观。

（5）超越时空性。网络市场调查是 24 小时全天候的调查，这与受区域制约和时间制约的传统调研方式有很大不同。

（6）可检可控性。利用 Internet 通过网络调查收集信息，可以有效地对采集信息的质量实施系统的检验和控制。

3．网络市场调查与传统市场调查的区别

与传统调查方式比较，网络调查在组织实施、信息采集、信息处理、调查效果等方面具有明显的优势，这些优势正是网络调查方式会产生、运用、发展并最终取代传统调查方式的内在原因。表 4-3 详细说明了网络市场调查与传统市场调查的区别。

表 4-3　网络市场调查与传统市场调查的区别

比 较 项 目	网络市场调查	传统市场调查
调查费用	费用低廉（以设计费、数据处理费为主）	费用昂贵（纸张、印发、回收、人员等）
调查范围	样本容量大，调查范围广泛	由于成本限制，样本数量和调查范围有限
运作速度	速度快，基于网络平台和数据库，结论几天内就能给出	速度较慢，2~6 个月才能得出结论
调查时效性	调查可 24 小时全天候执行	不可全天进行调查
调查便利性	受调查者不受时间、空间限制	受空间位置、天气等因素影响
调查可信性	相对真实可信	一般对问卷进行审核，可信度较高
适用性	适用于大样本调查和得出结论较为迅速的情况	适用于面对面访谈

4.4.2　网络市场调查方法

传统市场调查有两种方式。一种是直接收集一手资料，如问卷调查、专家访谈、电话调查等；另一种是间接收集二手资料，如报纸、杂志、电台、调查报告等现成资料。而利用互联网进行市场调查相应也有两种方式：一种是利用互联网直接进行问卷调查；另一种方式，是利用互联网的媒体功能，通过互联网收集二手资料。由于越来越多的传统报纸、杂志、电台等媒体还有政府机构、企业等纷纷上网，因此网络成为信息的海洋，信息蕴藏量极其丰富，这里的关键问题是如何发现和挖掘有价值的信息，而不是过去苦于找不到信息的情况。这种方式一般称为网络间接市场调查。

1．网络直接市场调查

（1）根据调查的方法进行分类，可以分为网络问卷调查法、网络观察法、专题讨论法。其中，以网络问卷调查法最为流行。图 4-10 为华为客户满意度网上问卷调查页面的部分内容。

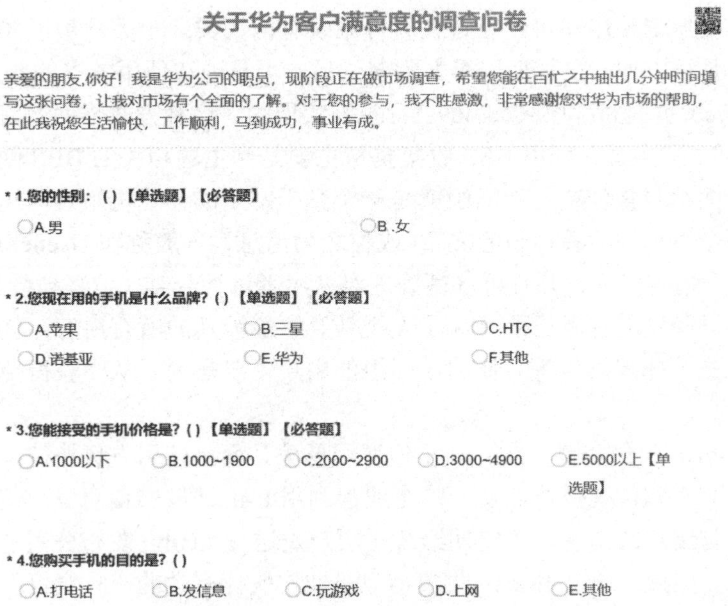

关于华为客户满意度的调查问卷

亲爱的朋友,你好！我是华为公司的职员,现阶段正在做市场调查,希望您能在百忙之中抽出几分钟时间填写这张问卷,让我对市场有个全面的了解。对于您的参与,我不胜感激,非常感谢您对华为市场的帮助,在此我祝您生活愉快,工作顺利,马到成功,事业有成。

* 1.您的性别: ( ) 【单选题】【必答题】
　○A.男　　　　　　　　　　○B.女

* 2.您现在用的手机是什么品牌? ( ) 【单选题】【必答题】
　○A.苹果　　　　　○B.三星　　　　　○C.HTC
　○D.诺基亚　　　　○E.华为　　　　　○F.其他

* 3.您能接受的手机价格是? ( ) 【单选题】【必答题】
　○A.1000以下　○B.1000~1900　○C.2000~2900　○D.3000~4900　○E.5000以上【单选题】

* 4.您购买手机的目的是? ( )
　○A.打电话　　○B.发信息　　○C.玩游戏　　○D.上网　　○E.其他

图 4-10　华为客户满意度网上问卷调查

（2）根据调查者组织调查样本的行为不同,可分为主动调查法和被动调查法。主动调查法,即调查者主动组织调查样本,完成统计调查的方法。被动调查法,即调查者被动等待调查样本造访,完成统计调查的方法。被动调查法的出现是统计调查的一种新情况。

（3）根据管理网上调查采用的技术不同,可分为站点法、电子邮件法、随机 IP 法和视讯会议法等。站点法,即将调查问卷设计成网页形式,附加到一个或几个网站 Web 页面,由浏览这些站点的用户在线回答调查问题的方法。站点法属于被动调查法,是目前网络调查的基本方法,也将成为未来网络调查的主要方法。电子邮件法,即以较为完整的 E-mail 地址清单作为样本框,使用随机抽样的方法通过电子邮件发放问卷,并请调查对象以电子邮件反馈答卷。随机 IP 法,即以产生一批随机 IP 地址作为抽样样本的调查方法。视讯会议法,即基于 Web 的计算机辅助访问,将分散在不同地域的被调查者通过互联网视讯会议功能虚拟地组织起来,在主持人的引导下讨论调查问题的调查方法。该方法适用于对关键问题的调查研究,属于主动调查法。

2. 网络间接市场调查

（1）利用搜索引擎收集资料。最初,网上大多数的信息都是英文的,中文网站经过几年的发展,使中文信息也变得丰富起来,中文网站数目急剧增加,特别是 1999 年的 "政府上网年",越来越多的经济政策信息纷纷上网,我国台湾、香港等中文网站的中文资源已小有规模。因此,选择搜索引擎时最好有所区分。如果搜索中文信息,使用较多的中文搜索引擎有搜狐、新浪、网易、中文雅虎；如果搜索外文信息,使用较多的搜索引擎有 Yahoo!、Excite、Lycos、Infoseek 和 AltaVista。

（2）利用公告栏收集资料。公告栏（BBS）就是在网上提供一个公开 "场地",任何人都可以在上面留言、回答问题或发表意见和问题,也可以查看其他人的留言,好比在一处公共场所进行讨论一样，用户可以随意参加，也可以随意离开。目前许多 ICP 都提供免费的公告栏，只需要申请使用即可。公告栏软件系统有两大类：一类是基于 Telnet 的文本方式，查看阅览不是很方便，在早期用得非常多；另一类是现在使用较多的基于 WWW 的方式，它是通过 Web 页面和程序（如 JavaScript）实现的，这种方式界面友好，受欢迎，使用时如同浏览 WWW 网页。利用 BBS 收集资料主要是到主题相关的 BBS 网站了解情况。

（3）利用新闻组收集资料。新闻组就是一个基于网络的计算机组合，这些计算机可以交换以一个或多个可识别标签标识的文章（或称之为消息），一般称作 Usenet 或 Newsgroup。新闻组使用方便、内容广泛，并且可以精确地对使用者进行分类（按兴趣爱好及类别），其中包含的各种不同类别的主题已经涵盖了人类社会所能涉及的所有内容，如科学技术、人文社会、地理历史、休闲娱乐等。使用新闻组的用户主要是为了从中获得免费的信息或相互交换免费的信息。

（4）利用 E-mail 收集资料。E-mail 不但费用低廉，而且使用方便快捷，非常受用户的欢迎。目前许多 ICP 和传统媒体以及一些企业都利用 E-mail 发布信息。一些传统的媒体公司和企业为保持与用户的沟通，也定期给公司用户发送 E-mail，发布公司的最新动态和有关产品服务信息。因此，通过 E-mail 收集信息是非常快捷有效的，收集资料时只需要到有关网站进行注册，以后等待接收 E-mail 即可。

本章小结

※ 网络营销具有跨时空、互动式、个性化、成长性、整合性、超前性、高效性和经济性等特点。

※ 整合营销是指以消费者为核心，重组企业行为和市场行为，综合协调地使用各种形式的传播方式，以统一的目标和统一的传播形象来传递一致的产品信息，实现与消费者的双向沟通，迅速树立产品的品牌在消费者心中的地位，建立产品品牌与消费者长期亲密的关系。

※ 直复营销是一种为了在任何地方产生可度量的反应和（或）达成交易，而使用一种或多种媒体相互作用的市场营销系统。

※ 软营销是指在网络营销环境下，企业向顾客传送的信息及采用的促销手段更具理性化，更易于被顾客接受，进而实现信息共享与营销整合，是针对"强势营销"而提出的新理念。

※ 关系营销是指企业借助联机网络、计算机通信和数字交互式媒体的威力来实现营销目标。

※ 4P 理论即产品（product）、价格（price）、渠道（place）、促销（promotion）；4C 理论即消费者（consumer）、成本（cost）、便利（convenience）和沟通（communication）。

复习思考题

1. 网络营销需要哪些特定的环境？
2. 网络营销有哪些基本理论？请分别简述。
3. 网络营销有哪些策略？请分别就其特点谈谈其典型应用。

4. 什么是网络市场调查？它有哪些方法？

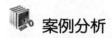

案例分析

传音手机：一年一亿部称雄非洲的背后

说起手机，大家耳熟能详的有国产龙头"华米 OV"（华为、小米、OPPO、vivo），也有海外巨头苹果、三星、诺基亚。但是，还有一个"隐形冠军"也许很多人不知道，它就是高居 2020 年全球手机销量排行榜第四位，占据着整个非洲大陆 50 多个国家和地区近半市场份额，在国内科创板上市，被称为"非洲手机之王"的传音手机。

传音上市后，得到了众多投资者的青睐和追捧。Wind 数据显示，2022 年 1 月 4 日收盘，传音控股报收 160 元/股，相比 2019 年 9 月刚上市时的 53 元/股，涨了两倍多。

作为一家 2006 年才成立的手机企业，面对资金、技术、人才、渠道等远优于自己的一众国内外手机巨头，传音凭什么脱颖而出并称雄非洲手机市场？它成功的背后有哪些成功的秘诀和经验，又经历了怎样的故事和波折？

不是中国品牌出海，而是建立一个非洲的品牌

2006 年是国产手机最艰难的一年。在诺基亚等国际品牌和山寨手机的双重挤压下，曾有"手机中的战斗机"之称的波导等国内品牌开始走下坡路，熊猫、南方高科等品牌更是难觅踪影。

也就是那一年，波导手机的海外市场负责人竺兆江离开，正式创立了传音手机。多年手机海外市场的运作经验让竺兆江对海外市场有着深刻的认知，也对非洲这块手机"新大陆"的广阔前景有着更多期待。其间竺兆江曾深入数十个国家和地区考察调研，凭借自身对市场的敏锐嗅觉，意识到非洲市场的巨大潜力。相较于当时国内手机品牌出海扎堆发达国家市场和印度等新兴市场，传音切入了非洲这块尚待开发的处女地。但是，当时的非洲手机市场的确很难吸引众多巨头的关注和重视。

非洲大陆有 50 多个国家和地区，民族、语言、宗教等十分复杂，并不是一个传统意义上的统一市场。同时，当时的非洲国家经济发展水平较低且发展程度差异大，基站等通信基础设施建设更是滞后，很难看到手机普及推广的势头和价值。这样的市场对国内手机厂商不具备强吸引力，也同样很难引起诺基亚、三星等海外巨头的真正重视。而这恰恰给了传音这个新兴品牌难得的机遇。事实上，竺兆江当时在波导手机时，就曾经和公司领导提过开拓非洲市场的构想和计划，不过并没有得到管理层的认可。正因如此，坚信自己判断的竺兆江才带领团队成员离职创办了传音。

"别嫌弃市场，别低看用户。"2010 年前后，随着华为等在非洲各国基站建设的快速推进，以及逐渐席卷全球的智能手机浪潮，非洲市场对手机的需求与日俱增。更多的国内手机品牌和手机商人开始将目光瞄准这块"新大陆"，也开始吸引华强北市场等众多手机商人涌入，销售各种高性价比的手机。他们发现，这时的非洲人对手机等新兴科技产品的渴望，堪比中世纪欧洲人对丝绸的渴求。

传音控股董事阿里夫·乔杜里（Arif Chowdhury）表示，现在，非洲不少地区的民众都已认同：传音是一家负责任的公司。它不仅积极参与移动业务的发展，还会积极参与当地的社区文化建设。

传音在非洲努力的回报也是丰厚的。据 IDC 数据，传音在非洲智能机市场的占有率从 2019 年 36.9%进一步增长至 2020 年的 40%。2020 年，传音总共卖出 1.74 亿部手机，传音也借此登上了全球手机销量榜的第四名。

本土化：那些触动人心的创新

如果说，聚焦非洲让传音有了与国内外手机巨头一战的特色和底气，那么将本土化做到极致，才是让传音在渐趋激烈的市场竞争中杀出重围的关键。

区别于在国内和国外市场发展多年的手机巨头，从诞生伊始就一直深耕非洲市场的传音，本土化是自然而又理性的选择。

传统的中国企业出海，大多指的是产品的出口和远销海外，更进一步的是在当地建立工厂和销售渠道，并雇用当地员工。而传音则是一步到位，完成了从建立工厂到建设生产、销售、售后的一整套产业链条。在某种意义上，传音已成为非洲的本土企业。除了这些常规的操作，传音针对非洲市场的需求，进行了极致的本土化创新，"智能美黑""四卡四待""手机低音炮"……正是这一个个深植非洲用户需求的本土化创新，成为传音的杀手锏。

传音手机结合深肤色影像引擎技术，定制照相机硬件，专门研发了基于眼睛和牙齿来定位的拍照技术，并加强曝光，加上"智能美黑"黑科技，让更多非洲人拍出了满意的自拍照，甚至晚上也能自拍，一下子就俘获了众多非洲用户的心。

相较于国内的统一市场以及移动、联通、电信三家主流运营商，非洲大陆有 50 多个国家和地区，甚至同一个国家也有为数众多的运营商，而且不同运营商之间的通话资费很贵，一个非洲当地人兜里装着三四张电话卡是较为普遍的现象。为了解决非洲用户的这个痛点，传音先将国内特有的"双卡双待"机型引入非洲，此后更破天荒地开发了"四卡四待"机型。

非洲人热爱音乐和跳舞，传音就专门开发了"BoomJ8"等机型，把手机音响变成低音炮，即使在很嘈杂的大街上，也能让他们随着手机的歌曲起舞。

针对非洲部分地区经常停电、早晚温差大、天气普遍炎热等问题，传音还针对性地开发了低成本高压快充技术、超长待机、耐磨耐手汗陶瓷新材料和防汗液 USB 端口等。

手机好不好用，硬件是一方面，软件的功能适配及生态也很重要。在非洲市场收获众多用户和流量的基础上，传音也把中国当下火热的软件应用引入非洲，并针对非洲市场和用户的特点进行了有针对性的开发。

同时，传音基于安卓手机系统平台进行二次开发，为非洲消费者深度定制了智能终端操作系统 OS，包括 HiOS、itelOS 和 XOS。目前，传音 OS 已成为当地主流操作系统之一。围绕 OS，传音还与腾讯、阅文集团等国内互联网巨头在多领域进行出海战略合作，积极开发和孵化契合非洲当地的移动互联网产品。

对于非洲这个新兴手机市场而言，高性价比和实惠才是选购的"临门一脚"。传音根据非洲市场的消费现状，虽然推出了面向不同层次用户的手机品牌及产品，但在产品定价方面，都比较合理实惠。据悉，传音在非洲市场推出的产品均价不足 1000 元人民币。据相关统计，此前在传音所售出的手机中，廉价功能机较多，即便是智能机平均售价也在 500 元以下，而同期小米手机平均售价为959元。好用还便宜，成为传音手机突出重围的"关键一招"。

如今，传音在非洲手机市场已连续4年蝉联销量冠军。2021年上半年，传音再以9600万部的手机出货量位居第一。"非洲之王"实至名归。

非洲市场的成功让传音在短短十余年的时间里迅速成长，并于2019年成功上市。公司的营收从2016年的116亿元增长到2020年的378亿元；而归母净利润则从2017年的6.71亿元增加到2020年的26.86亿元。可以说，传音在非洲市场的成功不仅成就了自己，也给非洲人民带去了福音，更为中国品牌出海拓展了更多的想象空间。

传音逆袭的背后。

从一个名不见经传的新企业品牌，到千里之外的"非洲手机之王"，过去的十多年里，和很多其他领域的中国品牌一样，传音书写了一段波澜壮阔的海外拓荒史和传奇。

不过正如传音内部人认为，单纯地依靠四卡四待、智能美黑等本土化功能创新，传音是不可能做到第一的。

传音能做到第一，背后依托是中国强大的产业链供应及制造能力。这从传音在功能机单价百元左右、智能机单价500元左右的低价前提下，依然能实现近30%的利润率，就可以窥见一斑。

传音着眼和发力于全球新兴市场，背后依赖的实际上是这些年中国日益强大的科技创新和市场应用能力，以及数十年的成功与失败的市场经验教训。在互联网应用方面，传音携手国内互联网巨头，借助它们丰富的经验和强大的创新应用能力，结合自身对非洲市场的深刻理解，在新兴市场的互联网领域几乎无往不利。

对于早些年其他品牌瞧不上的非洲市场，传音十多年如一日地坚持，用实际行动诠释着对这个新兴市场的耐心和尊重。

如果说中国本土的完整供应链及成熟的市场经验是传音非洲崛起的底座和根基；那么，尊重和坚持则是传音称雄非洲市场的不传之秘。

（来源：传音手机：一年一亿部称雄非洲的背后[EB/OL].（2022-01-08）.
http://www.cb.com.cn/index/show/bzyc/cv/cv135140381648.）

案例讨论：

1. 通过阅读以上案例，你认为传音手机成功的原因是什么。
2. 俞敏洪曾说过："国内企业宁愿花几十亿、几百亿去开发一款游戏，也不愿意去开发工业软件、制造软件等。"请结合以上案例，谈谈你的看法。

第 5 章　电子商务物流管理

学习目标

- 掌握第三方物流、第四方物流和物流业务外包。
- 理解电子商务物流的内容。
- 认识电子商务物流的解决方案。
- 了解电子商务物流的产生背景和发展情况。

引例

电子商务物流创新与优化

电子商务物流理念创新

把电子商务物流提高到战略层面。数据显示电子商务的顾客投诉中超过 15%的都是物流问题，诸如丢缺件、货品损坏、理赔标准、派件延误、无法门到门、态度恶劣等，需要在战略上对电子商务物流配送进行创新和优化。

从"快"转向"准"，建立高效物流的新理念。国内传统电子商务物流的竞争都集中在以快为目的的客户体验上，但这并不符合顾客的真实需求模式，应该转向个性化的"准"，即在快速响应的基础上，提供偏好选择，实现"精准"。以特定时间点为标准，系统后台根据顾客下单结算的时间和地址计算出时间标准，并提供几种精准物流配送方式备选，合理引导顾客预期，以提高顾客满意度。

终端社区配送模式创新

终端社区配送即"最后一公里"，是顾客能够直接感知和参与的物流环节，也是 B2C 电子商务客户满意提升关键一环。近年来，在终端社区配送方面，国内电子商务尝试了多种模式，包括京东商城校园营业厅、淘宝网阿里小邮局、天猫社区服务站、苏果与 DHL 的便利店——快递、圆通与万科的物业快递代办点、部分高校的快递超市、放置在社区或便利店或地铁的自提柜等。

解决电子商务物流和社区服务整合的创新，可以大致分为五种模式：一是快递与社区物业合作模式，难点在于解决利润分配模式才能持续；二是快递与便利店合作模式，难点在于存储空间和利润分配；三是电子商务与社区物业合作模式，难点在于谈判和执行的困难；四是电子商务与便利店合作模式，难点在于成本和收益分担问题；五是电子商务或物流，与区域第三方合作模式，第三方可能是地方政府（或社区、学校）设立的平台公司，难点是费用与分成问题。

逆向（退货）物流模式创新

在线购物自身特点导致电子商务商品退换货比重较高，处理程序复杂，有较大不确定性，造成逆向物流预测和规划困难，顾客投诉和不满上升。

电子商务逆向物流一般包括退货物流和回收物流两类，涉及退货申请、检验、分类、维修、更换、退款，或者回收、再利用、残次品处理等一系列问题。主要模式如下。

（1）自主经营模式，即电子商务企业自主经营物流公司或回收业务，完成商品的收集处理、再利用和废弃处理，如常见的出版社和图书馆模式，同时，B2C电子商务中常见的还有制造商模式和在线商家模式。

（2）外包第三方模式，即电子商务将退货与回收物流委托第三方物流公司处理的模式。

（3）协作经营模式，既可以是电子商务的部分自营与部分外包的协作结合，也可以是电子商务或第三方物流与区域或城市的专业逆向物流平台企业合作，共享信息或委托业务操作的模式。

电子商务物流体系优化

要落实精准和高效物流的理念，提升竞争能力，实现顾客承诺，必须做到了解消费者行为、高效处理订单、完善物流信息系统、优化仓库拣选、运输无缝对接、专业终端配送与优质售后等，所有这些都离不开电子商务物流体系的持续优化。

首先是物流组织的优化，包括网络各节点企业优化，即提升物流能力、市场能力、信息能力和管理能力等能力体系建设。其次是物流基础设施网络优化，包括：① 物流节点的优化，即运用先进的选址模型优化物流中心和配送中心选址决策；② 物流线路优化，即以实现最小运输成本目标的商品物流配送路径模型设计及其优化求解；③ 物流配送方式优化，既要实现具有规模经济的物流运输，又要兼顾多样化的物流产品分拨。再次是物流信息网络的优化，包括建立电子商务门户网站、运营与物流信息的动态集成、物流业务流程的监控与管理，优化方向是接口系统的设计与优化、订单系统的高效化和地理信息系统的完善优化。最后，电子商务物流数据挖掘是关键，如基于大数据的消费分析、库存控制技术等，通过合理的算法和模型来分析并预测未来的潜在需求，降低牛鞭效应的影响。

电子商务仓储作业优化

在电子商务物流背景下，仓储超越传统保管功能，具备重要的生产作业功能，是电子商务生产运营和竞争优势创造的基础作业活动。当前的主要瓶颈是订单拣选活动，据某著名电子商务公司统计，订单拣选费用占仓库总费用的60%左右，拣货员平均一天走20~25千米，超过70%的时间用于反复行走。

优化的方向是在生成分拣作业单时，考虑拣选路线的合理规划。在实践中，优化方案的实施会经过三个阶段：建立闭环优化算法机制、仓库系统功能增强开发和全面推广并持续优化。

第三方配送管理优化

电子商务第三方物流配送管理是公认的难题。据某著名电子商务统计，其日平均订单80万单中第三方承担20%订单配送，但货损量占72%，客户投诉量占70%。问题主要在于：第三方配送在途过程中控制节点缺失、缺乏信息集成平台，状态监控不足；缺乏规范的货物交接，发货数量与第三方的收货数量出现差异且难溯原因，产生财务对账纠纷，影响结算；货损判定和处理机制不合理；承运商管理粗放，对绩效表现不同、重要性各异的承运商缺乏差异化的奖惩激励制度和合作模式进行差异化对待。

优化方向为：增加监控节点，提高信息系统水平，搭建完善的承运商管理平台；应用信息系统标准接口的数据交换，利用 PDA 设备等技术手段优化收发货管理；遵循公平合理性、可执行性和一致性的货损判断与处理；推行承运商分级管理、差异化合作的业务策略。

（来源：电子商务物流创新与优化[EB/OL].（2014-04-16）.
http://www.chinanews.com.cn/cj/2014/04-16/6069187.shtml.）

案例讨论：

1. 如何进行电子商务物流创新与优化？（从物流发展、技术、团队等方面进行分析。）
2. 根据案例和所学知识谈一谈物流中心的电子商务平台是如何构建的。

中国国家邮政局监测数据显示，2021 年 11 月 1 日至 11 日，全国邮政、快递企业共处理快件 47.76 亿件，同比增长超过两成。其中，11 月 11 日当天共处理快件 6.96 亿件，稳中有升，再创历史新高。多家快递公司预计"双十一"的包裹需要 10 多天左右才能消化完。由此可见，如果没有一个高效的、合理的、畅通的、与网上营销配套的物流系统，电子商务所具有的优势就难以得到有效的发挥。而电子商务物流是现代生产方式、现代管理手段、电子信息技术结合后在物流领域中的体现，是电子商务的重要组成部分。本章将从电子商务物流的概念出发介绍电子商务物流的特点及各种物流解决方案的实现。

5.1 电子商务物流概述

5.1.1 电子商务物流的产生背景

随着经济全球化和贸易自由化的逐步形成，特别是信息技术的飞速发展，跨国公司在国际贸易中的作用日益增大。这些跨国公司引入的现代物流不仅利用了新的技术，而且带来了新的管理理念和新的组织方式。

资料 5-1

1. 现代物流产生的社会背景

对产品多样化和市场的一体化的需求使得过去规模化、大批量的生产与运输转变为小批量、多样化。国与国之间区域市场的形成更使竞争趋向国际化，传统物流已远不能适应现代市场的运作方式。如何在激烈的竞争中占据优势，生产企业必须对自己的供销业务做出决策——要么合作，要么外包。

2. 现代物流产生的技术背景

企业信息化建设速度加快以及信息产业的形成与壮大，使物流业设备的智能化水平迅速提高，条码技术、POS 机、读码器的使用，使实物得以快速流通，减少排队现象。许多大的跨国公司，其原材料和部件分散在世界各地，在上市销售之前，其运输的费用和时间成本很高。而 IT 公司使信息技术在对市场的快速反应和运送能力的提高上做出了突出的贡献，立体仓库的出现使一些大型企业在生产中零库存的目标得以实现。

戴尔公司就是一个典型的代表，该公司在多个口岸城市的进口货物可以直接从保税区运上生产线。

5.1.2 电子商务物流的概念

电子商务物流就是利用电子化的手段，尤其是利用互联网技术来完成物流全过程的协调、控制和管理，实现从网络前端到最终客户端的所有中间过程的服务，最显著的特点是各种软件技术与物流服务的融合应用。

1. 从电子商务的定义看物流

由电子商务发源地——美国的 IT 界提出的电子商务定义多把电子商务定位于"无纸贸易"。在这类电子商务的定义中，电子化工具主要是指计算机和网络通信技术；而电子化的对象主要是信息流、商流和资金流，并没有提到物流。需要注意的是，美国的物流管理技术自 1915 年发展至今已有近百年的历史，通过利用各种机械化、自动化工具及计算机和网络通信设备，已日臻完善。同时，美国作为一个发达国家，其技术创新的本源是需求，即所谓的需求拉动技术创新。作为电子商务前身的电子数据交换技术（EDI）的产生是为了简化烦琐、耗时的订单处理过程，以加快物流的速度，提高物资的利用率。电子商务的提出最终是为了解决信息流、商流和资金流处理的烦琐对现代物流过程的延缓，进一步提高现代化的物流速度。由此可见，美国在定义电子商务概念之初，就有强大的现代化物流作为支持，只需将电子商务与其进行对接即可，而并非电子商务过程不需要物流的电子化。我国作为一个发展中国家，物流企业起步晚且水平低，在引进电子商务时，并不具备能够支持电子商务活动的现代化物流水平，所以，在引进时，一定要注意配备相应的支持技术——现代化的物流模式，否则电子商务活动就难以推广。因此，有些专家在定义电子商务时，就注意将国外的定义与中国的现状相结合，扩大了美国原始电子商务定义的范围，提出了包括物流电子化过程的电子商务概念。

（1）电子商务是实施整个贸易活动的电子化。

（2）电子商务是一组电子工具在商务活动中的应用。

（3）电子商务是电子化的购物市场。

（4）电子商务的目标是从售前到售后的各个环节实现电子化、自动化。

在这类电子商务定义中，电子化的对象是整个交易过程，不仅包括信息流、商流、资金流，还包括物流；电子化的工具也不仅仅指计算机和网络通信技术，还包括叉车、自动导向车、机械手臂等自动化工具。从根本上来说，物流电子化应是电子商务概念的组成部分，缺少了现代化的物流过程，电子商务过程就不完整。

2. 从电子商务概念模型看物流

电子商务概念模型是对现实世界中电子商务活动的一般抽象描述，它由电子商务实体、电子市场、交易事务和信息流、商流、资金流、物流等基本要素构成。在电子商务概念模型中，电子商务实体是指能够从事电子商务的客观对象，它可以是企业、银行、商店、政府机构和个人等。电子市场是指电子商务实体从事商品和服务交换的场所,它由各种各样的商务活动参与者,利用各种通信装置,通过网络联结成一个统一的整体。交易事务是指电子商务实体之间所从事的具体的商务活动的内容,如询价、报价、转账支付、广告宣传、商品运输等。电子商务中的任何一笔交易都包含着几种基本的"流",即信息流、商流、资金流和物流。其中,信息流既包括商品信息的提供、促销行销、技术支持、售后服务等内容,也包括诸如询价单、报价单、付款通知单、转账通知单等商业贸易单证,还包括交易方的支持能力、支付信誉等;商流是指商品在购、销之间进行交易和商品所有权转移的运动过程,具体是指商品交易的一系列活动;资金流主要是指资金的转移过程,如付款、转账等过程。在电子商务模式下,以上三种流的处理都可以通过计算机和网络通信设备实现。物流作为其中最为特殊的一种,是指物质实体(商品或服务)的流动过程,具体指运输、储存、配送、装卸、保管、物流信息管理等各种活动。对于少数商品和服务来说,可以直接通过网络传输的方式进行配送,如各种电子出版物、信息咨询服务、有价信息软件等。对于大多数商品和服务来说,物流仍要经由物理方式传输。而一系列机械化、自动化工具的应用,准确及时的物流信息对物流过程的监控,将使物流的流动速度加快、准确率提高,能有效地减少库存,缩短生产周期。因此,在电子商务概念的建立过程中有必要强调信息流、商流、资金流和物流的整合。人们把基于网络技术和信息系统的现代电子商务物流简称为电子物流。

电子商务综合的安全保障体系从应用层、平台层和基础设施层三个方面展开。应用层主要包含了电子商务应用系统和物流应用系统。平台层中电子交易平台、数据交换平台、身份认证平台、电子支付平台和对外接口组成了电子商务与现代物流支撑平台,此平台依赖空间数据库、物流数据库、商品数据库、交易数据库和基础数据库等数据库。基础设施层借助无线网、互联网和电子政务网相互连接,主要依赖的设备有 REID 与传感设备、基础网络通信设备、前端传输设备、服务器和编解码设备。

电子商务的流程一般包括发现产品信息、贸易协商、订购、付款、送货与产品接收以及服务与支持六个部分,其中"送货与产品接收"是实现电子商务的重要环节和基本保证。如图 5-1 所示。

3. 电子商务中物流的作用

(1)物流保障生产。无论是传统的贸易方式,还是电子商务,生产都是商品流通之本,而生产的顺利进行需要各类物流活动的支持。生产的全过程从原材料的采购开始便要求有相应的供应物流活动,使所采购的材料到位,否则,生产就难以进行;在生产的各工艺流程之间,也有原材料、半成品的物流过程,即所谓的生产物流,以实现生产的流动性;部分余料、可重复利用的物资的回收,就需要所谓的回收物流;废弃物的处理则需要废弃物物流。可见,整个生产过程实际上就是系列化的物流活动。合理化、现代化的物流通过降低费用降低成本,优化库存结构,减少资金占用,缩短生产周期,保障了现代化生产的高效进行。相反,缺少了现代化的物流,生产将难以顺利进行,电子商务也就成了无米之炊。

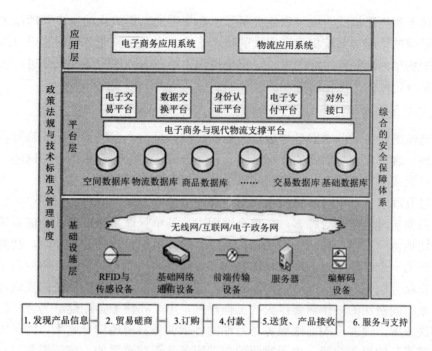

图 5-1　电子商务综合安全保障体系与一般流程

（2）物流服务于商流。在商流活动中，商品所有权从购销合同签订的那一刻起，便由供方转移到需方，而商品实体并没有因此移动。在传统的交易过程中，除了非实物交割的期货交易，一般的商流都必须伴随相应的物流活动，即按照需方（购方）的需求将商品实体由供方（卖方）以适当的方式、途径向需方（购方）转移。而在电子商务模式下，消费者通过上网点击购物，完成了商品所有权的交割过程，即商流过程，但电子商务的活动并未结束，只有商品和服务真正转移到消费者手中，电子商务活动才终结。在整个电子商务的交易过程中，物流实际上是以商流的后续者和服务者的姿态出现的。没有现代化的物流，任何轻松的商流活动都会变成一纸空文。缺少了现代化的物流技术，电子商务给消费者带来的购物便捷等于零，消费者必然会转向他们认为更为安全的传统购物方式，网上购物便没有必要。因此，物流是电子商务重要的组成部分，必须摒弃原有的"重信息流、商流和资金流的电子化，而忽视物流电子化"的观念，大力发展基于网络技术的现代化物流，在推进电子商务的同时发展电子物流。

5.1.3　电子商务物流的内容

1. 电子物流的功能

电子物流的功能十分强大，它能够实现系统之间、企业之间以及资金流、物流、信息流之间的"无缝连接"，而且这种连接同时还具备预见功能，可以在上下游企业间提供一种透明的可见性功能，帮助企业最大限度地控制和管理库存。同时，由于全面应用了客户关系管理、商业智能、计算机电话集成、地理信息系统、全球定位系统、互联网、无线互联技术等先进的信息技术手段，以及配送优化调度、动态监控、智能交通、仓储优化配置等物流管理技术和物流模式，电子物流提供了一套先进的、集成化的物流管理系统，从而为企业建立敏捷的供应链系统提供了强大的技术支持。电子物流业务使得客户可以运用外部服务力量来实现内部经营目标的增长，整个过程由第三方物流服务提供商进行管理。客户能够得到量身定做的个性化服务。

2. 电子物流的服务

电子物流的服务是前端服务与后端服务的集成。目前许多经销商都面临着将前端的顾客订单管理、客户管理与后端的库存管理、仓储管理、运输管理相结合的问题。那么将这两方面进行集成的重要性是什么呢？从以下两个例子中可以得到一些启示：一个例子是，当顾客通过互联网下订单时，物流系统需要能够迅速查询库存清单、查看存货状况，而这些信息又需要实时地反馈给顾客。在整个过程中，订单管理系统需要同仓储系统、库存管理系统密切地协同工作。另一个例子是，当顾客的订单中包含多种物品时，物流系统应该将此订单作为一个订单处理，同时将这些物品一起包装，而不是将此订单视为多项订单需求，并将物品分别包装。这些看似简单的工作却需要前端、后端各系统的集成协同工作。而实现各系统间密切的协作需要巨大的工作投入，电子物流服务则能够为客户提供系统集成服务解决方案，使客户的前端服务与后端的各项业务紧密地结合起来。为了实现后端服务以及与其平行的服务功能，电子物流的前端服务是至关重要的。前端服务包括咨询服务（确认客户需求）、网络设计/管理、客户集成方案实施等。这部分功能是用户经常接触的，此处不再赘述。而电子物流的后端服务则主要包括六类业务：订单管理、仓储与分拣、运输与交付、退货管理、客户服务以及数据管理与分析（见图5-2）。下面分别描述各项业务。

(1) 订单管理。此项业务包括接收订单、整理数据、订单确认、交易处理（包括信用卡结算以及赊欠业务处理）等。在电子物流的订单管理业务活动中需要通过复杂的软件应用来处理繁杂的业务环节，为了得到较高的效率，订单管理业务需要做以下工作。

① 识别订单来源。当电子物流服务提供商接收到一份订单时，电子物流系统会自动识别该订单的来源以及下订单的方式，统计顾客是通过何种方式（如电话、传真、电子邮件等）完成的订单。当这些工作结束后，系统还会自动根据库存清单检索订单上的货物目前是否有存货。

② 支付处理。在顾客提交订单后，还需要输入有关的支付信息，电子物流系统会自动处理信用卡支付业务以及赊欠业务。如果顾客填写的支付信息有误，系统将会及时通知顾客进行更改，或者选择其他合适的支付方式。

③ 订单确认与处理。当顾客的支付信息被处理后，电子物流系统会为顾客发送订单确认信息。在这一切工作就绪之后，电子物流系统会对顾客的订单进行格式化，并将订单发送到离顾客最近的仓储中心。

(2) 仓储与分拣。仓储中心接收到订单后，就会根据订单内容承担起分拣、包装以及

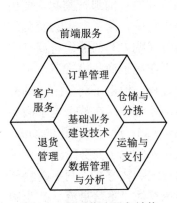

图 5-2　电子物流服务结构

运输的任务。在这个阶段，有的电子物流服务提供商还会提供一些增值服务，如根据顾客的特殊需求对物品进行包装等。仓储与分拣中心同时负责存货清单管理以及存货的补给工作，并由电子物流服务系统进行监测。这种服务将会为制造商提供有效的库存管理信息，使制造商或经销商保持合理的库存。

（3）运输与支付。这一业务包括了对运输的全程管理，具体包括处理运输需求、设计运输路线、运输的实施等。这个过程同时还包括向客户提供通过互联网对货物运输状态进行的实时跟踪服务。电子物流服务提供商在提供运输与交付业务时也会选择将该项业务向具有运输服务力量的第三方运输公司（如 UPS、FedEx 等）进行外包。

（4）退货管理。退货管理业务承担货物的修复、重新包装等任务，这个过程需要进行处理退货授权认证、分拣可修复货物、处理受损货物等工作。

（5）客户服务。客户服务包括售前和售后服务，同时还包括对顾客的电话、传真、电子邮件的回复等工作，处理的内容包括存货信息、货物到达时间、退货信息以及顾客意见。客户关系管理不是一个孤立的业务，这项工作与订单管理、仓储与分拣、运输、退货管理等环节有密切联系，需要相互支持。目前许多电子物流服务提供商通过内部或者外部的呼叫中心向顾客提供"24×365"的客户关系管理服务。

（6）数据管理与分析。对于顾客提交的订单，电子物流系统有能力对相关数据进行分析，产生一些深度分析报告。这些经过分析的信息可以帮助制造商以及经销商及时了解市场信息，以便随时调整目前的市场推广策略。这项服务同时也是电子物流服务提供商向客户提供的一项增值服务。

3. 传统物流服务与电子物流服务的区别

顾客在网上的购买行为与传统的购买行为有所不同，因此也就决定了电子物流服务形式、手段的特殊性。在网上购物的顾客希望在网上商店寻觅到所需的特定物品，并且希望能够得到实时的信息反馈，如是否有存货、何时能够收到货物等信息，同时也十分关注如果在网上选购的物品不理想或者物品在运输途中受损是否能够及时、便利地办理退货等。新兴的电子物流服务就是由具备实力的服务商来提供最大限度地满足顾客需求的外包服务。传统物流服务与电子物流服务的区别如表 5-1 所示。

表 5-1　传统物流服务与电子物流服务比较

比 较 项 目	传 统 物 流	电 子 物 流
业务推动力	物质财富	IT 技术
服务	单项服务——运输、仓储、配送……	综合服务，广泛服务
通信手段	电话、传真	依靠互联网通信技术
仓储	集中式分布	更加分散，接近顾客
包装	大批量包装	个别或小批量包装
运输频率	低	高
支付速度	慢	快
IT 技术应用	少	多
订单	少	多

从目前的电子物流服务市场来看，主要有四类市场参与者，分别是传统的物流服务提供商、软件供应商、集成商以及物流服务方案供应商（见图 5-3）。从表面看来，这些市场参与者分别从事特定的服务，但是在电子物流服务市场领域，大多数市场参与者向客户提供的是一种综合性的物流服务。目前还没有任何一个电子物流服务供应商能够提供全部的电子物流服务，大部分厂商通过利用自身的力量或者寻找业务合作伙伴向客户提供端到端的电子物流服务解决方案。

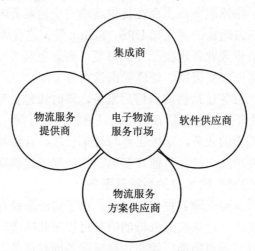

图 5-3 电子物流市场的参与者

5.2 电子商务物流配送

1. 电子商务物流配送的概念

电子商务物流配送是指物流的配送组织采用网络化的计算机技术和现代化的硬件设备、软件系统以及先进的管理手段，针对用户的订货要求，进行一系列分配、编配、整理、分工、配货等理货工作，定时、定点、定量地交给配送用户，满足他们对商品的需求。

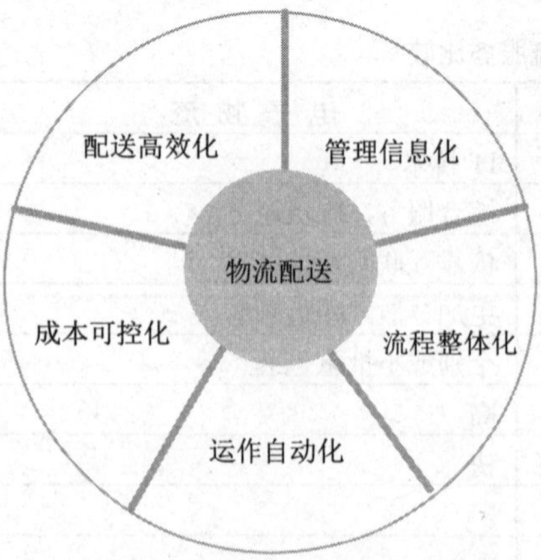

2. 电子商务物流配送的特点

电子商务配送具有配送的高效化、管理的信息化、流程的整体化、运作的自动化以及成本的可控化等特点。在电子商务系统中，配送体系的信息化集成，可以将散置在各地的仓库通过网络系统连接起来，成为集成的仓库。在统一的调配和协调管理之下，服务的半径以及货物的集散空间就会被放大，作业的自动化程度也比较高，所以在这种情况下货物配置的速度、规模和效率都大大提高，成本也相对可控，如图 5-4 所示。

图 5-4 电子商务物流配送的特点

3. 电子商务物流配送的流程

电子商务物流配送的流程跟传统的配送基本上一致，包括从供应商出货之后验货、入库、储存、分拣、包装、配货、装货以及出货检查，再到运输到客户的过程，但是电子商务配送更多地借助网络系统实现配送过程的事实监控和事实决策。在配送的信息处理货物的流转状态、追踪指令下达的速度等方面，都是传统的物流配送所无法比拟的，如图 5-5 所示。

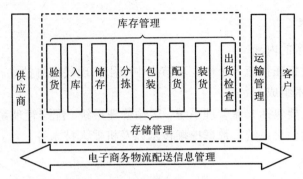

图 5-5　电子商务物流配送流程

4. 电子商务物流配送的模式

（1）按经营主体划分。按经营主体划分，电子商务物流配送模式可分为自主配送模式、第三方配送模式、共同配送模式以及混合配送模式。

自主配送模式就是企业依据自身的需求建设物流的配送系统。第三方配送是把物流配送的业务外包给专业的第三方配送公司，如果说企业自身的能力相对弱一些，那么企业就可以考虑协作来完成配送，也就是共同配送。还有一些企业，其业务分类有小规模的，也有大规模的，因此会采用混合配送模式。小规模的业务采取自主配送模式，而大规模的配送则外包给第三方公司。

（2）按产品组合方式划分。按产品组合方式划分，电子商务物流配送模式可分为多品种配送模式、大批量配送模式以及整体配送模式。

在多品种配送模式下，配送的品种多，批量一般比较小，技术的要求也比较高，设备比较复杂。而大批量的配送模式，一般来说，配送的商品的品种比较少，通常配送的数量比较多，因此相应的配送成本也比较低。整体的配送会将需要的产品配备齐全以后再进行配送。

5. 电子商务物流配送策略

（1）网络快递模式。网络快递模式是通过网络的模式，将电子商务包裹实现揽件—网点—干线运输—中转—末端配送。

其优点在于可以积少成多降低配送成本，而它的弊端则在于环节比较多，配送速度比较慢。

（2）电子商务仓配模式。电子商务仓配模式即"仓+落地配"模式，将商品直接从工厂运送到配送中心仓库，提前备货到本地，再由本地仓库发往客户。这种模式大大提升了配送的时效性。

（3）社会化整合配送。社会化整合配送仍采用"仓+落地配"模式，但各电子商务平台和物流企业通过社会化渠道整合各自优势资源，进行集中配送。

5.3 自动识别技术

1. 物流信息技术

1）物流信息技术的内涵

物流信息技术是指在物流各个作业环节当中应用的现代信息技术。

2）物流信息技术组成

物流信息技术主要包括仓储管理系统、运输管理系统、配送管理系统、自动识别技术、全球定位技术、地理信息系统、数据挖掘技术以及机器人技术等。

2. 自动识别技术

1）自动识别技术的内涵

自动识别技术就是应用一定的识别装置，通过被识别物品和识别装置之间的接近活动，自动获取被识别物品的相关信息，并且提供给后台的计算机处理系统来完成相关后续处理的一种技术。例如，现在的无人超市采用的就是一种自动识别技术，另外，机场行李分拣采用的也是自动识别技术。

2）自动识别技术的作用

（1）实时采集和识别物品信息。

（2）实现数字化信息和可视化图像实时传输。

3. 条码技术

1）条码的内涵

条码是由宽度不同的黑色长方条以及条之间的白色空隙组成的二维图形。

条码分为一维条码和二维条码，通常一般意义上所指的条码都是指一维条码，一维条码在普通的商品中随处可见。

2）条码技术的工作原理

条码技术的工作原理是建立在光的反射原理上的，因为不同颜色的物体反射的可见光的波长并不相同，设备在识读以后，条形码的白条和黑条经过反射后会形成强弱不同的反射光信号，依据不同的编码规则就会转换成相应的脉冲信号，再经过译码接口电路传输到计算机中，如图 5-6 所示。

3）条码的码制标准

目前，在物流领域中主要使用的码制包括通用商品条码（EAN-13）、交叉二五码（GB/T 16829—97）以及贸易单元 128 码（EAN/UCC-128）等。

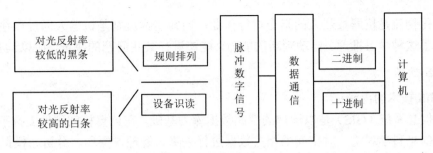

图 5-6 条码技术的工作原理

4. 射频技术

1) 射频技术的含义

射频识别技术（RFID）是一种无线识别技术，利用射频信号通过空间耦合实现无接触信息传递，以达到识别信息的目的。

2) 射频技术的工作原理

射频技术的工作原理源于电磁反应。通常情况下，物品会有一个射频的标签，射频标签进入磁场之后，如果接收到了阅读器发出的视频信号，就能够凭借感应电流所获得的能量发送存储在芯片中的产品信息，或者主动地发送某一频率的信号，这些信号就是有源标签或主动标签。然后，阅读器读取信息，解码之后将其送到中央信息系统用以进行有关数据的处理，如图 5-7 所示。

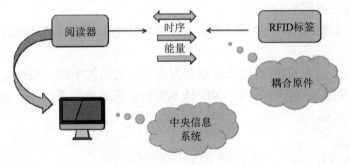

图 5-7 射频技术的工作原理

3) 射频技术的应用

车辆监控：了解实时状况、位置信息。

箱体识别：记录位置、物品、数量。

生产线自动化管理：流水线自动监控。

5.4 智能物流技术

1. 智能物流的基本概念

智能物流是利用集成的智能化技术，使物流的系统能模仿人的智能，具有思维、感知、学习、推理判断和自行解决物流中某些问题的能力。

自动化物流是机器按照人的指令进行作业，而智能物流则是机器人通过以往的作业感知且具备了这种学习推理、自动判断的能力，能够进行某些问题的决策，所以具有了智能。

2. GIS 技术

1）GIS 技术的内涵

地理信息系统（GIS）是以地理的空间数据库为基础，在计算机软硬件支持下，运用系统工程和信息科学理论，对空间的相关数据进行采集、管理、操作、分析、模拟和显示，经科学的管理后，综合分析具有空间内涵的地理数据，以提供决策所需要信息的技术系统。

2）GIS 技术在物流中的应用

体现在合理划分管理区域、客户定位和选址及路径优化方面。

在分区上，此系统能够便于企业及属性数据和图形数据的结合，对分区进行科学规范的管理；在客户的定位和选址方面，此系统更方便，优化了服务路径，能够设计出运输的最佳路径，优化车辆和人员的调度，最大限度地利用资源。

3. GPS 技术

1）GPS 技术的内涵

全球定位技术（GPS）是一种通过导航卫星进行测试和测距，并将地球上用户的位置准确地提供给需求者以帮助他们计算所处方位的定位系统，其主要的特点在于定位精度高、观测时间短、操作简单、功能多、应用广泛等。

2）GPS 技术在物流中的应用

GPS 技术在物流中的应用主要体现在对于车辆的动态调度、货物跟踪、车辆优选和路径优选上。

比如在车辆优选上，能够查出在锁定范围内可供调用的车辆，根据系统预先设定的条件判断车辆当中哪些是可以调用的。GPS 技术也能够快速地为驾驶人员选择合理的物流路线，实现路线的优选。

4. 物联网技术

1）物联网技术的内涵

物联网技术是通过射频识别、红外感应器、全球定位系统、激光扫描器等信息传感设备，按约定的协议，将任何物品与互联网相连接，进行信息交换和通信，以实现智能化识别、定位、追踪、监控和管理的一种网络技术。

2）物联网技术在物流中的应用

物联网技术在物流中应用于两个方面。首先是产品的智能可追溯网络系统；其次是建立物流作业的智能控制、自动化操作，实现物流和生产联动，并且跟商流、信息流、资金流实现全面协同。

5. 机器人技术

1）机器人技术的内涵

机器人是能自动控制、可重复编辑、多功能的操作机。通常配有机械手或装配有其他工具，代替人完成物流中的搬运材料或分拣等作业。

2）机器人技术在物流中的应用

目前，机器人技术在物流中最广泛的应用是智能拣选和智能搬运，通过机器人搬运货架来实现自动化仓储作业，提升物流的效率。

5.5 物流业务外包

业务外包就是将企业的资源集中在核心竞争力上，而将那些不属于核心的或企业不擅长的业务外包出去，利用他人的资源，包括利用他人的技术、知识、时间和资金，获取更大的投资回报和竞争优势。

5.5.1 物流业务外包的发展

物流业务外包的主要目的是通过将物流业务外包来获得高水平的服务和实现高质量的物流运作，同时减少成本，避免在物流设施建设中投入大量资金。Internet 和电子商务的出现为物流业务外包提供了更好的业务交流和沟通手段。当企业将网上商店作为新的销售渠道时，需要投入大量的人力、物力去管理，既要为客户提供"24×365"的服务，又要兼顾信息技术支持，当然还必不可少地涉及后台物流的一系列服务。当面临如此纷繁复杂的问题时，企业考虑得更多的是应当依靠自身力量来提供这项服务还是应当借助外包力量来完成。IDC 观察到，目前全球范围内的趋势是越来越多的传统企业以及从事电子商务的公司认识到了物流业务外包的重要性，因为利用外包的物流服务既能使自己的主要精力放在生产、经营上，还可以充分享受外包服务商所提供的低成本、高效率的便利服务。按照供应链理论，将非核心业务外包给从事该业务的专业公司去完成，这样从原材料供应到生产，再到产品的销售等各个环节的各种职能，都是由在该领域内具有专长或核心竞争力的专业公司互相协调和配合来完成的，这样所形成的供应链才具有最大的竞争力，如图 5-8 所示。

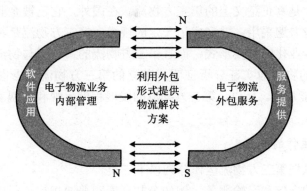

图 5-8 外包力量实现企业经营目标

物流界的权威调查表明，美国、日本和韩国等在欧洲的配送中心业务中有 2/3 是由第三方物流公司管理的；在英国，早在 1997 年，配送中心与商店间的配送业务就有近 47%

是由外包实现的。企业由于业务外包而改进了对物流的控制。近年来，在物流业务外包的运作中不断涌现出新型的业务方式和管理模式。

5.5.2 第三方物流

1. 第三方物流的概念

第三方物流（third party logistics，TPL 或 3PL）是物流服务供给方在特定的时间段内按特定的价格向需求方提供个性化系列物流服务的交易方式，这种物流服务是建立在现代电子信息技术基础上的。物流活动和配送工作由专业的物流公司或储运公司完成，由于它们不参与商品的买卖，只提供专门的物流服务，因此是独立于买方和卖方的第三方，故称第三方物流。第三方物流提供者部分或全部利用需求方的资源，通过合约向需求方提供物流服务，它是业务外包在物流中的具体表现。生产商、销售商或消费者将其物流业务委托给专业物流公司运作，而自己集中精力发展新业务。第三方物流又称为契约物流或代理物流。第三方物流供应商为客户提供所有的或一部分供应链物流服务，以获取一定的利润。第三方物流公司提供的服务范围很广：它可以简单到只是帮助客户安排一批货物的运输，也可以复杂到设计、实施和运作一个公司的整个分销和物流系统。第三方物流公司和典型的运输或其他供应链服务公司的关键区别在于第三方物流最大的附加值是基于信息和知识，而不是只提供最低价格的一般性的无差异的服务。常用于支撑第三方物流的信息技术有实现信息快速交换的 EDI 技术、实现信息快速输入的条形码技术和实现网上交易的电子商务技术等。

2. 第三方物流的发展

从对外委托的形式来看，第一种方式是企业自己从事物流系统设计、库存管理和物流信息管理，而将运输及保管等具体物流活动委托给外部的物流企业；第二种方式是物流企业将其开发设计的物流系统提供给货主企业，由它承担物流作业；第三种方式是由专业企业站在货主企业角度，代替其从事客户化的物流系统设计，并对系统运营承担责任。许多人认为第三种方式才是真正意义上的第三方物流。在国外，它已被企业，特别是一些物流业务较多的集团企业普遍采用，并形成了一定的规模。第三方物流是物流业发展到一定阶段的产物，是物流专业化的重要形式，而且第三方物流的占有率与物流企业的发展水平密切相关。西方国家的物流业实证分析证明，独立的第三方物流至少占到社会物流总额的 50% 时物流产业才能形成。所以，第三方物流的发展程度反映和体现着一个国家物流业发展的整体水平。

3. 第三方物流运作的分类

一般来说，可以把第三方物流运作分为以下三类。

（1）提供基本的仓储和运输服务。例如公共仓库和普通货运公司以资产密集和标准化服务为基本特征。

（2）提供仓储和货运管理等增值服务。对仓储物流来说，可为客户提供集货物配送、分拣包装、配套装配、条码生成等业务服务；对货运物流而言，可为客户提供选择承运人、协议价格、安排货运计划、优选货运路线和货运系统监测等服务。

（3）提供一体化物流管理服务。这类第三方物流除了提供普通物流服务，还能为客户提供市场需求预测、自动订单处理、存货控制和逆向物流支持等服务，它的基本特征是高技术和高素质。

4. 国内外第三方物流

（1）国外第三方物流的发展。资料显示，在欧洲，第三方物流约占物流服务市场的1/4，其中德国99%的运输业务和50%以上的仓储业务已交给第三方物流，在商业领域已从货物配送发展到店内物流，即零售店将从开门到关门、从清扫店堂到补货上架等原先由商店营业员负责的一系列服务工作，全部交给第三方物流商完成。在美国，大型制造企业使用第三方物流的比例占到70%以上，美国第三方物流业的收入以每年15%~20%的速度持续递增。

（2）我国第三方物流现状。我国目前提供第三方物流服务的企业主要是一些原来的国有大型仓储运输企业和中外合资、独资企业等。它们的营业范围都在不同程度上涉及全国配送、国际物流、多式联运等服务，并在不同程度上进行了综合物流代理运作模式的探索与实践。尤其是一些与外方合资或合作的物流企业还充分发挥国外公司在物流管理经验、人才、技术、观念和理论上的优势，率先进行综合物流代理运作。另外，随着物流市场的对外开放，邮件快递业务由中国邮政一统天下的时代已经过去。目前的国内物流行业处于内、外资企业群雄崛起的局面，这种多方竞争的格局，为国内的消费者和商家择优选择第三方物流单位创造了有利条件。众多的物流企业采取送货上门的递送方式，提供了低价位、高质量的物流服务，受益的是广大消费者，也有力地支持了电子商务的顺利实施。另外，我国越来越多的企业也开始将物流业务外包出去。例如，上海通用汽车公司将全部物流外包给第三方，而自身集中于汽车的设计、生产和制造。第三方物流公司负责上千种零件的包装转换，按照通用公司发出的指令向公司零部件中转地交货，甚至在通用公司生产现场设置办公室，解决现场物流问题，使通用汽车公司的物流系统高效有序地运转，能更加集中精力于核心业务。

随着经济的持续增长以及全球化程度的提高，第三方物流市场规模也迅速扩张。据前瞻产业研究院发布的《2018—2023年中国第三方物流行业市场前瞻与投资战略规划分析报告》显示，2017年我国第三方物流行业整体市场规模已经超过12 000亿元，同比增速在6.3%左右。与此同时由于石油价格的上涨和在设施、设备和技术上投入的增加，物流企业的运营成本大幅提高；另一方面，行业竞争加剧又导致物流服务收费普遍降低。但是，我国企业对第三方物流的市场需求潜力巨大。中国巨大的物流市场已经吸引了国际上各大货运集团的目光，外国物流企业纷纷进军中国市场，预测未来几年中国物流业将保持快速增长态势，第三方物流市场发展前景广阔。

5.5.3 第四方物流

第四方物流（fourth party logistics，FPL或4PL）是1998年美国埃森哲咨询公司率先提出的，专门为第一方、第二方和第三方提供物流规划、咨询、物流信息系统、供应链管理等服务,并不实际承担具体的物流运作任务。

1. 第四方物流的概念

第四方物流是一个供应链的集成商,一般情况下政府为促进地区物流产业发展领头搭建第四方物流平台,提供共享及发布信息服务,是供需双方及第三方物流的领导力量。它不是物流的利益方,而是通过拥有的信息技术、整合能力以及其他资源提供一套完整的供应链解决方案,以此获取一定的利润。它能够帮助企业降低成本和有效整合资源,并且依靠优秀的第三方物流供应商、技术供应商、管理咨询以及其他增值服务商,为客户提供独特的和广泛的供应链解决方案。第四方物流的运作如图5-9所示。

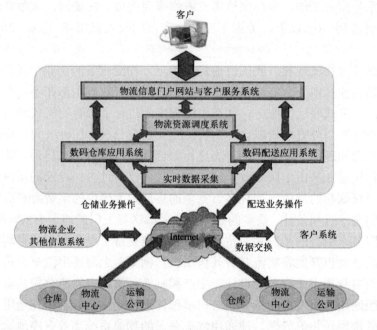

图5-9 第四方物流运作

第四方物流正日益成为一种帮助企业实现持续运作成本降低和区别于传统外包业务的真正的资产转移。它依靠业内最优秀的第三方物流供应商、技术供应商、管理咨询顾问和其他增值服务商,为客户提供独特的和广泛的供应链解决方案。一般情况下,供方将物资提供给需方即完成了物流服务,而第三方物流是指由物流服务的供方、需方之外的第三方去完成物流的物流运作方式。以航运或航空运输,铁路或公路运输为依托的企业,目前所发展的就是这种第三方物流。第四方物流负责第三方物流安排之外的功能整合,因为全球性供应链管理单靠第三方物流来组织、整合,不可能做到包罗万象,除了要保持速度及有效运作,它必须围绕本身性质和重整来经营,采用合作而不是直接控制的方法来获得能力。为此,需将单个组织以外的知识与资源纳入第四方物流。

2. 第四方物流的特点

与第三方物流注重实际操作相比,第四方物流更多地关注整个供应链的物流活动,形成了第四方物流独有的特点——提供一整套完善的供应链解决方案。

第四方物流有能力提供一整套完善的供应链解决方案，是集成管理咨询和第三方物流服务的集成商。与第三方物流不同，第四方物流不是简单地为企业客户的物流活动提供管理服务，而是通过对企业客户所处供应链的整个系统或行业物流的整个系统进行详细分析后提出具有中观指导意义的解决方案。第四方物流服务供应商本身并不能单独地完成这个方案，而是要通过物流公司、技术公司等多类公司的协助才能使方案得以实施。第三方物流服务供应商能够为企业客户提供相对于企业的全局最优，却不能提供相对于行业或供应链的全局最优，因此第四方物流服务供应商需要先对现有资源和物流运作流程进行整合和再造，从而达到解决方案所预期的目标。第四方物流服务供应商整个管理过程大概涉及四个层次，即再造、创新、实施和执行。其特征也体现在这四个层次上。

（1）再造。再造指供应链过程协作和供应链过程的再设计。第四方物流最高层次的方案就是再造。供应链过程中真正的显著改善要么通过各个环节计划和运作的协调一致来实现，要么通过各个参与方的通力协作来实现。再造过程就是基于传统的供应链管理咨询技巧，使得公司的业务策略和供应链策略协调一致，同时，技术在这一过程中又起到了催化剂的作用，整合和优化了供应链内部和与之交叉的供应链的运作。

（2）创新。创新指通过新技术实现各个供应链职能的加强。变革的努力集中在改善某一具体的供应链职能，包括销售和运作计划、分销管理、采购策略和客户支持。在这一层次上，供应链管理技术对方案的成败至关重要。领先和高明的技术，加上战略思维、流程再造和卓越的组织变革管理，共同组成最佳方案，对供应链活动和流程进行整合和改善。

（3）实施。实施指流程一体化、系统集成和运作交接。一个第四方物流服务商帮助客户实施新的业务方案，包括业务流程优化，客户公司和服务供应商之间的系统集成以及将业务运作转交给第四方物流的项目运作小组。项目实施过程中应该对组织变革多加小心，因为"人"的因素往往是把业务转给第四方物流管理的成败的关键。最大的目标应是避免把一个设计得非常好的策略和流程实施得非常无效，由此局限方案的有效性，影响项目的预期成果。

（4）执行。执行指承担多个供应链职能和流程的运作。第四方物流开始承接多个供应链职能和流程的运作责任。其工作范围远远超越了传统的第三方物流的运输管理和仓库管理的运作，包括制造、采购、库存管理、供应链信息技术、需求预测、网络管理、客户服务管理和行政管理。尽管一家公司可以把所有的供应链活动外包给第四方物流，但通常的第四方物流只是从事供应链功能和流程的一些关键部分。第四方物流通过其对整个供应链产生影响的能力来增加价值，其充分利用了一批服务提供商的能力，包括第三方物流、信息技术供应商、合同物流供应商、呼叫中心、电信增值服务商等，再加上客户的能力和第四方物流自身的能力。总之，第四方物流通过提供一个全方位的供应链解决方案来满足今天的公司所面临的广泛而又复杂的需求。这个方案关注供应链管理的各个方面，既提供持续更新和优化的技术方案，又能满足客户的独特需求。预测表明，作为能与客户的制造、市场及分销数据进行全面、在线连接的一个战略伙伴，第四方物流与第三方物流一样，是可以在可预见的将来得到广泛应用的。可以说，在社会分工上，第四方物流是第三方物流的管理和集成者，但是二者在服务上更多地应该是互补和合作，只有这样，才能做到物流成本的最小化。

3. 第四方物流运作模式

第四方物流结合自身的特点可以有以下三种运作模式来进行选择，虽然它们之间略有差别，但是都要突出第四方物流的特点。

（1）协同运作模式。该运作模式下，第四方物流只与第三方物流有内部合作关系，即第四方物流服务供应商不直接与企业客户接触，而是通过第三方物流服务供应商将其提出的供应链解决方案、再造的物流运作流程等实施。这就意味着，第四方物流与第三方物流共同开发市场，在开发的过程中第四方物流向第三方物流提供技术支持、供应链管理决策、市场准入能力以及项目管理能力等，它们之间的合作关系可以采用合同方式绑定或采用战略联盟方式形成。

（2）方案集成商模式。该运作模式下，第四方物流作为企业客户与第三方物流的纽带，将企业客户与第三方物流连接起来，这样企业客户就不需要与众多第三方物流服务供应商进行接触，而是直接通过第四方物流服务供应商实现复杂的物流运作的管理。在这种模式下，第四方物流作为方案集成商除了提出供应链管理的可行性解决方案，还要对第三方物流资源进行整合，统一为企业客户服务。

（3）行业创新者模式。行业创新者模式与方案集成商模式有相似之处，都是作为第三方物流和客户沟通的桥梁，将物流运作的两个端点连接起来。两者的不同之处在于，行业创新者模式的客户是同一行业的多个企业，而方案集成商模式只针对一个企业客户进行物流管理。在这种模式下，第四方物流提供行业整体物流的解决方案，这样可以使第四方物流运作的规模更大限度地得到扩大，使整个行业在物流运作上获得收益。

第四方物流无论采取哪一种模式，都突破了单纯发展第三方物流的局限性，能真正地低成本运作，实现最大范围的资源整合。第三方物流缺乏跨越整个供应链运作以及真正整合供应链流程所需的战略专业技术，第四方物流则可以不受约束地将每个领域的最佳物流提供商组合起来，为客户提供最佳物流服务，进而形成最优的物流方案或供应链管理方案。第三方物流要么独自、要么通过与自己有密切关系的转包商来为客户提供服务，它不太可能提供技术、仓储与运输服务的最佳结合。

4. 我国第四方物流公司概况

据专家分析，第四方物流比第三方物流利润更加丰厚，因为它拥有专业化的咨询服务。尽管这一服务目前规模尚小，但在整个竞争激烈的中国物流市场上将是一个快速增长的部分。

我国的第四方物流公司通常被称为物流咨询公司（第四方物流是埃森哲的专用名词），虽然名称有别，但所提供的服务都是第四方物流的服务范围。

我国第四方物流发展较晚，2009年3月以前，我国物流咨询公司在网络搜索中可见者寥寥，但在2009年3月以后，各种冠以物流咨询的公司和企业如雨后春笋般涌现出来。出现这种状况的原因主要在于国家出台的十大产业振兴规划，其中物流产业振兴规划作为唯一的服务业规划被提上日程。随后，全国各地的物流园区规划和设计风起云涌，因此，各个物流咨询公司都有做物流园区规划的业务范围。

目前，在国内做第四方物流的公司，也被称作物流咨询的公司主要有埃森哲咨询、上海天睿、法布劳格物流咨询、亿博物流咨询、上海欧麟咨询、杭州通创物流咨询、青岛海尔咨询、大连智丰物流咨询、香港威裕环球、大库咨询和北京时代商联等。

5.6 电子商务物流解决方案

5.6.1 国外电子商务物流模式

1. 美国的物流中央化

物流中央化的美国物流模式强调"整体化的物流管理系统",是一种以整体利益为重,冲破按部门分管的体制,从整体进行统一规划管理的管理方式。美国物流管理模式在市场营销方面,包括分配计划、运输、仓储、市场研究、为用户服务五个过程;在流通和服务方面,包括需求预测、订货过程、原材料购买、加工四个方面,即从原材料购买直至送达顾客的全部物资流通过程。

2. 日本的离散配送中心

日本人认为物流过程是"生产—流通—消费—还原"(废物的再利用及生产资料的补足和再生产)的过程。在日本,物流是非独立领域,受多种因素制约。物流(少库存、多批发)与销售(多库存、少批发)相互对立,必须利用统筹来获得整体成本最小的效果,物流的前提是企业的销售政策、商业管理、交易条件。销售订货时,交货条件、订货条件、库存量条件对物流的结果影响巨大。流通中的物流问题已转向研究供应、生产、销售中的物流问题。

3. 适应电子商务的物流代理

物流代理即前文介绍的第三方物流、第四方物流。从广义的角度以及物流运行的角度看,物流代理包括一切物流活动,以及发货人可以从专业物流代理商处得到的其他一些价值增值服务。提供这一服务是以发货人和物流代理商之间的正式合同为条件的,这一合同明确规定了服务费用、期限及相互责任等事项。

狭义的物流代理专指本身没有固定资产但仍承接物流业务,借助外界力量,负责代替发货人完成整个物流过程的一种物流管理方式。物流代理公司承接了仓储、运输代理后,为减少费用的支出,同时又要使生产企业觉得有利可图,就必须在整体上尽可能地加以统筹规划,使物流合理化。

4. 美国的物流配送业

美国的物流配送业发展起步早,经验成熟,尤其是信息化管理程度高,对我国物流发展有很大的借鉴意义。

(1)美国配送中心的类型。从 20 世纪 60 年代起,商品配送合理化就在发达国家普遍得到重视。为了向流通领域要效益,美国企业采取了以下措施:一是将老式的仓库改为配送中心;二是引进计算机管理网络,对装卸、搬运、保管实行标准化操作,提高作业效率;三是连锁店共同组建配送中心,促进连锁店效益的增长。美国连锁店的配送中心有很多种,主要有批发型、零售型和仓储型三种。

① 批发型。美国加州食品配送中心是全美第二大批发配送中心，建于1982年，初始建筑面积达10万平方米，工作人员2000人左右，共有全封闭型温控运输车600多辆。经营的商品均为食品，有43 000多个品种，其中98%的商品由该公司组织进货，另有2%的商品是该中心开发加工的商品，主要是牛奶、面包、冰激凌等新鲜食品。该中心实行会员制，各会员超市因店铺的规模大小不同、所需商品配送量的不同，而向中心交纳不同的会员费。会员店在日常交易中与其他店一样，不享受任何特殊的待遇，但可以参加配送中心定期的利润处理。该配送中心本身不是盈利单位，可以不交营业税。所以，当配送中心获得利润时，采取分红的形式，将部分利润分给会员店。会员店分得红利的多少，将视其在配送中心的送货量和交易额的多少而定，多者多分红。该配送中心主要靠计算机管理。业务部通过计算机获取会员店的订货信息，及时向生产厂家和储运部发出要货指示单；厂家和储运部再根据要货指示单的先后缓急安排配送的先后顺序，将分配好的货物放在待配送口等待发运。配送中心24小时运转，配送半径一般为50千米。该配送中心与制造商、超市协商制定商品的价格，主要依据有三个：一是商品数量与质量；二是付款时间，如在10天内付款可以享受2%的价格优惠；三是配送中心对各大超市配送商品的加价率，根据商品的品种、档次不同以及进货量的多少而定，一般为2.9%～8.5%。

② 零售型。美国沃尔玛商品公司的配送中心是典型的零售型配送中心。截至2022年8月，沃尔玛全球商店数有8500个。沃尔玛在美国本土已建立上百个配送中心，各中心24小时运转，每天为分布在全美各地的沃尔玛公司的连锁店按时配送商品，确保各店稳定经营。沃尔玛完整的物流系统号称"第二方物流"，相对独立运作，不仅包括配送中心，还有更为复杂的资料输入采购系统、自动补货系统等。沃尔玛全球上千个店铺的销售、订货、库存情况可以随时调出查询。公司的每辆运输卡车全部装备了卫星定位系统，每辆车在什么位置、装载什么货物、目的地是什么地方，总部一目了然，可以合理安排运量和路程，最大限度地发挥运输潜力、避免浪费、降低成本、提高效率。沃尔玛正是通过信息流对物流、资金流的整合、优化和及时处理，实现了有效的物流成本控制，将从采购原材料开始到制成最终产品，最后由销售网络把产品送到消费者手中的过程变得高效有序，实现了商业活动的标准化、专业化、统一化、单纯化，从而达到了实现规模效益的目的。2004年，沃尔玛公司要求其前100家供应商在2005年1月之前向其配送中心发送货盘和包装箱时使用无线射频识别（RFID）技术，并于2006年1月前在单件商品中投入使用，为沃尔玛公司每年节省近百亿美元。

③ 仓储型。美国福来明公司的食品配送中心是典型的仓储式配送中心，它的主要任务是接受美国独立杂货商联盟加州总部的业务委托，为该联盟在该地区的上百家加盟店负责商品配送。该配送中心初始建筑面积为7万平方米，经营8.9万个品种，其中有1200个品种是美国独立杂货商联盟开发的，必须集中配送。在服务对象店经营的商品中，有70%左右的商品由该中心集中配送，一般鲜活商品和怕碰撞的商品，如牛奶、面包、炸土豆片、瓶装饮料和啤酒等，从当地厂家直接送货到店，蔬菜等商品从当地的批发市场直接进货配送。

（2）美国配送中心的运作流程。美国配送中心的库内布局及管理井井有条，使繁忙的业务互不影响。其主要经验如下。

① 库内货架间设有 27 条通道 19 个进货口。

② 以托盘为主,4 组集装箱为一货架。

③ 商品的堆放分为储存的商品和配送的商品,一般根据商品的生产日期、进货日期和保质期,采取先进库的商品先出库的原则,货架上层存放的是后进库的储存商品,货架下层存放的是待出库的配送商品。

④ 品种配货是数量多的整箱货,所以用叉车配货;店配货是细分货(如小到几双包的袜子),所以利用传送带配货。

⑤ 量轻、体积大的商品(如卫生纸等),用叉车配货;重量大、体积小的商品用传送带配货。

⑥ 特殊商品单独存放。如少量高价值的药品、滋补品等,为防止丢失,用铁丝网圈起,标明无关人员不得入内。

5.6.2 电子商务环境下的综合物流代理

综合物流代理是第三方物流的模式之一,即由一家在物流综合管理经验、人才、技术、理念上均有一定优势的企业,对电子商务交易中供求双方的所有物流活动进行全权代理的业务活动。通过利用计算机和网络通信技术,该代理系统在 Internet 上建立了一个多对多的虚拟市场,根据物流一体化的原则,有效地对供应链上下游企业进行管理。

1. 综合物流代理系统的特点

在我国电子商务环境下,经营综合物流代理的主要思路是低成本经营和入市原则;将主要的物流服务工作委托他人处理,注重建立自己的客户营销队伍、物流管理网络和物流信息系统,提高自身的物流综合管理素质;实行特许代理制,将协作单位视为自己的战略伙伴,进一步将其纳入自己的经营轨道;公司经营的核心就是综合物流代理业务的协调、组织、控制等管理工作,并且注重业务流程再造和组织创新。从图 5-10 中可以看出,基于 Internet 的综合物流代理系统就是一个通过互联网建立起来的综合物流代理的管理体系。

该系统建立了一个基于互联网的电子市场。在这个虚拟市场中,主要产品是物流服务。客户(电子商务的交易双方)与物流代理商以多对多的方式进行物流服务的交易活动。物流代理商作为系统中供应链的重要一环,根据物流一体化原则,对客户、运输企业、配送中心、仓储企业等进行统一的调配管理。

2. 综合物流代理系统设计目标

首先,将原有传统的物流业务过程通过计算机和网络技术进行业务重组,删除冗余流程,有效地控制物流的流

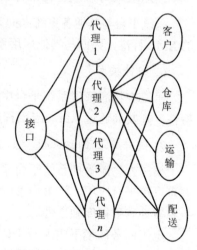

图 5-10 基于 Internet 的综合物流代理系统

向、提高物流过程的效率、降低物流成本。其次，真正实现以顾客为中心的服务理念。

（1）提供个性化服务，即为客户群所提供的服务具有其他网站所不具有的特色，并能为客户所接受和喜欢，达到吸引客户的目的。

（2）在设计中通过一系列的算法，明确物流服务在业务范围、经济环境和地理环境上的布局是否与电子商务的发展要求相适应，在客户需求的反应速度、送货频率、送货可靠性、相关物流文档质量、物流费用、网点分布、管理制度、货物跟踪等方面提供完整的物流信息和完善的决策支持，并通过系统评估来判断这些服务是否能够满足客户的要求。

（3）建立网络化物流系统平台可以减少很多生产和流通中不必要的部门和环节，从而达到降低成本的目的；也可以减少物流企业组织仓储、运输环节的成本和麻烦，甩掉沉重的物流包袱，简化传统物流配送流程，方便客户使用。

3. 系统平台的主要特征

（1）设计与开发的开放性和标准化。为保证各供应商产品的协同运作，同时考虑到投资者的长远利益，系统平台具有很好的开放性，并结合了相关的国际标准与工业标准。

（2）满足 B2B 电子商务中对物流管理的需求。采用 B/S 系统构架，为客户提供基于 Internet 方式的网上下单、货物状态查询等全面的物流服务。

（3）决策与管理的智能化。表现在通过第三方物流管理系统平台，用户企业的管理者可实时了解各部门的运行情况，调集相应数据的统计和分析报表，为决策分析提供参考依据，为业务规模的拓展奠定基础。

4. 构建技术

第三方物流管理系统平台包括系统集成技术、窗口技术、打包技术、组件技术和 CRM、GIS、GPS、BI（商业智能）等先进功能；第三方物流管理系统平台采用通用标准，管理系统与货主、配送、运输、仓储等应用系统既可相互独立使用，又可联合使用。

5. XML（可扩展标记语言）技术

系统平台与其他各系统之间采用 XML 进行信息交换，XML 交换标准同时兼容现有行业的 XML 标准，因而与其他应用系统具有良好的接口性能，保证系统的扩展性和可维护性。

6. 组件技术

第三方物流管理系统平台中的每个应用系统都由一个组件包提供，具有与平台无关的特性，开发商通过 API（应用程序编程接口）调用相应组件，实现组件提供的商务功能。

7. 硬件/软件的独立性

第三方物流管理系统平台采用的开发模型继承了多层、分布式的结构特点（见图 5-11），并可以跨平台应用，将 Java 的"一次编译，随处运行"的特点体现在系统中，具备操作系统独立性和数据库独立性。

电子商务环境下实现网络化物流的目标就是把电子化的物流网络和实体化的物流网络融为一体，形成真正的物流网络。

第 5 章　电子商务物流管理

图 5-11　第三方物流管理系统平台结构

5.7　物 联 网

资料 5-3

物联网是新一代信息技术的重要组成部分，其英文名称是 the Internet of things。顾名思义，物联网就是物物相连的互联网。它有两层意思：其一，物联网的核心和基础仍然是互联网，是在互联网的基础上延伸和扩展的网络；其二，其用户端延伸和扩展到了任何物品与物品之间，进行信息交换和通信，也就是物物相息。物联网就是"物物相连的互联网"。物联网通过智能感知、识别技术与普适计算广泛应用于网络的融合中，也因此被称为继计算机、互联网之后世界信息产业发展的第三次浪潮。物联网是互联网的应用拓展，与其说物联网是网络，不如说物联网是业务和应用。因此，应用创新是物联网发展的核心，以用户体验为核心的创新 2.0 是物联网发展的灵魂。

5.7.1　物联网的概念

中国早在 1999 年就提出了"物联网"这个概念，当时叫传感网。其定义是：通过射频识别（RFID）、红外感应器、全球定位系统、激光扫描器等信息传感设备，按约定的协议，把任何物品与互联网相连接，进行信息交换和通信，以实现智能化识别、定位、跟踪、监控和管理的一种网络概念。

"物联网概念"是在"互联网概念"的基础上，将其用户端延伸和扩展到任何物品与物品之间，进行信息交换和通信的一种网络概念。

物联网（Internet of things），国内外普遍公认的是 MIT Auto-ID 中心 Ashton 教授于 1999 年在研究 RFID 时最早提出的。在 2005 年国际电信联盟（ITU）发布的同名报告中，物联网的定义和范围已经发生了变化，覆盖范围有了较大的拓展，不再只是指基于 RFID 技术的物联网。

自 2009 年 8 月温家宝提出"感知中国"以来，物联网被正式列为国家五大新兴战略性产业之一，写入《政府工作报告》，物联网在中国受到了全社会极大的关注。物联网的概念与其说是一个外来概念，不如说它已经是一个"中国制造"的概念，它的覆盖范围与时俱进，已经超越了 1999 年 Ashton 教授和 2005 年 ITU 报告所指的范围，物联网已被贴上"中国式"标签。图 5-12 是基于互联网概念的物流网的概念模型。

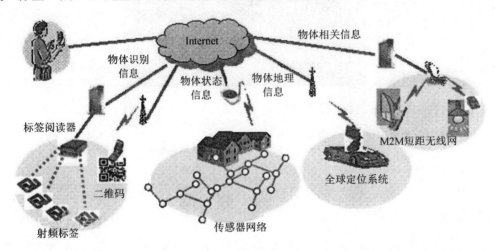

图 5-12 基于互联网概念的物流网的概念模型

5.7.2 物联网的界定

"中国式"物联网的定义为：物联网是一个基于互联网、传统电信网等信息承载体，让所有能够被独立寻址的普通物理对象实现互联互通的网络。它具有普通对象设备化、自治终端互联化和普适服务智能化三个重要特征。

其他的定义：物联网指的是将无处不在（ubiquitous）的末端设备（devices）和设施（facilities），包括具备"内在智能"的传感器、移动终端、工业系统、楼控系统、家庭智能设施、视频监控系统等，和"外在使能"（enabled）的，如贴上 RFID 的各种资产（assets）、携带无线终端的个人与车辆等"智能化物件或动物"或"智能尘埃"（mote），通过各种无线和（或）有线的长距离和（或）短距离通信网络实现互联互通（M2M）、应用大集成（grand integration）以及基于云计算的 SaaS 营运等模式，在内网（intranet）、专网（extranet）和（或）互联网（Internet）环境下，采用适当的信息安全保障机制，提供安全可控乃至个性化的实时在线监测、定位追溯、报警联动、调度指挥、预案管理、远程控制、安全防范、远程维保、在线升级、统计报表、决策支持、领导桌面（集中展示的 Cockpit Dashboard）等管理和服务功能，实现对"万物"的"高效、节能、安全、环保"的"管、控、营"一体化。

业内对物联网的界定还有一种说法，即活点定义：利用局部网络或互联网等通信技术把传感器、控制器、机器、人员和物等通过新的方式连在一起，形成人与物、物与物相连，实现信息化、远程管理控制和智能化的网络。物联网是互联网的延伸，它包括互联网及互联网上所有的资源，兼容互联网所有的应用，但物联网中所有的元素（所有的设备、资源及通信等）都是个性化和私有化的。

如果用一句话来概括并理解物联网，那就是：把所有物品通过信息传感设备与互联网连接起来，进行信息交换，即物物相息，以实现智能化识别和管理。

5.7.3 物联网的产业实践主要方向

全球范围内物联网的产业实践主要集中在三大方向。

第一个实践方向被称作"智慧尘埃"，主张实现各类传感器设备的互联互通，形成智能化功能的网络。

第二个实践方向是广为人知的基于 RFID 技术的物流网，该方向主张通过物品物件的标识，强化物流及物流信息的管理，同时通过信息整合，形成智能信息挖掘。

第三个实践方向被称作数据"泛在聚合"意义上的物联网，认为互联网造就了庞大的数据海洋，应通过对其中每个数据进行属性的精确标识，全面实现数据的资源化，这既是互联网深入发展的必然要求，也是物联网的使命所在。

比较而言，"智慧尘埃"意义上的物联网属于工业总线的泛化。这样的产业实践自从机电一体化和工业信息化以来，实际上在工业生产中从未停止过，只是那时不叫物联网而叫工业总线。这种意义上的物联网将因传感技术、各类局域网通信技术的发展，依据其内在的科学技术规律，坚实而稳步地向前行进，并不会因为人为的一场运动而加快发展速度。

RFID 意义上的物联网所依据的 EPC Global（全球产品电子代码中心）标准在推出时，即被定义为未来物联网的核心标准，但是该标准及其唯一的方法手段 RFID 电子标签所固有的局限性，使它难以真正指向物联网所提倡的智慧星球。原因在于，物和物之间的联系所能告知人们的信息是非常有限的，而物的状态与状态之间的联系，才能使人们真正挖掘事物之间普遍存在的各种联系，从而获取新的认知和智慧。

"泛在聚合"即实现互联网所造就的无所不在的浩瀚数据海洋，实现彼此相识意义上的聚合。这些数据既代表物，也代表物的状态，甚至代表人工定义的各类概念。数据的"泛在聚合"，将能使人们极为方便地任意检索所需的各类数据，在各种数学分析模型的帮助下，不断挖掘这些数据所代表的事务之间普遍存在的复杂联系，从而实现人类对周边世界认知能力的革命性飞跃。

5.7.4 目前物联网的应用领域

物联网是以计算机科学为基础，包括网络、电子、射频、感应、无线、人工智能、条码、云计算、自动化、嵌入式等技术为一体的综合性技术及应用，它要让孤立的物品（冰箱、汽车、设备、家具、货品等）接入网络世界，让它们之间能相互交流，并通过软件系统进行操纵。科技创新改变生活，物联网以及延伸的人工智能必将为未来生活带来便利。人类总是在追求自由便利的美好生活，物联网很有前瞻性。业界普遍认为：下一波的 IT 浪潮就是云计算、物联网、人工智能、生物技术。目前，已经开发 11 项物联网应用产品，涵盖了物联网的主要应用领域。

1. 智能家居

智能家居产品融合自动化控制系统、计算机网络系统和网络通信技术于一体，将各种家庭设备（如音视频设备、照明系统、窗帘控制、空调控制、安防系统、数字影院系统、网络家电等）通过智能家庭网络联网实现自动化，通过中国电信的宽带、固话和3G无线网络，可以实现对家庭设备的远程操控。与普通家居相比，智能家居不仅提供舒适宜人且高品位的家庭生活空间，实现更智能的家庭安防系统；还将家居环境由原来的被动静止结构转变为具有能动智慧的工具，提供全方位的信息交互功能。

2. 智能医疗

智能医疗系统借助简易实用的家庭医疗传感设备，对家中病人或老人的生理指标进行自测，并将生成的生理指标数据通过中国电信的固定网络或无线网络传送到护理人或有关医疗单位。根据客户需求，中国电信还提供相关增值业务，如紧急呼叫救助服务、专家咨询服务、终生健康档案管理服务等。智能医疗系统真正解决了现代社会子女们因工作忙碌无暇照顾家中老人的无奈，可以随时表达孝子情怀。

3. 智能城市

智能城市产品包括对城市的数字化管理和城市安全的统一监控。前者利用"数字城市"理论，基于3S（地理信息系统、全球定位系统、遥感系统）等关键技术，深入开发和应用空间信息资源，建设服务于城市规划、城市建设和管理，服务于政府、企业、公众，服务于人口、资源环境、经济社会的可持续发展的信息基础设施和信息系统。后者基于宽带互联网的实时远程监控、传输、存储、管理的业务，利用中国电信无处不达的宽带和3G网络，将分散、独立的图像采集点进行联网，实现对城市安全的统一监控、统一存储和统一管理，为城市管理和建设者提供一种全新、直观、视听觉范围延伸的管理工具。

4. 智能环保

智能环保产品通过对实施地表水水质的自动监测，可以实现水质的实时连续监测和远程监控，及时掌握主要流域重点断面水体的水质状况，预警预报重大或流域性水质污染事故，解决跨行政区域的水污染事故纠纷，监督总量控制制度落实情况。太湖环境监控项目通过安装在环太湖地区的各个环保和监控传感器，将太湖的水文、水质等环境状态提供给环保部门，实时监控太湖流域水质情况，并通过互联网将监测点的数据报送至相关管理部门。

5. 智能交通

智能交通系统包括公交行业无线视频监控平台、智能公交站台、电子票务、车管专家和公交手机一卡通五种业务。公交行业无线视频监控平台利用车载设备的无线视频监控和GPS定位功能，对公交运行状态进行实时监控。智能公交站台通过媒体发布中心与电子站牌的数据交互，实现公交调度信息数据的发布和多媒体数据的发布功能，还可以利用电子站牌实现广告发布等功能。电子门票是二维码应用于手机凭证业务的典型应用，从技术实现的角度看，手机凭证业务就是手机凭证，是以手机为平台，以手机身后的移动网络为媒介，通过特定的技术实现凭证功能。车管专家利用全球卫星定位技术（GPS）、无线通信技术（CDMA）、地理信息系统技术（GIS）、中国电信等高新技术，将车辆的位置与速度，车内外的图像、视频等各类媒体信息及其他车辆参数等进行实时管理，有效满足用户对车辆管理的各类需求。公交手机一卡通将手机终端作为城市电信公交翼卡通的介质，除完成公交刷卡功能，还可以实现小额支付、空中充值等功能。测速 E 通通过将车辆测速系统、高清电子警察系统的车辆信息实时接入车辆管控平台，同时结合交警业务需求，基于 GIS 地理信息系统通过无线通信模块实现报警信息的智能、无线发布，从而快速处置违法、违规车辆。

6. 智能司法

智能司法是一个集监控、管理、定位、矫正于一身的管理系统，能够帮助各地各级司法机构降低刑罚成本，提高刑罚效率。目前，中国电信已实现通过 CDMA 独具优势的 GPSOne 手机定位技术对矫正对象进行位置监管，同时具备完善的矫正对象电子档案、查询统计功能，并包含对矫正对象的管理考核，给矫正工作人员的日常工作带来信息化、智能化的高效管理平台。

7. 智能农业

智能农业产品通过实时采集温室内温度、湿度信号以及光照、土壤温度、CO_2 浓度、叶面湿度、露点温度等环境参数，自动开启或者关闭指定设备。可以根据用户需求，随时进行处理，为设施农业综合生态信息自动监测、对环境进行自动控制和智能化管理提供科学依据。通过模块采集温度传感器等信号，经由无线信号收发模块传输数据，实现对大棚温湿度的远程控制。智能农业产品还包括智能粮库系统，该系统通过将粮库内温湿度变化的感知与计算机或手机的连接进行实时观察，记录现场情况以保证粮库内的温湿度平衡。

8. 智能物流

智能物流打造了集信息展现、电子商务、物流配载、仓储管理、金融质押、园区安保、海关保税等功能于一体的物流园区综合信息服务平台。信息服务平台以功能集成、效能综合为主要开发理念，以电子商务、网上交易为主要交易形式，建设了高标准、高品位的综合信息服务平台，并为金融质押、园区安保、海关保税等功能预留了接口，可以为园区客户及管理人员提供"一站式"综合信息服务。

9. 智能校园

中国电信的校园手机一卡通和金色校园业务，促进了校园的信息化和智能化。校园手机一卡通主要功能包括电子钱包、身份识别和银行圈存。电子钱包通过手机刷卡实现主要校内消费；身份识别包括门禁、考勤、图书借阅、会议签到等；银行圈存实现银行卡到手机的转账充值、余额查询。目前，校园手机一卡通的建设，除了满足普通一卡通功能，还借助手机终端实现了空中圈存、短信互动等应用。中国电信实施的"金色校园"方案，帮助中小学行业用户实现学生管理电子化，老师排课办公无纸化和学校管理的系统化，使学生、家长、学校三方可以时刻保持沟通，方便家长及时了解学生学习和生活情况，通过一张薄薄的"学籍卡"，真正达到了对未成年人日常行为的精细管理，最终达到学生开心、家长放心、学校省心的效果。

10. 智能文博

智能文博系统是基于 RFID 和中国电信的无线网络，运行在移动终端的导览系统。该系统在服务器端建立相关导览场景的文字、图片、语音以及视频介绍数据库，以网站形式提供专门面向移动设备的访问服务。移动设备终端通过其附带的 RFID 读写器，得到相关展品的 EPC 编码后，可以根据用户需要，访问服务器网站并得到该展品的文字、图片语音或者视频介绍等相关数据。该产品主要应用于文博行业，实现智能导览及呼叫中心等应用拓展。

11. M2M 平台[①]

中国电信 M2M 平台是物联网应用的基础支撑设施平台。秉承发展壮大民族产业的理念与责任，凭借对通信、传感、网络技术发展的深刻理解与长期的运营经验，中国电信 M2M 协议规范引领着 M2M 终端、中间件和应用接口的标准统一，为跨越传感网络和承载网络的物联信息交互提供表达和交流规范。在电信级 M2M 平台上驱动着遍布各行各业的物联网应用逻辑，倡导基于物联网的泛在网络时空，让广大消费者尽情享受物联网带来的个性化、智慧化、创新化的信息新生活。

5.7.5 物联网关键技术

在物联网应用中有三项关键技术及应用领域。

（1）传感器技术：计算机应用中的关键技术。到目前为止绝大部分计算机处理的都是数字信号。只有传感器把模拟信号转换成数字信号，计算机才能处理。

（2）RFID 标签技术：一种传感器技术。RFID 技术是融合无线射频技术和嵌入式技术为一体的综合技术，RFID 在自动识别、物品物流管理方面有着广阔的应用前景。

（3）嵌入式系统技术：综合计算机软硬件技术、传感器技术、集成电路技术、电子应用技术的复杂技术。经过几十年的演变，以嵌入式系统为特征的智能终端产品随处可见；小到人们身边的 MP3，大到航天航空的卫星系统。嵌入式系统正在改变着人们的生活，推动着工业生产以及国防工业的发展。如果把物联网用人体做一个简单的比喻，那么传感器相当于人的眼睛、鼻子、皮肤等感官；网络就是神经系统，用来传递信息；嵌入式系统则是人的大脑，在接收到信息后要进行分类处理。这个例子很形象地描述了传感器、嵌入式系统在物联网中的位置与作用。

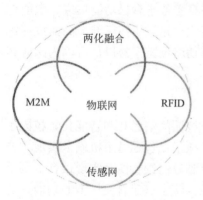

图 5-13 物联网四大关键领域

物联网有四大关键领域，即 RFID、传感网、M2M、两化融合（即工业化与信息化融合），如图 5-13 所示。

---

① M2M 是机器对机器（machine-to-machine）通信的简称。目前，M2M 重点在于机器对机器的无线通信，存在以下三种方式：机器对机器、机器对移动电话（如用户远程监视）、移动电话对机器（如用户远程控制）。

物联网的应用模式根据其实质用途可以归结为以下两种基本应用模式。

（1）对象的智能标签。通过 NFC、二维码、RFID 等技术标识特定的对象，用于区分对象个体。例如，在生活中各种智能卡、条码标签的基本用途就是获得对象的识别信息；此外智能标签还可以获得对象物品所包含的扩展信息，如智能卡上的金额余额、二维码中所包含的网址和名称等。

（2）对象的智能控制。物联网基于云计算平台和智能网络，可以依据传感器网络用获取的数据进行决策，改变对象的行为进行控制和反馈。例如，根据光线的强弱调整路灯的亮度，根据车辆的流量自动调整红绿灯间隔等。

本章小结

※ 电子商务物流就是利用电子化的手段，尤其是利用互联网技术来完成物流全过程的协调、控制和管理，实现从网络前端到最终客户端的所有中间过程，最显著的特点是各种软件技术与物流服务的融合应用。

※ 电子商务配送具有配送的高效化、管理的信息化、流程的整体化、运作的自动化以及成本的可控化等特点。

※ 自动识别技术有条码识别技术、生物识别技术、图像识别技术、磁卡识别技术、IC 卡识别技术、光学字符识别技术和射频识别技术等。

※ 智能物流是利用集成的智能化技术，使物流的系统能模仿人的智能，具有思维、感知、学习、推理判断和自行解决物流中某些问题的能力。

※ 智能物流有 GIS 技术、GPS 技术、物联网技术和机器人技术等。

※ 物流业务外包的主要目的是通过将物流业务外包获得高水平的服务和实现高质量的物流运作，同时减少成本，避免在物流设施建设中投入大量资金。

※ 第四方物流专门为第一方、第二方和第三方提供物流规划、咨询、物流信息系统、供应链管理等服务，并不实际承担具体的物流运作任务。

※ 电子商务系统平台的主要特征有设计与开发的开放性和标准化、满足 B2B 电子商务物流管理需求以及决策与管理的智能化。

※ 物联网是通过射频识别、红外感应器、全球定位系统、激光扫描器等信息传感设备，按约定的协议，把任何物品与互联网相连接，进行信息交换和通信，以实现智能化识别、定位、跟踪、监控和管理的。

※ 物联网三大关键技术有传感器技术、RFID 标签技术和嵌入式系统技术。

复习思考题

1. 简述电子商务物流的概念及其内容。
2. 电子商务物流的发展趋势是什么？
3. 什么是第三方物流？其特点是什么？
4. 第四方物流的特点是什么？其发展趋势是什么？

5. 具有代表性的电子商务物流的解决方案有哪些？

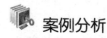 案例分析

京东物流拿下第一的秘密是什么

在最新公布的 2022 年中国顾客推荐指数快递服务推荐度排行榜中，京东快递以 52.5 分的成绩稳拿口碑第一的桂冠，超过 47.5 分的顺丰速运。

从整体表现来看，京东物流在电子商务方面为用户提供了优质的服务，因此获得了不少忠实消费者；在企业社会责任方面，近两年的疫情期间，我们经常看见活跃在一线的京东快递小哥，为居民带来日常所需的物品，这也增加了人们对京东的好感。当然，这背后是京东物流十年如一日在优质服务上的坚持，以及对物流行业的创新与升级。比如在 2010 年，京东物流开创了"211 限时达"服务，重新定义电子商务快递配送及履约行业标准，并且迅速在全国各大重点城市推广，成为整个电子商务行业物流配送服务的标杆。此后，各个快递公司也陆续推出相应的业务，整体提升了物流配送的水平。在"211 限时达"服务之后，京东物流又推出了次日达、极速达、京准达、夜间配等业务，这些无疑都是对物流行业的升级与创新，促进了行业的快速发展。

毫不夸张地说，京东物流是物流行业的另类存在，或者说是一个"新物种"。为什么这么说？可以从以下三点来解释。一是在仓储上，截至目前，京东物流已经运营约 1300 座仓库，超 7800 个配送站，41 座亚洲一号大型智能仓库，仓储网络总管理面积约 2300 万平方米，拥有近 20 万名配送人员。遍布全国的仓储以及近 20 万名的快递小哥，不但保证了京东自身以及第三方商家的配送需求，同时在个人用户快递寄送方面，京东物流也已经实现了快递上门取送货，而且 93% 的区县、84% 的乡镇可以实现当日达和次日达。此外，相比于其他快递公司，京东物流在乡镇以及偏远地区配送方面更是领先一筹。在更加广袤的乡村地区，我们可以看到京东快递小哥穿梭于大街小巷的身影。而其他快递公司基本上都是将货物放在乡镇县城的快递点，用户需要骑车或者开车几千米甚至十几千米去快递点取货，这就严重降低了用户的购物体验。

二是在下沉市场上，除了上述遍布城镇乡村的配送范围外，京东继续采取诸多措施吸引下沉用户。一方面借助于乡村振兴的大趋势，京东在为下沉用户提供优质产品与服务的同时，更进一步深入农村地区。借助于京东物流遍布全国的供应链网络，四川春茶、烟台樱桃、岭南荔枝、赣南脐橙、内蒙古牛羊肉等全国 1000 余个产地产业带的农特产品正在源源不断地输往全国。最新数据显示，乡村振兴京东"奔富计划"自 2020 年 10 月启动以来，至 2021 年年底已带动农村实现 3200 亿产值；2022 京东年货节截至目前已售出 3900 万件农产品，带动 300 万农户户均增收近 1700 元。另一方面，近几年，研究京东的新增用户可以发现，有超 75% 的新增用户来自下沉市场。从上而下，京东的下沉策略初见成效，于是，京东加大了投入力度。在 1 月初，京东成为中央广播电视总台 2022 年春晚独家互动合作伙伴。今年除夕，京东会用各种互动玩法，在春晚上和全民共享 15 亿红包和好物。与此同时，京东物流继续推行"春节也送货"的策略。作为业内首家开展"春节也送货"的物流企业，京东物流自 2013 年开始已经连续 10 年春节送货，2022 年春节期间，京东物流继续全力满

足亿万商家与消费者在春节期间的物流服务需求。与以往一样,无论西藏那曲、新疆塔城,还是刚因舞厅火了的最北端黑龙江漠河,或是最南端的海南澄迈地区,这个春节,京东的快递小哥都会准时把包裹送到消费者手中。

第三,在一体化供应链上,京东一直走在前列。作为中国最大的一体化供应链服务商,京东物流明确了自身的发展方向,就是深耕一体化供应链这一核心主航道,满足企业需求,成为企业数字化转型的着力点、端到端效率的新引擎,为客户、行业、社会创造真正的可持续价值。目前,京东物流服务的企业客户数量约20万家。京东物流有效地帮助客户实现现货率提升、库存周转变快、履约效率提高、运营成本下降等目标,这也让京东物流在第三季度的外部客户收入占比超过50%。从公司物流到物流公司,京东物流的转变以及2021年在港上市,让京东物流有了更加自由独立的发展空间,为用户、合作伙伴以及行业带来更多优质服务与创新升级。无论是在C端还是在B端,京东物流获得良好的口碑,更是其在十几年的发展摸索中应该获得的正向反馈。

回到2007年,京东物流在成立之初一直被内外部质疑,就连马云都不看好京东自建物流。如今,京东物流不仅成为行业的头部公司,更是在降本增效、技术创新上不断引领着行业的发展。

比如在物流配送上,从很早之前的十天半个月,到现在的次日达甚至小时达、分钟达,"快"体现着整个行业的发展趋势。而京东物流的"快"不是依赖运输工具实现单纯搬运速度的快,而是通过自身对商品销售和供应链的理解,合理规划仓网,分布库存,把商品提前放在离消费者最近的仓库,减少履约环节,缩减搬运距离和搬运次数,从而实现高效履约。再比如在技术创新上,京东物流拥有41座亚洲一号大型智能仓库,里面的六轴协作机械臂拣选系统,是京东物流针对仓储物流商品拣选出库环节的自研系统,目的是解决搬运商品损耗、人员拣选效率低、拣选错误率高等痛点。这一系统能够替代传统人工拣选,利用机器人3D视觉技术,大幅提高拣选效率和准确率。除了六轴协作机械臂,还有L4级别自动驾驶智能快递车、机房巡检AI机器人、商用服务AI机器人、室内配送机器人、可穿戴AI仿生手、轨道巡检AI机器人,同样为降本增效、为用户提供优质服务带来了更多的空间。

正所谓"聚沙成塔",十几年的点滴积累,让京东物流有了坚实的基础。有着遍布全国的仓储、穿梭于大街小巷的20万快递小哥、深入乡村的快递网络,这些不仅让京东物流可以为用户带来更优质的服务,也让京东物流对下沉市场有着更深的理解,带动乡村地区的进一步发展。再加上技术创新,对行业的不断探索,京东物流也在不断促进整个行业的升级与发展。基于此,京东物流拿下口碑第一的桂冠也就不足为奇了,所有的成绩都不是偶然所得,其背后必然有着更多的付出。京东物流十几年的基础建设与完善,正在为京东、为用户和合作伙伴带来长久的价值输出,而这也成就了京东物流自己。

(来源:京东物流拿下第一的秘密是什么?[EB/OL].(2022-01-31).
https://www.sohu.com/a/520087495_116903?scm=1005.1002.0.0.0.)

案例讨论:

1. 结合案例,简述京东拿下第一的秘密是什么。除此之外,你觉得还有哪些原因。
2. 曾经不被看好的自建物流成了京东最大的法宝。你认为京东自建物流有哪些优势?

第6章 电子商务供应链管理

学习目标

- 了解供应链的运作模式。
- 认识供应链管理与物流管理的关系。
- 掌握供应链管理的相关策略。

引例

京东揭秘电子商务供应链：电子商务竞争实质是供应链竞争

作为中国最大的自营电子商务，京东的物流供应链素以高效著称。2015年，在GLSC 2015全球物流与供应链大会上，京东商城仓储物流部副总裁朱政经先生，从"形""神""道"三个角度出发，全面"揭秘电子商务供应链"，并从全球化角度对京东供应链进行了解读。

电子商务供应链战略思路

真正的竞争不是企业之间的竞争，而是供应链的竞争。2014年10月17日，iPhone 6零点首发，京东完成3小时极速达；2015年4月17日，三星GALAXY S6京东首发，利用移动仓技术完成1小时送达；2015年7月7日，华为荣耀7京东首发，最快的订单10分钟就被送到达客户手中……这就是电子商务供应链的极致体验。

电子商务供应链的战略思路概括为"4321"，即"四流合一"——商流、物流、信息流、资金流；"三业联动"——制造、零售、物流；"两线驱动"——线上线下，未来的零售渠道不再区分线上线下，而是全渠道；"一键服务"——以用户价值为核心，只要用户触摸一下App，点一下鼠标，供应链在后台将以最佳速度和效果完成。供应链竞争的核心竞争力仍然聚焦于三点：用户体验、成本、效率。

电子商务供应链之"形""神""道"

供应链有传统的"链"和"网"之形。为此，京东正在探索将创意、设计、研发、制造、定价、营销、交易、仓储、配送、售后10个环节环环相扣，致力于描绘出整个网络结构，补全市场软肋，充分发挥营销、交易、仓储、配送、售后作用，打造电子商务供应链中独特的"形"。

电子商务供应链的核心是预测、采购、库存、物流和系统，这是供应链的精髓所在，也是供应链的"神"。京东物流之快，源于京东背后强大的供应链。京东供应链采销一体、仓配一体，这是电子商务特有的组织安排，是京东保持高速增长与高品质服务的关键所在。

供应链既需要前瞻性的规划，又需要精细化运营，还要实现"正和性"，这是供应链的"道"。精细化运营即在B2C的服务中，聚焦客户，持续改善，简化管理。早在3年前，京东就启动了全国的物流改善项目。京东物流之所以高效和低成本，是因为一线源源不断地对物流进行了改善。

库存是企业经营和供应链的核心。通过企业与供应商间建立起的库存共享等管理策略，让电子商务海量的商品更贴近用户。在仓储生产环节，京东实行JIT生产模式，即所有用户的订单在合适的时间才被释放，并被包装、分拣、配送，按照承诺给客户的时间发货。京东的研发队伍超过4000人，遍布世界各地，充分体现了系统在京东供应链中的重要性。朱政经表示，除了部分职能系统，业务层面的系统都是由京东自主研发完成的。京东电子商务12年，在系统方面投入了大量的人力和物力，使得京东系统能够支撑销售量高速增长，保障每年"618"和"双十一"等促销季的平稳运营。

"互联网+供应链"的创新有助于实现共赢

规范运营，实现共赢，是京东始终的目标。朱政经认为，供应链一定要实现"正和性"的，"零和"会牺牲合作伙伴的利益，"我们做的每一个决定都以此为准则"。

创新是实现规范运营的手段。对京东而言，"互联网+供应链"就是创新。以京东的协同发货项目为例，京东把每个厂家都看作合作伙伴，致力于解决它们的痛点，包括环节多、投入人力物力多等。为了减少厂家不必要的转运，京东大量地就近使用厂家存放商品的仓库，在当地完成生产并发货，最后投放到京东最近的分拣中心，确保"最后一千米"物流服务的一致性。

类似于这样的创新，京东供应链每天都在发生。创新是京东的文化。京东要发展成为一家国民企业，不仅服务城市消费者，更要造福农村消费者。当前，农村的大家电消费仍存在不公平现象，农村零售市场的电视机的价格比电子商务高500~800元。为此，京东创新了"京东帮"项目，以京东帮服务店的形式，把大家电的销售下沉到农村市场，让农村消费者得到实惠。

全球化与全球供应链

2014年，京东开始向国际化发展。朱政经表示，未来京东将在更多的国家开拓业务，把中国制造的产品卖到世界各个角落。京东强大的物流网络决定了京东全球购的与众不同：京东把优质产品放到国内各个口岸和保税仓库，京东全权负责采购，同样的品质，更低的价格，更好的体验，充分体现了京东全球购的强大优势和创新思路。

京东物流，让交付更便捷

当前，京东的基础设施已经遍布超过40个城市。在满足销量高速攀升的前提下，京东实现了业界耳熟能详的关于"京东速度"的承诺，其关键在于库存的部署。目前，京东仓库架构分RDC（regional distribution center）和FDC（forward distribution center），并逐步向三四线城市下沉，即将畅销品类下沉到FDC，既避免了巨大的库存压力，又能确保当地订单高满足率，提升当地服务时效，实现全流程可控。

未来，京东物流将服务于传统制造与传统零售往线上转型的公司，利用京东庞大的基础设施和全面的服务——仓储、运输、配送、大件物流、增值服务，给企业发展带来实实在在的帮助。京东物流正在走向开放，致力于成为互联网时代专业的供应链解决方案专家。

（文章来源：京东揭秘电子商务供应链：电子商务竞争实质是供应链竞争[EB/OL].（2015-07-17）.http://www.cb.com.cn/index/show/gx/cv/cv135131161336.）

案例讨论：
1. 阅读以上案例，根据自己的理解概述电子商务供应链战略的思路。
2. 电子商务供应链之"形""神""道"指的是什么？

6.1 供应链管理概述

6.1.1 供应链的概念

供应链是围绕核心企业，通过对信息流、物流、资金流的控制，从采购原材料开始，制成中间产品以及最终的产品，最后由销售网络把产品送到消费者手中的网链结构模式。

供应链有一个核心的企业，是由一个核心企业构建的网链结构，其他企业都围绕这个核心企业来实现供应链的价值。供应链管理的对象就是信息流、物流、资金流等。

资料 6-1

6.1.2 供应链的特征

供应链具有整体性、动态性、复杂性、交叉性和增值性等特征。

也就是说，供应链当中各个节点企业是整体合作、环环相扣的，可以根据不同的业务选择不同的合作伙伴。这种选择是动态变化、互相交叉的，因此具有一定的复杂性。由此，业务流程在从供应商到终端客户的过程中实现了价值的增值。

资料 6-2

6.1.3 供应链的运作模式

从运作上来看，依据供应链相对于客户需求的执行顺序，它的流程可以分为"推"式流程和"拉"式流程，相应的供应链也被称为"推"式供应链与"拉"式供应链。"推"式供应链如图 6-1 所示。

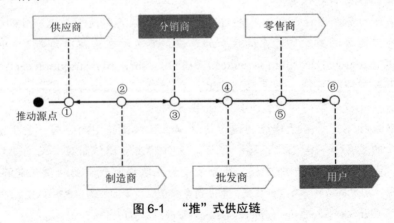

图 6-1 "推"式供应链

从图 6-1 来看,"推"式流程的产生建立在需求预测的基础上,制造商是推动源点;而"拉"式流程的生产是建立在真实订单基础上的,终端的用户是拉动源点,如图 6-2 所示。

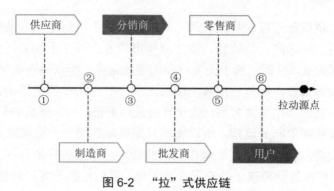

图 6-2 "拉"式供应链

6.1.4 供应链管理的产生

20 世纪 90 年代,企业所面临的环境发生了很大的变化。90 年代正是互联网信息技术发展迅猛的阶段,这个时候的市场需求也变成了小批量、高频次。传统的管理模式是纵向一体化模式,它的运营比较迟缓、被动,很难适应日益加剧的市场竞争,也就引发了单个企业的管理向横向一体化的合作进行过渡,管理也不再局限于单个企业内部,而是延伸到整个供应链的合作企业,供应链管理也就因此而渐渐地发展起来。

资料 6-3

6.1.5 供应链管理的概念

供应链管理是对供应链上各个环节的计划、组织、协调与控制;通过供应链上物流、信息流、资金流的高效运作,将正确的产品以正确的价格,及时地送到正确的消费者手中,并实现整个过程的快速反应及成本最小。

资料 6-4

6.1.6 供应链管理的体系结构

具体而言,供应链管理以核心企业为中心向上下游延伸,内容涉及上游的供应商管理、下游的客户关系管理以及企业自身的资源规划管理等,是一个复合性的管理,具有一定的体系结构,如图 6-3 所示。

资料 6-5

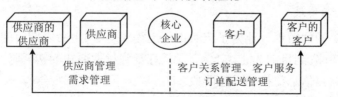

图 6-3 信息流管理

6.1.7 供应链管理与物流管理的关系

从共性上看,供应链管理和物流管理,两者成员、手段以及范围是相同的。从成员上看,都包括供应商、制造商、分销商、零售商和消费者;而在手段上,都使用了先进的电子信息技术;在范围上,也都超越了企业自身的管理范围,所以两者的复杂程度也比较高。

但是从成员关系来看,物流管理各个成员之间主要是简单的供需关系,而供应链的各个成员则是不可分割的合作整体关系;从业务的重心来看,物流侧重的是物料实体的流动,而供应链还包括采购和生产的运营,所以物流只是供应链的一个组成部分。

从管理层次来看,物流管理属于运作层次的管理,相应的管理目标是以提供低成本的物流服务为主;而供应链管理属于战略层次的管理,目标是提升客户价值和客户的满意度。

6.2 供应链管理策略

6.2.1 电子商务对供应链的影响

20 世纪 90 年代以来,随着信息技术的发展,电子商务应用所涉及的领域也逐渐增多,对供应链管理的影响也日益明显,表现在以下两个方面。

1. 对客户方向的影响

主要表现在基于信息流和知识流,建立了新型的客户关系,并且通过全球化的网络能够收集到消费者的信息,开发了了解消费者的新的途径,而且通过网络资源和信息系统获取信息,丰富了企业的营销渠道。

2. 对供应商方向的影响

表现在互联网的应用将有助于企业构筑价值链,并且在全球范围内合理分配资源,共享企业的核心能力,实现增值。

供应链管理的目标是要在满足客户需要的前提下,对整个供应链的货物流、信息流和资金流进行管理,从而降低供应链的运营成本,提升运营效率,实现二者之间的均衡。针对这两个目标,产生了工程管理的两大策略:快速响应和有效客户响应。

6.2.2 快速响应(QR)

1. QR 的产生与发展

快速响应是美国的纺织行业为了应对市场上需求多变、生命周期短的状况而产生的一种策略。到目前为止,它经历了从订货到付款通知的初期阶段,以及现在的基于时点信息交换的成熟阶段。

资料 6-6

2. QR 的含义

快速响应(quick response,QR)是指以供应链各节点建立战略合作伙伴关系为基础,以信息技术应用为支撑,以缩短交货周期、减少库存、提高企业竞争力为目标,以为客户提供优质、准确、及时的产品为最终落脚点的柔性供应链管理策略。

3. QR 系统的构建

作为快速响应,它并不是作业速度快这么简单,实际上,它是通过信息的自动采集和传递、智能的捕获、联合的并行开发以及零售空间管理系统的综合应用来实现的,如图 6-4 所示。

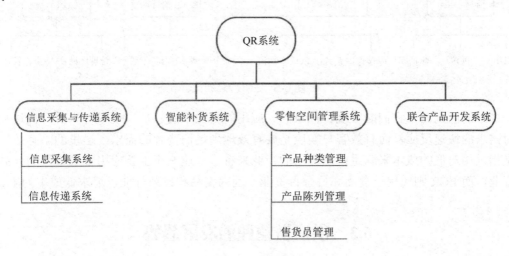

图 6-4　QR 系统

6.2.3　有效客户响应(ECR)

1. ECR 的产生

有效客户响应(efficient consumer response,ECR)产生于食品的零售行业。这个领域的竞争环境比较激烈,对于降低生产成本和管理体系的变革需求比较大。

资料 6-7

2. ECR 的含义

有效客户响应是一个通过生产厂商、批发商和零售商等供应链上各节点的相互协调与合作,以及业务流程的自动化,实现提高反应能力、降低系统的成本、减少库存、提升消费者满意度的供应链管理策略。

3. ECR 系统的构建

有效客户响应的降低成本,也不是削减作业成本这么简单,它是通过信息系统、物流系统、营销管理和组织革新的综合应用而实现的成本降低,如图 6-5 所示。

6.2.4　QR 与 ECR 的比较

第一个共性是二者都需要供应商和销售商建立紧密的联系;第二个共性是需要信息技术的支持。

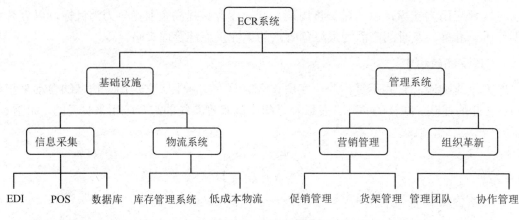

图 6-5 ECR 系统

二者的区别在于它们的实现目标不同、应用的行业不同。从实现目标来看,快速响应是对需求的快速反应,而有效客户响应是要有效地满足消费者的需求,这里的"有效"主要是指以相对低的成本来满足;从应用的行业来看,快速响应主要应用于实效性的商品零售行业,而 ECR 则应用于食品和日杂百货业,因为食品和日杂行业以追求低成本为主。

6.3 供应链管理的发展趋势

6.3.1 敏捷供应链

1. 敏捷供应链的概念

敏捷供应链(agile supply chain,ASC)是指在动态的市场环境中,企业通过对信息技术的运用,建立虚拟的供需关系网络,以达到快速响应环境变化的动态网链模式。

供应链的目的是实现对环境变化的敏捷反应。

2. 敏捷供应链和快速反应的关系

虽然敏捷供应链管理和快速反应都针对环境变化依赖信息技术做出的快速反应来响应客户需求,但是在构建的方式上,敏捷供应链是暂时性的虚拟联盟,而快速反应中涉及的联盟企业多是长期的战略合作关系,如表 6-1 所示。

表 6-1 敏捷供应链和快速反应的关系

关 系	比 较 项 目	敏感供应链	快 速 反 映
相同点	出发点	针对环境变化	
	行为	做出迅速反应	
	手段	信息技术	
	结果	抓住市场机遇或减少风险	
区别	构建方式	虚拟	现实
	持续时间	暂时性	长期性

6.3.2 绿色供应链

1. 绿色供应链的概念

绿色供应链（green supply chain，GSC）是指在整个供应链的建设过程中，综合考虑各个节点对环境的影响以及资源的利用率，使得产品的整个生命周期所涉及的各个环节对环境的影响最小而资源利用率最高的供应链网络。

2. 绿色供应链的内容

构建绿色供应链会贯穿供应链的全过程，包括绿色设计、选择环保材料。生产中需要采用低碳设备和环保的包装，并且要以信息流代替物流进行电子化的营销和相关材料的循环利用，如图6-6所示。

图 6-6　绿色供应链

6.3.3 全球供应链

1. 全球供应链的概念

全球供应链（global supply chain，GSC）又称全球网络供应链，是指各个节点企业成员由全球范围内的企业构成，使供应链中生产资源和信息资源的获取、产品生产的组织、货物的流动和销售等职能均在全球范围内进行的供应链网络。

2. 全球供应链的内容

随着运输时效、信息技术的开展，全球化的影响已经深入供应链的方方面面，从新产品的研发、原材料的供给到生产配送和相关服务，都可以联合全球的企业实现供给的全球化，如图6-7所示。

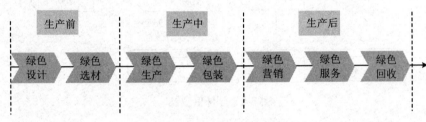

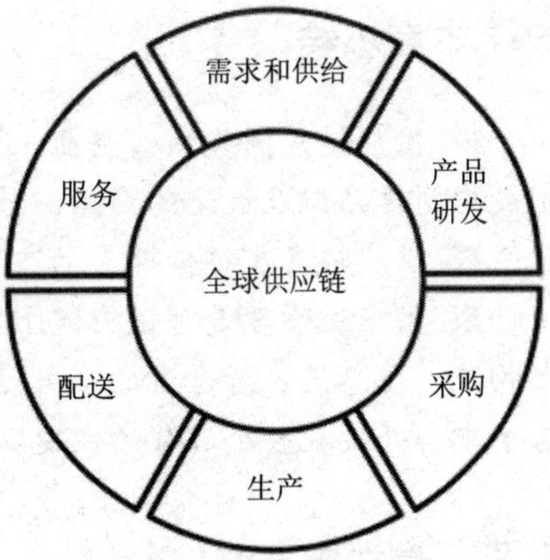

图 6-7　全球供应链

6.3.4 闭环供应链

1. 闭环供应链的概念

闭环供应链（closed loop supply chains，CLSC）是2003年提出的新物流概念。闭环供应链是指企业从采购到最终销售的完整供应链循环，包括了产品回收与生命周期支持的逆向物流。它的目的是对物料的流动进行封闭处理，减少污染排放和剩余废物，同时以较低的成本为顾客提供服务。

2. 闭环供应链的结构

闭环供应链所面向的系统超越了传统的供应链，它不是简单的正向加上逆向，而是从战略层到运作层都发生了一系列的变化，封闭的系统中增加了逆向的废旧产品，而且与正向的商品流通相互作用，如图6-8所示。

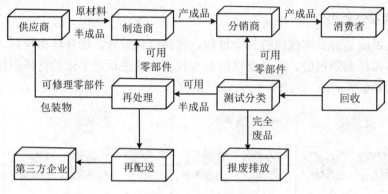

图6-8 闭环供应链

3. 闭环供应链的作用

闭环供应链的目的是实现经济与环境的综合效益，通过减少废弃物的投放，增加回收和再利用，在环保和资源节约方面做出贡献，有利于企业树立品牌，所以闭环供应链也是一种绿色供应链。

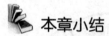 本章小结

※ 供应链是围绕核心企业，通过对信息流、物流、资金流的控制，从采购原材料开始，制成中间产品以及最终的产品，最后由销售网络把产品送到消费者手中的网链结构模式。

※ 供应链具有整体性、动态性、复杂性、交叉性和增值性等特征。

※ 供应链管理是对供应链上各个环节所进行的计划、组织、协调与控制；通过供应链上物流、信息流、资金流的高效运作，将正确的产品以正确的价格及时地送到正确的消费者手中，并实现整个过程的快速反应及成本最小。

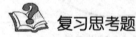 复习思考题

1. 在供应链管理的四个领域中，最关键的要素是什么？
2. 供应链管理产生的原因有哪些？
3. 电子商务对供应链中供应商的影响是什么？
4. 电子供应链的核心思想是什么？
5. 简述全球供应链的内容。

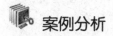 案例分析

生鲜电子商务的"生死供应链"

有一家零售巨头，在20世纪初就已经稳坐美国零售业销售额榜首，其后发展一路势如破竹。然而到了2010年，它的业绩逐渐下滑，门店大幅度减少，最终在2018年10月15日，它向美国破产法院申请了破产保护。这家公司就是曾经的美国零售巨头西尔斯，打败它的是今天街知巷闻的另一大巨头——沃尔玛。

西尔斯的失败原因是多方面的，但是最显而易见的问题是供应链上的保守陈旧。在沃尔玛的供应链成本不足3%的时候，西尔斯的供应链成本却占到了总销售额的8%。这就应了零售业的那句老话：起势靠流量，生死供应链。

对互联网行业来说，最重要的就是流量，有流量就有生意，有流量才能有生意，但是供应链对互联网行业来说，并不是一个共识。京东初期，刘强东坚持要自建物流，遭遇了重重反对，甚至被马云预言"必死"，但是今天的京东和阿里自家的菜鸟已经证明刘强东当初的决策是对的。这个决策的核心，就是掌握供应链。

如今供应链已经成为电子商务必不可少的一环，而其中对供应链要求最高的，就是生鲜电子商务。2020年在疫情的刺激下，生鲜电子商务经历了一场白刃战，胜出的选手在供应链上形成了各自的打法，以非常典型的叮咚买菜为例，从产地到前置仓到配送，形成的整套供应链被称为"智慧供应链系统"。

源头布局：合作种植，85%直采

从2017年创立之初，叮咚买菜就打定了主意要做产地直采，现在产地直采几乎已经成为生鲜电子商务的标配。

直采的优势就是绕过了供应商，对生鲜产品来说，流程越多，周期就越长，产品损耗也就越大。产地直采省去中间供应商环节，生鲜产品直接从产地到达销售终端，一方面降低了损耗，节省了物流成本，另一方面提高了采购效率，可以有效缩短生鲜产品供货周期。

此外合作种植/养殖+产地直采有助于经销商把控产品质量。

叮咚买菜在云南、贵州、山东等地投资建设了多个"叮咚买菜合作种植/养殖合作基地"，目前叮咚买菜10 000多个生鲜商品SKU，85%以上源自产地直采，直供产地达到350个，产地直供供应商超600家。

当然直采有直采的问题，供应商集中采购，单位成本较低，货源比较丰富，而直采受限于品种，采购成本反而会上升。这就需要利用好互联网的优势，准确把握需求。

算法驱动：需求预测准确率90%

叮咚买菜开发了智慧供应链系统，包括基于算法的销量预测、智能调拨和前端推荐系统。这套系统被运用到包括选品、采购、物流、销售、前置仓选址等多个环节，直接作用就是降低采购成本，提高采销效率。生鲜产品最怕的是库存积压，这就要求经销商对不同区域SKU的需求量，以及需求变化的关联因素（比如天气、季节等）有一个精准的判断。

对传统经销商来说，更多依靠销售数据和经验综合判断，而互联网在这方面的优势是

显而易见的。通过大数据、机器学习、数智分析、运筹优化、AIoT等技术的综合运用，生鲜电子商务企业可以更精准地设定安全库存，并结合预警机制快速反应，更有效地实现供需平衡和高效流转。

叮咚买菜需求预测整体准确率达90%以上，热门单品预测准确率达95%以上，极大降低了采购成本，提升了采销效率，使叮咚买菜在商品和服务的满足水平和供应损耗方面实现了良好的平衡。

在解决了上述问题后，生鲜电子商务区别于传统生鲜市场的最后一个环节，就是前置仓。

前置仓：解决最后3千米。

前置仓以线上采购为前提，相较于传统生鲜市场有几大优势。

第一，更高的仓储效率。由于不用考虑消费者购买和销售陈列问题，前置仓的单位仓储效率比生鲜市场高得多，同时集中冷藏也更有助于延长产品保存周期。第二，选址。前置仓不用考虑业态等问题，选址更灵活，成本也更低。第三，效率。前置仓可辐射周边1~3千米区域，确保了配送效率，这对于一些距离传统生鲜市场较远的小区来说也是一个巨大优势。第四，成本。前置仓作为生鲜电子商务标配，自然与互联网技术有更紧密的结合，比如叮咚买菜打造了一套智能派单系统，利用机器学习、运筹优化等算法，实现了自动化的派单，还引入了代号为"小黄人"的自动化分拣系统代替人工分拣，在人力成本和配送时间成本上有大幅压缩。

当然前置仓是重资产模式，这对生鲜电子商务企业来说既是考验也是风险，目前叮咚买菜服务范围覆盖上海、北京、深圳、广州、杭州等29个城市，前置仓数量近1000个，但是要实现深度覆盖，这个数量还远远不够，而开设前置仓的边际成本，是对实力的一大考验。

目前，无论是叮咚买菜、美团还是永辉、盒马鲜生、每日优鲜，在供应链上都有各自的解决方案，尽管都存在各种各样的问题，但是对互联网来说，通过迭代可解决的问题都不是问题，技术实力、资本实力以及对用户需求的精准把握能力才是胜出的关键。

（来源：生鲜电商的"生死供应链"[EB/OL].（2021-05-14）.
　　　　https://www.lanjinger.com/d/158706.）

案例讨论：

1. 结合案例，简述叮咚买菜的供应链管理体现在哪些方面。
2. 为什么说决定生鲜电子商务"存亡"的关键是供应链？谈谈你的理解。

电子商务综合篇

第7章　电子商务技术与电子商务安全
第8章　社交电子商务与直播电子商务
第9章　跨境电子商务
第10章　大数据与商务智能

第 7 章　电子商务技术与电子商务安全

 学习目标

- 理解电子商务安全体系的概念。
- 了解电子商务面临的安全威胁。
- 掌握网络安全的一些常用技术。
- 掌握电子商务安全交易的常用技术。
- 掌握电子安全交易协议。

 引例

"滴滴事件"创下四项记录

作为实质上的"中国网络安全第一案",国家互联网信息办公室对滴滴全球股份有限公司处以 80.26 亿元的罚款（约占滴滴公司 2021 年总营收的 5%),金额不可谓不庞大。

但事件的定性远比事件的罚款更重要。在七部门联合进驻滴滴公司开展网络安全审查的前提下,国家互联网信息办公室对滴滴公司进行网络安全审查相关行政处罚,可能并不意味着对滴滴公司违法行为处罚的彻底结束。

2021 年 7 月,国家网信办会同公安部、国家安全部、自然资源部、交通运输部、税务总局、市场监管总局等部门联合进驻滴滴出行科技有限公司,当前仅为国家网信办一部门之处罚,"利空彻底出尽"可能需要多部门联合的处罚文件或审查报告。

自 2021 年 6 月末滴滴静默上市开始,这家公司已经创造了太多"国内首次",已经成为我国网络安全、数据安全、个人信息保护等领域的标志性案例,更成了"查处一案、警示一片"这一监管导向中的标本。

本文将依据公开事实信息,梳理在七部门联合进驻滴滴公司过程中所创造的四项纪录。

截至当前最高规格的审查部门联合进驻

2021 年 7 月,网络安全审查办公室有关负责人公开表示,按照网络安全审查工作安排,国家网信办会同公安部、国家安全部、自然资源部、交通运输部、税务总局、市场监管总局等部门联合进驻滴滴出行科技有限公司,开展网络安全审查。

七部门联合进驻一家企业,创造了国内审查规格的纪录。有网友调侃滴滴公司"成功集齐七龙珠召唤神龙",且"连国家安全部公开进驻"这一最难获得的"成就"同样集齐。

七部门的联合进驻有两方面的原因:其一,滴滴公司的业务性质涉及多个部门;其二,滴滴公司在敏感时期"火线"赴美上市存在巨大的国家安全隐患。

七部门中,国家网信办的职能包含网络安全、个人信息保护,交通运输部的职能包含交通运输体系建设与监督管理，公安部是全国公安工作的最高领导机关和指挥机关，税务总局与市场监管总局也是与企业经常有业务联系的部门。国家安全部与自然资源部对企业而言相对"面生"——后者的职能包含测绘地理信息的管理工作，而前者因为职能性质原因，公开审查某企业的概率极为罕见。而在为数不多涉及国家安全部的公开报道中，其所参与的多为具备巨大国际影响力的案件。

当前对滴滴公司出具处罚决定的主体仅为国家网信办，且处罚性质为行政处罚，处罚方式为罚款，所援引的法律为《网络安全法》《数据安全法》《个人信息保护法》《行政处罚法》等有关规定。依据"一事不再罚"原则，本次对滴滴公司进行的网络安全审查过程中不再有罚款处理，但如果涉及人员刑事犯罪，后续追责仍大有可能。

互联网企业首度给国家网络安全、数据安全带来严重的风险隐患

网络安全审查办公室有关负责人指出，从违法性质看，滴滴公司未按照相关法律规定和监管部门要求，履行网络安全、数据安全、个人信息保护义务，置国家网络安全、数据安全于不顾，给国家网络安全、数据安全带来严重的风险隐患，且在监管部门责令改正情况下，仍未进行全面深入的整改，性质极为恶劣。

此前，网络安全审查还发现，滴滴公司存在严重影响国家安全的数据处理活动，以及拒不履行监管部门的明确要求，阳奉阴违、恶意逃避监管等其他违法违规问题。滴滴公司违法违规运营给国家关键信息基础设施安全和数据安全带来严重安全风险隐患。因涉及国家安全，依法不公开。

其中，"拒不履行监管部门的明确要求，阳奉阴违、恶意逃避监管等"以及"在监管部门责令改正的情况下，仍未进行全面深入整改"等恶劣情况，若是建立在七部门联合进驻（特别是有国家安全部在场情况下）的前提下，事件性质则更为恶劣。

依据《中华人民共和国数据安全法》第二条规定，在中华人民共和国境外开展数据处理活动，损害中华人民共和国国家安全、公共利益或者公民、组织合法权益的，依法追究法律责任。

滴滴相关 App 在未关停的平台中下架时间最长

2021 年 7 月 2 日，《网络安全审查办公室关于对"滴滴出行"启动网络安全审查的公告》显示，将对"滴滴出行"实施网络安全审查，审查期间"滴滴出行"停止新用户注册。7 月 4 日，国家互联网信息办公室依据《中华人民共和国网络安全法》相关规定，通知应用商店下架"滴滴出行"App。

时至今日，已长达一年有余，滴滴公司主要业务 App 依然未重新上架应用商店，且仍未开放新用户注册。与滴滴同期被下架的 App 中，"BOSS 直聘""运满满""货车帮"已恢复新用户注册。

在这一年，滴滴原本在网约车领域的市场被大平台追赶、小平台蚕食，竞争对手日渐活跃。美团打车沉寂两年后回归、T3 出行融资 77 亿元并加快了攻城略地的步伐、高德的聚合打车业务趁势崛起、曹操出行完成 38 亿元融资……作为昔日网约车大战中的决胜者，滴滴在这一年中市场份额大幅下降。

"一鲸落，万物生"。一个增量受限甚至处于倒退状态的昔日霸主，重新点燃了网约车领域的战火。当然，中小平台也同样面临着滴滴曾经面临过的从业人员监管不到位、安全事件频发等社会问题，仍需进一步规范。

首度披露各类违法收集用户信息的细则

滴滴公司在8个方面存在的16项违法事实，令人触目惊心。

排序第一的是违法收集用户手机相册中的截图信息1 196.39万条。值得注意的是，在某些相对开放的手机操作系统中，应用软件所具备的权力并非只有单独的"读取"权限，甚至具备一定的"写入"权限——简而言之，应用软件不但可以读取用户的相册，还有可能具有上传、删除等权限。

排序第二的是过度收集用户剪切板信息、应用列表信息83.23亿条。剪切板信息是每一位用户使用频率都很高，却很容易忽视的信息泄露重要环节。当用户享受复制某些口令后，再在某些App上自动触发想要参加的活动之便利时，几乎不会思考App获取剪切板信息时，是只提取和自身产品口令格式一致的数据，还是不管剪切板上是何信息一律直接访问？更别提，不少App的口令为乱码，且在App中没有手动输入口令的渠道，只能通过剪切板一种形式访问。

滴滴公司过度收集乘客人脸识别信息1.07亿条、年龄段信息5 350.92万条、职业信息1 633.56万条、亲情关系信息138.29万条、"家"和"公司"打车地址信息1.53亿条，且在未明确告知乘客情况下分析乘客出行意图信息539.76亿条、常驻城市信息15.38亿条、异地商务/异地旅游信息3.04亿条。

为什么提到这个信息？因为据网络安全审查办公室有关负责人透露，滴滴公司相关违法行为最早开始于2015年6月，持续至今，时间长达7年。

在2015年，新华社新媒体中心联合滴滴研究院发布过一个《大数据揭秘：高温天部委加班大比拼》的研究报告。该报告中，滴滴研究院通过对实时生成的移动出行大数据进行分析，通过数据图表详细描绘了一天内国家各部委的出行信息，包括公安部、外交部、教育部、商务部、新华社、发改委、国土资源部、交通运输部、住房城乡建设部、农业部、中纪委、监察部、工信部、中国人民银行、环境保护部、民政部、水利部、商务部、财政部、司法部、人社部、卫健委、审计署等。

七载光阴，技术发展日新月异，所能获取的数据量自不可同日而语，如今再看"滴滴公司违法违规运营给国家关键信息基础设施安全和数据安全带来严重安全风险隐患"这句话中的"严重"二字，可见一斑。

结语

关于下一步网络执法的重点方向和领域，网络安全审查办公室有关负责人表示，网信部门将依法加大网络安全、数据安全、个人信息保护等领域执法力度，通过执法约谈、责令改正、警告、通报批评、罚款、责令暂停相关业务、停业整顿、关闭网站、下架、处理责任人等处置处罚措施，依法打击危害国家网络安全、数据安全、侵害公民个人信息等违法行为的同时，将加大典型案例曝光力度，形成强大声势和有力震慑，做到查处一案、警示一片，教育引导互联网企业依法合规运营。

"加大典型案例曝光力度，形成强大声势和有力震慑，做到查处一案、警示一片"同样标志着我国网络安全与数据安全进入新时代。

如果以对滴滴公司网络安全审查同等规格去审查与滴滴体量类似或比滴滴体量更大的

互联网平台，滴滴所存在的违法行为有没有可能在其他平台中同样存在？

滴滴的违法违规行为事实清楚、证据确凿、情节严重、性质恶劣，如果其他平台同样对网络安全、数据安全、个人信息保护等领域的法规阳奉阴违或搞形式主义，都不免成为下一个滴滴。

问题是，谁想成为下一个滴滴？

（来源：沈拙言. "滴滴事件"创下四个记录[EB/OL]．（2022-07-25）．https://view.inews.qq.com/a/20220725A02LXQ00．）

案例讨论：

1. 滴滴属于哪种电子商务模式，在本案例中，滴滴对用户哪些方面产生了威胁。
2. 滴滴事件暴露出当前我国在电子商务安全中存在哪些问题？

网络经济兴起于美国，现已在世界范围内展开。20 世纪 90 年代美国经济的高增长、低通胀和低失业率归功于网络经济的繁荣。格林斯潘说："美国的数字经济奇迹证明，自由的人在自由的市场上可以带来什么样的生产效率。"网络经济是在信息网络化时代产生的一种崭新的经济现象，表现为经济生活中微观主体的生产、交换、分配、消费等经济活动，以及金融机构和政府职能部门等主体经济行为都越来越多地依赖信息网络，特别是在国际互联网络开通以来，网络经济活动的发展势头之猛，超出了所有人的想象。人们不仅要从网络上获取大量经济信息，依靠网络信息进行预测和决策，而且许多交易行为直接在信息网络上进行。在网络经济中，信息不仅是生产资料，更是生产产品和消费商品，在未来经济中具有举足轻重的作用。

人们称 21 世纪将是信息或网络的时代。但关于未来经济的说法有多种，如信息经济、后工业经济、知识经济、新经济、注意力经济、网络经济等，不管怎样，其基础都是计算机网络，特别是 Internet，而本质则是信息的生产与传输。如今，在世界范围，网络经济正在如火如荼地发展，它对传统经济提出了严重挑战，并正在迅速地改变着世界。正如 200 年前的工业革命把人与机器和工厂结合在一起那样，如今电子网络与经济的结合将改变人们的生活，决定企业的生存、国家的发展乃至世界的前途。因此，认识和把握网络经济有着重要的理论和现实意义。

7.1　计算机网络技术

7.1.1　计算机网络

1. 计算机网络概述

计算机网络就是将地理位置不同、具有独立功能的多个计算机系统，用通信线路和通信设备连接起来，在网络软件支持下，实现数据通信和资源共享的系统。

计算机网络连接了全球各式各样的计算机、手机。不同的操作系统、不同的计算机硬件连接在一起，就构成了一个计算机网络。

2. 计算机网络的功能

（1）数据通信。通过计算机网络，可以实现数据的传输以及信息的交换。比如在电子商务中，通过计算机网络，能够进行商品信息的查询、价格的查询和订单的传输等。

（2）资源共享。在计算机网络当中，主要通过服务器给我们提供各式各样的服务，这里包括硬件、软件和数据的共享。硬件可以通过服务器共享服务器的计算能力；软件可以给我们提供各式各样的和互联网相关的服务数据，例如，可以提供大量的数据库供我们检索和查询。

（3）分布式计算。可以把大量的、复杂的任务分解成若干个子任务，由多台计算机协同处理。通过分布式计算，可以把网络上面的多个计算机连接在一起，形成一个共享的计算资源，这样可以把大型的、复杂的任务拆分成多个容易处理的简单任务，然后，由多台计算机协同处理，就可以完成更多更复杂的大型计算任务。

（4）负载均衡。当某个节点负载过重时，由其他空闲的计算机协同处理。负载均衡对于互联网网站，尤其是电子商务的网站来说尤为重要。

3. 计算机网络的组成

计算机网络主要由硬件和软件两部分组成。对于网络硬件来说，网络服务器在网络上将网线或者无线网络连接在一起，通过传输介质，把不同的设备连接到一起，对外提供服务。而网络工作站就是通过网络接口卡连接到网络上的个人计算机，既可作为独立的个人计算机为用户服务，又可以按照被授予的一定权限访问服务器。在网络中，一个工作站即网络服务的一个用户。网络互联设备相当于网络间的"翻译"角色，将一种网络中的"信息包"转换成另一种网络中的"信息包"，如路由器、交换机等。除此之外，还有传输介质，即在网络中传输信息的载体。在此基础之上，就是各式各样的软件，从底层开始，有网络协议的软件，负责搭建底层的网络通信协议，除此之外，还有网络的通信软件。

网络操作系统指的是支持计算机网络的操作系统。例如，Windows 就是我们常见的网络操作系统。在网络操作系统之上就是各种网络的管理软件和网络应用软件，如我们平时使用的浏览器、QQ 等这样的软件，从下到上由物理层到协议，再到应用的系统，构成了整个计算机网络，如图 7-1 所示。

图 7-1　计算机网络组成

4. 计算机网络体系结构

如图 7-2 所示，我们可以看到整个体系结构是一个 OSI（开放系统互联）参考模型，如果从主机 A 到主机 B 进行通信，首先要进行一个通信介质的联通，连接到网络后，借助相应层的协议，进行数据传输和信息共享。

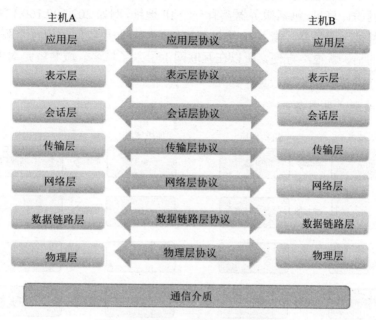

图 7-2　网络体系结构 OSI 参考模型

7.1.2　互联网

互联网（Internet）是一个把分布在世界各地不同结构的计算机网络用各种传输介质互相连接起来的网络。

1. 互联网的主要服务

互联网除了提供网页浏览的服务，还提供了其他服务。例如，E-mail 服务可以收发 E-mail，FTP 服务可以进行文件的传输，Telnet 服务可以远程登录服务器，WWW 服务就是我们常说的网页浏览的服务，也是目前互联网上的主流服务，如图 7-3 所示。

2. IP 地址

IP 地址是互联网上每一台计算机所拥有的，在全世界范围内唯一的地址。目前，主流的 IPv4 协议采用的 IP 地址长度为 4 个字节，即 32 bit。

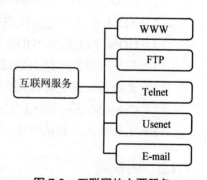

图 7-3　互联网的主要服务

在互联网上，每一台联网的计算机都拥有一个唯一的 IP 地址，IPv4 的 IP 地址数量是有限的，未来我们将使用 IPv6 的协议来提供更多的 IP 地址，以分配给世界上所有计算机、可穿戴设备，包括智能设备等。

3. 域名

域名是每一个介入互联网的主机所拥有的字符型的名字。

每一台联网的计算机,包括服务器都有一个 IP 地址,例如 202.199.160.123 这样的数字。如果我们要访问某个服务器,输入 IP 地址就可以,但是如果我们访问每个服务器都要输入这一长串数字的话,就很不方便,所以在互联网上引入了域名。域名就是对 IP 地址进行的数字和字符的一个转换。

4. 域名的类别（见图 7-4）

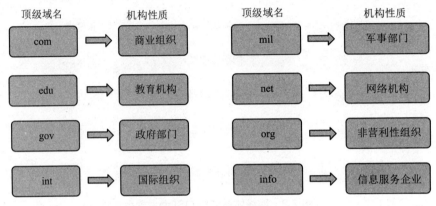

图 7-4 域名的分类

5. 接入方式

互联网的接入方式非常多,下面所列包括了历史上的一些接入方式,随着技术的进步,现在很多已经停止使用。

（1）电话拨号接入：电话+终端设备。

（2）ISDN 上网：电话线+终端设备。

（3）ADSL 接入：电话线路+调制解调器（ADSL）。

（4）DDN 专线接入：DDN 专线。

（5）局域网接入：路由器+ISP。

（6）光纤接入：光纤传输。

（7）Cable Modem 接入：Cable Modem+有线电视网。

（8）无线接入：移动终端。

7.1.3 内联网

内联网（intranet）是指采用 Internet 技术,以 TCP/IP 作为基础,以 Web 作为核心应用,服务于企业内部事务,将企业内部作业计算机化,实现企业内部资源共享的网络。

1. intranet 的基本结构

通过物理网络把企业内部的客户机和服务器连接到一起,企业内部的服务器(例如 Web

服务器、邮件服务器等)、企业内部的网络通过防火墙连接到 Internet，成为 Internet 的一个组成部分，如图 7-5 所示。

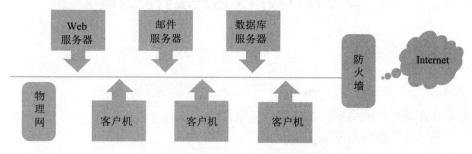

图 7-5　intranet 的基本结构

2. intranet 的功能

Intranet 相对应的功能如下。

(1) 企业内部信息发布，如日常新闻、年度报告等。
(2) 充分利用数据资源，方便企业员工访问数据库。
(3) 辅助营销，实时收集信息。
(4) 协同工作，有助于群体成员的信息交流。

7.1.4　外联网

外联网（extranet）是一个使用 Internet 技术使企业与其客户和其他企业完成共同目标的合作网络。

extranet 可以作为公用的 Internet 和专用的 intranet 之间的桥梁，也可以被看作一个能被企业成员访问或与其他企业合作的企业 intranet 的一部分。对于一个生产商来说，通过 extranet，可以和供应商以及物流企业连接，同时，也可以通过互联网对顾客开放，这个生产商、物流企业和供应商连接的网络区域，叫作企业外部网。

1. extranet 的特征

(1) 组织成员不限。它不仅仅局限于企业内部，还对应于企业的合作者，尤其是供应商和分销商。
(2) 有控制的开放。通过权限设置管理成员。
(3) 实质是应用。包括集成扩展现有的企业内部的应用，把企业和供应商以及分销商连接到一起，形成新的应用。

2. extranet 的功能

(1) 信息资源共享。与外部企业共享信息资源。
(2) 业务协作处理。建立业务协同处理链接，优化业务流程。
(3) 共同开发新业务。形成虚拟联合企业等。

7.2 网站开发技术（客户端开发技术）

7.2.1 用户界面体系结构

1. 概述

动态内容表现有三种用户界面的体系结构。
（1）服务器端提供动态逻辑。
（2）使用脚本语言表现动态内容。
（3）通过运行在客户端的应用程序实现内容。

2. 客户端脚本体系结构

将脚本作为 HTML 页面的一部分，从服务器端传送到客户端，通常包括一些不需要与服务器应用程序通信就能在客户端执行的应用逻辑。

我们最常见的客户端脚本应用就是在注册用户时，需要对用户填写的信息进行验证。

3. 客户端应用体系结构

在客户端加入逻辑的另一个体系结构是在客户端运行一个功能完全的应用程序。用户可以下载这个应用程序（每次站点访问的下载或者将这个应用程序放在用户的高速缓存中）。

4. 支持客户端应用体系结构的技术

Java Applets 是可以作为 Web 文档中的附件来分发的 Java 程序。Applets 的代码可以被支持 Java 的浏览器解释和执行。

Active X 为一组综合技术，这些技术使任何语言写的软件构件在网络环境中能相互操作。

7.2.2 体系结构选项与跨平台技术

1. 瘦/胖客户端

所谓瘦和胖，指的都是客户端应用程序的大小。

瘦客户是指客户机被设计得很小，大多数的数据操作都是在服务器端进行的；胖客户是指在本地客户端执行大多数的数据处理，只有数据本身存储在服务器上。

2. 胖客户与瘦客户的性能比较

胖客户与瘦客户的性能比较如图 7-6 所示。

3. 易用性

在使用互联网平台或者搭建一个电子商务应用程序的时候，易用性是一个非常重要的指标。易用性是选择用户界面体系结构的一个主要参考标准。易用性使用户不需要特殊培训就可以使用这些程序，它是应用程序能否被用户接受的重要指标。在互联网环境下，易用性有着特殊的含义。

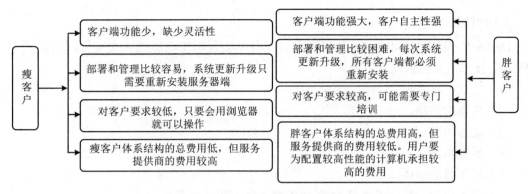

图 7-6 胖客户与瘦客户的性能比较

4．时间性能

时间性能也是衡量体系结构的关键因素。处理时可能遇到的时间瓶颈有：

（1）初始化时间。初始化时间就是第一个用户交互完成的时间。

（2）客户端处理一个用户交互所需要的时间。

（3）客户端需要与服务端交互的次数也会影响用户的等待时间（服务器依赖度）。

（4）从客户端向服务器传输消息及反馈结果所需的时间，即网络传输时间。

（5）服务器处理用户交互所需要的时间。服务的配置越高、CPU 速度越快、内存越大，处理的时间就越短。

这些综合起来都会影响时间性能。

5．安全性

从安全的角度分析，客户端应用技术划分为两个范畴。

（1）当有关 HTML 文件被请求时，浏览器立即自动下载并启动动态内容应用程序分割。

（2）用户可以安装应用程序，如使用 Applet 程序进行缓存。

7.2.3 脚本语言及 CSS 样式表应用

1．脚本语言

脚本语言是介于 HTML 和 Java、C++和 Visual Basic 之类的编程语言之间的语言。通常用于格式化文本和链接网页，它们的语言和规则没有可编译的编程语言那样严格和复杂。脚本语言主要用于格式化文本和调用以编程语言编写的已编译好的组件。

2．常用脚本语言

（1）Java Script。Java Script 是由网景公司开发的脚本语言，该语言包括一些核心对象和由核心语言元素构成的核心集。

（2）JScript。JScript 是微软公司开发的脚本语言，它的 3.0 版基本符合了 ECMAScript 脚本语言规范第一版。

（3）VB Script。VB Script 是微软公司 Visual Basic 家族的新成员。

3. DHTML

DHTML 是将 HTML、CSS 和脚本语言有机结合制作动感的、交互性网页的技术。DHTML 技术主要包括以下内容。

（1）样式表。

（2）内容的定位。

（3）动态内容。

（4）数据绑定。

（5）可下载的字体。

其中最重要的一项技术就是 CSS 样式表，我们叫作层叠样式表。

4. CSS 样式表

层叠样式表（cascading style sheets，CSS）是一组样式，以前网页中的元素无法将它的样式进行精细的设置，而 CSS 样式表的出现改变了这样的局面，它可以让我们对网页中的各种元素进行非常详细的设置，包括字体的大小、颜色、排版、行间距等，都可以通过 CSS 样式表来实现。CSS 样式表往往和 HTML 文档相结合，在具体使用上有 4 种方式，包括内联样式、嵌入样式、输入样式以及链接外部样式。

7.3 网站开发技术（服务器端开发技术）

7.3.1 服务器端技术

1. 概述

动态页面是由 Web 服务器根据客户的请求在运行时产生的 Web 页面。静态页面通常事先存放在 Web 服务器的文件系统中。每次访问静态页面时，其显示的内容都是固定的，例如一个网站中的公司简介一般都是静态的。而每次访问动态网页时，其显示的内容都不一样，例如新闻、商品列表等，都在实时更新。

在构建电子商务网站时，要使用的更多的服务器端的技术就是构建动态页面。在动态网页开发中有不同的技术可以提供，如早期的公共网关接口技术。

2. 公共网关接口

公共网关接口是 Web 服务器生成动态页面的原始方法，是应用程序和 Web 服务器之间的接口标准。通常 HTML 表单和 CGI 一起使用，CGI 程序允许用户通过网页把数据输入数据库，也允许数据从数据库流向用户。

3. 脚本技术

服务器端脚本技术是指 Web 应用开发者在 Web 页面中直接嵌入脚本生成动态页面，当这些页面被请求时，页面中的脚本由服务器解释产生动态内容。

脚本语言和 HTML 语言是混在一起的，相对来说，CGI 技术开发起来更为复杂，而后来出现的脚本技术开发起来则容易很多。

4. 插件技术

各种 Web 服务器支持若干种典型的插件技术。包括 Netscape NSAPI 和 Microsoft ISAPI。该技术能提供比较好的性能，但由于与 Web 服务器的耦合度太强，因此编程难度较大。

目前，主流的服务器端开发的网页主要有三种，常用的技术是 PHP。

7.3.2 基于 PHP 的服务器端开发

1. PHP 简介

超文本预处理器（hypertext preprocessor，PHP）是一种被广泛应用的开放源代码的多用途脚本语言，它可嵌入 HTML 中，尤其适合 Web 开发。

PHP 最大的一个特点就是它是免费和开源的，包括它常用的服务器、开发工具、平台的搭建，都可以使用开源和免费的工具和平台，另外它上手比较简单，开发起来非常快捷，适用于快速开发简单的 Web 应用。

2. PHP 特征

（1）混合了 C 语言、Java、Perl 以及 PHP 自创新的语法。

（2）PHP 能比 CGI 和 Perl 更快速地执行动态网页。

（3）PHP 将程序嵌入 HTML 文档中执行，执行效率比完全生成 HTML 标记的 CGI 高许多。

（4）PHP 支持几乎所有流行的数据库以及操作系统。

（5）PHP 可以用 C 语言、C++进行程序的拓展。

3. PHP 优势

（1）开放源代码。PHP 本身免费且是开源代码。

（2）快捷性。开发快，运行快，编辑简单，实用性强。

（3）跨平台性强。可以运行在 UNIX、Linux、Windows、Mac OS、Android 等平台。

（4）效率高。PHP 消耗相当少的系统资源就可以实现一些外部页面的动态功能。

7.3.3 基于 JSP 的服务器端开发

1. 基于 Servlet、JSP 和 Java Beans 的 Web 应用体系结构

基于 Servlet、JSP 和 Java Beans 的 Web 应用体系结构如图 7-7 所示。

2. 应用体系结构

HTML 页面输入的数据可通过 Java Script 进行验证，或者发给服务器由 Servlet 验证。在实际的开发过程中，把简单的数据验证交给前端的 Java Script 进行验证，复杂一点的验证则由后端 Servlet 完成。

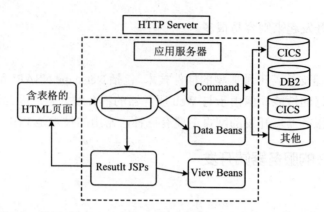

图 7-7 基于 Servlet、JSP 和 Java Beans 的 Web 应用体系结构

（1）Servlet。Servlet 主要从应用服务器取得控制权，以执行基本的流程控制。
（2）Command Beans。控制业务逻辑的处理。
（3）Data Beans。保存由 Command Beans 或者后台系统计算的结果。
（4）JSP。为浏览器生成有关输出。

3. MVC 设计模式

JSP 设计遵循了 MVC 设计模式，该设计模式包含三个部件。
（1）模型，针对相关数据以及与之相关联的事物进行处理。它是业务逻辑。
（2）视图，针对数据的显示。它是页面的构建。
（3）控制器，针对模型与外部世界的交互。它是交互的控制。

4. MVC 示意图

现在，大多数网络上 Web 页面的动态开发使用的几乎都是 MVC 模式。它可以使视图和控制器以及后端的数据相分离，用不同的模块完成不同的功能，实现程序的快速开发。当程序出现问题时，进行分模块的解释。在应用服务器端主要利用控制器，通过 MVC 模型访问数据，得到数据后，通过视图生成相应的页面，对浏览器进行响应，最终返回给浏览器，使用户看到，如图 7-8 所示。

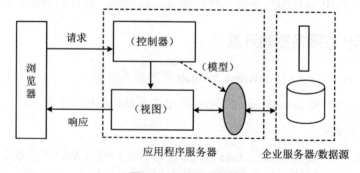

图 7-8 MVC 示意图

5. 为什么使用 MVC

（1）MVC 从根本上强制性地将数据层代码和表示层代码分开。

（2）多个视图能共享一个模型，由于模型返回的数据没有进行格式化，同样的构件能被不同界面使用。

（3）MVC 的应用程序的三个部件相互独立，可以使用控制器联结不同的模型和视图以完成用户的需求。

7.3.4 基于.NET 的开发技术

1. .NET 基本概念

.NET 面向 XML Web 服务平台，是加速产生下一代分布式计算的过程，是微软公司用来实现 XML、Web Services、SOA 和敏捷性的技术。

.NET 代表着联通性和敏捷性。

（1）联通性。远景是让所有的事物都连接起来。

（2）敏捷性。体现在商务敏捷性和 IT 敏捷性两方面。

2. .NET 的三层架构

.NET 在客户端和数据库之间加入了一个组件层。三层体系的应用程序将业务规则、数据访问、合法性校验等工作放到了组件层进行处理。

三层应用体系包括显示层、逻辑层和数据层。数据层主要提供数据，存储由数据库服务器完成，而显示层包括 ASP.NET 显示页面以及后端的代码，逻辑层包含各式各样处理的组件。在显示层可以看到 ASP.NET 和它后端的代码是相分离的，可以使开发页面和后端的程序工作相分离，大大加快程序开发的速度，如图 7-9 所示。

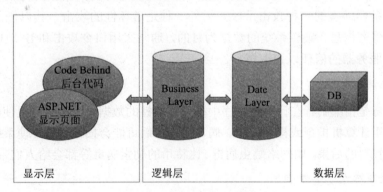

图 7-9 .NET 的三层架构

3. .NET 的开发语言

（1）C#语言。C#（读作"C sharp"）是一种简单、现代、面向对象且类型安全的编程语言。

（2）C++.NET。从 Visual C++.NET 开始，标准 C++语言已扩展成为托管编程提供支持。

（3）J#。Visual J#提供独立开发的类库集以提供大多数 JDK 1.1.4 级类库的功能。

（4）JScript.NET 和 VB.NET。

在.NET 中可以使用多种开发语言，这也是.NET 最大的特色。在.NET 程序中，程序员可以根据自己的喜好和熟练程度选择相应的开发语言。

7.4 电子商务安全概述

7.4.1 电子商务安全的内涵

电子商务安全是指计算机系统、网络通信、应用环境等保障电子商务实现的要素不受威胁的一个多层次、多方位的动态过程。

这里的电子商务安全的多层次是指电子商务技术保障的多层次。电子商务安全的多方位是指不仅与计算机系统本身有关，还与电子商务的应用环境、人员素质和社会因素有关。因此，电子商务安全不仅包括电子商务的安全技术，还包括管理制度以及电子商务安全立法等多方位的保障。

电子商务是基于互联网的交易，因此网络安全尤为重要。

7.4.2 网络安全面临的问题

1. 黑客攻击

黑客泛指计算机信息系统的非法入侵者。黑客攻击可以分为非破坏性的攻击和破坏性的攻击。非破坏性的攻击一般是为了扰乱系统的运行，而不是盗窃系统的资料，通常采用拒绝服务攻击。所谓拒绝服务攻击是使用超出目标处理能力的数据包消耗系统的资源，最后导致网络服务器瘫痪的一种攻击手段。另外一种是破坏性的攻击，其以侵入他人电脑系统、盗取系统保密信息、破坏系统的数据为目的，通常采用口令攻击和 IP 地址欺骗手段进入系统或取得服务器的信任以窃取资料。

2. 计算机病毒

计算机病毒是指编制者在计算机程序中插入破坏性的数据来影响计算机使用，并且能够自我复制的一组计算机指令或程序代码。病毒运行以后可能会损坏文件，使系统瘫痪，并且造成各种难以预料的后果，如网络蠕虫病毒、比特币的勒索病毒等都会给人们带来很大损失。

3. 系统本身存在安全漏洞

应用软件或操作系统在设计上的缺陷被不法分子利用，他们通过网络植入木马等方式攻击或控制计算机，窃取计算机中的重要资料和信息，甚至破坏整个计算机系统。

7.4.3 电子商务面临的安全威胁

1. 信息的截获和窃取

攻击者通过互联网或安装无线接收装置等截获信息，如消费者的银行账号、密码等信息。

2. 信息篡改

攻击者可能从三方面破坏信息的完整性：篡改，即改变变更信息内容，如商品的收货地址；删除，即删除某个信息或消息的一部分；插入，在消息中插入某些信息让接收方接收到错误的信息。

3. 假冒他人身份

假冒他人身份可以欺骗系统，占用合法用户的资源，例如假冒领导发布命令、调阅文件，冒充他人消费，冒充合法用户，套取密钥等。

4. 抵赖行为

抵赖行为包括两方面：发信者事后否认曾经发过某条消息，收信者事后否认曾经收到过某些消息。

7.4.4 电子商务的安全需求

1. 有效性

电子商务系统应该有效地预防系统延迟和拒绝服务等问题的产生，对于网络故障、软件漏洞以及病毒等潜在威胁及时控制，保证交易数据在确定的时间、地点是有效的。

2. 保密性

保密性是指信息在传送和存储过程中不泄露给非授权者，这要求电子商务系统应该能够对网上传输的信息进行加密处理，防止被非法用户截获和窃取。

3. 完整性

完整性是指交易信息在传送和存储过程中要保持一致，不能被非授权者修改或删除，这就要求电子商务系统防止数据在传输过程中丢失和被修改。

4. 可靠性

在交易前必须首先确认对方的真实身份，这就要求电子商务系统实现对用户身份的有效确认，以防止假冒身份在网上进行交易。

5. 匿名性

电子商务系统应该确保交易的匿名性，防止交易过程中被跟踪，确保用户的隐私权不被侵犯。

6. 防抵赖性

是指信息的发送方不能否认自己发出的信息，接收方也不能否认自己已经收到的信息。

电子商务系统应该有效地防止商业欺诈行为的发生，交易各方必须携有自身特有的无法被别人复制的信息，以保证交易发生纠纷之后其行为的不可否认性。

7.4.5 电子商务安全的主要措施

电子商务安全的主要措施包括以下几个方面。
（1）信息加密。
（2）防火墙。
（3）信息校验。
（4）数字签名。
（5）身份认证。
（6）反病毒技术。
（7）口令。

7.4.6 电子商务安全的体系结构与层次

1. 电子商务安全体系结构

电子商务的安全体系结构是保障电子商务交易的完整性的逻辑结构。它由三部分组成，分别为技术保障、法律保障和制度保障。

（1）技术保障。技术保障由网络服务层、加密控制层、安全认证层、安全协议层和应用系统层组成，其中下层为上层提供技术支持，上层是下层的扩展与递进，如图 7-10 所示。

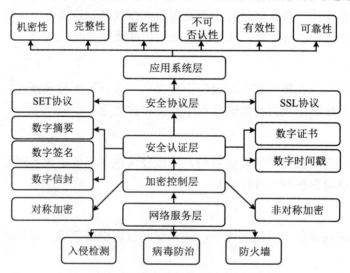

图 7-10　电子商务安全的技术保障

第一层是网络服务层，它是各种电子商务应用系统的基础，其提供信息传递的载体、用户接入手段和安全通信服务，保证网络最基本的运行安全。这一层的安全技术基础有入侵检测技术、反病毒技术和防火墙技术。

第二层是加密技术层，它利用技术手段把重要的数据变为密文传送，到达目的地之后再进行解密，即使信息被非法截获，也无法解读内容。加密技术层主要的安全技术有对称加密和非对称加密。

第三层是安全认证层,其主要采用认证技术保障电子商务安全交易,满足身份认证信息的完整性、不可否认性和不可修改性等多项网上交易的安全需求,避免交易的信息被篡改、抵赖和伪造。安全认证层主要有数字签名、数字信封、数字摘要、数字时间戳和数字证书。

第四层是安全协议层,其为信息安全交换提供一系列的操作规则,保证了网上交易的机密性、数据的完整性和不可否认性,保障了电子商务的安全交易和交易系统的可靠性。安全协议层的主要安全技术有 SSL 协议和 SET 协议。

第五层是应用系统层,基于以上各层提供的安全措施,应用系统层可以满足电子商务对安全的需求,包括机密性、完整性、匿名性、不可否认性、有效性和可靠性。

(2)法律保障。电子商务交易规范主要包括电子合同、电子签名和电子认证三个方面的法律。我国已经颁布和实施了多部与互联网和电子商务相关的法律法规,如《网络商品交易及有关服务行为管理暂行办法》、《电子认证服务管理办法》、《中华人民共和国电子签名法》和《电子商务法》等。

(3)制度保障。电子商务交易除安全技术外,人员的管理也非常重要,安全管理制度中存在的主要问题有安全意识不足、缺少统一的规划、缺少安全管理制度的专业人才等,因此都要有相应的制度和策略相对应。

2. 电子商务安全体系与层次

电子商务安全体系与层次如图 7-11 所示。

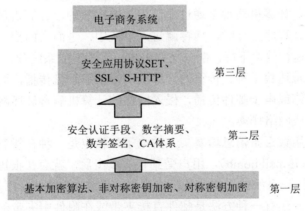

图 7-11 电子商务安全体系与层次

7.5 电子商务安全技术

与实现商务不同,参与电子商务的各方不需要面对面进行商务活动,信息流和资金流都可以通过互联网传输。技术上的缺陷和用户使用中的不良习惯,使得电子商务中的信息流和资金流在通过互联网传输时存在一些安全隐患。

7.5.1 电子商务的安全威胁

电子商务发展的核心和关键问题是交易的安全性。电子商务交易是在网上进行的，因而电子商务的首要威胁就是计算机网络系统的安全威胁，其次是来自交易双方的安全因素。

1. 网络系统的安全威胁

一般认为，计算机网络系统的安全威胁主要来自黑客攻击、计算机病毒和拒绝服务三个方面。

（1）黑客攻击。黑客攻击是指黑客非法进入网络，非法使用网络资源。可以通过口令攻击、服务攻击、IP 地址欺骗等方式进行。口令攻击是指攻击者攻击目标时常常把破译用户的口令作为攻击的开始。只要攻击者能猜测或者确定用户的口令，他就能获得机器或者网络的访问权，并能访问用户所访问的任何资源；服务攻击是指黑客采用使目标主机建立大量的连接，向远程主机发送大量的数据包或利用即时消息功能、网络软件的协议漏洞的服务攻击手段使网络资源耗尽，或造成目标主机瘫痪。IP 地址欺骗是适用于 TCP/IP 环境的一种复杂的技术攻击，它伪造他人的源地址，让一台计算机扮演另一台计算机，借以达到蒙混过关的目的。

黑客通过以上方法可以非法监听网络，获取传输的数据、用户的账号和密码；还可以通过隐蔽通道、突破防火墙等方式进行非法活动。目前黑客正在朝系统化和组织化方向发展，许多政府机构、情报部门秘密组建特工黑客对其他的政党、其他国家进行幕后攻击。黑客不仅限于政界，企业、集团、金融界也高薪聘请黑客进行商业间谍幕后战。所以，从事网络交易的计算机用户非常有必要了解有关黑客入侵的常用手段，以预防黑客的侵入。

（2）计算机病毒。计算机病毒是通过非法侵入来扩散的，计算机病毒程序把自己附着在其他程序上，当这些程序运行时，病毒就进入系统中，进而大面积扩散。一台计算机染上病毒后，轻则系统运行效率下降，部分文件丢失，重则造成系统死机、计算机硬件烧毁。当前，计算机活性病毒达数千种。传统的计算机病毒依靠软盘传播，而网络条件下，计算机病毒大部分通过网络或电子邮件传播，侵入网络的计算机病毒破坏网络资源，使网络不能正常工作，甚至造成网络瘫痪。

（3）拒绝服务。用数百条消息填塞某人的电子邮箱也是一种在线袭扰的方法。典型的如"电子邮件炸弹"（E-mail bomb），用户受到它的攻击后，就会在很短的时间内收到大量无用的电子邮件，使用户系统的正常业务不能开展，系统功能丧失，严重时会使系统关机，甚至使整个网络瘫痪。还有一种方法是邮件直接夹带或在附件中夹带破坏性执行程序，用户不小心点击了这类邮件或附件就会自动启动有害程序，带来不可预测的严重后果。

2. 交易双方的安全威胁

1）商家面临的安全威胁

（1）入侵者假冒合法用户改变用户数据（商品送达地址）、解除用户订单或生成虚假订单。

（2）竞争者检索商品递送状况。恶意竞争者以他人的名义订购商品，从而了解有关商品的递送状况和货物的库存情况。

(3）客户资料被竞争者获悉。
(4）因被他人假冒而使公司的信誉受到损害。
(5）虚假订单或消费者提交订单后不付款。
2）消费者面临的安全威胁
(1）虚假订单。
(2）付款后不能收到商品。
(3）机密性丧失。
(4）拒绝服务。

7.5.2 电子商务安全现状

1. 平台的自然物理威胁

由于电子商务通过网络传输进行，因此如电磁辐射干扰以及网络设备老化带来的传输缓慢甚至中断等自然威胁难以预测，而这些威胁将直接影响信息安全。人为破坏商务系统硬件，篡改、删除信息内容等行为，也会给企业造成损失。

此外，通过电磁辐射、搭线以及串音等手段都可以让恶意攻击者通过接收装置截获企业的信息，或者通过分析文件代码，获取账户密码等私密信息，以企业身份进行消费或发言，这给企业带来的损失更是难以估计的。

2. 商务软件本身存在漏洞

任何一种商务软件的程序都具有复杂性和编程多样性，而对于程序而言，越复杂意味着漏洞出现的可能性越大。这样的漏洞加上操作系统本身存在的漏洞，再加上 TCP/IP 的先天安全缺陷，商务信息安全就像一扇扇可打开的门，遭遇威胁的可能性随着计算机网络技术的不断普及而越来越大。

3. 黑客入侵

在诸多威胁中，病毒是最不可控制的，其主要作用是损坏计算机文件，且具有繁殖功能。随着越来越便捷的网络环境的发展，计算机病毒的破坏力与日俱增。

目前，黑客所惯用的木马程序更有目的性，本地计算机所记录的登录信息会被木马程序篡改，从而造成文件和资金遭窃。

4. 安全环境恶化

由于在计算机及网络技术方面发展较为迟缓，我国在很多硬件核心设备方面依然以进口采购为主要渠道，不能自主生产，这也意味着不能自主控制。除了生产技术，维护技术也相应依靠国外引进，这就让国内的电子商务无法看到眼前的威胁以及自身软件的应付能力。

7.5.3 电子商务安全对策

1. 加强教育和宣传，提高公众对电子商务和信息的安全意识

具体可采取以下措施：一是通过大众媒体普及电子商务的安全知识，提高用户的认识；

二是积极组织研讨会和培训课程，培养电子商务网络营销安全管理人才。

2. 采用多种网络技术，确保网络信息安全

目前，常用的电子商务安全技术主要包括防火墙、物理隔离和 VPN（虚拟专用网）。防火墙是实现内部网与外部网安全代理和入侵隔离的常规技术，使用防火墙可以抵御来自外界的攻击，因此电子商务内、外网与互联网之间要设置防火墙，同时网管人员要经常到有关网站上下载最新的补丁程序，经常扫描整个内部网络，以便做到有备无患。

3. 运用密码技术，强化通信安全

围绕数字证书应用，为政府电子信息网络中各种业务应用提供信息的真实性、完整性、机密性和不可否认性保证。目前要加强身份认证、数据完整性、数据加密、数字签名等工作，以防止攻击者窃取电子商务信息交换中的各种信息。必须通过身份认证确认用户的合法性，应采用 PKI 技术，借助第三方（CA）颁发的数字证书、数字签名确认彼此的身份。

4. 健全法律，严格执法

目前，我国在电子商务法律法规方面还有很多缺失，不能有效地保护公众的合法权益，让一些犯罪分子有了可乘之机。我国立法部门应加快立法进程，吸取和借鉴国外网络信息安全立法的先进经验，尽快制定和颁布相关法律，使电子商务安全管理走上法制化轨道，并发挥职能部门的监管作用，通过建立电子商务安全法规体系，规范和维持网络的正常运行。

7.6 网络安全

7.6.1 防火墙技术

1. 防火墙的概念

防火墙（fire wall）是架设在内部网络和外部公共网络之间的软硬件组合，其提供两个网络之间的防御作用，对其中的一个网络提供安全保护。

防火墙通过控制内外部网络间信息的流动保护内部网络免受外部的非法入侵，达到增强内部网络安全的目的。在防火墙上有一个隔离区（demilitarized zone，DMZ）的连接口，该区也称非技术化区，连接在这个口上的一些设备是外部网络和内部网络都可以访问的服务器，如 FTP、E-mail 和 Web 服务器。

2. 防火墙的类型

防火墙主要有以下三种类型。

1）包过滤的防火墙

根据数据包的源地址、目的地址、端口号、协议类型等标志确定是否允许通过。其优点是可对每个包进行检测，识别和丢弃带有欺骗性质的数据包；其缺点是配置困难，特定端口可能会被利用。

包过滤的防火墙的工作原理是，对于 IP 数据包，首先按照过滤规则进行检测，数据包的头部如果不符合规则,则丢弃;如果符合规则,则按照路由表检测路由信息,如果符合路由信息,则进行转发,不符合则丢弃。

包过滤型技术依据网络中的分包传输技术,网络上的数据都是以数据包为单位进行传输的,每一个数据包都包含数据的源地址、目的地址、源端口地址和目的端口地址等特定信息。防火墙通过读取数据包的地址信息,并通过与系统管理员制定的规则表中的规则进行对比判断这些数据包是否来自可信的站点,并自动丢弃来自危险站点的数据包。现在,多数路由器都提供包过滤的功能,软件、硬件也可以作为防火墙使用,如图 7-12 所示。

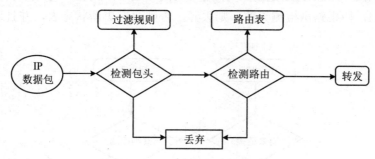

图 7-12 包过滤的防火墙工作原理

2)代理服务防火墙

代理服务器是代理客户机处理服务器连接请求的程序,代理服务防火墙在验证客户的合法请求后,向服务器取回所需信息并转发给客户。它的优点是因为其工作在应用层,所以安全性高,并且能够提供对协议的过滤和转换,同时也可以提供日志和审计的功能。缺点是首先其需要在服务器和客户机之间进行频繁的数据交换,因此效率较低;其次,它的复杂程度高,必须对所有的应用类型逐一进行设置,增加了管理的难度。

其工作原理是,代理服务器位于客户机和服务器之间,完全阻挡了二者之间的数据交流。对于客户机来说,代理服务器相当于一台服务器;而对于服务器来说,代理服务器又相当于客户机。代理服务器的工作原理是当客户机需要使用服务器的数据时,首先将数据发送到代理服务器,代理服务器再转发请求给服务器,得到响应后再将数据转发给客户机,外部系统与内部服务器之间的连接都要通过代理服务器进行,因此,代理服务器能对应用层的协议进行过滤和转换,如图 7-13 所示。

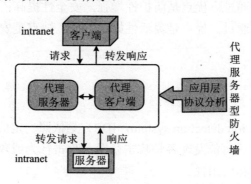

图 7-13 代理服务防火墙工作原理

3. 状态检测防火墙

状态检测防火墙是基于连接状态的检测机制，其将属于同一连接的所有数据包组成的数据流作为一个整体看待，并建立连接状态表，通过与规则表的共同配合，对表中的各个连接进行识别，从而达到对数据流进行控制的目的。它的优点是性能好，具有动态性，较为灵活；缺点是防火墙的配置比较复杂。

状态检测防火墙的工作原理是 IP 数据包首先经过状态表进行检测，检测其连接是否有效。若是无效连接，则进行规则检查，规则检查没有通过，则丢弃；如果状态检测有效，则进入路由检测，如果路由检测无效，则丢弃，否则通过更新状态表，并且进行转发，如图 7-14 所示。

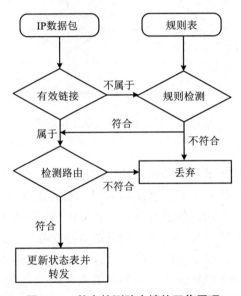

图 7-14 状态检测防火墙的工作原理

4. 防火墙的策略

由于网络管理机制及安全策略不同，防火墙的策略也不同，防火墙的策略可以分为两种形式。

（1）未被准许的不准通过。优点是防护性增强，安全性提高；缺点是便捷性降低。

（2）未被禁止的可以通过。优点是灵活性好、方便；缺点是安全性降低。

7.6.2 入侵检测技术

1. 入侵检测系统的概念

入侵检测系统（intrusion detection system，IDS）是依照一定的安全策略，对网络、系统的运行状况进行监测，尽可能发现各种攻击企图、攻击行为或攻击结果，以保证网络系统资源的机密性、完整性和可用性。

入侵检测的作用是对网络进行监测，从而提供对各种威胁的实时预防，入侵检测系统在发现入侵以后，将采取切断网络链接、记录事件和报警等措施。

2. 入侵检测系统的分类

根据入侵行为的属性对检测系统进行分类，可分为异常检测和误用检测。异常检测是对识别出的与正常过程有较大偏差的行为进行报警，但这时可能出现虚假报警的情况。误用检测是可事先定义具有某些特征的行为是非法的，与之比较做出判定。优点是可准确检测到攻击行为，缺点是无法检测系统位置的攻击行为，这时可能会产生漏报。

根据系统检测对象分类，有基于主机的入侵检测系统和基于网络的入侵检测系统。基于主机的入侵检测系统是将系统日志、应用程序日志等作为数据源进行分析，保护的一般是所在的系统。基于网络的入侵检测系统是对网络上的数据包进行监测和判断，监测异常行为。

7.6.3 虚拟专用网技术

1. 虚拟专用网的概念

虚拟专用网（virtual private network，VPN）是指在公共网络中建立一个专用网络，并使数据通过建立的虚拟安全通道在公共网络中传播。

通过 VPN 可使企业的信息在互联网上传播，就像在广域网中，为企业建立一个专用的连接通路，可以使企业利用互联网将分散在各地的办事机构和客户连接起来，大大节省网络成本。

2. 虚拟专用网的工作原理

如图 7-15 所示，两个网络分别是内部网络 1 和内部网络 2，两个网络都是通过 VPN 设备连接到公共网络的。一般来说，路由器上都带有 VPN 功能，VPN 采取了加密、认证、存取控制和数据完整性等一系列措施，相当于在各个 VPN 设备之间形成一个跨越 Internet 的虚拟通道，我们把它称为隧道。隧道让敏感信息只能被预定的接收者读懂，由此实现了信息的安全传送。

图 7-15　虚拟专用网的工作原理

3. 虚拟专用网的类型

（1）企业内部虚拟网（Intranet VPN）。利用公用网络进行企业各分网点互联。用于联结企业总公司网络和企业分公司网络，或与多个异地的公司网络联结。在总部和分公司之间建立一个安全的通信联结，用户通过加密数据和认证的手段实现端到端的安全通信，如图 7-16 所示。

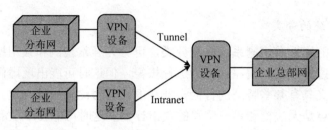

图 7-16　企业内部虚拟网（Intranet VPN）

（2）企业扩展虚拟专用网（extranet VPN）。将企业网延伸至合作伙伴和客户。extranet VPN 是 Intranet VPN 的扩展，应用于企业内部网与合作伙伴的网络连接，也就是将不同单位的内部网络连接起来。如企业和供应商以及合作伙伴之间的连接，如图 7-17 所示。

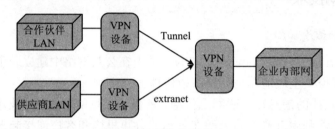

图 7-17　企业扩展虚拟专用网（extranet VPN）

（3）远程访问虚拟专用网（access VPN）。公用网络与企业的 intranet 建立私有的网络链接。随着当前移动办公的日益增多，出差流动人员、远程办公人员可以通过 Access VPN 对于企业内部网进行远程的访问，如图 7-18 所示。

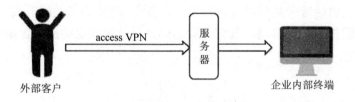

图 7-18　远程访问虚拟专用网（access VPN）

7.6.4　反病毒技术

1. 病毒的概念

计算机病毒是指编制或者在计算机程序中插入的破坏计算机功能或者毁坏数据、影响计算机使用，并能自我复制的一组计算机指令或者程序代码。

其本质是一组程序或者一个指令。

2. 病毒的特点

（1）刻意编写，人为破坏。是人为编写的，有一定的破坏性。有的病毒编制者是为了相互交流或合作，甚至组建了专门的病毒组织。

（2）自我复制能力强，也称为再生或者传染。再生机制是判断是否是计算机病毒的最重要依据。

（3）隐蔽性。病毒通常附在正常的程序中，不易被发现，且大部分病毒在感染系统以后不会马上发作，只是进行传染，只有当满足特定的条件时才会发作。

（4）破坏性。任何病毒都会对系统产生影响，轻者会占用系统的资源，降低使用者的工作效率，重者会导致系统崩溃。

3. 病毒的类型

（1）按传染方式分为引导型、文件型和混合型。引导型病毒在系统启动时修改系统的引导区取得控制权；文件型病毒只是传染磁盘上的可执行文件；混合型病毒兼有以上两种病毒的特点，既感染引导区又感染文件。

（2）按连接方式分为源码型、入侵型、操作系统型和外壳型。源码型病毒攻击用高级语言编写的程序；入侵型病毒可用自身代替正常程序中的一部分模块，一般只攻击用某些特定的程序；操作系统的病毒能直接感染操作系统；外壳型病毒只将自身附在一个正常程序的开头或结尾。

（3）按照破坏性分为良性病毒和恶性病毒。良性病毒只是为了表现其存在，如只显示某项信息，而恶性病毒可能会破坏数据和系统，甚至会让系统崩溃。

4. 病毒的防范

（1）建立健全法律和管理制度，对制造病毒的不法分子进行制裁。

（2）加强教育和宣传，让人们知道制造和传播病毒是非法的。

（3）采取更有效的技术措施。具体如下。

① 系统安全。开发安全性高的系统并且进行迁移，使用更安全的系统。

② 软件过滤。识别和消除病毒，研制各种清理病毒的软件。

③ 文件加密。将可执行文件进行加密。

④ 后备恢复。与后备副本进行比较，进行重新装入。一旦被病毒感染，就用备份的副本覆盖被感染的文件。

7.7 交易安全

7.7.1 数字加密技术

1. 数字加密技术的概念

数字加密技术就是通过信息的变换编码，使授权用户能够接触到正确的信息，而非法用户无法接触到正确信息的方法。

数据加密技术包括加密和解密两个过程。加密是将原始信息重新组织，使其变换成难以识别的信息的编码过程。解密是用户将接收到的密文经过相应的逆变换还原成原始信息的过程。

2. 数据加密技术的工作原理

源信息也就是明文，经过密钥的加密形成加密的信息，成为密文，并通过互联网传输到接收方，接收方接收到密文后，使用密钥进行解密，最终还原原始信息，如图 7-19 所示。

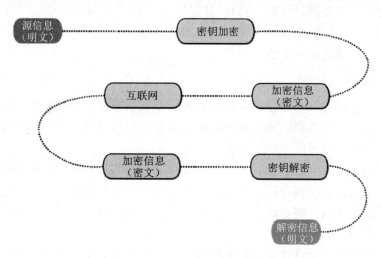

图 7-19　数据加密技术的工作原理

腾讯云、华为云等这些云空间的数据存储工具自带的数据加密功能就是通过这样的原理实现的。

3. 加密技术的分类

1）对称加密技术

对称加密技术就是对加密和解密使用同一密钥或使用可以互相推导的一对密钥对原始信息进行加密、解密的数据加密技术。

发送方对明文使用密钥进行加密后形成密文，然后在互联网上进行传送，接收方接触到密文以后，再使用密钥进行解密，还原出明文，整个过程就是对称加密（见图 7-20）。

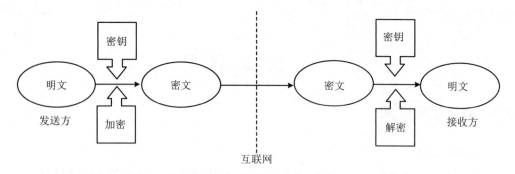

图 7-20　对称加密技术

对称加密的优点是加密速度快、保密度高。缺点包括：第一，难以实现密钥的安全传输，数据加密后，如何将密钥传送给接收方成为难题；第二，管理难度大，N 个人互相通信时，需要产生 $N(N-1)/2$ 个密钥；第三，无法解决数字签名验证的问题，难以验证用户的身份。

2) 非对称加密技术

非对称加密技术是指用一对密钥对信息进行加密和解密，而根据其中的一个密钥推导出另一个密钥在计算上是不可能的。

非对称加密技术的工作原理如图 7-21 所示，发送方使用接收方的公钥对明文进行加密，然后经过互联网发送到接收方，接收方使用自己的私钥进行解密，而接收方的私钥只有接收方持有，因而保证了数据的安全性。

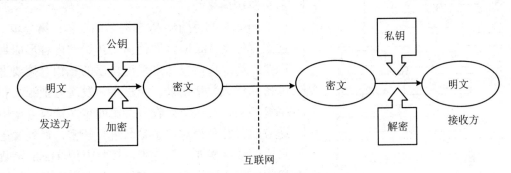

图 7-21 非对称加密技术

其优点包括：第一，多人信息传输所需密钥的组合数量很小；第二，密钥发布容易；第三，可实现数字签名。缺点是速度较慢。

7.7.2 数字摘要

1. 数字摘要的基本思想

数字摘要采用单向的 Hash 函数将需要的明文转换成一个固定长度的密文。不同的明文摘要形成的密文是不同的，同样明文的摘要必定一致。

Hash 函数有这样的特点：只要改动报文中任何一位，重新计算出的报文摘要值就会与原先的值不相符，Hash 函数具有不可逆性，即不能通过文件索引反推出源文件的内容。

2. 数字摘要的过程

发送方将源信息经过 Hash 函数加密，形成摘要，将摘要信息、语言信息一起通过互联网发送到接收方。接收方再使用 Hash 函数，对收到的源信息进行加密，得到摘要，如果得到的摘要与接收到的摘要一致，说明信息没有被篡改，是完整的，如图 7-22 所示。

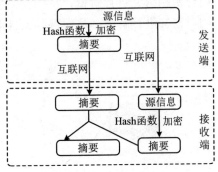

图 7-22 数字摘要的过程

7.7.3 数字签名

数字签名是指在数据电文中以电子形式所含、所附,用于识别签名人身份,并表明签名人认可其中内容的数据。数字签名能够确认信息是由签发者发送的,信息自签发后到接收方为止未做过任何修改,防止电子商务信息作假、冒用他人名义发送信息等。

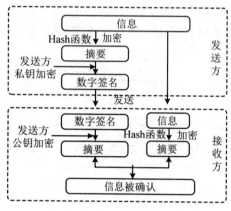

图 7-23 数字签名过程

如图 7-23 所示,数字签名的过程:第一步,发送方首先用 Hash 函数使需要传送的内容形成数字概要;第二步,发送方采用自己的私钥对摘要进行加密,形成数字签名;第三步,发送方把源文和数字签名同时发送给接收方;第四步,接收方使用发送方的公开密钥对数字签名进行解密,得到发送方形成的数字摘要;第五步,接收方用 Hash 函数将接收的信息转换成数字摘要,与发送方形成的摘要相比较,如果相同,说明文件在传输过程中没有被破坏,且发送方的身份得到确认。

数字签名一般用于解决发送者的身份认证,信息自发出后未被修改过。

7.7.4 数字信封

数字信封技术用来保证只有特定的收件人才能阅读信的内容。采用数字信封技术以后,即使他人非法截获加密的文件,也不能对文件进行解密,这保证了数据传输的安全性。

数字信封的工作流程如图 7-24 所示。第一步,在发送文件时,发送方产生一个通信密钥,并通过通信密钥对文件进行加密;第二步,发送方把通信密钥用接收方的公钥进行加密,将密文和密钥的密文即数字信封通过网络传输给接收方;第三步,接收方用自己的私钥对密钥密文进行解密,从而得到发送方的通信密码;第四步,接收方用发送方的通信密钥对密文进行解密,从而得到文件的源文。

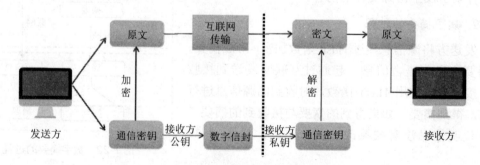

图 7-24 数字信封的过程

数字信封保证了只有规定的人才能阅读信的内容,可以解决信息的完整性问题。

7.7.5 数字时间戳

数字时间戳（digital time-stamp，DTS）是 DTS 服务机构提供的，专门用于证明信息发送时间的电子商务安全项目。

数字时间戳主要包括三个部分。

（1）需要加时间戳的文件摘要。

（2）DTS 收到文件的日期和时间。

（3）DTS 的数字签名。

数字时间戳解决的是网络环境下签订合同或交易的时间的不可否认性的问题。

数字时间戳的生产过程如图 7-25 所示。第一步，用户先将需要加时间戳的文件用 Hash 函数形成摘要；第二步，将摘要信息发送到专门提供数字时间戳的 DTS 机构；第三步，DTS 机构收到摘要的时间信息后，用 Hash 函数生成新的摘要；第四步，DTS 机构用自己的私钥对新的数字摘要进行签名，生成数字时间戳，这样数字时间戳中就包含了 DTS 的数字签名、文件摘要和收到文件的时间三个部分的内容；第五步，将数字时间戳再发送给用户，产生数字时间戳。

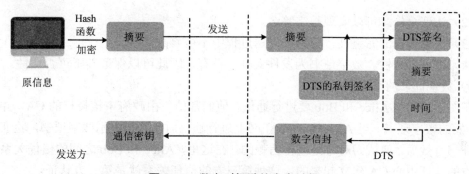

图 7-25　数字时间戳的生产过程

数字时间戳用来保证交易方不能否认其行为的执行时间。

7.7.6　认证技术

1. 数字证书

数字证书也称公开密钥证书或数字凭证，是一个经证书授权中心（certificate authority，CA）进行数字签名的包含用户身份信息以及公开密钥信息的电子文件。

其作用是证明证书中的用户合法拥有证书中的公钥。数字证书就是互联网通信中标识通信各方身份信息的一系列数据，其提供了一种在互联网上验证身份的方式，其作用类似于我们日常生活中的身份证。

1）数字证书的结构

数字证书的结构如图 7-26 所示。

2）数字证书的功能

（1）保密性。使用收件人的公钥进行加密，可以保证信息只有收件人才能够读取。

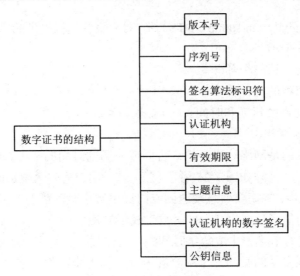

图 7-26　数字证书的结构

（2）认证身份。可以实现数字签名。

（3）保证数据的完整性。信息在发送过程中不被修改。

（4）不可否认性。数字证书为发件人唯一拥有，因此可以保证其不可否认性。

3）数字证书的工作原理

在图 7-27 中，Alice 和 Bob 要进行通信，他们都信任由政府审核授权的 CA，并都拥有 CA 颁发的数字证书。当 Alice 和 Bob 在网上进行通信时，互相出示数字证书，验证彼此的数字证书有效后，便认为对方是值得信赖的。在这里，Alice 和 Bob 之间的信任关系是通过第三方的认证中心 CA 建立起来的，这种第三方的信任关系就是第三方认证。

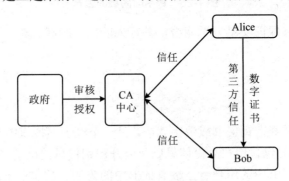

图 7-27　数字证书的工作原理

4）数字证书的类型

（1）个人数字证书。个人数字证书仅用于为用户提供认证，一般安装在客户的浏览器上，以帮助个人在网上进行安全交易。

（2）企业数字证书。用于为企业 Web 服务器提供认证，使用户浏览器和企业 Web 服务器之间的数据传输以加密的形式进行。

（3）软件数字证书。用于为软件开发者提供认证，证明该软件的合法性。

2．认证中心

认证中心（certificate authority，CA）是验证公开密钥真实性的第三方，是一个权威机构，专门验证交易双方的身份，主要提供网上安全电子交易的认证服务。

CA 具有以下功能。

（1）自身密钥的产生、存储、备份和销毁功能。

（2）提供安全管理密钥的服务。例如检索、查询、下载、认证等。

（3）确定密钥的生存周期。一般来说，证书都是有有效期的，包括产生的日期和过期的日期。

根据功能的不同，认证中心又可以划分为不同的等级，认证中心一般仅在发布新的品牌认证中心时才被访问，品牌认证中心发布并维护地域性的认证中心、持卡人认证中心、商户认证中心和支付网关认证中心的证书。地域性的认证中心是考虑到特殊地区的政策因素而设定的，因此是可选的。

3．公钥基础设施

公钥基础设施（public key infrastructure，PKI）是一种遵循既定标准的密钥管理平台，它利用非对称加密技术为电子商务、电子政务等所有网络应用提供一整套的通用安全服务。

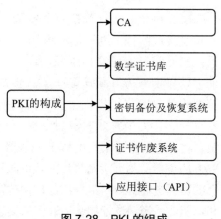

图 7-28　PKI 的组成

PKI 的组成如图 7-28 所示，其中 CA 是 PKI 的核心部分。

PKI 作为安全基础设施提供核心服务和支撑服务两大类服务。

（1）核心服务主要包括认证服务、完整性服务、保密性服务。

（2）支持服务主要包括数字时间戳、公证服务、不可否认服务。

电子商务的认证可以直接满足身份认证、信息完整性、不可否认性等多项电子商务交易的安全需要，较好地避免了电子商务交易面临的假冒、篡改、抵赖、伪造等威胁，而公钥基础设施可以解决网络中的信任问题，确定通信主体的身份，方便用户使用数字加密、数字签名等安全服务。

7.8　安全协议

7.8.1　安全嵌套层协议

1．安全嵌套层协议概述

安全嵌套层协议（security socket layer，SSL）是指通过使用公开密钥体制和数字证书技术保护信息传输的机密性和完整性的协议。

SSL 协议的特点如下。

（1）适用于点对点的信息传输。

（2）用于浏览器/服务器的方式。

（3）在 TCP/IP 连接的基础上可以建立一个安全通道。

2. 安全嵌套层协议的子协议

一般来说，SSL 协议中有最重要的两个子协议，分别是 SSL 握手协议和 SSL 记录协议。

SSL 握手协议（handshake protocol）是指通信双方进行身份认证、协商加密算法、交换加密密钥等。

SSL 记录协议（record protocol）是指对封装全部传输数据的 SSL 记录进行加密、解密和认证。

3. 安全嵌套层协议的工作过程

SSL 协议的运行包括六个步骤，如图 7-29 所示。第一步是接通阶段，浏览器请求和 Web 服务器建立安全会话；第二步是密码交换阶段，浏览器和服务器交换密钥证书，以便双方互相认证；第三步是会话密码阶段，浏览器也就是客户机提供自己支持的所有算法清单，服务器选择它认为最有效的密钥算法；第四步是检验阶段，浏览器将产生的会话密钥用 Web 服务器的公钥加密再传送给 Web 服务器；第五步是客户的认证阶段，Web 服务器用自己的密钥进行解密；第六步是数据传输阶段，Web 服务器和浏览器用密钥进行加密和解密来实现密文的传输。

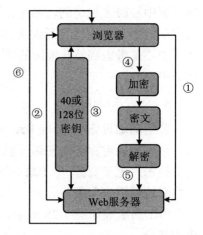

图 7-29　安全嵌套层协议的工作过程

4. SSL 安全协议的应用模式

SSL 协议的应用模式主要有以下两种。

（1）客户/服务器的模式。在这种模式中，客户端可以匿名访问，服务器端需要认证，服务器不必知道客户端是谁。很多浏览器和 Web 服务器都支持这种功能，电子商务交易时只能保护双方数据的保密性，对于用户通过账号和密码方式进行认证。

（2）对等模式。这种模式中，双方都既可做服务器也可做客户端。双方的通信是对数据进行保护，也需要对双方进行身份认证，这种模式可以用在电子商务中的商家和银行之间的电子支付系统中。

通常情况下将两种模式结合起来进行电子商务应用。客户和商家之间采用客户/服务器模式，商家和银行之间采用对等模式。

7.8.2　安全电子交易协议

1. 安全电子交易协议概述

安全电子交易协议（security electronic transaction，SET）是由 VISA 和 MasterCard 制

定的电子商务中安全交易的一个国际标准，主要用于解决信用卡电子付款的安全保障问题。

2. 安全电子交易协议的运行目标

（1）安全传输，防止数据被窃取。
（2）保证电子商务参与者信息的相互隔离。
（3）解决多方的认证问题。
（4）保证网上交易的实时性。
（5）促进软件的兼容性。

3. 安全电子交易协议的工作流程

如图 7-30 所示，安全电子交易协议的工作流程可以分为九个步骤。第一步，持卡人也就是消费者与商家协商所要购买的商品；第二步，持卡人确定订货单中的单价、账款、交货方式等信息；第三步，持卡人确认订单，选择付款方式，此时 SET 协议开始接入，持卡人发出付款指令，同时利用双重签名技术保证商户看不到持卡人的账号信息，商户转发付款指令，等待审核结果；第四步，支付网关将请求发送到收单银行，也就是商家的开户行；第五步，收单银行请发卡行，也就是买家的开户行进行审核；第六步，发卡行批准交易后通知收单行；第七步，收单行将确认的结果返回给支付网关；第八步，支付网关再将确认结果返回给商家；第九步，商家将确认结果返回给持卡人。至此 SET 协议参与的整个过程结束，最后商家发货或提供服务，将钱从持卡的账号转移到商家的账号。

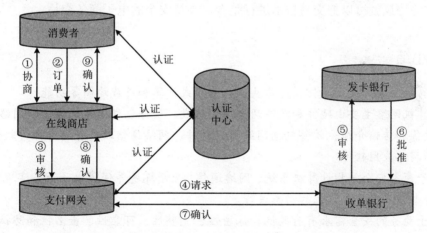

图 7-30 安全电子交易协议的工作流程

7.8.3 SSL 协议与 SET 协议的比较

SSL 协议与 SET 协议的比较如表 7-1 所示。

表 7-1 SSL 协议与 SET 协议的比较

比较项目	认证机制	设置成本	安全性	效率	工作层次	应用
SET	多方均需认证	需安装电子钱包	较高	低	应用层	信用卡支付交易

续表

比较项目	认证机制	设置成本	安全性	效率	工作层次	应用
SSL	双方认证	大部分浏览器支持	较低	高	传输层和应用层之间	信息交流

7.8.4 HTTPS 协议

1. HTTPS 协议概述

HTTPS 是以安全为目标的 HTTP 通道，通过在 HTTP 下加入 SSL 层，实现安全的 HTTP 数据传输。

简单地讲，HTTPS 就是 HTTP 的安全版，用于安全敏感信息的通信。

网络银行就是通过 HTTPS 协议确保交易安全的。

2. HTTPS 协议的功能

（1）HTTPS 信任主机采用 HTTPS 的服务器必须申请服务器的证书。

（2）防止数据泄密和被篡改。服务器和客户端所有的通信都是加密的，特殊情况下需要客户端也必须装有证书，也就是说，客户端的认证是可选的。

除这些协议，还有 PTP 协议可以用在电子邮件和文件的存储应用中；安全多用途互联网邮件扩展协议（S/MIME 协议）主要用于电子邮件和相关的业务。

有了这些协议就可以把交易技术进行整合，支持安全的电子商务交易。

本章小结

※ 计算机网络有数据通信、资源共享、分布式计算和负载均衡等功能。

※ 计算机网络主要由硬件和软件两个部分组成。硬件包括网络服务器、网络工作站、网络互联设备和传输介质；软件包括网络协议软件、网络通信软件、网络操作软件、网络管理软件和网络应用软件。

※ 电子商务安全是指计算机系统、网络通信、应用环境等保障电子商务实现的要素不受威胁的一个多层次、多方位的动态过程。

※ 电子商务的安全需求有有效性、保密性、完整性、可靠性、匿名性和防抵赖性。

※ 一般认为，计算机网络系统的安全威胁主要来自黑客攻击、计算机病毒和拒绝服务三个方面。

※ 防火墙分为包过滤的防火墙、代理服务防火墙和状态检测防火墙三类。

※ 数字加密技术就是通过信息的变换编码，使授权用户能够接触到正确的信息，而非法用户无法接触到正确信息的方法。

复习思考题

1. 网络安全包含哪几方面的技术？

2. TCP/IP 是什么？
3. 试理解并画出 OSI/RM 参考模型。
4. 电子商务安全面临哪些威胁？
5. 防火墙技术有哪些具体应用？
6. 数字签名的原理是什么？
7. 电子商务认证技术包含哪些？
8. 互联网能提供哪些服务？
9. MVC 设计模式都包含哪些部件？

 案例分析

国家互联网应急中心：我国互联网遭受境外网络攻击

新华社报道称，国家互联网应急中心监测发现，2022 年 2 月下旬以来，我国互联网持续遭受境外网络攻击。境外组织通过攻击、控制我国境内计算机，进而对俄罗斯、乌克兰、白俄罗斯进行网络攻击。经过分析得出，这些攻击地址主要来自海外，仅来自美国纽约州的攻击地址就有 10 余个，攻击流量峰值达 36 Gbps，87% 的攻击目标是俄罗斯，也有少量攻击地址来自德国、荷兰等国家。

序号	攻击地址		被攻击目标
1	107.174.250.xxx	美国伊利诺伊州	俄罗斯
2	107.172.249.xxx	美国纽约州	俄罗斯
3	192.210.239.xxx	美国伊利诺伊州	乌克兰
4	107.172.188.xxx	美国纽约州	俄罗斯
5	66.150.130.xxx	美国加利福尼亚州	俄罗斯
6	51.195.20.xxx	德国黑森州	俄罗斯
7	199.188.101.xxx	美国德克萨斯州	俄罗斯
8	136.144.41.xxx	荷兰南荷兰省	俄罗斯
9	96.8.121.xxx	美国华盛顿州	俄罗斯
10	135.148.91.xxx	美国俄亥俄州	白俄罗斯

中国网络安全企业 360 公司发布报告披露：美国国家安全局利用网络武器对中国、英国、德国、法国、日本、印度、韩国等全球 47 个国家和地区的 403 个目标开展网络攻击。这也是继 2020 年中国网络安全企业实锤美国中情局对中国进行长达 11 年的网络攻击渗透后，又一次公开揭批美国的"黑客帝国"真面目。中国网络安全企业 360 公司发布的这份报告认为，美国国家安全局长期针对全球发起大规模网络攻击，中国是重点攻击对象之一。

外交部发言人赵立坚在例行记者会上回答相关提问时表示，这些数据证明，美国是真正的"黑客帝国"。"中方对来自美国的、利用中国为跳板对他国实施网络攻击的行为表示严重关切。这再次表明,中国是很多国家黑客攻击的目标。"赵立坚说。在当前乌克兰形势下,上述行为可能产生误导国际社会、散布虚假信息的不良效果。"我们注意到,美政府前高官不久前公开呼吁对俄进行网络攻击。我们不清楚美国政府在其中发挥了什么样的作用,此类活动与美长期以来在网络领域抹黑中国的做法之间是否存在某种联系。中方敦促美方在网络空间采取更加负责任的态度,立刻停止此类恶意网络活动。"

(来源:我国互联网遭受境外网络攻击[EB/OL].(2022-03-11).
　　　　http://m.news.cn/2022-03/11/c_1128460865.htm.)

案例讨论:

1. 数字化时代,我们如何培养网络安全意识?
2. 作为中国互联网公民,为维护国家网络安全我们应该怎样做?
3. 针对美国政府对本国公民进行网络监控、对境外国家实施黑客攻击的行为,谈谈你的看法。

第8章 社交电子商务与直播电子商务

学习目标

- 掌握社交电子商务的概念。
- 了解社交电子商务的发展特点。
- 认识社交电子商务的模式。
- 了解直播电子商务的发展现状。
- 认识直播电子商务的发展趋势。

引例

字节系打通直播电子商务,大厂的尽头是带货?

自2021年11月初字节跳动进行组织架构调整,将西瓜视频和今日头条并入抖音业务板块后,原本作为字节系两大支柱产品的抖音和今日头条就在不断走向融合。

近日,今日头条发布系统通知称,将对直播板块进行整体升级,升级之后的直播服务将由抖音提供。用户可根据规则将今日头条账号内的直播权益迁移至绑定的抖音账号,绑定后开播,直播内容可同时在"今西抖"三个平台分发。这被外界认为是抖音在向今日头条"索要"流量的一种方式。正值"618"年中大促期间,雷达财经注意到,今日头条App上已经出现了"618 好物节"的推荐内容,同时其在用户首页的信息流推荐中,也加大了直播入口的曝光频次。用户已经可以直接在今日头条的直播间内购物。

事实上,电子商务已经成为众多头部内容平台的重要变现方式之一。易观千帆数据中,目前信息流咨询类月活排名前四的App均在电子商务领域有所布局,知乎、B站也均将电子商务放在了App的关键位置,美团更是上线了"直播助手",主打同城电子商务。"宇宙的尽头是带货,互联网大厂也不例外。"有网友感叹。

抖音的变现焦虑

曾经飞速成长的抖音最近也撞上了天花板。据《中国互联网络发展状况统计报告》显示,截至2020年12月,我国短视频用户规模为8.73亿,网民渗透率达到88.3%,这说明在短视频已逐渐成为互联网底层应用的同时,也宣告着市场正在趋于稳定,留给短视频头部平台的流量增长空间已经所剩无几。

有报道称,抖音日活跃用户人数(daily active user, DAU)自2020年6月破6亿以来,就没有明显增长,至2021年9月的日活大概为6.4亿,主站和极速版分别为5亿和1.4亿。在此期间的DAU增长,主要还是靠极速版拉动,主站的增速不断下滑。而更令字节感到不安的是,身后的快手正在虎视眈眈,自严强调任运营负责人后,快手依靠短剧和体育内容等营销方式，不断提升着自己的用户拉新和留存率。在此背景下，抖音迎来了一轮重大的组织架构调整。2021年11月2日，接替张一鸣成为CEO的梁汝波发布了全员邮件，宣布实行业务线BU（business unit）化，并成立六个业务板块：抖音、大力教育、飞书、火山引擎、朝夕光年和TikTok。其中，今日头条、西瓜视频、搜索、百科以及国内垂直服务业务均被并入抖音。在业内人士看来，这一变动意味着抖音已成为字节跳动"核心中的核心业务"。

具体而言，依靠抖音为字节系其他App导流曾是过去的常态，但将西瓜视频、今日头条等高流量产品并入抖音后，则可对抖音的流量进行反哺。形成流量闭环的生态系统后，字节的矛头直指抖音商业化增收。毕竟纵观2021年，字节跳动的业绩增长趋势难言乐观。据外媒报道，字节跳动2021年营收约580亿美元，同比增长70%，增速较2020年的三位数有所放缓。

由于政策监管等因素，字节的游戏和在线教育板块都遇到不小的困难，这直接重创了字节跳动的互联网广告业务。数据显示，2020年字节跳动广告收入占实际收入的77%，但2021年11月，有消息称字节在商业化产品部全员大会上披露，其国内广告收入近半年已停止增长。这是字节2013年开启商业化以来首次出现"增长危机"，也意味着公司需要尽快增强自造血能力。不过，找到广告业务外的增长第二极并非易事。雷达财经注意到，近两年同城、短剧、学习、"种草"等业务都曾被放置在抖音一级入口中，其中同城是抖音最想啃下来的骨头之一。但高调进军两年后，截至2021年11月底，年内抖音本地业务的GMV（商业交易总额）仅为100亿元，没有完成年初定下的200亿目标。

变现焦虑下，6月，抖音本地生活已经上调了服务费率，针对美食、游玩、休闲娱乐和住宿软件的费率分别从0.6%上调至2.5%、2.0%、3.5%和4.5%。这意味着假如商家卖出了1万元的烤羊腿套餐和1000元的大床房订单。在6月前平台收取的软件服务费为66元，新规后该价格将涨至295（250+45）元。抖音最近推行的一级入口是商城。据报道，抖音电子商务2022年的GMV目标高于快手，后者目标近万亿元。抖音曾在探索电子商务的过程中遭遇了不少困难。在超过6亿日活的流量支撑下，抖音电子商务2020年GMV为5000亿元，但抖音小店只有1000亿元出头，其余均是为其他电子商务平台导流实现的。对比之下，同期快手GMV为3812亿元，平均复购率高达65%。但从目前的情况来看，能在未来几年支撑抖音第二条增长曲线的业务还是电子商务。5月31日举行的抖音生态大会上，抖音电子商务总裁魏雯雯透露，过去一年抖音电子商务GMV是上年同期的3.2倍，用户有商品意图的搜索行为同比增长217%，直播间订单数同比去年4月增长112%。

今日头条的"余热"

事实上，仅以时间线来看，抖音并不是字节用来尝试电子商务内容变现的第一个产品，在这方面，2021年年底并入抖音的今日头条是"鼻祖"。

早在2014年，今日头条App就上线了名为"今日特卖"的电子商务业务，这是字节跳动首次将电子商务业务根植于内容平台中。由于电子商务的供应链、物流和运营过重，今日头条起初选择的方式是借助自身的流量，为其他电子商务平台导流。彼时，用户可以通过今日头条点击进入一个商品聚合的H5页面，并直接在该页面实现浏览、下单、购买和支付。用户成交以后，今日头条从阿里妈妈旗下淘宝联盟处赚取淘宝客佣金。后续，今日头条也与京东达成了合作。

2017年，今日头条App又上线"放心购"业务，与帮助淘宝、京东导流的今日特卖频道不同，放心购属于"二类电子商务"。即在京东、淘宝等知名电子商务平台外，靠自身流量为商家提供营销工具的媒体平台主要依靠信息流广告做单品销售。经历迭代后，放心购一度上线了传统的电子商务业务主后又将部分功能独立出来做成新产品"值点"。2019年，今日头条又为头条号的创作者开放了头条小店，创作者开通后，可直接在头条系的个人主页"卖货"。但最终无论是何种尝试，都没能在市场中溅起水花。雷达财经搜索发现，目前在头条号的功能实验室中申请头条小店，随后跳转的页面已经变为"抖店"。

  与此同时，今日头条在图文方面的探索也屡屡折戟。对标知乎的悟空问答、对标微博短内容的微头条、对标微博热搜的头条热榜，或在发展失败后销声匿迹，或在影响力下滑后被归入子内容版块中。叠加广告业务的萎靡，今日头条至2021年11月甚至处于亏损边缘。不过，自己做不好电子商务，并不意味着不能为抖音提供有价值的支援。

  首先，即使今日头条与巅峰时期相比略有下滑，但其仍坐拥可观的流量。易观千帆数据显示，2022年前4个月，今日头条的月活在所有信息流咨询类App中仅次于百度。且今日头条与抖音的用户群体并不完全重合，前者男性用户占比更大、中年用户多于年轻用户、一二线城市用户占比也比抖音更高。

  其次，有观点认为，今日头条App在电子商务业务中最大的优势不在于带货，而在于商业广告。中信建投研究报告显示，长安汽车通过投放头条广告，品牌参与度提升208%，预购度提升233%；夏普在头条进行大规模效果广告投放后，获得了当年京东"618"平板电视品牌销量第一的排名。在此基础上，头条积累的广告投放口碑，对于想主推抖音小店逐步切断第三方交易链接的抖音来说，是吸引优质商家的重要卖点。

  目前，今日头条已经在个人主页中加入了订单和优惠券功能，并通过这两个新功能实现了对抖音电子商务订单和红包/优惠券的同步。此外，用户在今日头条App上上下滑动图文内容时有一定概率会刷到抖音直播的推广页面，该页面以动态形式展示，且点击进入后，购买商品可在当前页面完成，用户无须进行跳转。这种变化也符合抖音在第二届电子商务生态大会上提出的"全域兴趣电子商务"概念，即通过短视频和直播内容、商城、搜索等多场域协同互通，为商家生意带来新增长。

（来源：字节系打通直播电子商务，大厂的尽头是带货？[EB/OL].（2022-06-02）. http://www.leidacj.com/news/show-17825.html.）

案例讨论：

1. 根据案例和你所了解的信息，试简述抖音和快手的营销方式有什么不同，直播电子商务又会给商家带来哪些好处？
2. 上述案例中，抖音变现的方式有哪些？

8.1 社交电子商务

  传统电子商务发展步入成熟期，红利耗尽导致获客成本大大增加。传统电子商务的成本主要集中在营销和获取渠道两方面，而社交电子商务成本集中在社交方面，通过"社交+

拼团"，实现用户的自裂变增长，以极低的成本迅速获取庞大的基本盘。"流量红利+获客优势"，这一社交属性与电子商务平台相结合的创新式电子商务营利模式推动社交电子商务蓬勃发展，站在时代发展的路口，吸引各行各业加入，推动电子商务行业规模迅速扩大。至 2019 年，我国社交电子商务行业规模已经高达 2 万亿元，比 2018 年增长 71.71%，增速迅猛，势头强劲。社交电子商务实质上是一种获客渠道和销售方式的创新，低价获客引流的优势是电子商务快速发展的基础。

8.1.1 社交电子商务的概念

社交化电子商务（social commerce，SC）于 2005 年 12 月在 Yahoo 网站上最早被提出，这是"社交化电子商务"这一概念第一次出现在人们的视野里。

社交化电子商务即社交电子商务，是指将个人社交因素融入电子商务交易过程的现象。社交因素包括分享、讨论等，社交化电子商务与消费者的整个消费过程紧密联合，它不仅指消费者对于产品的选择，还包括消费者在产品购买的过程中与各个企业进行的交流，以及在购买产品后分享的购物体验与整体评价。

8.1.2 我国社交电子商务的发展历程

1. 萌芽期（2009—2011 年）

随着微信越来越成为网民必不可少的社交软件，微信朋友圈开始兴起推销卖货，利用自己的熟人交际圈销售商品。最初的商品主要为美妆护肤类，随着个人微商团体的扩大，在朋友圈销售产品成为社交电子商务最原始的形式。

2. 野蛮生长期（2012—2015 年）

随着"微商"概念的兴起，一大批微商品牌借势生长。与此同时，个人微商经营者开始涌入社交平台，成为个体商户，依靠自身的推销和带货能力，推动了微商快速发展。然而爆发式增长暴露了种种问题：行业缺乏监管，产品质量、多级分销等问题无人把关，乱象丛生，行业陷入畸形野蛮生长状态。

3. 高速爆发期（2016—2018 年）

多家头部社交电子商务涌起了一股上市热潮，各类垂直型内容平台崛起。与此同时，受资本青睐，行业融资活跃，头部电子商务平台也开始入局，行业发展火热。

4. 规范发展期（2019 年至今）

由于乱象引发了多起严重损害消费者权益的事件，引起国家高度重视。相关部门增强了行业监管，制定了规范的行业标准，对违法电子商务加大惩处力度，严厉打击，引导电子商务平台向规范化发展，开始为社交电子商务的发展营造良好的环境。

8.1.3 社交电子商务发展现状

社交电子商务是电子商务的一种新型业态模式，是以人际关系为纽带，借助社交媒体传播途径，以"用户裂变""粉丝种草""社交互动""用户自生内容"等手段辅助商品购买，同时将关注、分享、互动等社交化元素应用于交易过程的购物模式。

1. 呈现多元化、差异化发展格局

目前，社交电子商务根据对电子商务中人、货、场流转和运营的差异，主要分为拼购类、会员分销类、内容直播类及社区团购类四种。

拼购类平台以有特色、商品价格低等运营策略吸引用户参与平台拼团、砍价等行为，这一模式聚合大量分散需求形成批量化订单，降低价格。目前，主要电子商务平台普遍加速在拼购领域发力。拼购类社交电子商务具有品牌商家、拼购型电子商务平台、消费者等多方主体。拼购型电子商务平台通过与品牌商家签约合作获得商品上架，消费者在主动搜索、浏览目标商品后发起参团，借助传播分享等手段让潜在消费者与其进行组团，以更低的价格购买目标商品。通过聚集两人及以上用户、以社交分享的方式组团，以比单人购买时更低的价格购买商品。拼团的发起人和参与者多通过社交平台分享并完成交易，低价激发消费者分享的积极性，让消费者主动帮助传播。

会员分销类平台采用 S2B2C 的模式，上游对接商品供应方，为店主提供供应链、物流、IT 系统、培训、售后等一系列服务；店主负责商品销售及用户维护；用户通过缴纳会员费、完成任务、免费入驻等成为会员、分销商，在不介入供应链的情况下，利用社交关系在逐级裂变的分销模式下获取收益，实现"自用省钱，分享赚钱"。

内容直播类平台通过网红、关键意见领袖（key opinion leader，KOL）、时尚达人基于社交工具和平台产出与商品相关的优质内容吸引用户消费，解决消费者购物前选择成本高、决策难等相关痛点。内容型社交电子商务依赖于商业供应链和内容供应链两个链条进行。品牌商/经销商与 MCN 机构（网红经纪公司）/内容生产者签约合作，前者负责生产商品，后者负责生产与商品相匹配的图文、短视频、直播等内容。当商品上架电子商务平台的同时，先前生产的内容会相应地投放到相关内容平台，通过消费者的下单购买和浏览观看获取收益。

社区团购类模式则主要围绕线下生活社区，以社群为主要交易场景，以熟人社交关系为纽带，通过团长触达社区用户，完成销售。社区型社交电子商务是以固定的物理空间为边界（一般为小区），培育或签约社区内的便利店店长或宝妈为团长。团长基于邻里信任关系在社区内发起拼购，集聚成一定规模的订单量后，由平台发货至团长，最后消费者上门自提或由平台/团长负责配送及售后服务。

2. 社交电子商务发展迅速

社交电子商务交易规模增长迅速。2020 年社交电子商务市场规模占网络零售额比重接近 30%，成为仅次于自营电子商务、平台电子商务后的"第三极"。主要社交电子商务平台经营业绩增长显著，2020 年拼多多平台 GMV 达 16 676 亿元，同比增长 66%；京喜共计售出农产品 80 万吨，工厂产品 60 亿件；小红书运动健身和美食笔记发布量同比增长均超 300%，用户规模不断扩大。2020 年我国社交电子商务用户规模逼近 7 亿人，受到资本青睐，成为创投市场的热点。梦饷集团（原爱库存）、芬香、团爆品、拼量网、拼配等众多社交电子商务平台获得了融资，兴盛优选获得来自京东集团的 7 亿美元战略融资，业务覆盖 14 个省、163 个地级市、938 个县级市、4777 个乡镇、31 405 个村，门店 30 多万家，日均单量达到 1000 万，且大部分订单来自乡镇、农村。

3. 社交电子商务业态创新层出不穷

随着社交电子商务的迅速崛起，传统电子商务不再局限于中心化流量分发，京东创建京喜，淘宝推出社交电子商务 App"淘小铺"，推行"社交+拼购"模式；抖音、快手等短视频平台将电子商务视为流量变现的重要手段，以"内容"为核心、KOL 为助推力，通过泛内容社交关系实现短内容与直播带货；定位于 ToB（企业服务）的 SaaS 工具类平台，如微盟、有赞、艾克等工具服务产品也在迅速崛起；菜鸟、顺丰、京东物流、支付宝、微信支付作为社交电子商务的底层支持性服务助力行业效率升级；微信、微博、贴吧、豆瓣等作为社交流量平台，为社交电子商务相关生态伙伴产品快速崛起提供了重要空间。

8.1.4 社交电子商务的发展特点

1. 消费场景社交化，电子商务营销内容化

2020 年，各大电子商务平台纷纷通过分享社区、短视频、直播、资讯等各类内容模式绑定消费者。尤其是直播、短视频带货的价值日益突出，具备粉丝效应的 KOL 成为电子商务产业链条中的重要环节。

消费者对社交电子商务的需求快速增长，品牌商家也加大了向社交电子商务模式转型的力度，加强社交运营，持续与消费者互动。品牌商家基于对消费者特点的理解，热衷于围绕一个关键的差异化因素积累社交网络中的追随者，从而建设直客关系的品牌价值。根据中国互联网协会的商家行为调研，2020 年 62%的品牌商家在社交平台的销售额在总销售额中的占比超过 10%，其中有 20%的品牌商家社交渠道销售占比超过 50%；在特定社群中开展营销成为品牌商家拓展销售渠道的第一选择。其中 87%的品牌商家通过社群达成销售，8%的品牌商家社群销售额占总销售额比例超过了 40%。天猫、京东、网易考拉、小红书、抖音、拼多多等电子商务与社交媒体平台纷纷加大对营销渠道和优质内容生产的投入，并推动垂直内容社区、KOL/MCN、拼购等主要社交电子商务互动机制不断发展，推动电子商务生态进一步社交化。

2. 交易和推广环节融合，去中心化营销不断发展

据统计，2020 年社交媒体在中国的渗透率超过 97%。中国消费者平均每天在手机上花费近 4 个小时，其中，在社交媒体上花费 2.3 小时以上；69%的消费者在社交媒体上分享过自己的网购链接。消费者在电子商务平台上购物时的行为模式也发生了明显的变化，根据 iResearch 统计，消费者已经愈加习惯在社交分享和内容的驱动下产生购买兴趣，并选择社交关系中口碑好的品牌，基于信任或内容推荐完成一次购买行为。消费者主动搜索、多渠道查询对比、下单购买、评价，具有追随他人分享、"种草"、快速促成购买、兑换并推荐的特点。作为流量入口的微博通过社交互动属性，尤其公开化的社交互动、意见领袖带货、推荐算法等天然优势促进社交电子商务的流量转化。例如，基于微博热搜的中心化传播，商家可以在用户的观点积累、下单转化、复购以及活动参与程度等方面开展数据分析和挖掘，从而实现品牌推广、商品销售转化效率的最大化。

小红书、抖音直播、蘑菇街通过对图文、短视频、直播等内容的运营输出实现引流变

现。基于内容发展的社交电子商务往往依靠高质量、成规模的社区实现顾客群体的稳定增长。以抖音电子商务"女王节"为例，其总成交额高达 136.3 亿元，看播用户量、互动评论条数、互动人次分别为 109 亿、11.3 亿、2.1 亿。基于搜索的中心化电子商务，内容化迈进私域流量。淘宝通过内容化涉足私域运营，商家提供强大供应链支持，包括有好货、淘宝头条、微淘、每日好店等。淘宝 App 中的"微淘"是私域流量运行的最重要试验田。以贝店、云集、花生日记为代表的会员制平台采用了以会员社会关系，即身边熟人为基础的社交推广模式。在该模式下，社交电子商务平台不单纯依托于特定社交应用，而以返利、优惠等方式促进用户自发传播电子商务产品，并有效地扩大了电子商务平台的用户群体数量。食享会、松鼠拼拼、同城生活等社区团购模式起步较晚，直到 2016 年才开始出现，但是在 2020 年，社区团购的市场规模已经达到 1160 亿元，预计潜在市场规模达万亿级。

3. 技术服务平台兴起，助力社交电子商务快速发展

社交电子商务的迅速增长对技术服务的需求不断提升，使一大批提供数字化工具的 SaaS 平台等技术服务商兴起这些技术服务商为中小企业实现数字化转型提供大数据、智能算法、营销自动化、优质媒体资源等去中心化的智慧商业解决方案，帮助企业不通过第三方电子商务平台实现独立运营。平台通过向中小企业提供低成本小程序开发，开放平台核心技术能力等，吸引第三方开发者，打造云端生态体系，并逐步实现了电子商务 SaaS 的规范化和标准化。2020 年微信小程序全年交易额同比增长超过 100%。小程序整体的实物商品交易部分快速增长，年增长率达 154%。支付宝小程序希望"用 3 年投入 10 个亿孵化小程序生态创新"，助力从事餐饮、快消、酒店、旅游、出行、租赁、快递、物业、健康等本地生活服务的创业者。广大开发者可以通过字节跳动小程序提供的丰富基础能力完成服务搭建。字节跳动的各个 App 在精准匹配用户需求，为全球用户提供优质服务的同时，其自身业务也完成了流量与转化的升级，促进了线下传统企业向线上线下一体化转型。

8.1.5 社交电子商务的作用与影响

社交电子商务完善的产业链条迅速改造着互联网时代零售业的面貌，影响着生产、流通、消费全过程，发挥了较高的社会经济效应。

1. 拓展就业渠道

社交电子商务依托互联网社交工具，为用户挖掘自身社交影响力及分享获取流量提供了支持，降低了每一位用户参与分享与使用流量的门槛，社交电子商务企业还提供相关培训，在带动社会就业特别是灵活就业方面发挥着不可低估的作用。在社交电子商务平台上，活跃着大量的自由职业者、全职宝妈，其中有不少来自偏远农村地区。芬香科技依托京东商品池和供应链，通过推手在社交平台及社群中分享，为消费者提供京东特惠商品和优质服务，帮助众多"宝妈"、退休人士、退伍军人、农民工、残障人士等共计 200 多万人员实现灵活就业，并获得较为稳定的收入。

2. 助力扶贫攻坚与乡村振兴

社交电子商务与农产品产地直接对接，依托丰富的营销与裂变手段，能够快速有效地

助力农产品销售与推广，吸引人才回乡创业，促进农村产业扶贫。2020年年初受新冠肺炎疫情冲击，很多农产区农产品滞销。拼多多设立了专项助农补贴，线上线下同步采取了针对性措施，深入农产区开展在线培训、抗疫助农直播，探索农业产业运营新模式，建立"多多农园"，通过"拼团+订单农业"、社区团购等，将消费端"最后一公里"和原产地"最初一公里"直连，降低农产品上行损耗，推广标准化种植示范基地，引导农户开展标准化、品质化作业。拼多多2020年的农产品交易额翻倍增长至2700亿元，1200万农户通过拼多多将产品直接出售给全国的消费者。

3. 推动现代流通体系建设

社交电子商务依托的是品牌或个体自有的私域流量，为经营主体积蓄流量池、打造品牌提供了契机。在新冠肺炎疫情期间，深圳天虹商场借助腾讯智慧零售的数字化工具能力，形成了数字化的客户触达和管理运营机制，在"线上购物节"开展一周后，实现销售额环比增长92%，单日线上销售额超过3000万元的成绩。淘宝特价、京喜、苏宁拼购等拼团、砍价社交电子商务新玩法的出现大力推动了电子商务行业下沉、工业品下乡、农产品上行，通过大量聚集订单，促进了企业定制化生产和柔性供应链改造，农业生产定制化、标准化大大提升了农产品的商品化率，促进了城乡流通体系优化升级。

8.1.6 社交电子商务的模式

通过流量获取的方式以及自身的运营手段，可以将社交电子商务划分为拼购类社交电子商务、会员制社交电子商务、社区团购和内容类社交电子商务，如表8-1所示。拼购类社交电子商务通过两人以上的拼单降低商品价格，刺激用户自发传播。会员制更加强调消费者与自然的关系，通过给予其更加优惠的价格，引导消费者进行广泛的消费。社区团购以社区为分享圈，通过加入社区群聊，利用微信小程序下单，团购获得的商品被同意存放在团长处，由团购成员自行领取。内容类的社交电子商务则并没有那么看重社交关系，通过推出优质的产品和内容，引得消费者产生购买欲望。随着社交因素与电子商务模式的不断融合，新的创造也不断涌现。

表8-1 2020年中国社交电子商务分类及模式对比

项目	拼购类社交电子商务	会员制社交电子商务	社区团购	内容类社交电子商务
概念	集中两个及以上的顾客，通过拼单的方式增加优惠，降低商品价格，从而激励用户自发传播	S2B2C模式的定义是平台负责商品的选取、商品的输送以及商品售后的全部过程。通过销售提成让用户成为商品的分销商，在用户的社交圈里分享，通过省钱购买、分享实现盈利	以社区为分享圈，社区居民自主加入社区群聊中，通过微信小程序下单购物，团购的商品统一放在团长处，顾客根据自己的购物单自行领取团购商品或者由团长进行配送	通过多种多样的内容激发用户的购买欲望，实现商品和内容的协同

续表

项目	拼购类社交电子商务	会员制社交电子商务	社区团购	内容类社交电子商务
模式特点	以低廉的价格吸引消费者，使每位消费者都能够积极地宣传。大额的订单会进一步降低物流成本	通过用户分享等方式形成关系链，平台统一提供产品和服务	以团长为基点降低相关成本；提升供应链效率	形成发现—购买—分享的模式，提高销售量，得知用户喜好
流量来源	关系链（熟人社交）	关系链（熟人社交）	关系链（熟人社交）	内容链（泛社交）
目标用户	价格敏感型用户	有分销能力并且具备想法的人群	家庭用户	容易受KOL影响的社群
适用商品	个性化弱、单价较低的商品	有一定利润的商品	复购率高的日常用品	依照平台选用不同类别的产品
范例企业	拼多多、苏宁拼购等	贝店、花生日记等	兴盛优选、松鼠拼拼等	小红书、快手电子商务等

即使当前的社交电子商务在进行自我优化与升级，但是其仍然还有众多的问题需要解决。社交电子商务本质上是电子商务行业将营销与销售相结合的一种创新形式，是通过社交网络进行引流的商业模式，能够促进社交电子商务在短期内快速发展。然而，这种模式的创新能够轻易地被借鉴，无法成为核心竞争力。对于消费者而言，其关注点不在于营销方式，而在于商品本身的优质与低廉、配送的快速与高效，只有在这两方面获得满足，才能够使其对服务平台产生满意感并且持续地进行购买。随着行业竞争的越演越烈，社交流量所带来的用户增长对其而言并不是那么重要。对社交电子商务平台而言，将自身的运营精细化、不断地提高供应链能力才是更加重要的。

8.1.7 社交电子商务存在的问题

2020年社交电子商务蓬勃发展，但同时，社交电子商务在合规治理中也容易走入"灰色区域"，与其他类型的社交电子商务相比，会员分销类存在"涉传"风险的问题较突出，需要进一步规范。2020年以来，中国裁判文书网发布多家知名社交电子商务平台因涉嫌传销被冻结账户的行政裁定书，其中就包含未来集市、淘小铺、斑马会员、粉象生活等。社区团购型社交电子商务发展过程中应严格遵守市场监管总局与商务部"九个不得"行为规范，避免低价倾销、过度竞争等行为，自觉维护公平竞争的市场环境。

8.1.8 发展趋势

1. 短视频内容社交平台跨界转型

随着抖音、快手等短视频平台用户规模不断扩大，平台内电子商务快速发展，抖音和快手不再局限于好物"种草"与推荐，开始从单纯的带货分享到带货与销售跨界进行，并推出平台自己的店铺。2020年，字节跳动已经成立了抖音电子商务事业部，并升级为一级部门。抖音电子商务通过协同推荐、兴趣试探、全局热度等多种算法，将"人"与"内容"

和"货物"快速匹配。

2. 传统电子商务平台在破局中不断创新

随着社交电子商务规模不断扩展，传统电子商务平台基于社交关系对消费的引导力，也开始聚焦社交电子商务。传统电子商务平台以社交兴趣为核心打造黏性购物社交圈，通过各种社交手段聚集流量，通过社群互动和算法推荐对消费者进行精准用户画像与营销，降低获客成本。以淘宝为例，建立购物分享圈，通过个性化的购物社交、鱼塘建设、地图社交、团队作战等手段，以兴趣为基石，发展论坛式电子商务。传统电子商务平台还以性价比为核心冲击下沉市场，精准把握下沉市场的用户特征与心理，实现用户的拉新与留存。

3. SaaS 服务类平台帮助商家提高交易效率

SaaS 作为面向企业提供技术支持和产品营销能力的重要服务体系，为社交电子商务的发展提供了底层支撑的价值。无论是店铺的准入代注册、货架样式搭建、美工运营，还是流量转化营销方式以及售后服务人力的集中提供，都为商家实现电子商务能力模块化接入提供了可能性，有效助力去中心化的智慧零售体系的建设。

8.2 直播电子商务

当前，我国直播电子商务行业处于爆发增长阶段，这种快速发展的局势既是电子商务平台扶持推动的结果，又有新技术支持的因素，还有消费者消费观念转变带来的影响，再加上国家政策的支持。因此，直播电子商务虽然只经过短短几年的发展，但无论是商品的交易额还是活跃的主播数量，无论是网络平台开直播的场次、上架的商品数，还是观看的人次都在快速增长。因为直播营销不受客观因素的限制，用计算机、智能手机就可以满足直播要求，让直播营销变得更加便捷，真正做到"随时播""随地播"，消费者也可以通过手机"随时看""随时买"。而且，在 5G 技术以及数字化经济的赋能下，直播电子商务得以重构"人""货""场"，实现了新零售业的互动互通。

2020 年，直播电子商务成为许多线下企业应对新冠肺炎疫情影响、开辟线上市场的重要手段，对传统行业的影响尤其大。综合性电子商务平台、短视频平台、社交平台纷纷加大对直播电子商务的投入，推动直播电子商务加速发展，网红带货、店铺直播、导购直播等多样化的直播电子商务形式纷纷涌现。电子商务直播凭借线上平台的优势蓬勃发展。根据知乎《2020 电商增长驱动力》行业报告，人们的消费观发生了新的变化，私域流量得到更多的重视。那么，直播带货到底是"一时风口"还是"未来趋势"？

8.2.1 直播电子商务的概念

直播电子商务刚刚兴起，目前学术界和业界尚未对其有权威性解释。2020 年 3 月，中国消费者协会发布的《直播电商购物消费者满意度在线调查报告》中将直播电子商务的概念界定为"直播者通过网络的直播平台或直播软件来推销相关产品，使受众了解产品各项性能，从而购买自己的商品的交易行为，可以统称为直播电子商务"。

而本教材将直播电子商务定义为商家以直播为渠道,为观众推荐商品,激发其潜在购买欲望并最终达成营销目的,进而实现收益的电子商务形式,是数字化时代背景下直播与电子商务的双向创新融合。

直播电子商务的兴起本质上反映了消费潜力的释放和用户需求的升级。物质极大富足的当下,消费者不再仅仅关注商品的质量和价格等基础信息,依照商品性能参数与折扣力度采取购买行为,而是更加关注消费过程中的精神体验。越来越多的消费者希望获得兼具有趣和有用的信息内容来为自己的消费决策做出参考。直播电子商务改变了传统售卖逻辑,以红人为载体,以内容为介质,即将商品通过红人生产的内容触达消费者,进而形成强大的购买力。与传统电子商务以单品、品类为主的呈现方式不同,在科技大数据支撑下,直播电子商务更加重视人的诉求,以人为核心,通过实时互动等多元手段让商品消费更具人情味,利用信任和认同促成销售,在满足用户多元需求、优化用户购物体验及提升营销效果与转化方面优势明显。

8.2.2 直播电子商务的发展历程

1. 萌芽阶段(2009—2015 年)

从发展兴起及成熟等阶段看,2009—2015 年直播电子商务发展处于萌芽期。导购网站美丽说和蘑菇街作为以内容为驱动的导购社区,分别于 2009 年和 2011 年上线,用户可在社区内推荐、分享、评论商品,同时可将自己发布的或感兴趣的图文内容转发到微博、QQ、豆瓣等流量更大的社交平台。

资料 8-1

内容的参考价值使社区能够吸引消费者浏览,加上导购分佣激励网红、时尚博主、模特等入驻,导购社区逐渐形成 PGC(专业人士内容输出)驱动的社区生态。优质内容创造者、加工者在社区内分享自己对商品的见解与体验,用户因被内容吸引购买商品后,导购获得佣金回报,该内容生产者就是带货网红的前身。2015 年开始出现一大批直播 App,资本不断涌入市场,直播电子商务在资本和技术支持下得到进一步发展。

2. 快速发展阶段(2016—2020 年)

2016 年是直播电子商务元年。2016 年 3 月,蘑菇街上线视频直播功能,扶持旗下直播艺人的孵化和经纪业务。直播平台通过打通"直播+内容",提升用户黏性,获取流量变现。2016 年 5 月,淘宝直播正式成立。同年 9 月,京东正式推出直播业务。电子商务行业开始直播大潮,因此 2016 年被认为是直播电子商务元年。此后,电子商务和社交两类平台积极探索推动直播电子商务发展。

2017—2019 年,直播生态建立。2017—2018 年,主播群体数量剧增,直播 MCN(multi-channel network)机构涌现。一大批网红开始尝试电子商务直播,如薇娅、李佳琦等;MCN 机构可获得平台的专属资源和政策倾斜,并通过持续运营,不断提升旗下账号矩阵规模和活跃度,扩大自有品牌影响力,提升商业价值;行业逐渐分化并走向精细化运营,直播电子商务开始逐步整合主播与供应链资源;自 2018 年开始,直播电子商务进入快速发展阶段。以淘宝直播为例,《2019 年淘宝直播生态发展趋势报告》显示,2018 年淘宝直播平台带货超 1000 亿元,同比增速近 400%,创造千亿级的市场。抖音、快手等短视频社交平台也于 2018 年分别进入直播电子商务领域。2018 年 6 月，抖音购物车第一批 100 个内测账号入驻，随后范围不断扩大。可见，这一阶段直播带货金额快速放量，主播、MCN 机构均迎来发展机遇，众多平台推出直播电子商务业务。2019 年，传统电子商务企业全面进军直播电子商务。直播电子商务成为电子商务行业新的风口，不仅有达人直播，几乎所有做电子商务的企业都进入直播行业。

2020 年进入全民直播时代。新冠肺炎疫情期间，传统线下销售模式受到严重冲击，直播成为重要的带货方式，拼多多 App 开启了干部直播带货模式，聚划算 App 与明星打造"综艺+卖货"的沉浸式明星直播形式，抖音从短视频业务拓展至直播带货业务，直播电子商务步入全民时代（见表 8-2）。据中国互联网络信息中心数据显示，截至 2020 年 12 月，我国网络直播用户规模达 6.17 亿，其中，电子商务直播用户规模为 3.88 亿，较 2020 年 3 月增长 1.23 亿，占网民整体的 39.2%。但伴随流量、供应链等因素影响，电子商务在直播媒介下的商业模式终会分化，因为直播电子商务的本质仍是电子商务，只是通过直播形式帮助消费者降低选择成本，并在购物过程中与消费者双向互动，以达到更好的购物消费体验。

表 8-2　"十三五"时期直播电子商务发展重大事件

时间	电子商务平台	社交平台
2016 年	淘宝直播：月初试运营	蘑菇街：开启直播电子商务
2017 年	苏宁：7 月，苏宁 App 上线直播功能	快手：开展"直播+带货"模式
2018 年	京东：8 月，京东时尚在"京星计划"推动直播带货	抖音：12 月，抖音购物车功能开放申请
2019 年	拼多多：11 月，拼多多初次试水直播带货	腾讯：12 月，腾讯看点直播宣布推出"引力波"计划
2020 年	拼多多：2 月，开办"市县长直播间"，开启干部直播带货模式淘宝直播：4 月 1 日全球首次直播卖"火箭"成功，开启万物皆可直播时代	聚划算：5 月 17 日，聚划算与明星刘涛展开深度联动，打造"综艺+卖货"的沉浸式直播形式

3. 规范发展阶段（2021 年以来）

网络直播以其内容和形式的直观性、即时性和互动性，在促进经济社会发展、丰富人民群众精神文化生活等方面发挥了重要作用。与此同时，网络直播行业也存在主体责任缺失、内容生态不良、主播良莠不齐、充值打赏失范、商业营销混乱、青少年权益遭受侵害等问题。为促进网络直播行业健康有序发展和消费者权益的切实保护，国家出台了相关监管法规。2021 年 4 月 23 日，国家互联网信息办公室等七部门联合发布《网络直播营销管理办法（试行）》（以下简称《办法》），对直播带货行业术语和定义、"带货"产品的商品质量、直播场景软硬件要求、网络主播的行为规范、MCN 机构的服务规范、行业企业的经营管理、内容发布平台合规性、产业孵化器和培训机构的准入条件、行业诚信体系建设、监管部门的监督管理等都做出规范要求；针对社会舆论广泛关注的消费者权益保护问题，《办法》明确了相关监管措施：直播营销平台应当及时处理公众对于违法违规信息内容、营销行为投诉举报。消费者通过直播间内链接、二维码等方式跳转到其他平台购买商品或者接受服务，发生争议时，相关直播营销平台应当积极协助消费者维护合法权益，提供必要的证据等支持。《网络交易监督管理办法》于 2021 年 5 月 1 日起实施，对网络交易的科学有效监管提供制度性保障，明确打击如刷单、流量造假、虚假营销、商业诋毁等不正当竞争行为，加大对直播购物的法律约束和诚信约束，特别是明晰平台和主播的责任。

直播电子商务监管新规又"严"又"细"，无论是直播平台还是主播，都应合法合规进行直播电子商务活动，不得触碰法律红线、侵犯消费者合法权益。否则，必然受到相应的处罚。可以预言，这些网络交易监管法规将给直播电子商务行业带来正面的引导，促进行业规范化发展。

8.2.3 直播电子商务的发展现状及优缺点

1. 直播电子商务的发展现状

1）直播电子商务市场规模迅速增长

直播电子商务可能是近年来发展最快的一条赛道。2020年新冠疫情袭来，"宅经济"进一步火热，激发了直播电子商务行业的活力，市场规模大增至 9610 亿元，同比增长 122%；2021 年中国直播电子商务市场规模约为 13 165 亿元，同比增长 37%。2022 年中国直播电子商务市场规模有望进一步上升至 15 073 亿元。

截至 2021 年年底，中国网民数量达 10.3 亿，其中三分之二也就是约 7 亿人看直播。而在看直播的 7 亿人中，又有三分之二也就是约 4.6 亿人会在直播间围观带货；在围观带货的 4.6 亿人中，还有约三分之二（66.2%）会做出购买行为。

根据中研普华研究院《2022—2027 年中国直播电子商务行业深度调研及投资战略研究报告》显示：随着电子商务平台的逐渐分化，以抖音、快手为代表的直播电子商务平台正赢得越来越多消费者的青睐。抖音、快手两大平台更是凭借强大的用户基数快速发力电子商务业务，再加上其用户黏性高，遂与淘宝直播形成分庭抗礼的竞争格局。

根据海豚社发布的电子商务平台数据报告，2021 年，抖音和快手已经成为仅次于阿里、京东和拼多多三巨头的新型电子商务平台，其市场份额分别达到 5% 和 4%。

根据商务部数据显示，2022 年上半年我国电子商务直播超 1000 万场，活跃主播人数超 40 万人，观看超 500 亿人次。可以说，电子商务直播是 2022 年上半年发展势头最迅猛的互联网应用。

2）直播电子商务品类集中度高

通过对开展直播电子商务业务品牌商的调查发现，直播品类以女装为主，箱包配饰、食品及美妆护肤占比也较大，说明当前直播购物的用户群还是以女性为主，特别是"90 后""95 后"这批年轻女性用户，她们追求时尚，而且消费能力较强，对于服装、配饰、美妆和零食的关注度比较高（见图 8-1）。

3）"直播百强"地区分布在 16 省份

中国市场学会、阿里研究院联合淘宝直播发布的《直播电商区域发展指数研究报告》显示，2020 年直播百强地区分布在 16 省份（见图 8-2），近九成集中在东部地区。其中，浙江最多，占 21 个；广东 18 个、上海 13 个、北京 12 个，分列第二、三、四位。直播百强地区前十强为滨江区（浙江）、白云区（广东）、江干区（浙江）、浦东新区（上海）、余杭区（浙江）、萧山区（浙江）、东海县（江苏）、义乌市（浙江）、天河区（广东）和朝阳区（北京）。

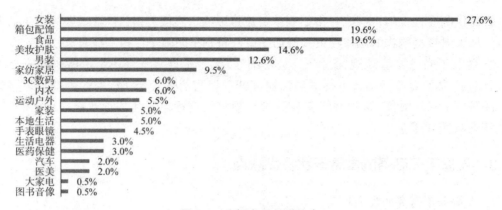

图 8-1 直播商品品类分布

（来源：阿里研究院、毕马威问卷调查）

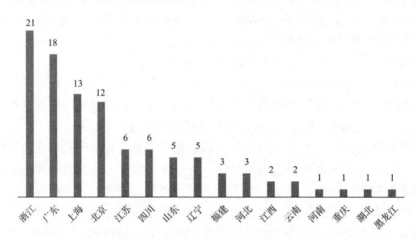

图 8-2 直播电子商务指数百强地区省份分布

（来源：中国市场学会、阿里研究院、淘宝直播）

4）各地积极发展直播电子商务

各地开展直播带货取得显著成效。2020 年，上海举办"五五购物节·品质生活直播周"。一周时间内，累计直播场次达上万场，带动线上线下消费交易额达 50 亿元。2020 年，浙江省杭州市余杭区"中国青年电子商务网红村"正式挂牌成立，中国（杭州）直播电子商务产业基地开园、中国（余杭）品牌直播产业园启动。一批直播电子商务产业"引擎"在余杭发力。2020 年上半年，北京市重点电子商务企业开展直播带货 600 余次，带货销售额约 80 亿元，王府井、三里屯等重点商圈累计直播超过 500 场。2020 年 6 月，广州首届直播节 3 天直播场次超 27 万场，累计优惠超 10 亿元，广州专业市场近 30 个活动会场总交易额超 1.2 亿元。重庆商务委数据显示，2020 年重庆全市开展直播带货 18.1 万场，带动销售突破 100 亿元。

各地纷纷制定直播电子商务发展扶持政策。据不完全统计，2020 年全国有 33 个地区（含省、市、区）出台了直播电子商务扶持政策。多地政府明确提出要打造"直播电子商务之都""直播经济总部基地",并将电子商务主播列入人才引进政策,出台一系列相关人才培养的扶持政策,掀起一波发展直播电子商务经济的热潮。例如,2020年6月20日,杭州市余杭区出台《余杭区直播电商政策》,通过12条"直播电子商务"支持政策打造直播经济第一区。8月12日,辽宁省商务厅出台的《关于推动电商直播提质网红经济促进网络消费的指导意见》提出,到2022年年底,建设100个电子商务直播示范基地,培育100万名辽宁各类电子商务直播人才,孵化1000个辽宁特色电子商务直播品牌,全省电子商务直播带货实现年销售额1000亿元。12月4日,上海市提出要加快建设上海国际消费城市,培育发展在线新经济,针对直播电子商务平台、直播电子商务基地、MCN机构和直播服务机构等分别提出一定的扶持政策,并大力发展"直播+生活服务业"。

2. 直播电子商务的优缺点

下面来分析直播电子商务的优缺点。首先说缺点,最明显的就是直播通常看不清产品的细节,没办法触摸,无法准确感知到产品。就服装服饰而言,消费者看不到自己的上身效果。直播间的灯光、镜头等对商品的外观影响很大,可能会误导消费者。比如镜头清晰度不够,或者主播主动使用滤镜、特效等,对美妆、服饰类产品的真实体验都有影响。同时一些比较注重色彩的产品,因为观看时设备显示的效果与实际颜色有差异,可能会导致消费者对产品需求的误判。主播本身的形象和举止,都很影响观感。如果现场在线人数高且比较活跃,主播会比较难兼顾到每一个人的要求。有的主播为了节省时间,使用录播,给人体验非常不好。而有的主播有感染力,直播间的群体效应又很强,消费者很容易冲动消费,购买不合适自己的产品,导致退货率高。粉丝收到货后不满意,又会在评论里"带节奏",传播负能量,面对这种突发状况,非常考验主播的现场随机应变能力。

电子商务直播也有很多优点。比起线上平台的平面图片,直播更加直观,更加真实,互动性也更强。直播可以让消费者更直接地看到商品的方方面面,有的主播还可以根据粉丝要求进行多种搭配,直接查看效果。主播实时现场的语言和情绪、观众现场的即时反馈相比于纯粹的图片和短视频会让商品显得更加真实,进而降低信任成本。同时,直播间内有主播的存在,就有实时的交互渠道,能够让用户感知到切实的服务,用户诉求可以较快得到响应,而主播也能够很快地得知用户的反馈。

阿里巴巴直播负责人表示,相对传统电子商务,直播带货拥有明显优势。他认为,由雷佳音、发明网红手工耿和淘宝主播陈洁KiKi参与的宝沃汽车的直播具有里程碑意义。表面上看,这不过是"三大明星+促销福利"的胜利,但背后却是"品牌新代言模式+直播创新内容+传播短链+新式促销"的成功实验。"直播实时互动+视频"的呈现,使主播很轻易就能"种草",营造紧迫感推动促销,通过视觉刺激等手段使用户冲动下单。

重要的是,直播有利于建立直播品牌以及粉丝效应。主播的持续曝光让主播能够持续积累粉丝,并形成个人品牌,而个人品牌的建立,极大降低了用户和商品之间的信任成本。

8.2.4 直播电子商务的特征

直播电子商务具有信息实时输出、购物体验真切、双向传播互动以及商业属性强四大特征。主播在直播间为用户全面地介绍商品细节并营造出热烈的购物氛围，在及时的交流互动中不断增强用户的认知、喜爱与信任度，进而促成交易，获得商业收益。

1. 信息输出的实时性

直播信息的实时输出能够和观看的用户实现顺畅的对话。用户可以随时在评论区或者弹幕上发表自己对于商品及各项细节、卖点的意见与疑问，主播在看到感兴趣的用户评论和提问后也会第一时间进行回复和解答，主播现场实时的语言、动作、情绪以及其他用户的立刻反馈会强化商品的可感性。即问即答所营造出的开放性的场景也更容易让用户产生信任与认同，进而完成购买。这种遵循"后院篱笆"式的沟通原则，大大增强了受众的黏性。

许多主播在直播中会实时同用户分享自己的生活日常，并借助自己的优势（口才、演技等）使商品讲解更加生动形象又富有趣味，有时还会搭配更换不同的环境场景，更详尽地传达商品信息。同时，直播电子商务没有重来的机会，主播的一次口误也会成为商品购买中真实存在的一部分。

2. 购物体验的真切性

以往，用户总是通过明显经过人为精心包装与美化过的图文说明和视频展示了解品牌和产品信息，所以时常出现"买家秀"和"卖家秀"的巨大差异，久而久之，大家对商品品质会不自觉地持怀疑态度。直播电子商务借助网络直播的可视性、交互性、娱乐性等多重属性，相比传统电子商务购物，让用户不仅能清楚地听到主播热情洋溢的商品推介，看到全方位、多角度、近距离的商品细节展示，还能学到商品的各种使用方法和技巧，最终产生消费冲动。

社会临场感理论由 Short、Williams 和 Christie 提出，指作为一个独立个体的用户在使用媒介时所真切感知到的同他人的联系及互动的程度。对于社会临场感还有这样一种通俗定义："个人在群体沟通中对其他人的感觉。"实际上，往往是社会临场感越高，真实感就越强，人们也会越发沉迷其中。像一些海外代购主播采购时总是会选择在品牌门店开播，让用户跟着镜头参与货品挑选、还价等环节，而用户还能在直播间非常方便地与其他人进行互动，讨论商品、争取优惠、分享心得，这都能大大增强用户的真实临场感。也正是由于感知并沉浸在这种温暖真切的购物环境中，用户的负面心理被有效降低，判断信心被迅速提升，进而积极参与其中，收获丰富体验的同时也增加了购买意愿。

3. 传播过程的双向性

直播电子商务有着强内容属性与社交属性。主播在直播间里卖力地展示商品、介绍卖点和优惠政策，让用户有更充分、深入的认知与了解；直播间外，则有大量的用户使用移动终端进行观看，并通过发表弹幕和评论的功能实现与主播或者其他用户的信息交流，有时还会出于对主播的支持与喜爱将直播链接转发至朋友圈等社交媒体，帮助其扩大影响力。许多主播不仅会与用户进行单独的交流和解答，还会"一对多"地与观看直播的一众用户形成互动，包括礼券派发、正品秒杀、粉丝投票、拼手气红包等多种形式。近期，给在直播间观看达到一定时长或者参与评论达到一定数量的用户提供独家福利优惠券的玩法正兴,这种方式不仅增强了用户的参与感和体验感,还为用户提供了发言机会并提升了其支配地位,满足了用户的社交娱乐及渴望被认同的心理诉求。直播间内还可以让有相同观点和相近意见的人互相交流,从而集中了相同兴趣或需求的用户一起购物,能够创造一种"陪逛街"或者"云团购"的氛围,具备一定的社群性质。在还原线下真实的购物场景中,有朋友陪你逛街选货,有导购为你答疑解惑,用户在直播购物中的获得感、陪伴感、满足感和幸福感进一步得到提升。

美国学者柯林斯在戈夫曼"互动仪式"的基础上提出互动仪式链理论,视互动仪式链条的核心为高度的相互关注和情感连带,包括:多人同时在场且关注点相同;彼此间互相影响;有一定的排他性,对局外人设限;共同分享情感。此外,柯林斯还借用经济学观点,提出融合社会学和经济学的互动仪式市场模型,"互动可以塑造情感能量并影响人们在情境下的决策,尤其是受制于人的有限理性的短期决策"。流量主播通过"姐妹们""宝贝们"等亲朋好友般的呼唤以及最懂你、最为你着想的专业美妆达人和良心"种草"闺密的人设完成形象构建,并达到唤醒情感的目的。他们在直播中都会以团队精选的垂直领域商品为基础,找到关键节点并完成精准互动,影响用户购买决策,最终大获成功。

4. 直播内容的商业性

直播电子商务归根结底还是以电子商务为核心,直播则更多承担的是工具角色,是商家探索引流转化的新途径。主播在直播间里的目的十分明确,以在要求的时间限制内,更多更快也更全面实用、生动有趣地向用户推荐并销售商品为最高目标,借助互动等辅助手段,在获得用户的认可与喜爱的同时,把用户的注意力转化为购买力,引导用户"边看边买",最终提升交易额。主播通常会用一些特色话术和技巧为用户营造热烈的购买氛围,比如经常在宣传产品时提到"这是我们工作人员都想抢的热门商品"或者展示自己的淘宝订单,来证明该产品属于自己一直在用并能重复购买的同款"宝藏"产品;又或是带小助理同用户一起抢购爆款,让用户信服的同时增强从众购物心理,进而带动销售。

直播电子商务作为依托网络直播手段实现商业变现的新型电子商务形态,其信息传播的内核就是通过优质内容吸引用户、形成连接,围绕用户的需求,通过彰显主播特色和魅力的形式对商品进行推荐和展现,再给予用户使用场景提示让其充分感受和想象并唤醒内心潜在的消费欲望,最终下单完成购买。现在越来越多访问内容平台的消费者也开始抱着买货的心态观看并参与互动,未来直播电子商务的商业价值和变现能力还会不断提升。

8.2.5 直播电子商务的发展特点

1. 发展效益逐步显现

1)激活消费潜力,助力内循环

直播带货电子商务新模式的加速发展,帮助中小企业、外贸代工厂和农户实现"生产—销售—消费"无缝对接,减少"信息不对称",压缩了中间渠道成本,吸引消费者购买,进一步激发消费潜力。

直播带货体现了一种商业创新,为消费者提供了更真实的购物体验,优化了线上产品的展示,增加了线上消费的互动。依托平台流量,借助网络达人的影响力,将社交平台积累的粉丝转变为产品消费者，将其随机需求转变为现实购买力。对消费者来说，主播严格筛选试用商品，大幅降低了消费者的选品决策成本。对平台来说，传统电子商务平台因为直播注入一定的内容属性，大幅提高了用户黏性和使用时长；短视频内容平台因为直播带货加速商业化变现进程，进一步提升了平台流量价值。对品牌商来说，直播带货模式更是点燃传统品牌的变革之火，特别是一些珠宝、玉石等品类的商家原本只在线下渠道进行销售，但直播基地的模式带动了一批线下的珠宝商家转型。

2）赋能实体经济，带动产业升级

将直播电子商务引入工厂生产车间，让消费者全面观看和了解货品的生产流程，可以促使上游传统制造企业的转型升级，通过 C2B 实现反向定制以及新品开发，加速传统制造业的数字化转型。头部主播/MCN 机构为了打造"全网低价"，通常直接触及供应链上游，减少中间各个供应环节，以节约流通成本，获得更低的价格。大量百货商场、批发市场搭上了直播电子商务"快车"，从线下延展至线上，如杭州四季青服装批发市场、云南瑞丽玉石批发市场利用直播电子商务实现了市场转型升级。

3）催生新的就业形态，扩大就业

直播电子商务带来的巨大消费场景不仅拓展了传统产业的营销渠道，也带来互联网平台"新个体经济"的就业趋势，催生了一系列围绕直播电子商务产业出现的新就业形态。2020 年 7 月，人力资源和社会保障部、国家市场监管总局、国家统计局联合发布了 9 个新职业，其中互联网营销师职业下增设直播销售员工种。直播电子商务创造了针对直播所需的主播、助播、选品、脚本策划、运营、场控等多种新就业岗位。中国人民大学研究报告显示，仅淘宝直播就创造了 173 万个就业机会，直播行业的人才需求呈现出更普惠、更灵活的特征。

4）助力农村脱贫，助推乡村振兴

手机和自拍杆成为农民脱贫致富的"新农具"，全国上万间的蔬菜大棚变成直播间，市长、县长、乡镇干部纷纷为当地农产品带货。淘宝直播"村播计划"自 2019 年启动以来，孵化农民主播 10 万余人，累计举办公益直播超 160 多万场，覆盖全国 31 个省（区市）的 2000 多个县域，超过 500 名县长走进直播间带货，带动农产品上行突破 60 亿元，帮助县域农民实现增收。《2020 年快手三农生态报告》显示，2020 年三农创作者电子商务成交单数超过 5000 万，农资电子商务上线三个月销售破亿元。抖音针对三农领域推出"新农人计划"，从运营、流量、变现三方面扶持三农领域创作者。从中国最南端的海南三亚市，到最北端的黑龙江大兴安岭呼玛县，县、市长为家乡农产品直播"代言"，从热带的杧果菠萝，到东北的大米杂粮，覆盖了数十个特色品类。

2. 生态系统日趋完善

直播的新业态不断涌现，产业带直播、老字号直播、售楼直播、售车直播、健康直播、非遗直播、文化旅游导览直播、教育公开课直播等层出不穷。直播电子商务生态日趋完善（见图 8-3），平台、MCN 机构、网店、主播、消费者、供应商、服务商、政府等角色，通过相互配合、相互合作，共同为用户提供更好的消费体验，形成一个快速发展、活力十足的新生态。

1）平台

目前开展直播电子商务业务的平台主要有三大类：第一类是传统电子商务平台为鼓励商家发展，自行搭建直播板块，作为平台商家销售运营的工具，典型代表如淘宝、京东、拼多多、苏宁等，此类平台具有丰富的货品和商家资源、成型的电子商务服务和消费者权益保护体系，以及平台治理规则；第二类是内容平台转型发展电子商务业务，典型代表如快手、抖音、小红书、B 站等，此类平台上达人资源丰富，流量资源充沛；第三类是社交平台将流量聚合，转化为商业价值，典型代表如微博、微信等，此类平台具有很强的社交优势，用户覆盖面广，能够调动起私域流量。

图 8-3　直播电子商务生态图谱

（来源：毕马威、阿里研究院）

主要直播电子商务平台 2020 年业绩增幅显著。阿里巴巴财报显示，2020 年淘宝直播商品成交总额超过人民币 4000 亿元，较 2019 年增长翻倍。快手财报显示，2020 年全年 GMV 为 3812 亿元，较 2019 年增长 539.5%。

2）MCN 机构

根据艾媒咨询数据：2015—2020 年，中国 MCN 机构数量迅速增加，2015 年中国 MCN 机构仅有 160 家，2020 年达到 28 000 家。直播带货正逐渐成为众多 MCN 机构的主要变现方式。作为直播电子商务产业链中重要的一环，MCN 机构的核心竞争力在于对网红的孵化和运营以及供应链的打造。

阿里研究院、毕马威问卷调查显示，受访 MCN 机构目前面临的最大挑战为流量争夺（53%），其次是网红管理（20%）和变现渠道单一（9%）的问题。随着 MCN 机构数量越来越多，而移动互联网的流量红利越来越少，对于流量的争夺会越来越激烈。

3）主播

主播通过其专业筛选，降低了消费者商品的选择成本，购物过程中主播与消费者双向互动，让消费者享受"有温度""有存在感"的购物体验。商务部数据显示，2020 年全国活跃主播数超 55 万人。阿里研究院、毕马威问卷调查显示，主播岗位从业者中学历以大专为主，女性占绝对多数，主要为 20～30 岁年龄段的女性（见图 8-4）。对机构而言，主播在直播电子商务的生态中主要扮演着导购的角色（76%），也部分承担着为品牌做广告的责任

（6%）。随着越来越激烈的行业竞争，为了保证收入和粉丝数的稳定，大多数主播都会在高强度和昼夜颠倒的状态下工作。

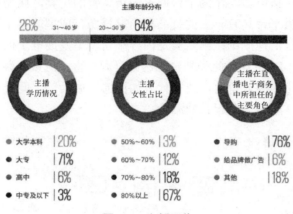

图 8-4 主播画像

（来源：阿里研究院、毕马威问卷调查）

阿里研究院、毕马威问卷调查显示，60%以上的品牌商都表示品牌自有主播（含企业老总）和网红大V带货效果更好。品牌自有主播因为对产品非常熟悉，能够提供专业的产品解说；网红大V因为带有自己的私域流量，对产品的推广宣传起到了很大的作用。

4）品牌商/商家

受新冠肺炎疫情影响，一些品牌商线下营销遇到一定困难，而线上直播相对低廉的流量成本和高投资回报率吸引了品牌商的注意，品牌商纷纷选择直播电子商务，实施品牌自救战略。阿里研究院、毕马威问卷调查显示，70%以上的品牌商通过直播很好地提升了产品销量（见图 8-5），达到了很好的营销效果。60%以上的品牌商认为是产品和服务的好口碑吸引消费者来到直播间（见图 8-6）。这说明，货品质量是直播营销的关键和核心。只有产品和服务的质量好才能留住消费者。

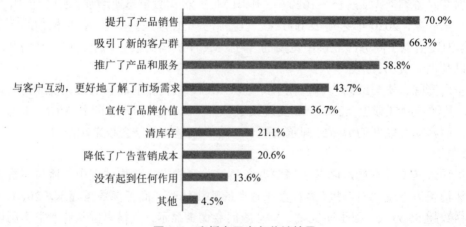

图 8-5 直播电子商务营销效果

（来源：阿里研究院、毕马威问卷调查）

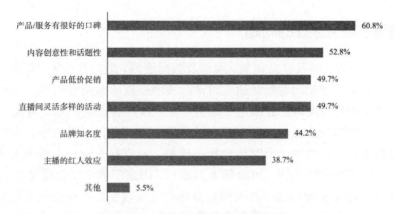

图 8-6 直播间吸引消费者的因素

（来源：阿里研究院、毕马威问卷调查）

3. 与区域产业发展深化协同

东南部沿海省份制造业相对发达，直播电子商务主要品类为服装、鞋类等，如杭州女装、海宁皮革、晋江鞋业等。中西部省份气候、环境资源独特，直播电子商务以农副产品为主，如阿克苏苹果、中宁枸杞、柞水木耳等。玉石直播异军突起，成为直播网红产品，如瑞丽翡翠、和田和田玉、岫岩玉石成为直播爆款产品。

直播电子商务百强地区中，多数具有"老牌电子商务强区（县）""扎实的产业基础""丰富的 MCN/达人资源""完善的直播生态"等一个或多个特征（见图 8-7）。如浙江杭州四季青，是华东地区具有影响力的服装一级批发与流通市场，依托市场开展"档口直播"，档口既可以作为线下批发市场档口，又可以用作线上零售直播间，一地两用，四季青走向"线上+线下"共同发展模式。云南德宏傣族景颇族自治州的边陲小城瑞丽，是国内主要的珠宝翡翠集散地之一，近两年来自全国各地的青年涌入瑞丽，4 万多主播 24 小时的工作把瑞丽变成了不夜城，主播、客服、货主、快递员、司机、餐饮从业人员这两年都成倍增长。中国皮革之都浙江海宁，借助淘宝直播让商户搭上"云卖货"东风。

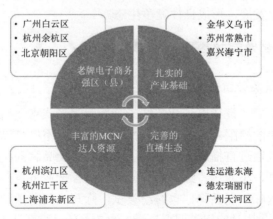

图 8-7 直播电子商务百强区（县）特征

（来源：中国市场学会、阿里研究院、淘宝直播）

8.2.6 直播电子商务存在的问题

直播带货问题频现，涉及产品质量、刷单及数据造假、虚假宣传等。截至 2020 年年底，抖音电子商务平台累计下架问题商品超百万件，关闭违规店铺超 3 万个。当越来越多的消费者对直播带货持观望态度时，直播电子商务行业发展将会放缓，也有可能陷入停滞期。

政府部门加强直播规范引导。面对存在的问题，政府部门采取约谈、专项整治、限期整改等手段监管不良直播内容，同时出台相关政策，对直播平台、主播等主体提出要求，对具体问题也制定了针对性条例。2020 年 6 月 5 日，国家广播电视总局发布《国家网信办、全国"扫黄打非"办等 8 部门集中开展网络直播行业专项整治行动强化规范管理》通知，提出建立主播账号分级分类管理规范及直播账号信用评价体系。2020 年 11 月 23 日，《国家广播电视总局关于加强网络秀场直播和电子商务直播管理的通知》正式发布，要求实行实名制并禁止未成年人打赏，进一步加强监督和管理。2020 年 12 月 7 日，《法治社会建设实施纲要（2020—2025 年）》对外发布，提出要完善对网络直播等新媒体业态的规范管理办法。上述政策对直播带货的准入、内容、审核、监管制定了相应管理细则，对不同的参与角色，如直播平台、入驻商家、主播、MCN 机构等都做了规定。

直播电子商务行业自律不断强化。在 2020 年中国电子商务大会上，商务部组织阿里巴巴、京东、拼多多等 13 家电子商务企业代表联合发出"直播电子商务行业自律倡议"，号召主播、平台经营者及商家坚持合法合规的经营准则，认真遵守《电子商务法》《中华人民共和国产品质量法》《消费者权益保护法》等国家相关法律规定，履行相应义务，承担相应责任，自觉接受监督，主动配合有关监管执法活动。2020 年 12 月，罗永浩声明其"交个朋友"直播间所带货的品牌羊毛衫，被证明是假冒伪劣产品，主动提出"退一赔三"补偿方案，并决定引以为戒，对直播间进行全方位整改升级，成立质控实验室，建立更为严格的直播间上播商品质量管控体系，进一步杜绝假冒伪劣商品。行业自律作为一种市场约束机制，通过标准规则、信息披露等自律手段，有效减少从业机构只顾及短期利益的机会主义行为，培育市场主体的诚信意识。在政府监管、行业自律及多方共同努力下，直播电子商务将逐步走向规范化发展，形成良性竞争生态。

8.2.7 直播电子商务发展趋势

1. 直播成为电子商务营销新标配

新冠肺炎疫情发生后，直播电子商务这一全新营销形式将逐渐成为企业带货的重要方式，成为电子商务营销的标配。大多数企业都意识到直播不仅可以带动线上销售，同样能为线下门店导流，而且通过直播进一步增加用户黏性，让品牌的文化底蕴更为丰满地呈现在用户面前。如林清轩、小龙坎、红蜻蜓等国产品牌都把业务重心转移到直播。而很多此前对直播不太关注的国际知名品牌，也纷纷尝试，除与头部主播频繁合作外，也开始布局品牌自播。阿里研究院、毕马威问卷调查显示，约 75%的品牌商认为直播电子商务未来 1 年仍将继续保持增长态势。68.3%的品牌商表示围绕直播电子商务的服务机构会越来越多，直播电子商务生态会越来越丰富；62.3%的品牌商表示未来平台会给予更多流量支持；此外，还有 57.3%的品牌商表示未来消费者对直播电子商务会越来越推崇，会渐渐养成直播购物的习惯。

2. 新基建使直播电子商务场景更多元化和泛在化

随着虚拟现实技术的逐渐成熟，5G 的应用普及，人工智能的成熟化，直播间未来将通过新技术进行感官互动，提升用户体验，如用户可以通过技术进行口红试色、产品使用等行为，直播间可能最终会成为"游戏间""互动放映间"，直播带货或许会成为一场用户购物的互动游戏体验，虚拟主播/机器人主播也会因此普及。智能主播接棒夜间直播。虚拟主播因为契合了"95 后"人群的喜好，目前已经在直播场景中有所尝试。2020 年 4 月 28 日虚拟偶像"默默酱"出现在抖音直播间；6 月 18 日，洛天依在淘宝直播开始带货。2020 年下半年开始，不断有商家启用智能主播填补夜间空白时段，延长直播时长，满足消费者深夜消费需求。

3. 直播电子商务人才培养加速

虽然"直播销售员"已经成为国家的正式工种，但目前直播相关人才仍处于亟须补短板的阶段，直播电子商务人才的系统性培养还处于起步阶段。直播电子商务人才培养普遍缺少标准化的课程体系，理论知识和实践经验兼备的师资队伍也较为短缺。目前，很多职业技术类学校开始探索校企融合、协同育人的培养方式，通过 MCN 机构和品牌方合作，给学生提供实践机会。直播电子商务行业需要培养全产业链人才，其中包括文案策划人才、主播运营人才和直播运营人才等。以一场直播活动为例，不仅有主播，还有团队为直播服务，如负责统筹的项目负责人，负责文案写作的策划、直播运营、场控、副播等。未来直播电子商务相关课程将成为电子商务专业的标配。

4. 直播电子商务向专业化方向发展

随着直播用户群体越来越成熟，他们对直播内容的需求也变得更专业化。"二八法则"将难以继续适用于市场，需求曲线进一步扁平化，垂直细分领域的需求在未来将产生无限潜力。直播电子商务将要进入精细化的"深耕"阶段，对专业性要求更高，分工将会越来越细化。阿里研究院、毕马威调研显示，产业链垂直发展被认为是机构未来 3 年直播电子商务业务的主要发展方向，如从全品类向美妆类或者母婴类产品直播转变。随着二胎、养老市场消费升级需求的持续攀升，母婴、保健品和家具生活品类直播电子商务也将有较大的发展空间。

本章小结

※ 社交化电子商务即社交电子商务，是指将个人社交因素融入电子商务交易过程的现象。

※ 社交电子商务对拓宽就业渠道、助力扶贫攻坚与乡村振兴和推动现代流通体系建设具有重要意义。

※ 通过流量获取的方式以及自身的运营手段，可以将社交电子商务划分为拼购类社交电子商务、会员制社交电子商务、社区团购和内容类社交电子商务四种模式。

※ 直播电子商务具有信息的实时性，能够增加消费者购物体验，有着强内容属性与社交属性，并带有商业化直播的特性。

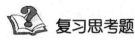
复习思考题

1. 社交电子商务有哪些特点？对社会又有哪些积极作用？
2. 直播电子商务有哪些特征？
3. 直播电子商务和社交电子商务在实际生活中都有哪些应用？请分别举例说明。

案例分析

罗永浩翻身！再见，那些被人追债的日子

破产申请已全部撤回

彪悍的罗永浩，偶尔也会有心里难过的时候。或许3年前罗永浩因债务缠身选择写下那篇以《"老赖"CEO的自白》命名的长文时，正是这样的心境。

如今，网友纷纷感慨："终于，没有人再追着罗永浩要债了。"日前，北京锤子数码科技有限公司撤回破产清算申请裁定书被公布。裁定书显示：准予星星精密科技（深圳）有限公司撤回对北京锤子数码科技有限公司的破产清算申请。对此，交个朋友直播间回应："这则被公布的破产清算申请是锤子科技手机债务相关的案件，双方已达成和解并按照协议进行债务处理，债权方申请破产的流程已经撤回。目前，罗老师还在努力工作并按计划替公司偿还剩余债务，还需要一点时间，感谢大家的关注。"

值得一提的是，目前北京锤子数码科技有限公司的四则破产审查案件均已被撤回，而不久前企查查App显示，罗永浩被执行人信息清零，目前没有被限制高消费。一条又一条还债进度的更新，无不意味着锤子科技CEO罗永浩心中的那出"真还传"即将迎来大结局：他距离现实债务还清、理想火苗燃起，只差最后一小步了。背负6亿债务带来的巨大压力，让这个总把理想与情怀挂在嘴边的"战士"始终无法轻装上阵，但同时也让他有机会暂时卸下理想的重担，一头扎进命运的舞台——带货直播间。

"直播并非我理想与热爱的方向。"

迈进带货直播间之后，一次采访中罗永浩明确告诉记者，最开始单纯是为了"还债"而接触直播。但做直播不可能像做锤子科技那样，因为这里并非理想之地，自己也终将离开。其实这样的信号早已被频频透露。如果仔细翻看罗永浩这个月的微博，除了更新直播预告、抽奖结果之外，剩下的内容无外乎讨论元宇宙、关注科技产品、缅怀锤子……

果然就在1月20日，伴随着还债情况逐渐进入尾声，罗永浩在微博上回复网友："年后将回归科技界，我们下一代平台见。"可以肯定的是，无论是以前还是现在，罗永浩心中的理想火苗从未熄灭。但多年前坐在北京锤子科技写字楼中，为了一个产品冥思苦想的罗永浩不会想到，未来有一天，自己会成为一名带货主播，从北京迁往电子商务产业集群度

更高的杭州,每天有数以千计的产品、SKU在直播间流动。就像对于如今的被执行信息清零,破产清算申请撤回,有业内人士分析:"这恰恰说明了债权人对于罗永浩偿还债务的信任情绪,也侧面印证了老罗及其团队直播带货的变现能力。"直播带货,恰恰成全了罗永浩与理想之间的一步之遥。如今他在这里,已经赚足了理想路上的盘缠,得以卸下负债的压力重担,轻装上阵。

走向带货直播间的搅局者

"虽然我不适合卖口红,但相信能在很多商品的品类里做到带货一哥。"2020年4月,罗永浩在抖音正式开启直播带货首秀,在激动、支持、质疑、嘲讽等多种眼神中,这场持续了3个小时的直播达成了累积观看人数超4800万、支付交易总额超1.1亿的成绩。就像人们常说的,最可怕的对手,永远来自未知领域。那时在许多直播界人士眼中,罗永浩就像一位闯入自身领域的成功搅局者。数据显示,罗永浩在2021年抖音全年销售额排行榜中名列第一,其所在直播间"交个朋友"几乎全年无休,从8月底开始,罗永浩直播间的直播时长延长至20个小时以上。带货一年后,罗永浩直播间卖出了1800万件商品,带货成绩超过30亿元,累积观看人数超6亿次。成功搅局者的到来,万众期待。成功搅局者的离开,同样备受关注。伴随着"真还传进入大结局"一波高过一波的呼声,罗永浩还完债后走出直播间似乎已经成为早就注定了的结局,而这个结局推进的速度其实远远比我们想象的快。

对此,正如"交个朋友"创始人黄贺透露,成立一年后,"交个朋友"一直在努力摆脱对于罗永浩的依赖,截至2021年9月,罗永浩个人直播在公司的GMV中占比已经降至30%。在他未来的规划中,几年后老罗回归科技领域,到时他的GMV占比可能只有10%。更多的准备早已开始,2021年11月"交个朋友"团队的童伟在一次演讲中提到,经过一年的布局,目前"交个朋友"已经形成多个业务版块:MCN机构、代运营机构、主播培训、SaaS系统、多品牌整合营销等。同时伴随着越来越多新人主播的加入,自2021年9月开始,罗永浩直播间开启"永不落幕"模式,实现7×20小时直播常态化。

但即便如此,团队需要面临的考验与挑战依旧很多,就像业内人士所说:"孵化达人和品牌主播的逻辑完全不同,目前为止很少有公司既能做好达人直播,又能做好代运营。"同样在数据上,据了解,罗永浩直播间公开战报显示,自2020年4月开播至2021年4月,共有7场支付金额破亿,而后至2021年11月,有6场支付金额破亿,而这些取得良好成绩的直播场次均有罗永浩本人出场。可见,对于"交个朋友"而言,努力尝试"去罗化"的背后,究竟能否讲出带有自己鲜明特色的直播间新故事,亦是一场不得不面对的考验。

加速洗牌的万亿市场

直播带货的竞技场上永远人来人往,有人猛踩刹车,有人加速前进。就像早早入局的罗永浩靠直播带货还完债,准备体面离开之时,也是俞敏洪携百位新东方教师入局之日。据报道,就在2021年12月29日,俞敏洪的首场带货直播在抖音以约500万的成交额落地,与此同时新东方直播带货平台"东方甄选"也正式露面。

同样是在人生巨大转折之时选择走向带货直播间,但细细看来,两人的心境似乎并不相同。对于罗永浩而言,做直播是在与时间赛跑,巨大的还债压力与一次次的被申请破产彻底地将罗永浩从温情的理想国度拉回冰冷现实,赚钱是他成为带货主播的根本动力。

相比之下，直播间于俞敏洪而言，则更像是在盈利目的外连接其助农情怀的桥梁。就像不久前，谈起直播带货，俞敏洪直言："我并不想发展为直播带货网红，只有团队自身强大，业务才可以持续发展。我还有更加重要的事情需要做。"

2017—2022年中国电子商务直播市场规模如图8-8所示。

数据显示，近年来疫情、购物习惯等因素如同催化剂般不断激发直播电子商务的活力，其市场规模不断扩大。相关机构预计，截至2022年中国电子商务直播市场规模有望达到15 073亿元。对于这个不断洗牌的万亿市场，人们有万般感慨，纵然竞争残酷依旧有这么多人源源不断地入局，因此有人开玩笑说"果然宇宙的尽头就是直播带货"。

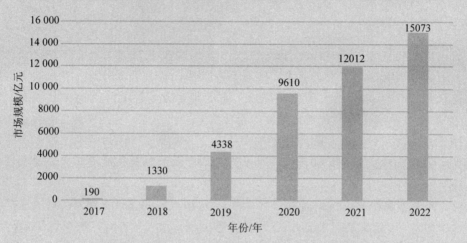

图8-8 2017—2022年中国电子商务直播市场规模

但与其这样想，还不如说：置身于时代风口中的带货直播间，本就会不可避免地影响无数普通人的人生轨迹。

（来源：罗永浩翻身！再见，那些被人追债的日子[EB/OL]．（2022-01-27）. https://www.dsb.cn/175227.html.）

案例讨论：

1. 关于直播带货中出现的假酒、假燕窝、刷单等行业乱象，你觉得应该如何规范直播电子商务？
2. 直播电子商务对商家和消费者而言，具有哪些优点？
3. 如何评价罗永浩直播带货？

第 9 章　跨境电子商务

 学习目标

- 掌握跨境电子商务的概念。
- 掌握跨境电子商务的交易模式。
- 了解跨境电子商务的主要交易平台。
- 理解跨境电子商务的行业特征。

 引例

跨境电子商务 2022：供应链、物流带来持续挑战，新兴市场蕴含新机遇

跨境电子商务是指分属于不同关境的贸易主体，利用互联网交易平台初步形成交易意向，继而进行资金支付结算，最终通过跨境物流等形式完成货物送达和服务交付的一种国际商业活动。

在全球疫情背景下，跨境电子商务依然迎来一小段爆发期。据智研咨询中国跨境电子商务市场相关报告显示，2020 年，中国跨境电子商务行业交易规模为 12.5 万亿元，同比增长 19.05%；2021 年，中国跨境电子商务行业交易规模 14.2 万亿元，同比增长 13.6%。2021 年，尽管诸多跨境电子商务企业经营受损，但是行业渗透率占比依然达到了 36.32%。

2022 年，疫情影响叠加供应链的不确定性加剧，全球能源以及海运价格依然处在高位，跨境电子商务面临的挑战和机遇有哪些？

供应链、物流带来持续挑战

和境内电子商务相比，跨境电子商务的供应链链条更长，涉及采购供应、物流配送、报关清关、电子支付、售后服务等多个环节，任何环节出现问题都会影响全局。2021 年有两个非常值得关注的跨境电子商务供应链物流大事件：

第一个是亚马逊在义乌设立集货仓开始直接收货。

第二个是马士基越过货代直接对接大 B 客户的一系列动作。

作为拥有大量流量的主流电子商务平台，亚马逊亲自下场，直接控制供应链、物流交付，形成一种闭环体系。这是疫情之下的权宜之计，还是未来的大趋势？各大电子商务平台是否会学习亚马逊，在平台流量足够大以后，为保证交付体验和供应链安全，自建物流体系，出面直接对接上下游关键资源，从而直控全流程端到端的业务？如果上述情况出现，目前市场上的各类跨境电子商务贸易商以及物流服务商将面临什么命运？透过此现象我们发现，跨境电子商务在各个环节中，供应链和物流无疑是重中之重。

据美国最专业音乐和视频零售商 Kaspien CEO Kunal Chopra 表示，"2021 年面临的供应链问题至少在2022年上半年依然存在。跨境电子商务的竞争已经从销售转移到供应链的较量,采购流程中的需求洞察、成本控制等关键要素正变得困难,同时因为时效性、安全性和合规性的要求,供需之间的矛盾也越来越突出,跨境电子商务供应链的协同与整合变得尤为重要。"

业内人士一致认为,物流是跨境电子商务发展的核心链条,同时也是目前制约跨境电子商务发展的主要瓶颈——相关数据显示,跨境电子商务物流费用通常占到整个跨境电子商务成本的20%~30%,而国内电子商务物流成本仅在5%以内。疫情暴发后,随着海运价格的持续上涨,跨境电子商务物流成本更是高得离谱。在2019年前的10多年时间里,一个标准集装箱从中国运到美国西部的海运费在2000美元左右。但在过去两年,价格涨到了2万美元,同时因为供不应求,还需要"抢"。

2022年前四个月,虽然海运费从1.8万美元的高点,降到了8000美元左右,但是和2000美元比起来,依然高出了4倍之多。同时,很多做跨境电子商务的人士认为,2021年海运费也曾大幅下降,但是很快又涨起来了,2022年大概率也会重蹈覆辙。除了高涨的运费之外,跨境电子商务在新兴市场面临的物流问题更加严峻,这些市场受限于其本身发展阶段与建设水平的影响,在物流方面普遍存在航班班次少、清关和最后一千米配送难的问题,与成熟的欧美市场相比,效率相对较低,成本更高。

业内人士认为,建设高水平海外仓是解决物流问题的有效途径,但是海外仓背后巨大的成本问题不容忽视,因为建设海外仓储不仅需要支付昂贵的仓储费用,规模、信息化服务能力差异也会产生不同的结果,如果在综合服务能力上达不到高效率,就很难在海外仓的成本和效益上取得平衡。

除了最大的供应链物流方面的困境,跨境电子商务还面临品牌建设以及平台运营模式选择的困境——随着消费者更加强调对产品品质的追求,曾经以"量"和"价"争夺市场的优势正在逐渐消失,品牌正在对跨境电子商务发挥越来越重要的作用。企业也开始注重品牌化建设,通过品牌溢价提升商品附加值,商品出口将趋于精品化、品牌化。

据海关总署统计,2021年在整个跨境电子商务出口中,拥有自主品牌的商品仅占17%,与我国整体跨境电子商务规模相差甚远,大多数产品仍局限于山寨和加工,总体上品牌影响度不高。从出口的商品品类看,服装、鞋类初加工商品居多,高附加值的精品占比较低。不难看出,我国跨境电子商务的品牌建设还比较薄弱,品牌塑造及传播对于大多数跨境电子商务而言仍是一个挑战。如果电子商务企业不能塑造自己的品牌,就很容易陷入同质化与价格战的困境。

目前,跨境电子商务所采用的运营模式主要包括第三方平台模式和独立站模式,随着第三方平台对于卖家的监管日益严苛,独立站模式有望加速发展。独立站模式的优势在于商家拥有很高的自主权,不受平台挤压和限制。同时,商家通过收集与分析客户信息,可将结果用于后续选品与营销,逐渐形成自己的客户群体。但是独立站的劣势也非常明显,那就是成本高,这不仅体现在建站投入成本上,还包括流量成本。相比于第三方平台自带流量,独立站只能依靠自主引流。但是,由于媒体资源几乎被几大巨头垄断,流量成本始终居高不下,在流量成本持续高的情况下,独立站生存压力颇大。同时,创建独立站既要运营商品还要对平台进行运营维护,这对企业运营提出了非常高的要求。

以东南亚为代表的新兴市场迎来新机遇

贸易市场在跨境电子商务中处于举足轻重的地位,推进贸易市场多元化发展是大势所趋。北美和欧洲是跨境电子商务的主要战场,有超过一半的企业进入这两个地区。然而,随着发达国家贸易保护主义有所抬头以及制造业的加速回流,欧美两大主要市场的增长空间正在被不断压缩,开拓更多的贸易市场也就成了跨境电子商务的重中之重。

伴随着"一带一路"倡议的推进实施,国内跨境电子商务企业迎来了机会。开始大力开拓东南亚、中亚、中东欧等"一带一路"沿线国家、地区市场,同时扩大对非洲、拉丁美洲等新兴国家和地区的布局。在企业"走出去"和《区域全面经济伙伴关系协定》(RCEP)协定签署的带动下,以东南亚为代表的新兴市场正在成为中国跨境电子商务贸易市场的重要组成部分。相关机构预测,2022年东南亚的电子商务销售总额预计将达到896.7亿美元,同比增长20.6%,成为全球增长幅度较高的地区。预计到2025年,东南亚地区电子商务市场规模将达到2340亿美元。而东南亚国家除了新加坡外,电子商务零售占比相对互联网渗透率较低,对标中国成熟的电子商务市场,东南亚电子商务市场潜力巨大。当前,东南亚地区电子商务在其社会商品零售总额中的占比还不足3%,与中国的23%相差甚远,抢占先机已是众多跨境卖家开发东南亚市场的契机。

对于中国出海跨境电子商务而言,RCEP的正式生效进一步开拓了东南亚市场。三亚学院俄语中心研究员刘冰玉在《中国与东南亚国家跨境电商合作的现状》中总结了目前东南亚重要的跨境电子商务平台。

Lazada:汉译为来赞达,是东南亚地区最大的在线购物网站之一,主要经营电子、家居、服饰、体育器材等产品,阿里巴巴是其股东。

Shopee:东南亚和中国台湾领航电子商务平台,业务覆盖七个市场,拥有商品种类包括电子消费品、家居、美容保健、母婴、服饰及健身器材等,且平台有自建物流SLS,已在东南亚的新加坡、马来西亚、菲律宾、印度尼西亚、泰国、越南以及中国台湾七大站点全面上线。

其他电子商务:其他电子商务目前还有Tokopedia、Amazon、Zalora(东南亚成长速度最快的电子商务之一,入驻品牌达500余个)、EZbuy(东南亚最大的全品类购物零售电子商务平台之一,商品主要来自中国、美国、韩国等)等。

截至2021年,中国资本已在东南亚布局,阿里巴巴入股Lazada、Tokopedia和Bukalapak,腾讯入股Shopee平台,京东入股JD Central和Tiki平台。

我国众多中小跨境电子商务企业一般会首选上述平台开设线上店铺,此类海外跨境电子商务平台也出台并完善了运营规则。因此,跨境电子商务在东南亚地区开拓市场时,不可避免地会与东南亚各国的现行传统贸易监管规则体系和海外跨境电子商务平台企业运营监管规则体系发生冲突,所以,跨境电子商务出海东南亚一定要注意合规。

东南亚国家人口红利大,日益崛起的经济、对数字化经济的高额投资、移动设备的全面普及等,都为东南亚的跨境电子商务搭建了庞大的市场体量基础。但是东南亚电子商务市场配套短板也十分明显。尤其是物流,较难满足双方跨境电子商务货物出口的物流服务要求。除新加坡外,东南亚国家物流水平整体偏低,物流配送效率不佳,特别是最后一千米配送存在很大的不足。

（来源：跨境电子商务 2022：供应链、物流带来持续挑战 新兴市场蕴含新机遇[EB/OL].（2022-06-02）. https://baijiahao.baidu.com/s?id=1734480208479135195&wfr=spider&for=pc.）

案例讨论：
1. 通过上述案例，概述我国跨境电子商务遇到的挑战。
2. 通过上述案例，简述我国跨境电子商务面临的新机遇。

近年来，我国跨境电子商务快速发展，已经形成了一定的产业集群和交易规模。支持跨境电子商务发展，有利于用"互联网+外贸"实现优进优出，发挥我国制造业大国优势，扩大海外营销渠道，合理增加进口，扩大国内消费，促进企业和外贸转型升级；有利于增加就业，推进大众创业、万众创新，打造新的经济增长点；有利于加快实施共建"一带一路"等国家战略，推动开放型经济发展升级。

中国仍然是全球最大的生产制造基地，而中小企业正是中国制造最重要的群体。据国家工信部统计的数据，全国规模以上的中小工业企业已经达到 44.9 万家，占全国规模以上工业企业总数的 99.3%。"十二五"期间，电子商务被列为战略性新兴产业的重要组成部分，电子商务将是下一阶段信息化建设的重心。相应地，中小企业的发展问题也得到了更多的关注，面对如此利好条件，在线外贸已然是大势所趋。

中国"互联网+产业"智库、国内知名电子商务研究机构——中国电子商务研究中心发布的《2015—2016 年中国出口跨境电子商务发展报告》显示，2015 年，中国跨境电子商务交易规模达到 5.4 万亿元，同比增长 28.6%。其中，出口跨境电子商务交易规模为 4.5 万亿元，同比增长 26%。

9.1 跨境电子商务基础

9.1.1 跨境电子商务的定义及特点

1. 跨境电子商务的定义

跨境电子商务（cross-border E-commerce）也简称为跨境电子商务，是指分属不同关境的交易主体，通过电子商务平台达成交易、进行在线支付结算，并通过跨境物流送达商品，完成整个贸易过程的一种国际商业活动。例如，天猫国际平台就是典型的跨境电子商务进口交易平台。

2. 跨境电子商务的特点

跨境电子商务有以下五个特点，如图 9-1 所示。

（1）全球性。互联网具有全球性和非中心化的特征，基于互联网的跨境电子商务，也因此具有了全球性的特征。

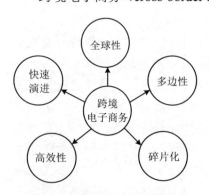

图 9-1 跨境电子商务的特点

（2）多边性。互联网用户不需要跨越国界就可以把产品和服务提交到市场，交易的参与方、买方卖方、平台经营方、监管、物流方等都可能来自于不同的国家，使跨境电子商务具有了多边性的特点。

（3）碎片化。跨境电子商务平台逐渐丰富，B2C 的需求增长和有关政策的规范，共同促进了跨境电子商务碎片化特点的形式。

（4）高效性。由于互联网的高效和便捷性，基于互联网的跨境电子商务也具有同样的特性。

（5）快速演进。短短几十年中，电子交易经历了从 EDI 到电子商务零售业兴起的过程，跨境电子商务具有随时代变化快速演进的特点。

9.1.2 跨境电子商务的意义

跨境电子商务的意义有以下四个方面。

（1）跨境电子商务对传统外贸企业的意义。首先，跨境电子商务有利于传统外贸企业转型升级和保持外贸稳定增长。我国跨境电子商务保持每年 30%的增长率。其次，跨境电子商务为企业的国际化提供了新的平台。

（2）跨境电子商务对于消费者的意义。首先，跨境电子商务，满足了消费者对产品质量的追求，消费者在国内就可以买到国外的优质产品。其次，跨境电子商务由于省去了中间环节，因此可以为消费者节省大量的购买成本。最后，跨境电子商务为消费者的权益提供了保障，当购买的产品出现质量问题时，方便追责。

（3）跨境电子商务对于产业的意义。大力发展第三产业，调整和优化第三产业的结构是我国的国策，而跨境电子商务可以促进第三产业的服务升级。跨境电子商务是促进产业结构升级的新动力。

（4）跨境电子商务对于国家的意义。首先，跨境电子商务的发展为中国的产品对接世界提供了更广泛的机会。其次，跨境电子商务的蓬勃发展有助于我国提升国际话语权。最后，跨境电子商务的快速发展将反向促进政策的全面推开。

9.1.3 跨境电子商务的发展历程

1. 全球跨境电子商务发展历程

跨境电子商务是从 1999 年开始产生的，1999—2000 年是起步阶段，这一阶段通过线上展示、线下交易，依靠会员费营利，这一阶段的跨境电子商务十分不成熟，许多方面还有待完善；第二个阶段是 2004—2011 年的发展阶段，此时跨境电子商务能给我们提供信息整合、交易、物流等服务，通过后向收费营利，但这一阶段，跨境电子商务带来很多严重的假货问题；第三个阶段是从 2012 年至今，是跨境电子商务的转型期，此时服务全面升级，承载能力更强，营利模式多元化，但是不确定因素较多，如表 9-1 所示。

2. 我国跨境电子商务发展历程

我国跨境电子商务是从 20 世纪 90 年代起步的，初步探索阶段，平台较少，此时进行的跨境电子商务交易都十分基础。21 世纪初，跨境电子商务利用网上黄页提供网络营销、业务推广等服务，此时，网上黄页模式发展迅速。从 2006 年到 2011 年，跨境电子商务通过网上交易实现信息流、物流、资金流的电子化，这一阶段的电子化特征显著。从 2012 年至今，跨境电子商务已经有许多综合性平台，服务全面升级，承载力更强，体现出综合性发展的特征，如表 9-2 所示。

表 9-1　全球跨境电子商务发展历程

阶　　段	起 步 阶 段	发 展 阶 段	转 型 阶 段
时间	1999—2003 年	2004—2011 年	2012 年至今
阶段特点	线上展示、线下交易	提供信息整合、交易、物流等服务	服务全面升级，承接能力更强
盈利模式	会员费	后台收费	多元化
存在问题	不成熟，待完善	假货盛行	不确定因素较多

表 9-2　我国跨境电子商务发展历程

阶　　段	初步探索	网 上 黄 页	网 上 交 易	综 合 平 台
时间	1997—2003 年	2004—2005 年	2006—2011 年	2012 年至今
平台特征	平台较少	提供营销、业务推广等服务	实现信息流、物流、资金流电子化	服务全面升级，承载能力更强
阶段特征	探索与基础阶段	网上黄页模式发展迅速	电子化特征显著	体现出综合性发展特点

9.1.4　跨境电子商务的现状

1. 全球跨境电子商务发展现状

据 eMarketer 数据显示，2021 年全球电子商务市场总额达 4.89 万亿美元，仅中国电子商务市场就高达 2.779 万亿美元，成为全球最大的电子商务市场，美国电子商务市场 8431.5 亿美元，位列第二，其次是英国电子商务市场的 1690.2 亿美元。

2. 我国跨境电子商务行业蓬勃发展

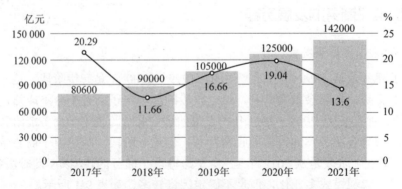

图 9-2　2017—2021 年我国跨境电子商务行业交易规模及增长率

报告显示，2017—2021 年，我国跨境电子商务交易规模持续扩大。2021 年中国跨境电子商务市场规模 14.2 万亿元，较 2020 年的 12.5 万亿元同比增长 13.6%。2017—2020 年市场规模(增速)分别为 8.06 万亿元(20.29%)、9 万亿元(11.66%)、10.5 万亿元(16.66%)、12.5 万亿元(19.04%)。交易额的逐年上升和国家的扶植政策是密切相关的,为支持跨境电子商务的发展,国家的政策支持力度加强,体现在以下三个方面。

(1) 政府支持力度加强。获批试点城市增多,2012 年 12 月 19 日在国家发改委、海关总署的带领下,郑州、上海、重庆、杭州、宁波五个城市成为首批跨境电子商务试点城市。次年,广州、深圳相继建立跨境电子商务综合试验区。2015 年,在杭州和天津又增设了跨境电子商务综合试验区,到 2016 年 1 月,我国跨境电子商务综合试验区增至 13 个,包括杭州、上海、宁波、重庆、郑州、广州、深圳、天津、合肥、成都、大连、青岛、苏州 13 个城市。

(2) 明确监督管理政策。2015 年 3 月,国务院明确支持建设跨境电子商务综合试验区。2015 年 4 月,商务部印发 2015 年电子商务工作要点。2015 年 6 月,国办印发关于促进跨境电子商务健康快速发展的指导意见。2015 年 7 月 15 日,国务院常务委员会部署了六项促进外贸的具体措施。2016 年 4 月 8 日,财政部、海关总署、国税总局三部委发布了跨境电子商务零售进口的新税制。

(3) 跨境电子商务交易平台崛起。我国跨境电子商务的快速发展,离不开国外跨境电子商务平台的支持和推动,以阿里巴巴国际站、敦煌网、环球资源网为代表的 B2B 站已经在海外树立品牌,具有一定的知名度。同时,新一批跨境电子商务平台也在陆续建设中。

9.1.5 跨境电子商务的发展趋势

国家通过政策出台法律规定,逐步规范跨境电子商务市场。2019 年 1 月起实施电子商务法,对跨境电子商务主体的税收义务做出了明确的要求。

由于对跨境电子商务类企业通关等体系建设存在空白,相关企业按一定贸易流程通关存在障碍,对于那些正面清单之外的部分产品影响尤其大,因此,跨境通关服务体系也逐渐优化。

2016 年政府工作报告指出,扩大跨境电子商务,支持出口企业建设一批出口产品海外仓,促进外贸综合服务企业发展,跨境电子商务的海外仓建设得到了大力的推广。

同时,跨境电子商务的快速发展离不开优秀的人才,因此跨境电子商务的人才培养也受到了前所未有的重视。

9.2 中国跨境电子商务行业发展环境

2021 年,中国跨境电子商务市场仍保持快速增长。新冠疫情暴发以来,跨境电子商务成为支持"外循环"的重要引擎。跨境电子商务的发展带动整个产业链条发生变化,以跨境电子商务为代表的贸易数字化转型或将给产业带来深远的影响。2022 年 2 月,第六批跨境电子商务综试区发布,截至目前,全国已分六批设立了 132 个跨境电子商务综合试验区。

"扩大高水平对外开放,推动外贸外资平稳发展。"十三届全国人大五次会议表决通过的《政府工作报告》明确提出，加快发展外贸新业态新模式，充分发挥跨境电子商务的作用，支持建设一批海外仓。这已经是跨境电子商务连续8年在《政府工作报告》中被提及。

跨境电子商务交易规模：2021年中国跨境电子商务市场规模14.2万亿元，较2020年的12.5万亿元同比增长13.6%。出口占比达77.46%，进口比例22.54%。

出口跨境电子商务市场规模：2021年中国出口跨境电子商务市场规模11万亿元，较2020年的9.7万亿元同比增长13.4%。

进口跨境电子商务市场规模：2021年中国进口跨境电子商务市场规模3.2万亿元，较2020年的2.8万亿元同比增长14.28%。

跨境电子商务模式结构：2021年中国跨境电子商务的交易模式中跨境电子商务B2B交易占比达77%，跨境电子商务B2C交易占比23%。目前出口B2B在线采购已逐步成为全球采购主流趋势，对贸易经济带动面较大，同时出口B2C销售正往更多国家渗透，从欧美日韩发达市场逐步渗透到东南亚新兴市场。出口跨境电子商务B2C的销售渠道主要分为大型多国电子商务平台、海外本土电子商务平台、独立站三类。

用户规模：2021年中国进口跨境电子商务用户规模1.55亿人，较2020年的1.4亿人同比增长10.71%。

跨境电子商务融资方面：2021年中国跨境电子商务融资总额207亿元，同比增长191.96%。

9.2.1 政策环境

1. 跨境电子商务成为"一带一路"重要落脚点，打开"供给侧改革"新通道

资料9-1

2016年两会期间，供给侧改革和"一带一路"成为关键词。跨境电子商务是互联网时代的产物，是"互联网+外贸"的具体体现。跨境电子商务新供给创造外贸新需求，提高发展的质量和效益，对接"一带一路"助力"中国制造"向外拓展，并将搭建一条"网上丝绸之路"，成为建设"丝绸之路经济带"新起点的重要支撑。跨境电子商务已经成为"一带一路"重要的落脚点，成为连接"一带一路"的纽带，以渠道和供给的增加引领贸易和投资的发展，促进国家间的生产分工协作，实现"一带一路"沿线国家的资源共享、产品共享。并成为打开供给侧结构性改革的新通道。

2. 多项优惠政策落地扫清跨境电子商务发展障碍

2020年以来，政府密集出台支持发展跨境电子商务的政策，主要涉及促进跨境电子商务等新业态、建设海外仓等内容，政策具备很强的实操性，积极促进跨境电子商务行业规范及完善。政策的制定及实施是跨境电子商务快速发展的基础，对推动全行业的快速、健康发展起着重要作用。具体内容如表9-3所示。

表9-3 中国跨境电子商务行业最新政策汇总表

日　　期	政　策　名　称	内　　　　容
2021.9	《国企电子商务创新发展行动计划》	推动跨境电子商务协同发展

续表

日期	政策名称	内容
2021.9	《"十四五"电子商务发展规划》	倡导开放共赢，支持跨境电子商务和海外仓发展
2021.7	《"十四五"商务发展规划》	推动外贸创新发展，开展跨境电子商务"十百千万"专项行动、规划和标准建设专项行动、海外仓高质量发展专项行动等，到2025年，使跨境电子商务等新业态的外贸占比提升至10%
2021.7	《国务院办公厅关于加快发展外贸新业态新模式的意见》	在全国适用跨境电子商务B2B直接出口、跨境电子商务出口海外仓监管模式，便利跨境电子商务进出口退换货管理，优化跨境电子商务零售进口商品清单，扩大跨境电子商务综合试验区试点范围。到2025年，力争培育100家左右的优秀海外仓企业，并依托海外仓建立覆盖全球、协同发展的新型外贸物流网络
2021.3	《中华人民共和国国民经济和社会发展第十四个五年规划和2035年远景目标纲要》	加快发展跨境电子商务，鼓励建设海外仓，保障外贸产业供应链运转
2020.11	《区域全面经济伙伴关系协定》	RCEP协定的第12章详细列出了电子商务的具体条款。第12章第四节介绍了计算设施的位置和通过电子方式跨境传输信息。在通过电子方式跨境传输信息方面，一是缔约方认识到，每一缔约方对于通过电子方式传输信息可能有各自的监管要求；二是缔约方不得阻止涵盖的人为进行商业行为而通过电子方式跨境传输信息等
2020.11	《国务院办公厅关于印发全国深化"放管服"改革优化营商环境电视电话会议重点任务分工方案的通知》	推进跨境电子商务综合实验区建设
2020.11	《关于推进对外贸易创新发展的实施意见》	促进跨境电子商务等新业态发展
2020.8	《关于进一步做好稳外贸稳外资工作的意见》	支持跨境电子商务平台、跨境物流发展和海外仓建设
2020.7	《国务院关于做好自由贸易试验区第六批改革试点经验复制推广工作的通知》	在全国范围内复制推广跨境电子商务零售进口退货中心仓模式
2020.6	《国务院关于落实〈政府工作报告〉重点工作分工的意见》	加快跨境电子商务等新业态发展，提升国际货运能力
2020.6	《关于开展跨境电子商务企业对企业出口监管试点的公告》	自2020年7月1日起，跨境电子商务B2B出口货物适用全国通关一体化，也可采用"跨境电子商务"模式进行转关。首先在北京、天津、南京、杭州、宁波、厦门、郑州、广州、深圳、黄埔海关开展跨境电子商务B2B出口监管试点，根据试点情况及时在全国海关复制推广，有利于推动外贸企业扩大出口，促进外贸发展
2020.5	《国家外汇管理局关于支持贸易新业态发展的通知》	从事跨境电子商务的企业可将出口货物在境外发生的仓储、物流、税收等费用与出口货款轧差结算。跨境电子商务企业出口至海外仓销售的货物，汇回的实际销售收入可与相应货物的出口报关金额不一致。跨境电子商务企业按现行货物贸易外汇管理规定报送外汇业务报告

续表

日期	政策名称	内容
2020.5	《国务院关于同意在雄安新区等46个城市和地区设立跨境电子商务综合试验区的批复》	同意在雄安新区、大同市、满洲里市、营口市、盘锦市、吉林市、黑河市、常州市、连云港市等46个城市和地区设立跨境电子商务综合试验区
2020.4	国务院常务会议	推出增设跨境电子商务综合试验区、支持加工贸易、广交会网上举办等系列措施，积极应对疫情影响，努力稳住外贸外资基本盘；决定延续实施普惠金融和小额贷款公司部分税收支持政策
2020.3	《海关总署关于跨境电子商务零售进口商品退货有关监管事宜的公告》	跨境电子商务出口企业、特殊区域内跨境电子商务相关企业或其委托的报关企业可向海关申请开展跨境电子商务零售出口、跨境电子商务特殊区域出口、跨境电子商务出口海外仓商品的退货业务
2020.1	《关于扩大跨境电商零售进口试点、严格落实监管要求的通知》	将进一步扩大跨境电子商务零售进口试点范围，本次扩大试点后，跨境电子商务零售进口试点范围[将从37个城市扩大至海南全岛和其他86个城市（地区）]，覆盖31个省（区、市）
2019.3	2019年全国两会	将改革完善跨境电子商务等新业态扶持政策，推动服务贸易创新发展，引导加工贸易转型升级、向中西部转移，发挥综合保税区作用。优化进口结构，积极扩大进口。办好第二届中国国际进口博览会，加快提升通关便利化水平

9.2.2 行业环境

1. 国内传统企业纷纷布局出口跨境电子商务

近年来，国内传统企业纷纷布局出口跨境电子商务，2016年3月，卓尔集团宣布收购兰亭集势30%的股权，布局跨境电子商务业务。2015年，跨境通（原百圆裤业）斥巨资收购环球易购、前海帕拓逊、广州百伦、通拓科技出口跨境电子商务公司股权，持续加强板块布局。在国内经济不景气的现状下，相较于传统外贸模式，出口跨境电子商务将国产优势商品直接对接国外消费者，缩短了贸易中间环节、减少了商品流转成本。

2. 新兴国家崛起，跨境电子商务市场发展潜力巨大

全球贸易逐渐向线上发展的趋势明显，特别是像俄罗斯等新兴国家电子商务市场的快速发展，广阔的市场发展空间给外贸企业带来更多市场机遇。政策的刺激以及传统贸易发展的不景气，给跨境电子商务市场带来巨大的潜在机会。

9.2.3 资本环境

近年来跨境电子商务发展势头迅猛，各路资本蜂拥而至，行业发展如火如荼。热潮引发各路资本竞相追逐，如生意宝投资万事通，跨境通投资通拓科技、前海帕拓逊等。2021年，中国出口跨境电子商务融资金额规模超73.6亿元。随着更多企业的纷纷入局，跨境电子商务平台的竞争将从单一的商品竞争逐渐向供应链与整体服务转移，竞争方式将逐步升级。资本对跨境电子商务的看好与行业的良好走势有关，整个行业处于蓬勃发展的阶段。

未来，跨境电子商务平台竞争将不仅限于商品品类，更多的是拼供应链与整体服务能力。对于出口跨境电子商务而言，更多的商品品类、海外仓、良好的售后服务都将是竞争要素。

9.2.4 用户环境

1. 新兴市场国家的不断崛起带来更大的用户规模

近年来，新兴市场包括俄罗斯、巴西、以色列、阿根廷等国家和地区的电子商务发展迅猛，给中国卖家带来了更大的用户规模，目标人群不断壮大。新兴市场国家电子商务的发展、人们对电子商务观念改变以及当地商品供应的不足等给企业带来机遇。新兴市场国家有着更为广阔的人群及购买力，对出口跨境电子商务企业来说存在较大的市场机遇，重点在通过何种方式影响到目标客户。

2. 欧美等发达国家用户消费升级，由低价向品质延伸

欧美等发达国家的消费者正逐渐呈现出对商品的需求从最初的低价向品质延伸，这是用户消费的升级。同时，中国卖家也逐步通过品牌化的打造输出更多有品牌附加值、高质量的商品。任何国家的消费者都有消费升级的趋势，中国出口跨境电子商务从低价开始，逐步向品牌化延伸。除竞争加剧外，这也是欧美等发达国家消费升级的结果。

9.3 跨境电子商务模式

我国跨境电子商务主要分为 B2B 和 B2C 贸易模式。B2B 模式下，企业运用电子商务以广告和信息发布为主，成交和通关流程基本在线下完成，本质上仍属传统贸易，已纳入海关一般贸易统计。B2C 模式下，我国企业直接面对国外消费者，以销售个人消费品为主，物流方面主要采用航空小包、邮寄、快递等方式，其报关主体是邮政或快递公司，目前大多未纳入海关登记。

跨境电子商务从进出口方向分为出口跨境电子商务和进口跨境电子商务，从交易模式方向分为 B2B 跨境电子商务和 B2C 跨境电子商务。2013 年 E 贸易的提出将跨境电子商务分为一般跨境电子商务和 E 贸易跨境电子商务。

9.3.1 出口跨境电子商务 B2B 规模表明出口 B2B 仍为主流模式

据中国电子商务研究中心（100EC.CN）监测数据显示，2019 年中国出口跨境电子商务中 B2B 市场交易规模为 6.3 万亿元，同比增长 10.5%。可根据图 9-3 进行数据解读。

（1）出口 B2B 电子商务模式是传统出口贸易流程的电子商务化，目前乃至未来仍将是主流。

（2）B2B 信息服务模式瓶颈凸显，价值提升空间有限。近年以来欧美经济低迷、外币贬值等因素导致出口增速不断放缓，以收取会员费及竞价排名费为主的信息服务型电子商务成长瓶颈已经凸显。

（3）纯信息服务模式升级为一站式综合贸易服务是必然，综合贸易服务类变现率高于纯信息服务。

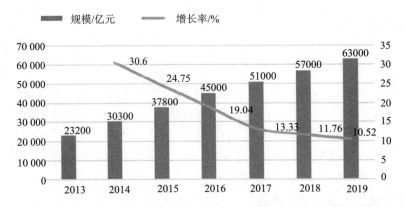

图 9-3　2013—2019 年中国出口跨境电子商务行业 B2B 交易规模及其增长率

来源：网经社；www.100EC.CN.

9.3.2　出口跨境电子商务网络零售规模占比小，短期难以成为主流

据 100EC.CN 监测数据显示，2019 年中国出口跨境电子商务网络零售市场交易规模为 1.73 万亿元，同比增长 23.57%。可根据图 9-4 进行数据解读。

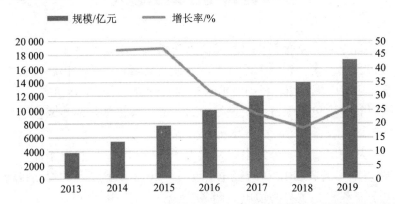

图 9-4　2013—2019 年中国出口跨境电子商务行业网络零售交易规模及其增长率

来源：网经社；www.100EC.CN.

（1）出口 B2C 电子商务受客户群和体验限制占比小，该类模式面向海外低端客户群，以 3C、服饰品类为主，增速趋于平稳。行业面临竞争及成本瓶颈，短期内难为主流。

（2）海外竞争激烈，品牌化之路漫长。出口 B2C 的主要市场——美国、欧洲等本土零售市场高度发达，沃尔玛、亚马逊等行业巨头商品供应链效率已臻极致，散小的出口 B2C 欠缺抗衡实力。

（3）低质低价难以持续，营销成本持续高企。出口 B2C 依托中国制造成本优势，面向海外低端客户群销售廉价商品，但商品同质化、低质倾销带来激烈的价格战与高企的营销成本。

9.3.3 出口跨境电子商务卖家主要地域分布

100EC.CN 监测数据显示，2018 年中国出口跨境电子商务卖家主要集中在广东省（20.5%）、浙江省（17.2%）、江苏省（12.8%）、上海市（8.3%）、福建省（6.5%）、北京市（5.2%）、山东省（3.4%）、河北省（2.2%）、其他（23.9%）。可以根据图 9-5 进行数据解读。

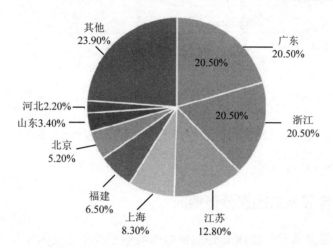

图 9-5　2018 年中国出口跨境电子商务卖家地域分布

来源：网经社；www.100EC.CN.

（1）广东庞大的经济基础、高度集中的生产制造基地、丰富的外贸人才储备成为出口跨境电子商务卖家的集聚地，品类丰富及完善的产业链是其显著特征。

（2）长三角拥有发达的轻工业基础，服饰、鞋帽和家居类产品销售领先，同时产业集群效应在长三角表现突出。

9.3.4 出口跨境电子商务卖家品类分布情况

100EC.CN 监测数据显示，2018 年中国出口跨境电子商务在卖家品类分布上，3C 电子产品占 18.5%、服装服饰占 12.4%、家居园艺占 8.5%、户外用品占 6.5%、健康美容占 5.2%、鞋帽箱包占 4.7%、母婴玩具占 3.5%、汽车配件占 3.2%、灯光照明占 2.3%、安全监控占 1.7%、其他品类占 35.2%。可以根据图 9-6 进行数据解读。

（1）中国出口跨境电子商务品类以成本优势强、标准化程度高的 3C 电子/服饰/家居园艺等为主，以标准品为主的出口产品结构符合跨境电子商务的发展特征，标准品因其品类的统一性而天然地适合利用互联网进行推广和销售。

（2）相对于传统的出口贸易，出口跨境电子商务产品品类更加丰富，出口地区更加分散，东盟、韩国、俄罗斯、印度等新兴市场不断崛起。

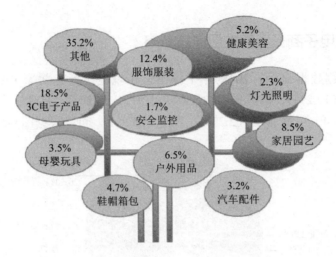

图 9-6　2018 年中国出口跨境电子商务卖家种类分布

来源：网经社；www.100EC.CN.

9.3.5　出口跨境电子商务国家分布情况

00EC.CN 监测数据显示，2018 年中国出口跨境电子商务主要国家和地区分布情况为：美国 17.5%、法国 13.2%、俄罗斯 11.3%、英国 8.4%、巴西 5.6%、加拿大 4.5%、德国 3.7%、日本 3.4%、韩国 2.5%、印度 2.4%、其他 27.5%。可以根据图 9-7 进行数据解读。

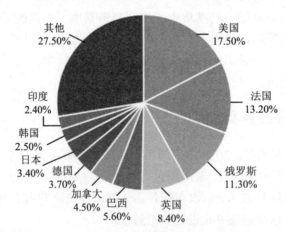

图 9-7　2018 年中国出口跨境电子商务国家及地区分布

（1）从主要国家及地区分布来看，美国、法国等发达国家依然是中国出口电子商务主要的目的地。基础设施完善、较为成熟的网购环境和人群等因素都使电子商务的发展程度较高。

（2）欧美日等发达经济体受益于量化宽松等刺激政策，经济增速企稳回升，新兴经济体经济增速放缓。中国制造性价比优势在未来仍将保持，同时海外消费市场为国内过剩产能提供输出通道。

9.4 我国跨境电子商务主要商业模式

9.4.1 跨境电子商务的分类

跨境电子商务按照交易主体可以划分为 B2B、B2C、C2C 3 种，我国跨境电子商务主要分为 B2B 和 B2C 两种。B2B 模式下，企业运用电子商务以广告和信息发布为主，进行大批量、小批次的交易，订单比较集中，成交和通关流程基本上是在线下完成，本质上仍然属于传统贸易，但已纳入海关的一般贸易统计，代表性的网站有阿里巴巴国际站、环球资源网等。B2C 模式下，我国的企业直接面对国外的消费者，以销售个人消费品为主，物流方面，主要采用航空小包、邮寄快递等方式进行小批量、多批次的交易，订单分散，其报关主体是邮政或快递公司，目前大多未纳入海关登记，典型代表网站有阿里巴巴的速卖通、eBay、亚马逊、Wish 等。C2C 模式是面向消费者与消费者进行小额交易，用户较多，代表的网站有淘宝全球购、海蜜等。

从进出口方向划分，可以划分为出口的跨境电子商务和进口的跨境电子商务。跨境进口模式多元化，包括以天猫国际为代表的海外直购模式、以网易考拉和小红书为代表的海外优选模式、以洋码头为代表的全球买手模式和以京东海外购为代表的线上线下融合模式等，跨境进口机遇更多，面临的问题也更多。跨境出口受区位因素、供应链因素的限制比较大，主要模式有平台型运营模式，自营型运营模式，保税区、自贸区自由服务运营模式，导购返利型运营模式等，代表性网站有阿里巴巴国际站、兰亭集势等，如表 9-4 所示。

表 9-4 跨境电子商务的分类

模式	按照交易主体			按照进出口方向	
	B2B	B2C	C2C	跨境进口	跨境出口
划分依据	企业对企业	企业对消费者	消费者对消费者	进口	出口
模式特点	大批量小批次交易，订单集中	小批量多批次交易，订单分散	小额交易，用户多	模式多元化，机遇多，问题大	区位、供应链因素的限制较大
代表网站	阿里巴巴国际网站、环球资源等	阿里巴巴速卖通、亚马逊等	淘宝全球购、海蜜等	天猫国际、京东海外购等	阿里巴巴国际站、兰亭集势等

9.4.2 B2B 模式（信息服务平台、交易服务平台）

1. 信息服务平台

模式介绍：通过第三方跨境电子商务平台进行信息发布或信息搜索完成交易撮合的服务，其主要营利模式包括会员服务和增值服务。

会员服务即卖方每年缴纳一定的会员费用后享受平台提供的各种服务，会员费是平台的主要收入来源，目前该种营利模式市场趋向饱和。

增值服务即买卖双方免费成为平台会员后，平台为买卖双方提供增值服务，主要包括竞价排名、点击付费及展位推广服务，竞价排名是信息服务平台进行增值服务最为成熟的营利模式。

代表企业如图 9-8 所示。

图 9-8　B2B 模式中信息服务平台的代表企业

2．交易服务平台

模式介绍：能够实现买卖供需双方之间的网上交易和在线电子支付的一种商业模式，其主要营利模式包括收取佣金费和展示费。

佣金制是在成交以后按比例收取一定的佣金，根据不同行业不同量度，通过真实的交易数据买家可以准确地了解卖家状况。

展示费是上传产品时收取的费用，在不区分展位大小的同时，只要展示产品信息便收取费用，直接线上支付展示费用。

代表企业如图 9-9 所示。

图 9-9　B2B 模式中交易服务平台的代表企业

9.4.3　B2C 模式（开放平台、自营平台）

1．开放平台

模式介绍：开放平台开放的内容涉及出口电子商务的各个环节，除了开放买家和卖家数据，还包括开放商品、店铺、交易、物流、评价、仓储、营销推广等各环节和流程的业务，实现应用和平台系统化对接，建立自己开放的生态系统。开放平台更多作为管理运营平台商存在，通过整合平台服务资源同时共享数据，为买卖双方服务。

代表企业如图 9-10 所示。

图 9-10　B2C 模式中开放平台的代表企业

2．自营平台

模式介绍：平台对其经营的产品进行统一生产或采购、产品展示、在线交易，并通过物流配送将产品投放到最终消费者群体。

自营平台通过量身定做符合自我品牌诉求和消费者需要的采购标准，引入、管理和销售各类品牌的商品，以可靠品牌为支撑点凸显自身品牌的可靠性。

自营平台在商品的引入、分类、展示、交易、物流配送、售后保障等整个交易流程各个重点环节管理均发力布局，通过互联网 IT 系统管理、建设大型仓储物流体系实现对全交易流程的实时管理。

代表企业如图 9-11 所示。

图 9-11　B2C 模式中自营平台的代表企业

9.4.4　主要企业优劣势分析

1. 阿里巴巴速卖通

优势：为消费者提供丰富的产品品类选项，涵盖服装配饰、鞋包、手机及通信工具、美妆及健康、计算机网络、珠宝及手表、家居、玩具、户外用品等；用户流量较大，在部分新兴国家排名前列；拥有阿里巴巴、天猫、淘宝的卖家资源。

劣势：产品质量难以保证，物流、售后、退换货等客户体验一般，因此最初在目标市场欧美地区（服务要求较高）的占比逐渐下降，在新兴国家占比逐渐上升。

2. eBay

优势：品牌认同度高，买家资源丰富，在全球范围内拥有近 3 亿用户、1.2 亿的活跃用户，流量大，质量较好；品类丰富；支付系统强大，PayPal 拥有超过 1.32 亿活跃用户，支持 26 种货币；为吸引中国卖家入驻，成立专业团队提供一站式外贸解决方案，并提供跨境交易认证、业务咨询、专场培训、洽谈物流优惠等服务。

劣势：对产品掌控能力较弱，售后服务质量一般。

3. 亚马逊

优势：品类丰富，可选品种超过 500 万；品牌认同度高，用户流量大，质量较好；对入驻卖家要求较高，品质相对优于其他平台，自建物流中心，在全球有超过 80 个物流中心，除自营商品外，也为第三方卖家提供物流服务，物流体验较好。

劣势：尽管对卖家要求较高，但依然无法 100%保证平台商品的质量，若第三方卖家不选用亚马逊物流，物流体验也无法保证。

4. 兰亭集势

兰亭集势是中国整合了供应链服务的在线 B2C（内部叫作 L2C，light in the box 2 customer）。该公司拥有一系列的供应商，并拥有自己的数据仓库和长期的物流合作伙伴。数据显示，2010 年兰亭集势是中国跨境电子商务平台的领头羊。2010 年 6 月，兰亭集势完成对 3C 电子商务欧酷网的收购。

优势：供应链管理能力较强，在婚纱和礼服类产品线为消费者提供个性化定制服务；拥有两个海外采购中心，快递服务商包括 FedEx、UPS、DHL、TNT 以及中、美邮政，消费者可以针对个人需求进行选择；客户服务和市场营销方面均由母语国家的员工执行，物流/售后用户体验较好。

劣势：流量成本较高，质量一般，运营成本较高；核心品类不够突出。

9.4.5 跨境进口电子商务模式

1. 直邮进口模式

1)直邮进口模式的内涵

直邮进口模式是指符合条件的跨境电子商务平台与海关联网,境内消费者在购物网站上确定交易后,商品以邮件、快件等方式进入境内,同时电子订单、支付凭证、电子运单等由跨境电子商务实时传输给海关,并按个人邮寄物品征税的进口模式。

2)直邮进口模式的优势

(1)产品种类丰富。在直邮进口模式下,平台购物网站不只针对本国的顾客,全球消费者都可以在其网站上选购、直邮。

(2)消费者与海外商家直接进行沟通。直邮进口模式对于消费者而言,有一个巨大的吸引力,就是商品直接从国外供应商手中发出,不再经过第二手中间商。

3)直邮进口模式的劣势

直邮进口模式的物流时间比较长。在直邮进口模式下,消费者下单后,商品会在海外直接通过快递发往国内,因此时间较长。

2. 保税进口模式

1)保税进口模式的内涵

保税进口模式是指跨境进口电子商务企业根据大数据分析提前从境外批量采购热卖商品,并将商品运至国内自贸区、保税区、保税仓库等海关特殊监管区域内免税备货,再根据国内消费者网络订单情况,将相应的商品从国内这些特殊的监管区域交由物流企业直接配送至国内收货人的进口模式。

2)保税进口模式的优势

(1)物流时间短。以保税模式进口的商品已经提前从海外备货至国内的保税仓库。

(2)品质有保障。在商品的质量监管方面,保税进口产品整个的物流运转流程是在海关监管下进行的,比直邮等模式更加安全规范。

(3)方便退货。消费者以海外直邮、海外代购等方式购买的商品往往会面临退货难、维权难、售后服务得不到保障等问题。

3)保税进口模式的劣势

商品的种类有限。在保税进口模式下,提前备货的商品主要是一些规模化生产的标准化的商品,例如奶粉、化妆品、电子产品等,如果订单数量超出预期,则需要临时加运,而其他的一些商品,比如时尚化、个性化的商品,销售的周期比较长,资金回收慢,则不适合提前批量备货。

4)跨境直邮进口与跨境保税进口的区别(见表9-5)

表9-5 跨境直邮进口与跨境保税进口的区别

模　　式	直 邮 进 口	保 税 进 口
运作方式	先下单后发货,国际物流运输	先备货后接单,国内物流运输

续表

模式	直邮进口	保税进口
优点	产品种类多，可与海外商家直接沟通	物流时间短，海关方便退换
缺点	收货时间较长	商品可供选择的范围有限
发货地点及方式	国外、空运居多	保税港区、海运居多
适用企业	代购、品类宽泛的电子商务平台、海外电子商务	品类相对专注于备货量大的电子商务企业
商品价格构成	商品标价+物流费用+行邮税	商品标价+行邮税
海关监管特色	电子订单、运单及支付单实时传递，阳光清关	商品存放在海关监管场所，实现快速通关
限额政策	个人跨境进口的单次限额为 2000 元。个人年度交易上限为 2 万元。应征税额在 50 元以下的，缴纳关税（暂定 0）、增值税和消费税（按法定应纳税额 70%征收）	

在运作方式上：直邮进口是先下单后发货，采取的是国际物流运输。而保税进口是先备货，后接单，采取的是国内物流运输。

优点：直邮进口产品的种类多，可与海外的商家直接沟通。而保税进口模式的物流时间短，海关退换货方便。

缺点：直邮进口的缺点是收货时间比较长，保税进口商品的缺点是可选择的范围有限。

发货的地点及方式：直邮进口是从国外发货，空运居多，而保税进口是保税港区，海运居多。

适用的企业：直邮进口适用于代购品类宽泛的电子商务平台、海外的电子商务企业，而保税进口的品类相对专注于备货量大的电子商务企业，一般是爆款。

商品的价格构成：直邮进口的商品一般包括商品的标价，加上物流的费用，再加上行邮税，而保税进口的商品价格是由商品标价加上行邮税构成的。

海关监管特色：直邮进口采取电子订单、运单及支付单实时传递，阳光清关，三单一致的方式；而保税进口的商品存放在海关监管区，实现快速通关。

对于直邮进口和保税进口这两种模式，限额政策是一致的。个人跨境电子商务进口的单次限额为 2000 元，个人年度交易上限为 2 万元，应征税额在 50 元以下的缴纳关税暂定为 0，增值税和消费税按照法定应纳税额的 70%征收。

9.4.6 跨境出口电子商务模式

1. 跨境大宗交易平台模式（大宗 B2B）

跨境大宗交易平台模式是依托自主网络营销平台，传递供应商或采购商等合作伙伴的商品或者服务信息，最终达成交易的一种模式。例如，阿里巴巴国际站就属于这种模式，是典型的 B2B 跨境大宗交易平台模式。

跨境大宗交易平台模式主要是境内的供应商或生产商通过跨境的 B2B 平台向境外批发商或零售商销售商品或服务。跨境 B2B 平台除提供 B2B 交易网站，还提供展会、咨询研究、出版等服务，使双方完成交易，在此过程中，收取会员费、营销推广费和交易佣金以获取盈利，如图 9-12 所示。

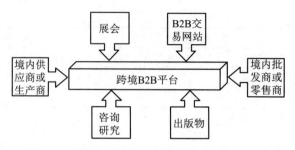

图 9-12　跨境大宗交易平台模式（大宗 B2B）

2. 综合类跨境小额交易平台（小宗 B2B 或 C2C 模式）

综合类跨境小额交易平台模式下，网站平台仅是一个第三方的独立销售平台，买卖双方通过平台提供的商品信息下单成交。这种模式既可以是 B2B 模式，也可以是 C2C 模式，如速卖通、敦煌网就属于这种模式。其具体运作模式如图 9-13 所示。

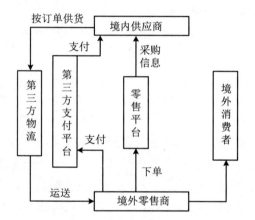

图 9-13　综合类跨境小额交易平台（小宗 B2B 或 C2C 模式）

首先，境外零售商将订单发给零售平台，平台将采购信息发给境内的供应商。然后，供应商接单，境外的零售商通过第三方支付平台支付货款。接下来，境内供应商按单供货，通过第三方物流将货送到零售商手中。最后，境外的零售商确认收货，第三方支付平台将货款支付给境内的供应商，境外零售商有了货源，可以与境外的消费者进行交易。

3. 垂直类跨境小额交易平台模式（独立 B2C）

在此模式下，独立的跨境 B2C 平台可以通过自建的交易平台，利用自己的资源优势联系境内外的企业，寻求供货商，独立代理或买断货源，将商品放在平台上销售。运用这种经营模式的平台有兰亭集势、米兰网等。

垂直类跨境小额交易平台通过境外消费者向小额批发零售平台下单支付，提供订单。小额批发零售平台可以通过网络直销给消费者供货，或者给境内的供应商或生产商提供采购信息并支付货款，境内供应商或生产商按订单供货，通过物流配送中心装配，再通过供应商或生产商的自建物流体系，将货物运送到消费者手中。没有自建物流的，可以将物流外包，通过第三方国际物流实现货物的配送。此外，小额批发零售平台的合作伙伴可以给平台带来更多的销售订单，平台同时也要给合作伙伴提供销售提成，如图 9-14 所示。

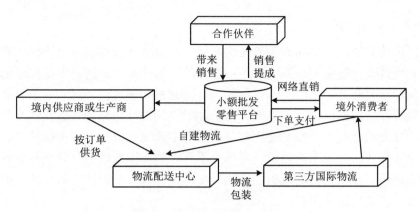

图 9-14　垂直类跨境小额交易平台模式（独立 B2C）

9.5　跨境电子商务行业特征

跨境电子商务是基于网络发展起来的，网络空间相对于物理空间来说是一个新空间，是一个由网址和密码组成的虚拟但客观存在的世界。网络空间独特的价值标准和行为模式深刻地影响着跨境电子商务，使其不同于传统的交易方式而呈现出自己的特点。

跨国电子商务具有如下特征（基于网络空间的分析）。

1. 全球性（global forum）

网络是一个没有边界的媒介体，具有全球性和非中心化的特征。依附于网络发生的跨境电子商务也因此具有了全球性和非中心化的特性。电子商务与传统的交易方式相比，一个重要的特点在于电子商务是一种无边界交易，丧失了传统交易所具有的地理因素。互联网用户不需要考虑跨越国界就可以把产品尤其是高附加值产品和服务提交到市场。网络的全球性特征带来的积极影响是信息的最大程度的共享，消极影响是用户必须面临因文化、政治和法律的不同而产生的风险。任何人只要具备了一定的技术手段，在任何时候、任何地方都可以让信息进入网络，相互之间建立联系并进行交易。美国财政部在其财政报告中指出，对基于全球化的网络建立起来的电子商务活动进行课税困难重重，因为电子商务是基于虚拟的计算机空间展开的，丧失了传统交易方式下的地理因素；电子商务中的制造商容易隐匿其住所，而消费者对制造商的住所是漠不关心的。比如，一家很小的爱尔兰在线公司通过一个可供世界各地的消费者点击观看的网页，就可以通过互联网销售其产品和服务（只要消费者接入了互联网）。因此，很难界定这一交易究竟是在哪个国家发生的。

这种远程交易的发展，给税收当局制造了许多困难。税收权力只能严格地在一国范围内实施，网络的这种特性为税务机关对超越一国的在线交易行使税收管辖权带来了困难。而且互联网有时扮演了代理中介的角色。在传统交易模式下，往往需要一个有形的销售网点的存在，例如，通过书店将书卖给读者，而在线书店可以代替书店这个销售网点直接完成整个交易。而问题是，税务当局往往要依靠这些销售网点获取税收所需要的基本信息，代扣代缴所得税。没有这些销售网点的存在，税收权力的行使也会发生困难。

2. 无形性（intangible）

网络的发展使数字化产品和服务的传输盛行。而数字化传输是通过不同类型的媒介如数据、声音和图像在全球化网络环境中集中进行的，这些媒介在网络中是以计算机数据代码的形式出现的，因而是无形的。以一个 E-mail 信息的传输为例，这一信息首先要被服务器分解为数以万计的数据包，然后按照 TCP/IP 通过不同的网络路径传输到一个目的地服务器并重新组织转发给接收人，整个过程都是在网络中瞬间完成的。电子商务是数字化传输活动的一种特殊形式，其无形性使得税务机关很难控制和检查销售商的交易活动，税务机关面对的交易记录都体现为数据代码的形式，使得税务核查员无法准确地计算销售所得和利润所得，从而给税收带来困难。

数字化产品和服务基于数字传输活动的特性也必然具有无形性，传统交易以实物交易为主，而在电子商务中，无形产品却可以替代实物成为交易的对象。以书籍为例，传统的纸质书籍，其排版、印刷、销售和购买被看作产品的生产、销售。然而在电子商务交易中，消费者只要购买网上的数据权便可以使用书中的知识和信息。而如何界定该交易的性质、如何监督、如何征税等一系列的问题给税务和法律部门带来了新的课题。

3. 匿名性（anonymous）

由于跨境电子商务的非中心化和全球性的特性，因此很难识别电子商务用户的身份和其所处的地理位置。在线交易的消费者往往不显示自己的真实身份和自己的地理位置，重要的是这丝毫不影响交易的进行，网络的匿名性也允许消费者这样做。在虚拟社会里，隐匿身份的便利与迅即导致自由与责任的不对称。人们在这里可以享受最大的自由，却只承担最小的责任，甚至干脆逃避责任。这显然给税务机关制造了麻烦，税务机关无法查明应当纳税的在线交易人的身份和地理位置，也就无法获知纳税人的交易情况和应纳税额，更不要说去审计核实。该部分交易和纳税人在税务机关的视野中隐身了，这对税务机关是致命的。以 eBay 为例，eBay 是美国的一家网上拍卖公司，允许个人和商家拍卖任何物品，截至 2019 年年中，eBay 已经拥有 1.82 亿用户，其平台上的商品交易总额达到 220 亿美元。但 eBay 的大多数用户都没有准确地向税务机关报告他们的所得，存在大量的逃税现象，因为他们知道由于网络的匿名性，美国国内收入服务处（IRS）没有办法识别他们。

9.6 跨境电子商务营销

9.6.1 跨境电子商务营销概述

1. 跨境电子商务营销的定义

跨境电子商务营销是指企业为满足国际市场需求，借助传统营销媒介和互联网等新型媒体，将生产的产品或服务提供给国外的顾客，最终获取利润的一系列的营销活动。

2. 跨境电子商务营销的特点

（1）具有目标市场中特色产品的影响性。

(2) 具有营销渠道的适应性。

(3) 具有营销渠道的跨文化性。

因为跨境电子商务的目标市场是国际市场，所以跨境电子商务营销要考虑目标市场中特色产品的影响性；同时，因为跨境电子商务要面对国际市场，所以营销渠道要适应市场环境的需要，并且兼顾营销活动的跨文化性。

9.6.2 社交媒体营销

1. 社交媒体营销的定义

社交媒体营销是指利用社交媒体平台提升企业、品牌、产品、个人或组织的知名度、认可度，以达到直接或间接营销的目的。

社交媒体主要是指在一个具有网络性质的综合站点，其内容都是由用户自愿提供的，而不是直接的雇用关系，这就需要社交思维，而不是传统的思维模式。

2. 主要社交平台

主要社交平台包括全球最大的社交网站 Facebook，其用户的群体差异巨大，主要功能是推广、广告、自然流量、喜欢与分享；LinkedIn 是全球最大的职业社交网站，它所支持的功能有关注、分享、付费 InMail、广告产品；微信是腾讯旗下的社交信息平台，支持的功能有创建、浏览公众号、发布信息和图片、点赞、评论、支付、创建群聊、视频通话等。另外，还有微博，如新浪微博、腾讯微博等，它们的主要功能是发布消息、转发、分享、评论、私信、认证、搜索、参与话题等，如表 9-6 所示。

表 9-6 属于社交媒体类型的主要平台

名 称	支 持 功 能
Facebook	推广、广告、自然流量、喜欢与分享
LinkedIn	关注、分享、InMail、付费 InMail、广告产品
微信	公众号、发布消息和图片、点赞、评论、支付、创建群聊、视频通话
微博	发布消息、转发、分享、评论、私信、认证、搜索、参与话题

9.6.3 搜索引擎营销

1. 搜索引擎营销的概念

搜索引擎营销（searching engine marking，SEM）是根据用户使用搜索引擎的方式，利用检索信息的机会，将营销信息传递给目标用户。目的在于推广网站、吸引目标用户访问、提高企业知名度和产品商业价值。

2. 主要搜索引擎

Google 是全球最大的搜索引擎网站，占全球市场份额的 67.7%，提供 35 种语言，在很多国家占据主导地位，主要使用区域有英语区、法语区、德语区、阿拉伯语区。Yahoo 是美国著名的互联网平台，其有目录式的搜索引擎，所收入的网站全部被人工编辑，按照类目分类，占全球市场份额的 7.1%，在日本的市场份额超过 50%，主要使用区域有日语区和英语区。Bing 是微软公司旗下 2009 年推出的搜索引擎，前身为 Live Search 搜索引擎，占全球市场份额的 15.6%，主要使用区域有法语区和德语区。Yandex 是俄罗斯拥有用户数最多的网站，它所提供的服务包括搜索最新的新闻、地图和百科、电子信箱、互联网广告及其他服务。除此之外，我国国内还有一些搜索引擎，如百度，主要针对使用汉语的国家和地区。各搜索引擎概况如表 9-7 所示。

表 9-7 属于搜索引擎类型的主要平台

名 称	简 介
Google	全球最大的搜索引擎网站，提供 35 种语言选择，在很多国家占据主导地位
Yahoo	美国著名的互联网门户网站，有目录式搜索引擎，所收录的网站全部被人工编辑，按照类目分类
Bing	属微软公司旗下，2009 年推出，前身为 Live Search 搜索引擎
Yandex	俄罗斯拥有用户最多的网站，提供的服务包括搜索最新新闻、地图和百科、电子信箱、互联网广告及其他服务

9.6.4 电子邮件营销

1. 电子邮件营销的概念

电子邮件营销（E-mail direct marking，EDM）是指在用户事先许可的前提下，用电子邮件向目标用户传递有价值信息的一种网络营销手段。

电子邮件营销是利用电子邮件与客户进行商业交流的一种营销方式，也是所有的营销方式中最古老的一种。

2. 电子邮件营销的三个基本要素

（1）电子邮件营销强调基于用户许可。
（2）通过电子邮件传递信息。
（3）信息对客户是有价值的。

只有满足这三个基本因素，才能形成有效的电子邮件营销。其中用户许可是跨境电子商务企业在进行电子邮件营销中首先需要注意和解决的问题。

9.6.5 站点营销方式

1. 网络旗帜广告

网站旗帜广告是最常见的网络广告形式，也是最早出现的网络广告。

设计旗帜广告要遵循以下原则：动态化展示、提炼广告内容、美观易读、测试在浏览器中的显示情况、检查链接正确性等。

制作精良的旗帜广告能够吸引客户的注意，进而引流到企业网站或者具体的广告页面，以达到预期的营销效果。

跨境电子商务企业在选择旗帜广告营销时，由于其营销环境的复杂性，除了要遵循以上广告设计的基本原则，还要注意投放广告平台的选择。

2. 站内营销

站内营销是从用户登录网站开始，围绕用户的需求所开展的一系列营销行为。以客户需求为导向，通过品牌展示、服务展示、商品推荐、促销活动等达成营销目的。

促销的方式主要有有奖促销、打折促销、返券促销、赠品促销、联合促销、积分促销、限时秒杀等。例如，淘宝的站内营销包括免费的广告位、友情链接、店铺留言等。

9.7 跨境电子商务支付与结算

9.7.1 跨境电子商务支付与结算概述

1. 跨境电子商务支付的含义

跨境电子商务支付（cross-border E-commerce payment）是指分属不同关境的交易主体，在进行跨境电子商务交易过程中通过跨境电子商务平台提供的与银行之间的支付接口或者第三方支付工具进行的即时跨境支付行为。

2. 跨境电子商务支付的特点

（1）以互联网为载体。因为跨境电子商务需要依托互联网工具，所以跨境电子商务支付以互联网为载体。

（2）支付手段多样化。从目前支付业务发展的情况来看，我国跨境电子商务支付的方式主要有两种，即跨境支付购汇方式、跨境收入结汇方式，所以跨境电子商务支付与结算具有支付手段多样化的特点。

（3）趋于多频次、小额度交易。碎片化的 B2C 模式跨境电子商务支付趋于多频次、小额度的交易。

9.7.2 跨境支付购汇方式

跨境支付购汇方式包括第三方支付机构购汇支付和境外电子支付平台接受人民币支付。

1. 第三方支付机构购汇支付

第三方支付机构购汇支付又可以分为两类：第一类是以支付宝公司的境外收单业务为典型的代理购汇支付，另外一类是以好易联为代表的线下统一购汇支付。第三方支付机构购汇业务流程如图 9-15 所示。

境内买家可以通过第三方支付与合作银行进行交易，也可以由第三方支付机构通过跨境电子商务平台与境外的商家进行交易。

2. 境外电子支付平台接受人民币支付

境外的一些电子支付公司希望拓展我国巨大的网上支付市场，于是支持用中国（不包含港澳台地区）银行卡实现境外网上交易，其具体流程如图 9-16 所示。

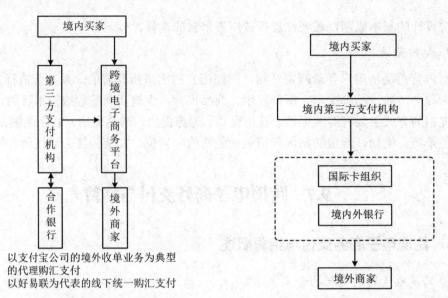

图 9-15　第三方支付机构购汇业务流程图　　图 9-16　境外电子支付平台接受人民币支付流程

在境内,买家支付人民币,通过境外第三方支付机构汇入国际卡组织以及境外的银行,再汇入境外的商户账户。

9.7.3　跨境收入结汇方式

跨境收入结汇方式包括境内外第三方支付平台收款结汇和通过汇款到国内银行结汇。

1. 境内外第三方支付平台收款结汇

我国的第三方支付平台,例如支付宝,目前已经开展真实贸易背景下的结汇业务,境外买家直接汇款到支付宝的境内银行账户,然后通过支付宝系统集中统一到银行结汇,付款给国内商家,具体的流程如图 9-17 所示。

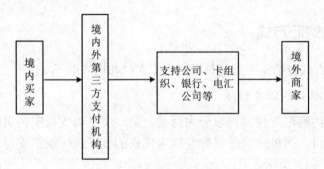

图 9-17　第三方支付机构收结汇业务流程图

2. 通过汇款到国内银行结汇

第二种跨境收入结汇方式是通过汇款到国内银行,以集中结汇或者居民个人名义拆分结汇进行流入,这种流入具体可以分为两类:一类是比较有实力的公司操作方法,如图 9-18 所示,在境内外,有公司通过两地公司间的资金转移,实现资金汇入境内银行,在集中结汇后分别支付给各生产商。第二类是一些规模较小的个体老板，他们通过自己在美国、中国香港地区的亲戚朋友把收益汇到境内，再以个人缴汇赡家款的名义进行结汇。

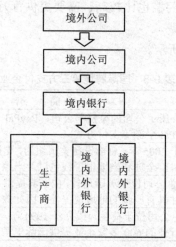

图 9-18 通过汇款实现结汇流程图

9.7.4 跨境第三方支付方式

1. 跨境第三方支付流程

如图 9-19 所示，在通过第三方支付平台的交易中，境内消费者选购商品并下单后使用第三方支付平台提供的账户进行货款支付，支付平台通知卖家货款到达，卖家进行发货，买方收到货物后进行验收，如果货物验收没有问题，就可以通知支付平台付款给卖家，支付平台再将货款转至境外的商家或商家的开户行，这样就完成了跨境的第三方支付流程。

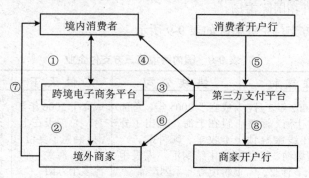

图 9-19 跨境第三方支付流程

2. 国际跨境第三方支付企业

PayPal 具有快速、安全、覆盖面广、小额交易手续费低等优点，因此是跨国交易的理想解决方案，但是它存在外汇管制，容易出现账户冻结情况，对于我国国内的商家不利。

Payoneer 的优点是虚拟卡不收取年费，除美国账户外，其他账户免费入驻，但是其跨境提现费用较高，实体卡需要收取年费，提现有最低额度。

Moneybookers 要求用户必须在激活认证自己的注册账号后，才能够开始使用其服务，很大程度上遏制了网络支付诈骗的发生，但是它的系统对大额的美元或者欧元支付有所限制。

GlobalCollect 的支持面比较广，支付成功率比较高，允许客户直接在商家的网站输入信用卡完成付款，但是其申请门槛也比较高，需要提供百万美元的财务报表，审核过程烦琐，每月有数千美元的最低消费。

以上各企业概况如表 9-8 所示。

表 9-8　国际跨境第三方支付企业

名称	简介
PayPal	PayPal 是美国 eBay 公司的全资子公司，PayPal 支持国际流行的信用卡、借记卡、电子支票、PayPal 余额等支付方式
Payoneer	Payoneer 成立于 2005 年，总部设在美国纽约，支持预付借记卡、全球当地银行汇款、电汇、移动支付、全球和当地电子钱包以及当地货币支票等
Moneybookers	Moneybookers 总公司位于英国伦敦，由于其提供了通过 E-mail 地址进行安全支付和收款的功能，并具有广阔的地域覆盖性，因此深得西方消费者和商家的青睐
GlobalCollect	GlobalCollect 总公司位于荷兰，成立于 1994 年，其为数字商品、服务、旅游、零售和视频游戏等行业的 600 多家企业提供国际电子商务支付服务

2. 国内跨境第三方支付企业

银联跨境网上支付覆盖全球主要国家和地区，拥有 200 多家境外成员机构的银行卡组织。

快钱公司在 2016 年与中国台湾启盈合作启动跨境交易平台跨境易汇通，使大陆地区的消费者能直接使用人民币在网上购买台湾商家的商品。

汇付天下打造的是针对进口跨境电子商务企业的海外购，结算周期灵活，支持多币种多国家的结算以及针对出口电子商务的海外收单，支持各地区各国家主流的支付产品。

截至 2022 年，支付宝已经覆盖 54 个国家和地区。除此之外，微信支付近年来也在着力发展跨境支付，开拓国际市场。

国内跨境第三方支付企业概况如表 9-9 所示。

表 9-9　国内跨境第三方支付企业

名称	银联支付	快钱公司	汇付天下	支付宝
简介	成立于 2002 年 3 月，总部设在上海，涵盖零售、在线旅游预订、学费缴纳、航空预订等众多行业	成立于 2005 年，总部设在上海，推出了外卡收单、海外购、一体化结购汇、人民币跨境等一系列产品	成立于 2006 年 7 月，总部设在上海，涵盖了支付、外管、海关、物流多个方面	成立于 2004 年，由阿里巴巴集团创办，是国内领先的第三方支付平台，涵盖国际航旅、退税、留学缴费、实物海淘等多种应用场景

9.8　跨境电子商务物流

9.8.1　跨境电子商务物流概述

跨境电子商务物流是指企业或其他主体在跨越不同国家或地区进行电子商务交易后，

依托信息化技术，借助国际物流体系将产品从产地高效率、低成本地运送到消费地而进行的规划、实施和控制过程。

9.8.2 跨境电子商务中的传统物流形式

1. 企业间国际物流模式

传统的大宗商品国际物流模式以实现国际贸易为目标，一般从国际贸易合同签订开始，到国内物流承接货品终止，其一般运作流程如图 9-20 所示。

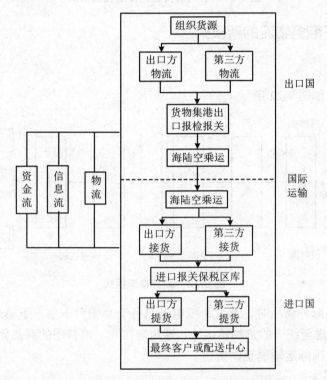

图 9-20 企业间国际物流模式的一般运作流程

在出口国组织货源，通过出口方物流或者第三方物流将货物集港出口并报检报关，再通过海陆空承运，经国际运输到达进口国，进口国承接或者通过第三方物流承接将货物运至进口报关保税区库之后，进口方提货或者通过第三方物流提货，即可到达最终客户或者配送中心。

在整个过程中出口国与进口国之间有资金流、信息流和物流的相互交流。

2. 面向消费者的传统物流形式

面向消费者的传统物流形式如图 9-21 所示。商家通过邮政小包或者国际快递在出口之前，经申报查验征税合格后放行，经国际运输，再经申报查验征税合格后放行，通过邮政小包或者国际快递将货物运送到消费者个人手中。

这里的邮政小包是指通过万国邮政体系，采用个人邮包的方式实现商品的运输，而国际快递主要依靠 UPS、FedEx、DHL、TNT 和 EMS 五个国际快递公司，有时也会被多家快递公司联运。

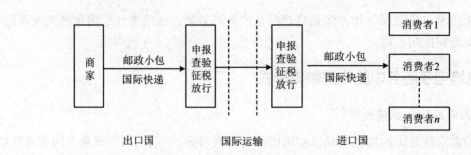

图 9-21　面向消费者的传统物流模式

9.8.3　跨境电子商务物流的新模式

1. 集货物流

集货物流模式如图 9-22 所示。

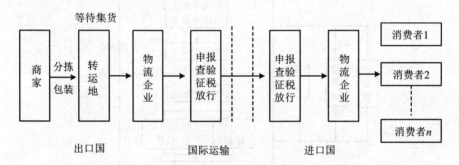

图 9-22　集货物流模式

消费者在购买海外商品时,通过跨境电子商务交易平台下单,下单之后,海外商家会将商品分拣、包装送至统一的货物转运地,等到运往同一消费国的商品累计至一定数量时,再将货物统一通过国际运输送至消费国。

2. 海外仓储模式

海外仓也叫海外仓储,是近几年才兴起的跨境电子商务物流模式,主要流程如图 9-23 所示。

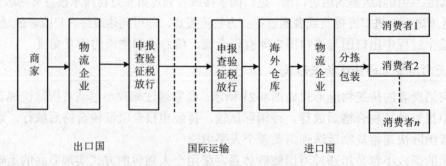

图 9-23　海外仓储模式流程图

海外企业首先在商品消费国建立或者租用仓库,将主要出售的物品借助国际运输,运送到消费国并储藏在仓库中,同时借助互联网在跨境电子商务交易平台上出售商品。当交易建立之后,从仓库中取出商品进行分拣、包装,最后借助消费国的国内物流将商品送达消费者手中。海外仓与传统物流模式相比,优势在于由于商品提前借助国际运输,运输到消费国并存储到仓库中,因此能够快速响应订单,并且能够降低物流和时间成本。

但其也有劣势,由于海外仓无法做到电子商务的零库存状态,因此容易产生库存积压;此外,海外仓的建设成本和运营成本很大,所以只适用于具有一定规模的企业。

3. 国际物流专线

国际物流专线是指进行跨境电子商务交易时,对于特定国家或地区采用的跨境专用物流线路,物流的起点、终点、线路、运输工具、时间周期基本固定。目前,国际上比较普遍的物流专线有美国专线、欧美专线、澳洲专线、俄罗斯专线等,它的具体流程如图9-24所示。

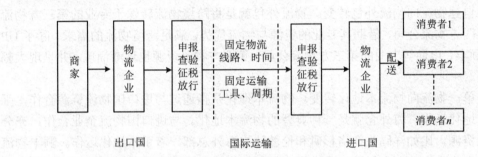

图 9-24 国际物流专线流程图

商家通过物流企业运输货物,在出口之前申报查验征税放行,通过国际运输,运至进口国,再次经过申报查验征税后放行,由物流企业进行配送,运至消费者手中。

4. 自贸区或保税区物流模式

自贸区或保税区物流模式如图9-25所示。

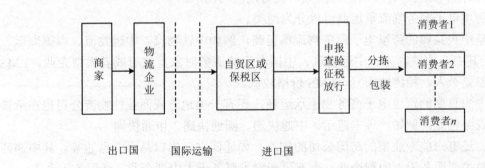

图 9-25 自贸区或保税区物流模式

生产商首先将商品通过国际运输送至消费国的自贸区或者保税区的仓库进行储存,再通过跨境电子商务平台进行商品交易,对于商品进行分拣、包装,通过消费国国内物流体系进行集中配送。

9.8.4 跨境电子商务物流模式演进方向

（1）保税进口模式向直邮进口模式转变。保税进口模式要求企业在区内租赁仓库做备货，加大了经营成本，同时还需要提供校验通关单，流程比较烦琐。在直邮进口模式下，企业将货物在境外存储，消费者下单后将货物打包进口，因此，无须企业在区内租赁仓库，降低了经营成本，且不需要提供通关单，简化流程。直邮进口模式可以为消费者提供更多商品选择。

（2）混合式物流模式突显聚合效应。跨境电子商务的物流包括国内物流、国际物流和目的国的物流，涉及出入境海关与商检等。其物流链条更长、时间更久、距离更远、物流的方式更复杂，交易双方涉及很多国家，各个国家的物流水平参差不齐，再加上交易商品的种类众多，对物流的要求差异较大，跨境电子商务难以以单一的物流模式实现。

（3）自建物流向物流外包转变。物流外包就是将跨境物流转嫁于专业的第三方物流公司或者第四方物流公司，借助其专业的资源与物流优势，满足跨境物流的需求。除了 UPS、FedEx、顺丰、申通等专业的第三方物流公司，第四方物流资源也逐渐涌现，并呈现大幅增长的趋势。

（4）单一物流向物流本地化转变。物流本地化是指通过与进口国物流资源合作，强化物流的本地化运作，海外仓就是一种典型的物流本地化。与进口国物流企业合作，充分利用其物流资源，比如洋码头在洛杉矶和伦敦建立海外总部，着手本地化运作。顺丰物流与荷兰邮政合作推出欧洲小包袱，通过物流外包与物流本地化能够实现专业化的优势。

9.8.5 跨境电子商务的物流承运商

FedEx 和 UPS 总部位于美国，价格较高，FedEx 的优势地区为东南亚，而 UPS 的优势地区为美洲、英国；总部位于德国的 DHL 时效快，价格相对较低，优势地区是日本和澳洲；而 TNT 总部位于荷兰，时效快，价格低，优势地区为西欧。

国内跨境电子商务物流承运商可以分为两类。

一类是中央直属的跨境电子商务物流承运商，例如中铁物流、中远物流、中国海运、EMS 等。其中，中铁物流、中远物流、中国海运的服务对象是政府或者大型企业，EMS 的服务对象是个人。相比较而言，EMS 价格较低。

除了中央直属的跨境电子商务物流承运商，还有一类地方或商业性物流公司也在承接跨境电子商务物流，例如，顺丰速运、中通快递、圆通快递、申通快递。

此外，还有一些专业型的跨国公司的物流，如递四方、出口易、万邑通等。其中递四方、出口易主要服务于大中型企业，而万邑通除了服务于大中型企业，还服务于个人。

本章小结

※ 我国跨境电子商务主要分为 B2B 和 B2C 贸易模式。
※ 跨境进口电子商务模式分为直邮进口模式和保税进口模式。

※ 跨境出口电子商务模式分为跨境大宗交易平台模式、综合类跨境小额交易平台模式和垂直类跨境小额交易平台模式。

※ 跨境电子商务营销是指企业为满足国际市场需求，借助传统营销媒介和互联网等新型媒体，将生产的产品或服务提供给国外的顾客，并最终获取利润的一系列营销活动。

※ 跨境电子商务支付以互联网为载体，支付手段多样化，具有多频次、小额度交易等特征。

※ 跨境支付购汇方式包括第三方支付机构购汇支付和境外电子支付平台接受人民币支付。

※ 跨境收入结汇方式包括境内外第三方支付平台收款结汇和通过汇款到国内银行结汇。

※ 跨境电子商务物流的新模式有集货物流、海外仓储模式、国际物流专线和自贸区或保税区物流模式。

 复习思考题

1. 简述我国跨境电子商务的发展趋势。
2. 简述跨境电子商务的概念。
3. 简述几大知名跨境电子商务企业的优劣势。
4. 跨境电子商务的特征有哪些？
5. 举出几个你身边跨境电子商务运营的例子，说明跨境电子商务是如何影响人们生活的。
6. 结合本章内容列举跨境电子商务 B2C、B2B 知名电子商务网站，认识各种类型的跨境电子商务网站。

 案例分析

去年在深圳湾买豪宅，今年清库存

中国本土品牌出海造就了一批新富豪。业内流传一句戏言，"2020 年在深圳湾一号买豪宅的都是做跨境电子商务的，2021 年破产倒闭的也是做跨境电子商务的"。

过去两年时间，跨境电子商务经历了过山车一般的行业波动。疫情加速了中国跨境电子商务品牌的崛起，财富效应吸引之下，大批商家开始出海，但很快，本以为生意好做、钱好赚的商家因亚马逊封号而积压了千万库存，因资金链断裂而濒临破产。"今年，我们与企业沟通过程中的主要方向就是让品牌清库存。一旦积压货物过多，很容易造成灭顶之灾。"张航来自一家头部 VC 机构，在他看来，为了应对风险，越来越多的品牌开始转身独立建站，而非仅仅依靠亚马逊这样的平台。海外电子商务平台的傲慢，正在让中国跨境电子商务品牌加速涌向独立站，尤其是中国独立站服务商。

近日，跨境电子商务独立站服务品牌 FunPinPin 完成由创新工场领投的千万级融资，也拉开了独立站服务平台的新一轮角逐。据海关统计，2021 年前 11 个月，我国进出口总值 35.39 万亿元人民币，其中出口 19.58 万亿元，同比增长 21.8%。仅 11 月，我国出口总值就达 2.09 万亿元，同比增长 16.6%。

"未来三年仍是跨境电子商务的红利期。"阿里国际站总经理张阔曾说。

新的机会，正在吸引更多人掘金。

出海红利，深圳湾豪宅和 VC 豪撒的千亿融资

疫情黑天鹅，让出海的商家赚得盆满钵满。

在某地的一个演讲活动中，发生了一次"意外"。因为场内聚集人数太多，场面一度失控，甚至连警察都来了。这不是一次明星见面会，而是一次跨境电子商务主题分享会。用主讲人的话来说就是"太疯狂了"。疯狂的不是主讲人，而是跨境电子商务。从 2020 年开始，跨境电子商务就一直处在不断升温的状态。

"跨境看中国，中国看广东，广东看深圳，深圳看盐田。"天眼查显示，2021 年我国有超 60 万家跨境电子商务相关企业，而这其中，有大批跨境电子商务品牌驻扎在深圳盐田。2021 年，我国跨境电子商务规模快速增长。据商务部数据显示，我国外贸综合服务企业已超过 1500 家，海外仓数量超过 1900 个。高烧不退的跨境电子商务使得前三季度新注册企业接近 8000 家。因受到新冠肺炎疫情影响，提早恢复生产的中国已经成为全球最大的发货区。"这是全球供应链的一次重塑。"创新工场投资董事阮飞直言，"跨境出海，我主要看三个'流'：商流、物流和服务流。另外还有一个复线，就是流量增长，比如海外社交。"

超级市场促成了 Anker、SHEIN 等品牌的百亿市值/估值，也使得跨境电子商务平台洋葱、洋码头等开启了 IPO 进程。与跨境电子商务息息相关的服务商生态，也在同时成长。今年以来，投资人每个月在跨境电子商务赛道都投出过亿的案子，上半年累计投资额超 25 亿元，而且多集中在 B 轮前。

2021 年上半年，跨境电子商务行业在 4 月投融资市场最为活跃，2021 年 4 月，跨境电子商务融资总额达到 50.7 亿元，占上半年融资总额的 64.92%。目前，我国跨境电子商务行业单笔融资金额最大的企业为店小秘，B 轮融资 1.5 亿元，投资方为 GGV 纪源资本、鼎晖投资和昆仑资本；融资金额排在第二和第三位的分别为马帮和易仓科技。在商家由"卖"、"造"到"创"的转型过程中，SaaS 服务平台、物流等相关上下游企业也在崛起。

新一轮狂欢，正待开启。

急刹车，一场海外"绞杀"，行业损失超千亿

盛宴造就了大批富豪，深圳湾一号的豪宅中，对门可能就是跨境电子商务的同行。但宴会刚刚进入状态，一场"意外"，让出海的商家纷纷"抛售豪宅"还债。6 月起一场跨境电子商务的封店潮开启。

亚马逊对 MPOW、VicTsing、AUSTOR、TOPELEK、ATMOKO、TaoTronics、RAVPower 等多个跨境电子商务大卖家旗下品牌进行封号，来自某深圳大卖家的智能硬件品牌 Apeman 和家居品牌 HOMFA 也遭遇了平台的"禁售"处理。据深圳市跨境电子商务协会统计，7、8 两个月里亚马逊平台上被封店的中国卖家超过 5 万户，预计已造成行业损失金额超千亿元，销售额在 1000 万美元以上的卖家基本都被波及。之后封号行动持续殃及一些销售额 500 万美元左右的腰部卖家，最后亚马逊对中小卖家也下手了，处罚方式从封号变成"扣款"。一些品牌在亚马逊的产品链接无法正常打开，页面显示"无货"或"Page not found"。

封号同样发生在 Shopify 平台上。

"最近跟深圳跨境电子商务卖家聊,大家都提到一个点,其实 Shopify 是一个很傲慢的公司,对于中国跨境卖家来说,它封闭你的账户不需要理由,也不需要告诉你违反了什么规则,就把你先封掉。"阮飞直言。

水滴石穿,商家在海外平台上讨生活的日子并不如意。

Shopify 的服务被大家诟病很久,"从服务上看,Shopify 跟客服的沟通至今仍是邮件沟通,基本上发一个邮件要求 48 小时以内反馈。"阮飞表示,"此外,收费也是比较贵的。对于海外品牌卖家来说是合适的,但是对于中国卖家来说,会产生二到三成的交易费,对于中国卖家而言太高了。"

业内流传一个说法,跨境电子商务有个鄙视链,2020 年,在亚马逊的商家是看不上独立站的,到了 2021 年,做独立站的摇身一变,占了上风。一时间,跨境电子商务服务商赛道,尤其是 SaaS 和物流两个领域备受关注。甚至有 SaaS 厂商表示,刚结束这一轮的股权融资,就拿到了两个下一轮的 TS(term sheet,风险投资协议条款清单)。近期,钉钉原负责人无招也计划开启跨境电子商务相关的创业。

"对于很多公司来说,有些公司可能一个主站被封掉,日子就没法过,很多钱被封掉之后导致在 PayPal 当中,工资和提成发不出来,很多公司在 2021 年那波 Shopify 封号的过程中经营非常困难。"上述投资人直言。

出海流量贵,100 元收入一半花在广告上

中国跨境电子商务品牌遭遇亚马逊封杀后,中国独立站服务商开始兴起,投资人也蜂拥而至。

国内新消费赛道崛起,诞生了一大批新品牌,这些品牌开始在国外市场寻找增量。"年初,参与一些品牌的董事会,大家都在探讨,融到的钱是不是可以出海做些事情。"阮飞直言,"而且,国内市场投放费用昂贵,去年海外市场这么赚钱,新消费品牌为什么不能去国外?"投资人看来,未来 3~5 年,国内品牌出海,将是一个大趋势。而项目对于海外市场的不了解,也促成了 2022 年独立站服务平台融资热的现象。

事实上,不同于国内头部独大的电子商务格局,海外,用户更习惯在独立电子商务网站上购物。Shopify 的快速崛起就是典型的案例,它的出现,给大量中小规模的商家和创业者带来了全新的选择。Shopify 跟传统电子商务平台聚焦消费者不同,它把服务的重点放在了供给侧——商家。如今,Shopify 作为百万商家入驻的平台,以 1196 亿美元的年交易额超越 eBay,跃身成为欧美电子商务第二大平台。在疫情期间,亚马逊的销售额增长了 47.5%,而 Shopify 的销售额增长了 95.7%。Shopify 的市值已经达到 1700 亿美元,相较于刚上市时的 20 亿美元,已经翻了 80 倍。从基本盘看,Shopify 的客户中,有 80%~90%来自海外市场,国内市场客户收入占比非常低。千亿市值,吸引了不少追随者,如 SHOPYY、SHOPLINE 等。"中国本土平台更了解中国本土品牌的需求,中国是否能诞生一个千亿市值的平台?我们认为是有机会的。"

据统计,目前市场上的建站 SaaS 工具多达 477 个。谁能在"百站大战"中胜出?对于出海品牌而言,流量仍然是关键。

目前品牌收入 100 美元,其中有 15 美元为物流成本、15 美元为货物成本,广告成本占了50美元，利润只有20美元。

独立站的意义就在于帮助商家控制成本、放大利润。

"流量是独立站的关键，如果是老品牌，70%~80%都是免费流量甚至复购的，消费者可以通过谷歌搜索到它，因为品牌权重高，消费者也可以通过自媒体账号、营销邮件找到它。但是如果是新品牌、新平台，最开始的付费流量可能超过90%。"钟洋表示，"我们会帮助品牌做短、中、长期的流量方案，具体到流量的转化、复购、数据优化等。"

除了独立的流量能力，投资人看独立站SaaS时，到底在关注什么？

"规模，"张航表示，"客户数量能做到多大，以及能在多长时间内做到第三，这是我们当前最关心的问题。"

"这个赛道中除了少量几家头部标的，事实上拿到融资的项目非常少，可能大家知道的就那么十几家，远远小于国内的品牌项目。我的感觉是，之所以头部标的能拿到这么多的钱，是因为大家看重增长。"阮飞表示。

（来源：我，跨境电子商务，去年在深圳湾买豪宅，今年投资人喊我清库存[EB/OL].（2022-06-02）. http://www.thecapital.com.cn/newsDetail/73074.）

案例讨论：

1. Shopify被称为亚马逊帝国的"反叛军"。请结合案例和所学知识，简单谈谈Shopify和亚马逊在经营模式上有什么不同。
2. 请分析我国跨境电子商务企业的困境有哪些？

第 10 章 大数据与商务智能

学习目标

- 掌握数据仓库的相关概念及其在电子商务中的应用。
- 了解联机分析处理的相关概念及基本操作。
- 了解数据挖掘在电子商务中的应用。
- 认识商务智能的实际应用。
- 掌握大数据、云计算和区块链的相关概念和应用。

引例

金融科技 ABCD：人工智能、区块链、云计算、大数据

2018 年 3 月，中国信息通信研究院主任工程师、金融科技负责人韩涵在"2018 中国金融科技产业峰会"上正式发布了《中国金融科技前沿技术发展趋势及应用场景研究报告》，详细讲解了 A（人工智能）B（区块链）C（云计算）D（大数据）四大技术发展趋势及其在金融行业的落地应用方案，预测了金融科技七大未来发展趋势。

四大技术落地金融行业

当前，"大智移云"等新兴科技快速演进，人类社会正在从信息化走向数字化和智能化。随着云计算、大数据、人工智能和区块链等新兴技术在金融行业的深入应用，科技对于金融的作用被不断强化，有创新性的金融解决方案层出不穷，金融科技发展进入新阶段。

其中，云计算技术能够为金融机构提供统一平台，有效整合金融机构的多个信息系统，消除信息孤岛，在充分考虑信息安全、监管合规、数据隔离和中立性等要求的情况下，为机构处理突发业务需求、部署业务快速上线实现业务创新改革提供有力支持。大数据技术为金融业带来大量数据种类和格式丰富、不同领域的大量数据，而基于大数据的分析能够从中提取有价值的信息，为精确评估、预测以及产品和模式创新、提高经营效率提供了新手段。人工智能能够替代人类做重复性工作，提升工作效率与用户体验，并拓展销售与服务能力，广泛运用于客服、智能投顾等方面。区块链技术能够有效节约金融机构间的清算成本，提升交易处理效率，增强数据安全性。

金融科技七大发展趋势

（1）云计算应用进入深水区，将更加关注安全稳定与风险防控。云计算技术发展已经进入成熟期，金融云的应用也正在向更加核心和关键的"深水区"迈进。据中国信息通信研究院的调研，已有过半数的金融机构使用 OpenStack 等开源云计算技术。传统计算、网络和存储云方案已经同质化，客户需要的是上层 PaaS 甚至 SaaS 能力甚至是制订业务和商

业解决方案的能力，有互联网金融实际业务经验、有生态合作伙伴的厂商更能得到客户青睐。云这个领域特别强调"吃自己的狗食"。

（2）大数据应用走向跨界融合，标准与规范是未来发展的关键。金融行业数据资源丰富，业务发展对数据依赖程度高。大数据技术在金融领域的应用起步早、发展快，已经成为金融行业的基础能力。当前，金融行业的大数据应用已经非常普遍和成熟，也取得了较为显著的应用成效，最大的特点是数据资产化愈加凸显、有深度的大数据分析变得越来越重要，用户画像和知识图谱成为最重要的技术。2017年知识图谱一下子火起来，除传统实体知识图谱外，事件图谱（描述动态关系）开始越来越重要，即实时性要求越来越高，时间就是金钱。另外，还有一个关键问题就是如何合法获取数据，涉及法律、政策、技术、机制等方面，需要各方推动和努力。

（3）人工智能应用加速发展，从计算向感知与认知的高阶演进。人工智能一般分为计算智能、感知智能和认知智能三个层次。从目前人工智能在金融领域的应用趋势来看，计算智能通过与大数据技术的结合应用，已经覆盖营销、风控、支付、投顾、投研、客服金融应用场景。传统金融很多是"知道型"的业务，按规则、经验办事，很多简单重复的工作被证明完全可以被AI取代（例如客服），认知型的业务目前看也可能机器不比人差（如智能投顾、智能营销）。金融领域很重视最大限度地发挥人的价值：一是风险防范。AI算法不一定完全正确，需要人在样本特征准备或审核上进行补充。二是金融创新。创新是门艺术，目前没有证据表明AI在创新上具有独到之处，所以人的创新非常重要。三是发挥领域知识的价值。AI目前最大的缺陷就是它没有知识是不行的，知识会成为重要的竞争力分水岭，知识图谱、业务规则补充、业务数据标注这些都是产生知识的手段。

（4）区块链从概念走向应用，前景广阔但仍面临多重制约。区块链技术近年来一直被广泛关注，其技术公开、不可篡改和去中心化的技术属性，使它拥有在金融领域应用的先天优势，因为本质上区块链就是一种经济模式，主要解决非信任网络的记账问题，如果说其他技术主要是生产力变革，那么区块链更像生产关系变革。我们有几个判断。

① 区块链的技术还没有成熟到金融级，包括金融经常用的联盟链有没有技术问题，还处于探索的过程，所以会看到并没有大型的金融区块链应用（非数字货币类）上线。尝试很多，普及还早。

② 因为区块链不仅仅是技术，所以这一轮技术革命中区块链的影响远大于其他技术，可能会有颠覆性的业务、技术或者企业出现，这个趋势是不可阻挡的。有人说这是价值互联网的春天可能并不过分。

③ 区块链3.0叫去中心化应用，即应用生态将决定最后的赢家。目前公链和私链（或联盟链）都有一些金融应用，但还不成气候，应该胜负未分。这里面大公司不一定有优势，开源力量不可小觑。

④ 政策风险仍然很大，包括最近的ICO还有代币发行，有些可能就是伪创新。

（5）监管科技正得到更多关注，将成为金融科技新应用爆发点。国家高度重视金融风险防控和安全监管，党的十九大报告明确指出，要"健全金融监管体系，守住不发生系统性金融风险的底线"。随着金融科技的广泛应用，金融产业生态发生深刻变革，以互联网金融为代表的金融服务模式创新层出不穷。传统模式下事后的、手动的、基于传统结构性数据的监管范式已不能满足金融科技新业态的监管需求，以降低合规成本、有效防范金融风险为目标的监管科技（regtech）正在成为金融科技的重要组成部分。

利用监管科技，一方面金融监管机构能够更加精准、快捷和高效地完成合规性审核，减少人力支出，实现对于金融市场变化的实时把控，进行监管政策和风险防范的动态匹配调整。另一方面金融从业机构能够无缝对接监管政策，及时自测与核查经营行为，完成风险的主动识别与控制，有效降低合规成本，增强合规能力。可以预见，未来1~3年监管科技将依托于监管机构的管理需求和从业结构的合规需求，进入快速发展阶段，成为金融科技应用的爆发点。

（6）行业应用需求不断扩展，将反向驱动金融科技持续创新发展。技术在满足需求的同时，自身也将在需求的驱动下不断发展创新。金融科技应用在推动金融行业转型发展的同时，金融业务发展变革也在不断衍生出新的技术应用需求，将实现对金融科技创新发展的反向驱动。这种驱动可以从发展和监管两条主线上得到显著体现。

一是发展层面，新技术应用推动金融行业向普惠金融、小微金融和智能金融等方向转型发展，而新金融模式又衍生出在营销、风控和客服等多个领域的一系列新需求，要求新的技术创新来满足。

二是监管层面，互联网与金融的结合带来了一系列创新的金融业务模式，但同时互联网金融业务的快速发展也带来了一系列监管问题，同样对金融监管提出了新的要求，需要监管科技创新来实现和支撑。从未来的发展趋势看，随着金融与科技的结合更加紧密，技术与需求的相互驱动作用将更加明显，金融科技的技术创新与应用发展将有望进入更加良性的循环互动阶段。

（7）新一代信息技术形成融合生态，推动金融科技发展进入新阶段。云计算、大数据、人工智能和区块链等新兴技术并非彼此孤立的，而是相互关联、相辅相成、相互促进的。大数据是基础资源，云计算是基础设施，人工智能依托于云计算和大数据，推动金融科技发展走向智能化时代。区块链为金融业务基础架构和交易机制的变革创造了条件，它的实现离不开数据资源和计算分析能力的支撑。

从未来发展趋势看，云计算、大数据、人工智能和区块链等新兴技术在实际应用过程中将变得越来越紧密，彼此的技术边界在不断削弱，未来的技术创新将越来越多地集中在技术交叉和融合区域。

尤其是在金融行业的具体应用落地方面，金融云和金融大数据平台一般都集中于一体化建设，人工智能的相关应用也会依托集中化平台来部署实现。新一代信息技术的发展正在形成融合生态，并推动金融科技发展进入新阶段。

（来源：金融科技ABCD：人工智能、区块链、云计算、大数据[EB/OL].（2018-02-08）.
https://www.sohu.com/a/221699817_481406.）

案例讨论：

1. 人工智能、区块链、云计算和大数据四大技术落地金融行业，将对金融行业带来哪些影响？

2. 根据上述案例，谈谈你对金融科技七大发展趋势的理解。

10.1　数据仓库技术

10.1.1　数据仓库的概念

数据仓库是一个面向主题的、集成的、非易失的、随时间变化的数据集合，用于支持管理决策过程。它可以帮助企业进行业务流程改进，监视并控制时间成本、质量等。

10.1.2　数据仓库的特征

1. 面向主题性

（1）面向主题性可以构建数据仓库的核心与灵魂。
（2）面向主题性可以完整、统一刻画各项数据。

面向主题是数据仓库的核心。例如，对于保险公司来说，主题可能是顾客、保单、保费等，而对于生产商而言，主题可能是产品、订单、销售商，数据仓库排除对于决策无用的数据，从而完整、统一地刻画各项数据，提供特定主题的简明意图。

2. 集成性

（1）集成性帮助数据构成统一的整体。
（2）集成性可以解决数据代码、格式、名称的歧义。

当数据进入数据仓库时，都要被进行一致性编码，使数据仓库中的数据构成统一的整体。也就是说，对于所有的应用设计问题，都要考虑一致性的处理，以解决来自不同数据库中的不同数据的代码、格式、名称等歧义及不一致性的问题。

3. 非易失性

（1）非易失性体现在分析时不更新。
（2）数据仓库数据会保持相当长的时间。

数据仓库的用户进行分析处理时不进行更新操作，一旦数据进入数据仓库，就会保持相当长的时间，通过这些较长时间段的数据，反映出企业运营状况的变化。

4. 时变性

（1）定期增补、更新。
（2）记录系统瞬态。

数据仓库的普遍性，是指数据仓库中的数据是随时间变化而定期增补、更新的。数据仓库记录的是系统的瞬态，也就是各个时间点的数据。在进行数据分析时，将各个时间点的数据相连，就可以为决策分析提供有效的依据。

10.1.3　数据仓库与数据库的区别

（1）在组织方式上，数据库是面向应用的，而数据仓库是面向主题的。

(2)在数据内容上,数据库保存的是当前详细的数据,可以更新;而数据仓库中的数据则是综合或者提炼历史数据,一旦数据进入了数据仓库便不再进行更新操作。

(3)在操作处理上,数据库对于数据的操作是重复的,处理需求事先可知,系统可按预计的工作量进行优化;而数据仓库对于数据的操作是启发式的,操作需求是临时决定的,处理需求事先未知。

此外,数据库在操作数据时,存取的是记录;而数据仓库则存取的是一个集合。数据库中的数据是非冗余的,数据操作比较频繁,我们查询的是数据库中的原始数据;相比较而言,数据仓库中的数据时常是有冗余的,操作时相对不频繁,查询的是经过加工的数据。数据库中的数据操作时,需要当前数据,用来支持事务处理,而数据仓库的操作一般针对过去的数据,支持决策分析。数据仓库与数据库的区别如表 10-1 所示。

表 10-1 数据仓库与数据库的区别

数 据 库	数 据 仓 库
面向应用	面向主题
数据是详细的	数据是综合的或提炼出来的
保存当前数据	保存过去和现在的数据
数据是可更新的	数据不更新
对数据的操作是可重复的	对数据的操作是启发式的
操作需求是事先可知的	操作需求是临时决定的

10.1.4 数据仓库的相关概念

1. 外部数据源概念

外部数据源即从系统外部获取的同分析主题相关的数据。

外部数据源并不局限于传统数据库,可以是非结构化的信息,也可以是网络资源。

2. ETCL 概念

ETCL 即进行数据抽取、转换和装载的工具,包括数据抽取、数据转换、数据清洗和数据加载。

数据抽取(extraction)。指以主题的需求为依据,对数据源的内容进行有目的的选择,选取有用的,忽略无关的。

数据转换(transformation)。指将外部数据源的格式转换成与数据仓库内的数据格式一致的过程。简单地说,就是一个统一数据格式的过程。

数据清洗(cleaning)。指将外部数据源中有错误的、有噪声的"脏数据",在入库之前进行错误更正,删除造成的操作。

数据加载(loading)。将抽取、转换、清洗好的数据存入数据仓库。

3. 数据仓储存储

用于存放数据仓库数据和元数据的存储空间。

1)元数据

元数据是指描述数据的数据。例如,数据仓库中可能存有张三、李四、王五这些数据,他们都是人的名称,我们把姓名称为元数据,张三、李四、王五就是元数据下的数据。

2)数据集市

数据集市是指面向某个主题而在逻辑上或物理上划分出来的数据仓库中的数据子集。

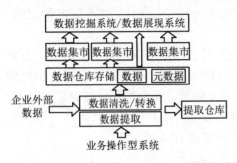

图10-1 数据仓库体系结构

数据仓库用于决策分析,需要将企业的外部数据以及企业内部业务操作系统中的数据进行加工,之后再做分析。有了上面的基本概念,我们来看一下数据仓库的体系结构,如图10-1所示。

首先,业务操作系统企业外部的数据以及提取仓库会产生大量的数据,这些数据通过ETCL工具进行数据的提取、清洗和转换,加工处理以后的数据经装载入库,进入数据仓库成为数据,以及用于描述数据的元数据,这些数据信息可以直接通过数据展示系统进行应用,或者按照不同的主题,通过数据集市进入数据挖掘系统和数据展现系统,为高层领导提供决策支持信息。这就是数据仓库的体系结构。

10.1.5 数据仓库在电子商务中的应用

数据仓库可以存储历史数据,实现网络数据的集中管理,实现数据的高效加载、存储和查询,数据仓库主要用来支持数据挖掘和分析。例如,淘宝利用Oracle数据仓库技术,实现将分散在不同业务系统中的数据抽取到集中的数据仓库平台,这些完整记录的访问、点击、交易过程、商品类目属性等方面信息的海量数据,通过数据仓库的清洗、整理、过滤、排序、合并等处理,集中管理,从而可以精确反映在浏览、交易、商品等方面最新用户的行为,使淘宝能够及时了解和掌握用户的核心兴趣和消费特征,在交易过程中提供精准的个性化服务,同时有针对性地设计增值服务,增强企业的市场竞争力。

10.2 联机分析处理

10.2.1 联机分析处理的概念

联机分析处理(on-line analytical processing,OLAP)是分析人员、管理人员或执行人员能够从多角度,对从原始数据中转化出来的、能够真正为用户所理解并真实反映企业多维特征的信息进行快速、一致、交互式的存取,从而对数据有更深入的了解的一类软件技术。

这个概念包括几个要点:使用联机分析处理的人员包括分析人员、管理人员、执行人员;联机分析处理体现的是企业的多维特点;联机分析处理系统是数据仓库系统最主要的应用之一,可以根据分析人员的要求,快速、灵活地对复杂的大数据进行查询处理,并且以一种直观且易懂的形式将查询的结果呈现给决策人员,以便决策人员准确把握企业的经营状况,了解对象的需求,制订正确的解决方案。

10.2.2 联机分析处理的功能

联机分析处理主要有以下四个功能。
（1）提供多维逻辑视图。例如，一个企业的销售数据包括时间、地点、产品等维度。
（2）提供交互式的查询。对于某一时间段的产品销售额进行查询后，在这个时间段，分不同的地域再进行查询。
（3）提供数据分析的建模功能。
（4）预测、趋势分析和统计分析。

10.2.3 联机分析处理的相关概念

（1）变量：描述可以改变的物理量，是数据的实际意义。例如，数据 370 本身并没有意义，但是如果某个企业 2012 年第一季度东北地区产品 A 的销售量是 370 万件，370 就代表了产品销售量的度量。
（2）维：人们观察数据的特定角度。某个属性或者属性集合可以构成一个维。
（3）维的层次：细节程度不同的多个描述方面。例如，时间维可以分为年、季度、月和日等层次。
（4）维成员：维的一个取值。例如，某年某月某季度都可以是时间维的成员。
（5）多维数据组：多个维组成的立体。一个多维数组可以表示为（维 1，维 2,…，维 n，变量）。
（6）数据单元：多维数据组的取值。
（7）数据立方：数据集市或多维数据集。

10.2.4 联机分析处理的分类

1. ROLAP（relational OLAP）

ROLAP 是一种对关系数据库中的数据做动态多维分析的形式。ROLAP 分析的对象是关系数据库，关系数据库是二维的，而联机分析处理的对象是多维的。

在一个二维表中表达多维的数据分析主要依赖于事实表和维表。
（1）事实表：维的焦点，是对某个特定事件的度量。事实表用来存储数据和维关键字。
（2）维表：多维分析空间在某个角度上的投影，存放维的层次、成员类别等信息。例如，企业去年银行存款要有账号，对应企业编码、企业名称，以及前后的存款数额，存取账号、企业编码、存取金额这些数据构成事实表。从企业维度来看，企业的编码以及对应的企业名称构成维表。

ROLAP 中的维数据存储在维表中，而事实数据和维 ID 存储在事实表中，维表和事实表通过主键和外界相关联。

星型模式一个事实表对应多个维表，事实表里存放数据，维表里存放关键字，数据表和维表通过外关键字相互关联。

雪花模式的关系型联机分析处理模式则是在维表下又分了多个层次,如图 10-2 所示。

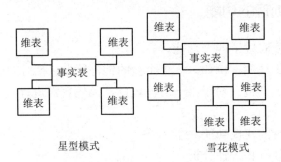

图 10-2 数据仓库体系结构

ROLAP 的优点。由于关系型联机分析处理操作的对象是关系型数据库,而很多系统又是根据关系型构建的,所以它的优点是能实时从元数据中获取最新数据并更新。

ROLAP 的缺点。运算效率低、响应时间长。因为它处理的是多维数据,反映的是多维特征,而我们在存储数据时,却使用二维表,所以造成了这一缺点。

2. MOLAP(multidimensional OLAP)

MOLAP 是一种对多维数组中的数据做动态多维分析的形式。它实现了多维视图到数组的映射,形成了立方体结构。

MOLAP 的优点。快速响应,存储的数据预处理程度高。

MOLAP 的缺点。缺乏灵活性,数据存储空间大。

3. ROLAP 和 MOLAP 的比较

ROLAP 和 MOLAP 的比较如表 10-2 所示。

表 10-2 ROLAP 和 MOLAP 的比较

ROLAP	MOLAP
关系数据库	多维数据组
响应速度慢	性能好,响应速度快
存储空间小,维数没有限制	存储空间大
通过 SQL 实现数据存储	缺乏数据模型和数据访问标准
无法完成维之间的计算	跨维计算复杂
维护困难	管理方便

4. HOLAP(hybrid OLAP)

HOLAP 是将 ROLAP 和 MOLAP 两种联机分析处理技术的优点有机结合,满足用户复杂的分析请求。例如,低层是关系型的,高层是多维矩阵型的。这种方式具有更好的灵活性。

如果经常需要进行处理,可以采用多维型,如果需要处理的数据位数比较多,可以采取关系型。

10.2.5 联机分析处理的基本操作

1. 基本操作

（1）切片。是对多维数据组中某一个维的成员进行选取的操作。例如，选取时间维、地点维等。

（2）切块。是对多维数据组中两个或两个以上的维选定维成员的操作。

（3）旋转。是改变数据维的方向。例如，原来是横向的，旋转之后变成纵向的。

（4）钻取。是帮助用户获取更多详细的数据，包括上钻和下钻。上钻是指从细节数据概括到汇总数据，例如，从季度数据汇总到年度数据；下钻是指从汇总数据深入细节数据，例如，从年度数据细化到季度数据。

1）基本操作举例

图 10-3 所示为某公司在特定地点、特定季节、特定产品条件下的销售量。图中有三个数据维，季节维是 Q1、Q2、Q3、Q4，分别代表四个季度，产品维是空调、电风扇、冰箱和洗衣机，地点维是北京、上海、广州、武汉。

（1）基本操作举例——切片。根据定义，切片操作是选取其中的某一维进行的操作，如果按地点等于北京进行切片，就可以得到北京这个地点在四个季度中各个产品的销量，如图 10-4 所示。

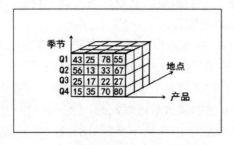
图 10-3 从年度数据细化到季度数据模型

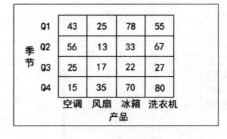
图 10-4 切片模型

将切片的结果整理出来，就会得到图 10-5 的结果：

例如，在第一季度（Q1），空调的销量为 43。切片结果中的横向表示的是时间，纵向表示的是产品。接下来我们还要用这个结果进行其他的变化操作。

（2）基本操作举例——切块。第二个操作是切块，切块就是从多维数字中选定一个多维子集，是在某一维度取值范围下多个切片的叠合，因此切块结果也是多维的，如图 10-6 所示。

例如，按照产品取空调或电风扇，季节取 Q3 或者 Q4，第一年取北京或上海来进行切块，就会得到图 10-6 所示的结果。以地点维为例，图上显示的 25、17、15、35 都是北京的数据，后面被挡住的一层是上海的数据，在上图中看不到。切块是两维以上的，而切片按照某一维进行，这是二者的主要区别，如图 10-7 所示。

（3）基本操作举例——旋转。旋转一般是对于二维进行操作，我们将刚才切片的结果进行旋转，原来横向表示季度维，旋转之后变成竖列，原来竖列表示的是产品维，旋转后就变成了横列，如图 10-8 所示。

	空调	电风扇	冰箱	洗衣机
Q1	43	25	7	55
Q2	56	13	33	67
Q3	25	17	22	27
Q4	15	35	70	80

图 10-5　切片结果

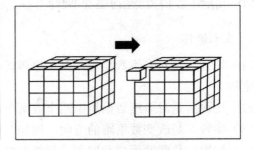

图 10-6　切块示意图

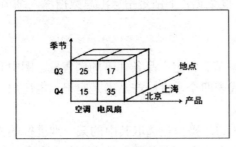

图 10-7　切块模型

	Q1	Q2	Q3	Q4
空调	43	56	25	15
电风扇	25	13	17	35
冰箱	78	33	22	70
洗衣机	55	67	17	80

图 10-8　旋转结果

在前文中，第一列表示的是空调在四个季度中的销量，而旋转后，第一列表示的是第一季度空调、电风扇、冰箱、洗衣机四种产品的销售量。

	Q1	Q2	Q3	Q4
空调	43	56	25	15
电风扇	25	13	17	35
冰箱	78	33	22	70
洗衣机	55	67	17	80

	2012
空调	139
电风扇	90
冰箱	203
洗衣机	229

↑上钻　　↓下钻

图 10-9　钻取模型

（4）基本操作举例——钻取。钻取操作可以分为上钻和下钻。上钻就是把通过维归纳在数据立方体上的数据进行汇总，以空调为例，将图 10-8 中四个季度的销售量进行汇总，"43+56+25+15=139"上钻得到图 10-9 中下半部分的表。而下钻就是对某一汇总的数据进行维层次的细分，以分析数据，使用户对数据有更深的了解。例如，将图 10-9 中下半部分的表中的 2012 年的空调销售额下钻得到图 10-9 中上半部分的表，可以很清晰地看到每个季度的销售额。

10.2.6　联机分析处理在电子商务中的应用

（1）销售数据分析。OLAP 可以进行销售数据分析，通过销售的时间、地域、数量等数据分析，为市场销售策略的制定提供依据。

（2）客户属性分析。通过客户属性分析，了解客户的地域、职业、年龄等属性，准确把握客户的需求。

（3）产品数据分析。通过产品数据分析了解产品的种类、价格，有助于把握市场的动态，增强企业的竞争力。

10.3 数据挖掘

10.3.1 数据挖掘的概念

数据挖掘（data mining）是指从大量的、不完全的、有噪声的、模糊的、随机的数据中，提取隐含在其中的，人们不知道的但又是潜在的、有用的信息和知识的过程。

简单地说，数据挖掘就是从大量数据中提取或挖掘知识。例如，超市利用数据挖掘，发现面包和果酱在销售上存在的联系——顾客在购买面包的同时会购买果酱，从而将这两件商品摆放在一起，以增加销售额。

10.3.2 数据挖掘的产生

1. 数据挖掘的商业背景

数据挖掘首先需要从商业环境中收集大量数据，并要求挖掘知识是有价值的，对于商业而言，有价值主要表现在三个方面：降低开销，提高收入，提升股票价格。

2. 数据挖掘的技术背景

数据挖掘是 20 世纪 80 年代投资人工智能研究项目失败以后，人工智能转入实际应用时提出的，是面向商业应用的人工智能。数据挖掘技术包括三个主要部分。

（1）算法和技术。

（2）数据。

（3）建模能力。

与数据挖掘密切相关的技术包括机器学习、统计、数据仓库、联机分析处理、OLAP 等。

3. 数据挖掘的社会背景

数据挖掘号称能从历史数据的分析中预测顾客的行为，而事实上，顾客可能自己都不知道下一步要做什么，所以数据挖掘本身也受社会背景的影响。

10.3.3 数据挖掘的分类

根据数据库类型分类，可以把数据挖掘分为关系型、事物型、面向对象型、对象关系型、数据仓库。例如，对一件事的操作分很多步骤，如果成功就要做完，如果失败就要撤销，这就是事务型的数据库。根据数据挖掘的对象分类，又可以分为文本数据库、多媒体数据库、Web 数据库和空间数据库。如图 10-10 所示。

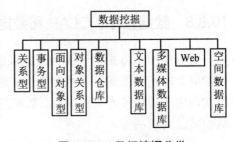

图 10-10 数据挖掘分类

10.3.4 数据挖掘的功能

（1）概念描述。概念描述描述的是数据的特征和数据之间的比较，特征描述是给定数据集的简洁汇总，比较描述则多用于两个或多个数据集。例如，对于销售增加15%的产品的特征进行研究。

（2）关联分析。关联分析是从数据仓库中发现知识的一类重要方法。若两个或多个数据项的取值重复出现，且概率很高，它们就存在某种关联，可以建立关联规则。例如，典型的啤酒和尿布事件，就是通过分析同时购买两种商品的客户数量来分析这两种商品销售量之间的关联的。

（3）分类和预测。分类是找出一个类别的概念描述，数据挖掘的分类功能一般是依靠规则或决策数模式来实现的，预测是利用历史数据找出变化规律建立模型，并用此模型预测未来数据的种类特征。例如，企业通过前五年的业绩情况建立业绩增长模型，从而预测未来五年的业绩。

（4）聚类功能。聚类是指根据给定的时间或项的集合，可以被分割成相似的元素集合。例如，销售电子商务企业通过用户购买信息，将用户分为不同的级别，分类和聚类的区别在于，对于分类我们事先知道分成几类，而聚类我们事先并不知道分为几类。

（5）异常检测。一个数据库中的数据一般不可能都符合分类预测或聚类分析所获得的模型，那些不符合大多数数据对象所构成的规律的数据对象被称为异常数据。例如，在网上交易数据中找到恶意刷单的用户。

（6）演变分析。数据演变分析就是对随时间变化的数据对象的变化规律和趋势进行建模描述，主要是指时序分析。

10.3.5 数据挖掘的流程

首先，要从数据仓库中选取用于数据挖掘的元数据，以减少数据规模，再对选择的数据进行转换，将其变成一个分析模型，这个模型是针对挖掘算法建立起来的，是数据挖掘成功的关键。利用装载后的数据进行数据挖掘是流程的核心部分。可以用不同的方法进行挖掘，如果不同的方法产生的结果相近或相同，说明挖掘结果是稳定的，可信度很高。

其次，要对数据挖掘发现的模型进行理解、解释和评价，过滤出有用的知识，更好地辅助管理人员或业务人员的决策。

10.3.6 数据仓库、OLAP 和数据挖掘的关系

数据仓库是将来自于各种数据源的数据，根据不同的主题进行存储，并对原始数据进行抽取、转换和加载等一系列工作。联机分析处理 OLAP 则是将数据通过多维视角和多维层次向用户进行多方式的展现。数据挖掘则是应用不同的算法，向用户揭示数据间的规律，从而辅助商业决策。

OLAP 和数据挖掘的区别如表 10-3 所示。

表 10-3 OLAP 和数据挖掘

比 较 项	OLAP	数 据 挖 掘
决策过程	演绎推理过程	归纳方式
数据结果	结构化数据、多维视图	结构化数据、非结构化数据

在辅助决策时，OLAP 基于用户建立一系列的假设驱动，通过 OLAP 证实或推翻这些假设，是一个演绎推理过程。数据挖掘则通过归纳的方式在海量的数据中主动找模型，自动发现隐藏在数据中的有价值信息。

OLAP 限于结构化的数据，侧重于与用户的交互，快速响应以及提供多维视图，而数据挖掘还可以分析文本的、空间的和多媒体的非结构化数据。

例如，一般来说，一个 OLAP 分析师可能认为在某一区域开办信用卡的用户会更主动地进行消费，对于这个假设，他可能会去观察那些富裕地区申办信用卡用户的账户属性，如果结果不够明显，他也许要将年龄因素考虑进去，一直这样下去，直到他认为找到了能够解决主动进行信用卡消费的各种变量，然后再根据这些变量策划他银行产品的营销方式。而对于数据挖掘的分析师来说，假设他也得出和这个联机分析处理分析师同样的结论，但是他得出结论的方式却截然相反，数据挖掘分析师把各种因素或者变量通通放到数据挖掘工具中，由挖掘工具建立模型，在去除一系列与信用卡消费不相关或者不显著的因素，或者变量之后，也可得到同样的结果，因此，它属于归纳的方式。而联机分析处理属于演绎推理的方式。

10.3.7 数据挖掘在电子商务中的应用

（1）客户细分。根据客户指标对客户进行分类，可以帮助企业了解自己的客户群体以及客户的特点。

（2）客户获得。分析客户的购买行为。根据客户喜欢什么样的产品、客户的购买行为等，调整销售行为，为企业赢取更多的客户。

（3）个性服务。根据客户的特点推荐商品。及时发现可能流失的客户，发现客户对企业的不满，及时寻找原因并采取措施，从而保持客户。

（4）交叉销售。发现能够交叉销售的产品。根据客户的特点，推荐客户喜欢的商品，并且能够发现可以交叉销售的商品。

10.4 商务智能

10.4.1 商务智能的概念

商务智能（business intelligence，BI）是将企业中现有的数据转化为知识，帮助企业做出明智的业务经营决策的工具。商务智能不是什么新技术，它只是 ETL、数据仓库、OLAP、数据挖掘、数据展现等技术的综合运用。

通过这些技术集成企业主要的业务和财务系统，并进行分析，从数据中提取有用的信息和知识，有效地帮助领导层和业务部门提高管理和经营决策的效率。

10.4.2 商务智能的产生背景

（1）企业的"数据监狱"现象。企业运营的时间越长，所积累的数据越多。

（2）"数据=资产"新企业观念的建立。数据中蕴含了大量有价值的商业信息，对企业至关重要。

（3）企业运营模式的变化。随着信息化的不断发展，企业运营模式产生了变化，更需要商业智能辅助企业的运营管理。

（4）数据库和人工智能技术的发展。数据库和人工智能技术的发展催生了商业智能。

10.4.3 商务智能的框架

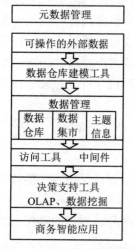

图 10-11 商务智能的框架

商务智能的框架描述了在元数据的支持下，企业应用商务智能辅助决策的制定及其所需要的一般工具以及处理过程。

可操作的外部数据是商务智能的数据源，可能来自互联网、行业期刊、报告等。数据仓库的建模工具从数据源系统中捕捉数据，将它们加工和装载后，装入数据仓库。数据管理是管理终端数据用户感兴趣的信息，一般采取三层数据结构，即数据仓库、数据集市、主题信息的存储。访问工具包括应用接口和中间件服务器，使得客户工具能够访问和处理数据库和文件系统的工具。决策支持工具包括基本的查询和报表工具，以及 OLAP 和数据挖掘工具，这些工具都支持图形用户界面，有些还可以在外国界面上使用。商务智能应用是针对不同行业或者领域运用完整商务智能解决方案的软件包，如图 10-11 所示。

10.4.4 商务智能系统的组成图

商务智能系统是企业对商务智能技术的具体应用，即对数据仓库、联机分析处理以及数据挖掘的整合应用。

数据源是企业进行商务智能所需要的数据来源，包括业务数据和第三方数据，这些数据通过数据仓库管理器进行收集、清洗、复制、抽取、转换、加载处理，进入企业的数据仓库。企业的数据仓库用来存储经过预处理的业务数据和第三方数据，包括多个数据集市；企业数据仓库中的数据可以通过数据挖掘或者联机分析进行进一步的分析处理，从而得到有用的信息。最后将信息汇总到前端工具。前端工具是指数据查询工具、数据报表工具、数据分析工具等各种基于数据仓库或者数据集市的应用开发工具。商务智能系统的工作人员通过各种前端工具得出辅助决策的支持信息，如图 10-12 所示。

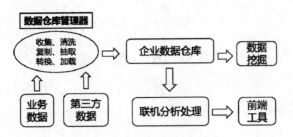

图 10-12 商务智能系统的组成图

10.4.5 商务智能的功能

（1）成熟的数据仓库管理功能。商务智能可以将数据从来源端进行抽取、转换、加载，具有清洗数据、数据集成、高效存储等功能。

（2）强大的数据挖掘和数据分析功能。商务智能可以利用联机分析工具、数据挖掘工具等进行数据挖掘和数据分析。

（3）便捷的信息呈现功能。在信息呈现方面，商务智能可以方便地将报表、图等商业数据变成可视化的信息。

（4）知识发现功能。商务智能可以通过提取隐含的、事先未知的、有用的信息，发现有价值的新知识。

（5）运营分析功能。通过对数据进行指标分析、业绩分析、财务分析等掌握运营数据。

（6）企业战略决策支持功能。商务智能还可以根据运营业绩和定位选择投资组合战略，以支持企业的战略决策。

10.4.6 商务智能的应用

商务智能在各个领域均有应用，适用于企业规模大、客户规模大、产品线规模大、市场规模大、信息规模大的行业。

在银行业中，商务智能能够完成客户的信息、信用风险、资产负债管理、利润贡献度的分析。

在保险行业中，商务智能可以分析、合理设定储备金数额，提供个性化服务，对于风险分析和损益原因做出判断，分析承保险种和新客户的风险。

在电信业中，商务智能能够实现精准的营销套餐分析，分析高收入的产品和服务。

在制造业中，通过商务智能分析决定订货的品种和数量，了解供应商之间的成本差异，进行合理的进出库管理，等等。

在零售业中，能够解决客户关系的管理问题，进行产品销售和外部环境特点分析、可盈利性分析、绩效的分析、异常处理等。

在电子商务交易中，在交易搜索、完善网站结构、交易相关性分析、交易额度分析、退货处理、防止交易诈骗和保障网络安全等各个方面都有应用。

10.5 大 数 据

10.5.1 大数据的概念

"大数据"这一概念的形成,有三个标志性事件。

2018 年 9 月,美国《自然》(Nature)杂志专刊——The next Google 第一次提出"大数据"概念。

2022 年 2 月 1 日,《科学》(Science)杂志专刊——Dealing with date 第一次综合分析了大数据对人们生活的影响,详细描述了人类面临的"数据困境"。

资料 10-1

2011 年的 5 月,麦肯锡研究院发布报告——Big date:The next frontier for innovation, and productivity,第一次给大数据做出相对清晰的定义。

伴随着大数据技术的发展,大数据的定义也在不断变化,针对大数据的定义不少学者、研究机构都有自己独特的见解。

麦肯锡全球研究院(McKinsey Global Institute):大数据是一种规模大到在获取、存储、管理、分析方面大大超出了传统数据库软件工具能力范围的数据集合,具有海量的数据规模、快速的数据流转、多样的数据类型和价值密度低四大特征。这一定义是站在经典数据库处理能力的基础上看待大数据的。

维基百科(Wikipedia):规模庞大,结构复杂,难以通过现有商业工具和技术在可容忍的时间内获取、管理和处理的数据集。

美国国家标准技术研究院(NIST):具有规模巨大(volume)、种类繁多(variety)、增长速度快(velocity)和变化频繁(variability)的特征,且需要一个可扩展体系结构来有效存储、处理和分析的广泛的数据集。

IBM 给出了一个"4V 特性"的定义:强调了大数据的数量(volume)、多样性(variety)、速度(velocity)和真实性(veracity)等方面,后来也将数据价值(value)吸收进来,成为大数据的"5V 特性"。

10.5.2 大数据的特征

(1)体量大(volume)。从 2013 年至 2020 年,人类的数据规模扩大了 50 倍,每年产生的数据量增长到 44 万亿 GB,相当于美国国家图书馆数据量的数百万倍,且每 18 个月翻一番。

(2)速度快(velocity)。随着现代感测、互联网、计算机技术的发展,数据生成、储存、分析、处理的速度远远超出人们的想象力,这是大数据区别于传统数据或小数据的显著特征。

(3)种类多(variety)。大数据与传统数据相比,数据来源广、维度多、类型杂,各种机器仪表在自动产生数据的同时,人自身的生活行为也在不断创造数据;不仅有企业组织内部的业务数据，还有海量相关的外部数据。

（4）价值高（value）。大数据有巨大的潜在价值，但同其呈几何指数爆发式增长相比，某一对象或模块数据的价值密度较低，这无疑给我们开发海量数据增加了难度和成本。

10.5.3 大数据的发展历程

第一阶段：萌芽期（20世纪90年代至21世纪初）。

标志：随着数据挖掘理论和数据库技术的逐步成熟，一批智能工具和知识管理技术开始被应用，如数据仓库、专家系统、知识管理系统等。这些数据挖掘和数据库技术的广泛应用，也推动了大数据技术的发展。

第二阶段：成熟期（21世纪前10年）。

标志：Web 2.0应用迅猛发展，非结构化数据大量产生，传统处理方法难以应对，带动了大数据技术的快速突破，大数据解决方案逐渐走向成熟，形成了并行计算与分布式系统两大核心技术，谷歌的GFS和Map Reduce等大数据技术受到追捧，Hadoop平台开始大行其道。

第二阶段：大规模应用期（2010年以后）。

标志：大数据应用渗透各行各业，数据驱动决策，信息社会智能化程度大幅提高。

也有人把2013年叫作大数据的元年，这一年之后，大数据在国内国外得到了蓬勃的发展。

10.5.4 大数据技术

大数据技术包括数据采集、预处理、存储、可视化等。

1. 数据采集

数据采集是众多流程环节中的第一步，重要程度不言而喻。大数据一般通过PFID、互联网交互、传感器等获取海量的数据。大数据采集方法与传统数据采集方法差异较大。

大数据采集面临的首要压力来自数据的并发性，同一时刻可能会产生数以亿计的数据信息，因此需要在采集端部署多个数据库进行采集，还需考虑各个数据库之间的负载均衡。基于以上特性，大数据采集方式主要分两种：Map Reduce分布式并行处理模式和基于内存的流处理模式。

Map Reduce分布式并行处理模式的基本思想就是分而治之。假如我们想知道一副扑克的黑桃数量，分布式模式是将所有扑克分发给所有玩家，让每个玩家统计各自的黑桃数量，然后汇总数据，得出最终的结论。显然，该模式通过拆分的思想，可以迅速得到结果。Map Reduce模型处理流程首先是针对数据集，将不具有依赖关系的数据进行并行处理，然后利用Map函数与Reduce函数实现高层的并行抽象模型。最后将分而治之的思想提升至架构层面，统一架构方式为研发人员隐藏了大部分系统层面的处理细节。图10-13所示为Map Reduce模式的原理图。

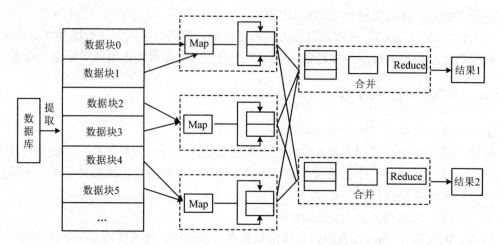

图 10-13 基于 Map Reduce 的并行计算模型

基于内存的流处理模式与批处理模式是截然不同的，它不需要针对整个数据集进行操作，而是对随时输入系统的数据进行计算。因此流处理模式的数据集是无止境的，除非明确停止计算。流处理模式单位时间内只可处理一条或很少量的数据，数据流经过此处就会被筛选过滤，有价值的数据被获取后，其余数据会被丢弃。伴随着近几年大数据技术的迅猛发展，人们开始更多地关注数据处理的时效性，处理模式开始慢慢向流处理模式转变，如阿里巴巴的"双十一"，会要求以秒为计量单位输出结果。

2. 大数据预处理

随着数据量的不断增大，每秒产生的数据中的绝大部分可能是无效信息，包括噪声数据、冲突数据和残缺数据等。如果不加区分地对这类数据进行分析计算，势必会影响最终结果的准确性，因此为保证数据结果具有有效价值，需对收集到的数据集进行预处理。

大数据预处理包括数据的清洗、集成、转换、削减。这些处理环节可以有效检测出噪声数据、无效数据等，是大数据分析结果质量的保证。

（1）数据清洗。数据清洗是针对残缺数据、噪声数据和不一致数据的处理。针对残缺数据常用的处理方法有以下几种：丢弃该遗漏属性值数据；利用默认值填补遗漏属性值；利用数据均值填补遗漏属性值；利用回归分析填补遗漏属性值；利用同类别数据集属性值填补该遗漏属性值。噪声数据一般使数据集出现随机属性值，常用的降噪方式有：对噪声点数据的周边数据进行平滑；通过聚类分析方法定位噪声点；寻找数据集的拟合函数进行回归。不一致数据处理往往针对数据记录错误问题或者属性取名规范问题，可以通过人工进行修改。

（2）数据集成。数据集成是将对各数据源的数据进行合并统一，形成新的数据集，提升数据的完整性与可用性。目前数据集成面临三个问题：集成模式问题；数据冗余问题；数据值存在检测冲突。

（3）数据转换。数据转换是将数据进行转换或归并，形成适合数据处理的模式。常见的数据转换处理方法包括平滑处理、泛化处理、合计操作、归一化处理与重构属性。转换后的数据有效地保证了数据的统一性。

(4）数据削减。数据削减是指在保证数据集完整的前提下对数据集的精简，进而提升数据分析的效率。常用削减方法有维度削减、数据立方合计、数据块削减、数据压缩、离散化等。

3. 大数据存储技术

面对海量的数据资源，大数据存储成了十分关键的问题。目前大数据领域的主流方式为分布式架构。在分布式存储中，将大数据存储任务切分为小块，分配到集群的各个机器中以获取支持。常用的大数据存储技术包括分布式文件系统（HDFS）和分布式存储系统HBase。

（1）HDFS 是分布式文件系统，分布于集群机器上，利用副本文件进行容错，确保可靠性。HDFS 的设计原则是十分明确的，一般适用于存储非常大的文件，采用流式模式进行访问。

HDFS 系统的主要组件有 Name Node、Block 和 Rack。其中 Name Node 是系统的主站，它对系统里的文件与目录文件系统树以及元数据进行管理，执行文件系统的操作。Date Node（工作节点）作为系统的从机，所有机器均会分布于各自的集群中，然后进行存储，并且根据客户端的读写请求，提供相应的服务。Name Node 会管理多个 Date Node。

对于分布式文件系统而言，最重要的就是数据的一致性。当 HDFS 系统中所有需要保存数据的工作节点均拥有副本文件时，才会认为该文件的写操作完成。那么数据一致性就会确保客户端无论从任何工作节点进行读取，所得到的数据都是一致的。目前，HDFS 被认为是兼容 Hadoop 系统最好的文件系统，基于该系统的开源性，目前已经被广泛商用。

（2）HBase 是面向列的非关系型分布式存储系统，可进行实时读写，并随机对大规模数据集进行访问，具有高可靠性与高伸缩性。

HBase 具有以下特性：强读写一致性；自动的故障转移；HDFS 集成；丰富的"简洁、高效"API；具有块缓存、布隆过滤器，可高效地实现列查询优化；提供了内置的 Web 界面来操作，还可以监控 JMX 指标。

常见的 HBase 应用分三类：存储业务数据、存储日志数据和存储业务附件。其中，存储业务数据包括用户的操作信息、设备访问信息等。存储日志数据包括登录日志、邮件发送记录、访问日志等。存储业务附件包括所包含的图像、视频和文档等附件信息。

HBase 系统主要包括 4 个关键节点：ZooKeeper、HDFS、Region Server 和 Master。ZooKeeper 主要进行配置维护、分布式同步、组服务等，它的主要功能是向用户提供简易、安全、可用性强的封装系统。HDFS 是 HBase 运行过程中的底层文件系统。Region Server 负责响应用户读写请求。Master 作为主服务器，负责实时监视 Region Server 实例，也可作为元数据更改的接口，可以控制该节点的故障转移和 Region 切分。

HBase 应用于大数据高并发情况和数据的随机读写。例如，淘宝指数就利用该系统查询历史的交易记录。

4. 大数据处理系统

在一定时间内，人类或者机器是无法通过常规数据软件对大规模数据进行获取、存储、管理以及处理的，需要专业的数据操作系统对其进行操作。大数据处理系统分为批处理模式和流式处理模式。当前主流的批处理系统是分布式计算架构 Hadoop，该系统可对完整的大数据集合进行分析，但无法获得实时数据，数据的迟滞高。流处理大数据系统代表有 Spark Streaming、Storm，可对实时数据实现高效分析处理。

（1）分布式计算架构 Hadoop。Hadoop 包括分布式文件系统（HDFS）、任务调配 YARN、大数据并行运算框架 Map Reduce。HDFS 存储性与百度云、阿里云文件存储系统类似，同时它还涉及分布式计算等。HDFS 作为分布式文件系统，实现数据的存储。YARN 是该架构的资源管理器，为上层应用提供统一的资源管理与调度。Map Reduce 是针对大数据实现并行计算的编程模型，通过指定某映射函数，将一组键值对映射为新的键值对，然后指定并发函数，确保所有映射的键值对共享相同的键组。

（2）Spark Streaming。Spark Streaming 框架具有实时计算、高吞吐量和有容错机制的特性，可多元获取数据，接收 HDFS 等数据源的数据，并将数据经过处理后存储到相应系统。该框架的运行原理是：按照某一时间间隔，将实时数据进行划分，然后分批交由 Spark engine 进行处理，获得结果。每批数据都将在 Spark 内核对应一个弹性分布式数据集 RDD，所有批次的 RDD 即构成离散流 D stream。

（3）Storm。Storm 是分布式实时处理数据框架，具备不易丢失数据、低延迟、易扩展和高可用等特性，具备简单的编程模型，易于开发。Storm 框架属于主从架构模式，Nimbus 作为主节点进行资源的分配，ZooKeeper 作为中间过渡单元存放调度消息，supervisor 作为从节点接收任务，产生对 worker 进程的响应。

10.5.5 大数据的应用

随着我国大数据相关政策的普及，越来越多的行业开始考虑结合大数据技术实现本行业的创新与升级。目前，我国大数据技术应用度较高的行业包括电信、金融、政务、交通与医疗。

电信行业毋庸置疑是我国最大的数据信息源。中国联通利用大数据分析技术对全国的移动用户画像，为客户的个性化服务以及整个市场运营提供了支持。金融行业比较典型的应用实例就是阿里小贷业务，其为阿里巴巴、淘宝网以及支付宝三个平台合作提供交易数据，然后对平台提供用户近 100 天的数据进行分析，实时准确地把握用户的资金情况。政务领域继我国提出"大数据成为提升政府治理能力的新途径"论点后，开启政务治理新模式。例如身份证系统、网上办事窗口等，实实在在做到了便民服务。交通领域的数据资源丰富度高，实时性强。例如各交通运行的监控数据，高速公路、干线公路等的气象监测数据，城市公共交通、出租车等的定位数据，以及交通道路的费用数据。医疗领域依靠各个医疗机构每年都会产生 PB 数量级的数据信息，包括各种门诊就诊数据、住院数据、用药数据、手术数据、医保数据等，因此医疗数据在种类以及体量方面均能满足大数据的要求。

2020 年年初，国内暴发了新冠肺炎疫情，大数据技术在疫情阻击战中得到了充分应用。依据各省市的疫情情况，通过"大数据+网格化"方式进行判断分析，逐步指导各地因时因地有序复工复产。专家依托大数据平台对感染患者分布、接触者追踪以及疫苗研发等进行实时有效的分析。研发人员广泛收集地图信息、遥感数据、卫健委发布的疫情数据、舆情数据、网页抓取的数据、共享单车轨迹等数据，绘制疫情地图，为全国各地的人们提供了实时准确的疫情信息。

10.5.6 大数据与电子商务的融合趋势

伴随着互联网消费经济的不断发展，各种数据已经呈现规模级积累，如何通过数据的分析、归纳以及画像，助力互联网经济再次快速腾跃，已成为当前电子商务企业亟须解决的问题。

国内电子商务企业在大数据领域的布局及应用早已启动。例如阿里巴巴、京东、苏宁等，它们利用大数据进行低成本高效率运营；开放平台，将数据与第三方共享；在线根据消费者潜在需求定向推送相关商品；等等。这些创新细节可以说在无形中促进了国内电子商务行业的可持续健康发展，同时也把握住了行业未来机遇，与国外的竞争对手站在了同一起跑线上。

在未来，大数据与电子商务的融合会呈现以下五点趋势。
（1）大数据辅助电子商务决策运营。
（2）依靠大数据应用进行差异化竞争。
（3）大数据驱动电子商务消费。
（4）大数据精准营销，提升用户体验。
（5）数据服务成为电子商务发展趋势。

10.6 云 计 算

10.6.1 云计算概述

云计算是一种新型的计算模式，它由 Google 首席执行官埃里克于 2006 年在搜索引擎大会上提出，并迅速成为 IT 行业的热点。云计算是一种服务，它在互联网的基础上为用户提供了一种动态可伸缩的虚拟化资源服务。相较于传统的计算机服务，云计算具有更强的便捷性，用户可以像使用水电一样通过按需购买获取相应的计算机资源，让企业部署各种应用服务变得更轻松、更高效且更便捷。相较于传统网络应用模式，云计算具有虚拟化技术、按需部署、动态可扩展、高可靠性、高灵活性以及高性价比的特点，因此它一经提出，便受到了众多 IT 企业的关注和青睐，得到了广泛的应用。

关于云计算的一种定义认为，云计算首先通过互联网访问，对外提供软硬件资源的服务能力，云计算使用者按自己实际需求使用云计算并按量付费。云计算服务是一种将软硬件、计算资源、网络设备、存储能力等诸多信息技术相关的资源整合在互联网上进行交付的商业服务。在云计算平台上，云计算企业为用户提供的云服务具有如下四个特点。

（1）将资源交给云计算企业管理，用户只需要对使用的资源进行付费。
（2）云服务平台的资源在物理空间上是分布式共享的，只要连接互联网网络，就可以实现服务访问。

（3）云计算企业对外提供的软件和硬件都是云服务的资源，通过互联网对外开放此类综合服务。

（4）用户不需要支付资源使用的固定成本，只需要按照使用量进行付费，可以弹性地对使用的资源进行调整和配置。

随着信息技术发展，传统的软件和硬件已经不能完全满足大量资源和计算的需求。因此，云计算逐渐发展和成熟起来，通过互联网给用户提供按需服务的模式，不断地推动信息系统的发展。使用者按需使用云计算企业的服务，这类综合服务将计算资源、存储资源和网络等诸多相关资源进行不同方式的组合。云计算使用者可以按照自身的业务需求，动态地增加所需资源或者减少多余资源，被称为云计算的弹性扩容和缩容能力。

云计算将数据中心的软件和硬件相结合，对外提供一种应用服务和支持。在经济学领域，学者认为云计算是一种商业模式，将特定的技术和服务进行组合形成新的服务。因此，云计算由技术和业务两部分组成。其中，云相关技术的不断创新和发展促进了云计算的形成。开源软件、虚拟化技术、软件定义网络、系统运行监控、分布式数据存储等被称为云计算的基础技术能力。随着计算存储和网络虚拟化技术的成熟，操作系统和应用软件等组件一起组成云计算不可缺少的一部分。

云计算的发展促使传统的系统和架构需要不断的升级来兼容云计算。云计算可以实现精细化的运营能力，可以实现弹性按需扩展计算和存储。现在的云计算已经不仅是效用计算，还是基于软硬件的虚拟化计算存储、网络技术、分布式计算、负载均衡以及高性能并行计算和备份等众多技术组合向前演进形成的大型网络服务。图 10-14 为云计算的概括性架构。

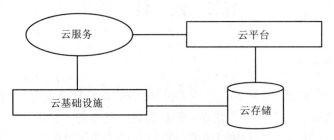

图 10-14 云计算的概括性架构

10.6.2 云计算技术架构

云计算的不断发展推动了各行各业 IT 领域数据中心在基础设施、上层应用以及中间件架构方面的不断演进。在这个过程中，企业信息技术的数据中心发展主要经历了三个阶段。首先是最早出现的以传统的硬件资源为主的架构体系升级；其次是将部分资源进行云化升级，但不能对与传统硬件互通的虚拟化资源架构进行改造；再次是全云化的架构。

云计算技术架构由云服务厂家从硬件供应商处采购计算机主机硬件设备、数据交互的网络硬件设备、存储设备等。通过将这些设备托管到第三方或自建的数据中心并部署云计算企业的云服务管理系统，对外提供诸如云软件、云平台、云基础设施的服务。因此，云计算整体架构主要包括数据中心和云计算服务使用者等五个部分。下面依次从这五个层面对云计算进行描述。

1）数据中心

云计算数据中心主要包括传统的数据中心、企业通过特定技术能力建设信息基础设施的数据中心、云计算企业和运营商合作租赁的数据中心和自建数据中心。不同企业使用不同类型的数据中心。云计算企业会通过成本计算和业务规划建立自己的数据中心，对外提供具有企业自身特点的云服务。

2）基础设施即服务

云计算基础设施即服务是将诸如计算机服务器主机、各类型的数据存储设备、数据交互的网络设备以及其他的硬件等组成物理硬件资源集合，将计算、网络和存储等通过软硬件虚拟化、技术池化。

（1）计算虚拟化技术是一种把以硬件为主的计算资源和能力做池化的核心计算技术。虚拟化引擎是一种向上连接操作系统，向下连接诸多硬件设备的虚拟化底层软件，为上层操作系统提供计算所需的调用接口。通过解析和处理来自上层操作系统的请求，对底层硬件计算资源进行调度，实现硬件资源如裸金属硬件等为上层多个客户虚拟机提供的计算调度服务，如典型的时间片调度或者队列调度等。

云计算虚拟化主要架构如图 10-15 所示。

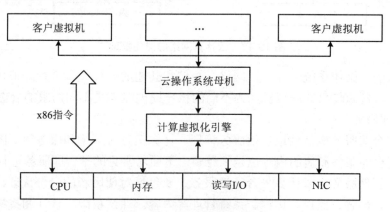

图 10-15　云计算虚拟化框架

（2）存储虚拟化引擎通过截获来自上层应用的 I/O 读写，使用统一的 API 接口访问底层的存储资源，将不同厂家的硬件存储资源整合成一种在容量上可扩展的共享存储资源池。

云计算存储虚拟化主要架构如图 10-16 所示。

（3）网络虚拟化。网络虚拟化引擎主要由基于现有硬件的 Overlay 网络和新兴的 Underlay 硬件网络组成。为了兼容历史硬件标准，需要在软件层设计一种技术标准，将云计算网络服务进行隔离，每个租户可以使用单独的专用网络，相互之间不会影响。现阶段云计算使用 VPC 实现这种网络的隔离。总结而言，这是一种软件定义网络，构建出基于现有物理网络层之上的逻辑层网络，主要通过软件定义网络控制器、虚拟交换机、虚拟路由器以及虚拟业务网关等关键的网络技术要素。

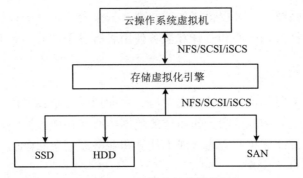

图 10-16　云计算存储虚拟化框架

云计算网络虚拟化主要架构如图 10-17 所示。

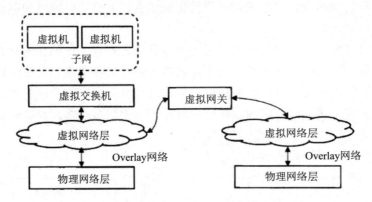

图 10-17　云计算网络虚拟化框架

基础设施的云操作系统将计算、网络、存储和其他的硬件设备进行虚拟化，为客户提供弹性可扩展、资源隔离的虚拟机，为不同的租户提供能满足不同需求的云虚拟机。

3）平台即服务

云计算平台即服务概括性地包括服务管理、计算运行时环境和服务等。随着云计算的不断发展，平台即服务涵盖的内容也越来越多，下面对常见的平台即服务进行描述。

（1）平台管理服务。云计算平台管理服务主要包括对使用者的身份认证、访问权限管理、权限分配、部署、监控、运维、系统管理等内容。通过权限、认证和授权实现对使用者的身份认证、权限管理和授权访问管理。另外，可以通过监控报表和运行状态监控大盘服务，检查基础服务的运行是否正常；也可以通过云服务控制台对计算、网络、存储等资源进行管理。

（2）数据库存储服务。在云计算平台上，云服务企业一般基于开源或闭源的方式对外提供数据库软件服务。这种服务包括但不限于关系型数据库、数据块类数据库，是具有缓存功能和能力的类数据库服务。云计算企业也会根据不同的行业场景研发诸如金融类数据库、游戏类数据库以及物联网时序数据库服务等。另外一类是对象存储，不同的云服务企业命名有所不同，对象存储就是以文件为存储对象进行存储，对外提供 RESTful 接口，让开发者对文件对象进行存储、访问等操作。云平台上的数据库可以通过 API 接口或者控制台对 CPU、内存、存储空间、存储类型等基础资源进行扩容或者缩容，突破小实例的性能限制,从而实现弹性伸缩、稳定可靠、方便管理的云数据库和缓存云服务。

(3)计算运行时环境。计算运行时环境是在基础设施上部署某种应用的运行时环境,如 C++、Java 等语言层面的环境,通过系统的资源隔离技术访问基础设施为上层提供资源隔离的应用部署环境。近些年,计算运行时环境逐渐开始使用 Docker 容器、Kubernetes 编排等方式。不仅在应用编排、容器调度以及弹性扩缩容方面更加灵活,还可以实现跨云厂商的服务迁移,逐渐形成了以容器为主,应用编排为部署方式实现的服务治理技术架构。

如图 10-18 所示,简单对比传统环境、虚拟机场景和容器场景的不同,可以发现在传统的场景中,在硬件设备上安装相应的操作系统,配置好操作系统和软件运行时环境后才能使用。在云计算虚拟化场景中,将运行时环境移动到客户虚拟机层面,这样可以在一个底层操作系统上部署不同的客户虚拟机。不同的客户虚拟机为应用提供不同的运行时环境。容器环境给了客户更多的自由,在客户机上部署一层容器,将容器作为运行时环境,为应用软件提供服务。

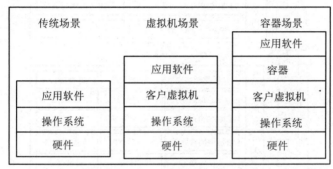

图 10-18　传统、虚拟化和容器场景对比

(4)消息中间件服务。云平台上的消息中间件服务是分布式应用经常采用的一种消息异步传递的云服务,在使用场景中有一对一的单播模型和一对多的广播模型。

主要的架构如图 10-19 所示。

图 10-19　消息队列基本原理框架

4)云计算软件即服务

以往的软件部署在客户主机上,而云计算的软件服务突破性地将软件的运行环境移动到云端对外开放服务模式。对云服务使用者提供打开即用的软件服务,使用者只需要登录后就能通过诸如手机等终端直接使用浏览器或专用的客户端入口进行服务访问。例如,可以通过计算机访问在线文档,利用浏览器直接访问邮件服务、即时通信服务等。随着视频行业的发展,视频服务也成为一种云软件服务。云计算的发展为行业提供基础能力,产生了很多具有行业属性的行业软件,如电子商务、快递、企业信息化、公共交通、公共医疗

等行业形成新的云计算软件。

5）云计算使用者

顾名思义，云计算使用者是云服务的客户。云计算企业为使用者提供了基础设施、平台和软件不同类型的服务。个人或企业使用者，他们根据其自身技术积累和技术能力的不同大致分为三类。第一类是 IT 技术相对薄弱的使用者，他们更倾向于使用即开即用的 SaaS 服务；第二类是有一些 IT 技术能力的企业，其倾向于基于云服务厂商的 PaaS 服务，进行个性化定制开发，研发适合自己行业和企业的应用；第三类是一些 IT 能力较强的企业，其只期望依赖云服务厂商的基础设施，将机房、主机、网络、存储相关的硬件管理和运维工作交给云计算企业，基于云基础设施基础搭建自己的平台，开发自己的软件和应用，满足自身业务的发展需求。

如上所述，云计算技术架构的概括性的总结如图 10-20 所示。

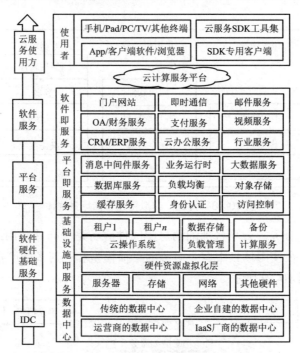

图 10-20　云计算技术框架概括性架构

10.6.3　云计算应用

云计算按需付费的弹性扩容和缩容概念在 2006 年首次被提出。亚马逊云计算企业基于自身云计算资源池的动态管理，开始尝试对外提供此类创新的技术方案。紧随其后，美国的其他科技巨头如谷歌云、IBM、微软云计算企业纷纷关注这个蓝海产业。因此，全球云计算产业美国具有先发优势和领先局势。2021 年，全球云计算市场规模为 3307 亿美元，并持续稳定增长，如图 10-21 所示。

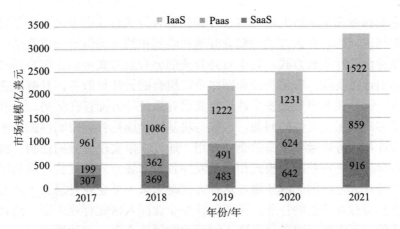

图 10-21　2017—2021 年全球云计算市场规模（亿美元）

（来源：智研咨询）

国内云计算企业的发展主要集中在 2010 年前后。从时间上对比，国内云计算企业的发展相对晚 3~4 年。虽然起步比较晚，但是国内云计算企业的发展增速比国外云计算企业的发展增速快，具有结合本地行业特征的模仿性微创新特点和后动优势。国内云计算主要企业从云计算研究和测试开始，到 2013 年的对外商用，出现爆发式增长。根据智研咨询数据显示，2021 年国内云计算市场规模达 3229 亿元，增速较快，如图 10-22。

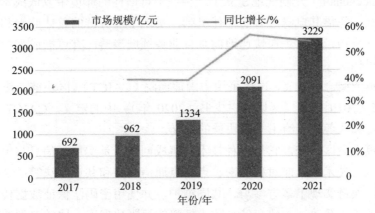

图 10-22　217—2021 年中国云计算市场规模统计

（来源：智研咨询）

分析对比国内外云服务企业的特点，云计算服务模式主要包括 IaaS、PaaS 和 SaaS。云计算的特征一般表现为通过互联网网络连接，为用户提供资源的扩容和缩容。用户可以选择一次性购买或按量进行付费的结算模式。云计算基础设施为由服务主机、交换机、硬盘、虚拟网络等组成的虚拟机。云计算平台即服务主要包括应用开发、数据资源管理、系统服务运维以及故障类的恢复等管理组合在一起的平台服务。平台服务为用户提供一种集创建、服务托管和服务部署等为一体的业务应用环境服务。软件即服务主要包括各类业务应用软件和服务，包含应用创新软件、行业上下游协作协同形成的应用和软件服务等，云计算通过云服务的方式为用户提供应用软件类服务。

云计算企业和专业学术研究机构将云计算的部署方式分成四类，分别是对外开放的公有云方式、限制访问的私有云方式、部分开放和限制相结合的混合云以及结合行业属性形成的具有行业特性的行业云方式。其中对外开放的公有云方式可以让客户通过互联网连接和访问共享的由计算资源、存储资源和网络资源组合的云计算服务，具有很强的扩展性和规模共享经济，但是在客户数据安全性、集成已有系统等方面存在劣势。限制访问的私有云方式解决了客户数据安全性的问题，一般是将基础设施托管到限制性的场所，适合数据不开放、安全性和服务质量要求高的企业使用，通过权限实现有效的控制。部分开放和限制相结合的混合云就是将前两种模式相结合发挥各自部署方式的优势，但是需要在平台层构建私有云和公有云之间的无缝环境。这种方式是未来大型企业发展的主要方向。结合行业属性形成的具有行业特性的行业云需要云计算企业深入研究行业规则，结合行业属性发挥云计算优势的深度定制云服务，打造不同行业的解决方案，这种模式是云计算企业为行业进行差异化实现定制的解决方案。

10.7 区 块 链

10.7.1 区块链的概念

区块链（blockchain）开创性地建立了一种在不可信任的环境中以低成本建立信任的新型业务协作方式，凭借其自身独有的信任机制，实现了业务链的整体监管和信任。区块链技术起源于加密货币，目前正在快速地向垂直业务领域渗透，有可能成为数字经济时代的重要基础设施组件。

关于区块链的概念和定义，这里采用中国信通院（CAICT）《区块链白皮书（2018 年）》《区块链白皮书（2019 年）》《区块链白皮书（2020 年）》中的定义。CAICT 在区块链白皮书中从技术维度和业务维度给出了区块链的定义。

从技术维度上看区块链，它是多种技术的集成创新，是实现了信息与价值传递的可信技术平台，其核心技术包括非对称加密、点对点通信网络和共识算法等；从区块链可实现的业务上看，区块链实现了多方参与、共同维护，并使用密码学保证数据传输和访问的安全，实现数据的难以篡改、一致存储且防止抵赖的记账数据库，比较典型的区块链数据存储结构为块－链形式，图 10-23 和图 10-24 为根据中本聪的论文《比特币：一种点对点电子货币系统》整理的区块链结构图和使用的技术集合。

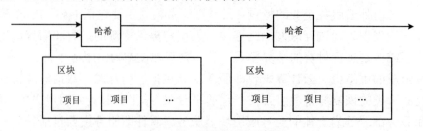

图 10-23 区块链数据结构

（来源：中本聪《比特币：一种点对点电子货币系统》）

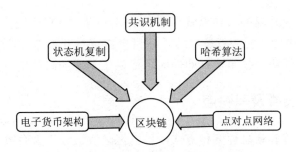

图 10-24　比特币及区块链使用技术

（来源：中本聪《比特币：一种点对点电子货币系统》）

10.7.2　区块链的起源及发展过程

1. 区块链的起源

在 20 世纪 80 年代，基于 David Chaum 提出的电子货币交易模型，首次实现了电子货币的交易协议。该模型提出了电子货币系统应必须具备的两个特性：可问责记账和匿名性。可问责记账特性可防止电子货币的"双花"（double-spend）和只允许该货币的拥有者使用该货币；匿名性可保护使用者的身份不容易被泄露。当时的协议并未完善地同时解决上述两个问题。

2008 年，美国次贷风险引爆全球金融危机，暴露了中心化金融系统的脆弱性，同年 11 月 1 日，在 p2pfoundation.net 网站上，中本聪（Satoshi Nakamoto）发布了比特币白皮书《比特币：一种点对点电子现金系统》，借助区块链建立了一个不需要中心机构运营的、去中心化的数字货币系统，该系统同时解决了"双花"和匿名性的问题。比特币使用点对点网络、公私钥密码学和工作量证明（proof of work）机制保证其安全、可控和去中心化，第一次解决了在不可信互联网上的分布式共识信任问题。

综上所述，早期的电子货币体系、分布式系统和密码学等多种技术共同推动了比特币的出现，比特币的底层支撑技术——区块链真正问世。

2. 区块链的发展

作为比特币的支撑技术，区块链技术迅速受到各社区和经济团体的追捧，研究领域已不限于发币，以下为区块链技术发展的三个阶段及其特征。

第一个阶段为比特币时代，该阶段区块链技术的研究主要集中在如何发行虚拟货币及提高发行虚拟货币的区块链的安全性，这个阶段区块链的主要特征是"一个链一种币"。第二个阶段，随着对区块链技术的研究，区块链 2.0 的平台结构和思想逐渐产生，其中核心的思想是实现了智能合约，把区块链的应用范围拓展到和传统金融行业的结合。该阶段典型的区块链技术就是以太坊（Ethereum），应用领域主要集中在金融服务。第三个阶段，Melanie Swan 在他的著作《区块链：新经济蓝图及导读》一书中将超越货币、金融范围的区块链归为区块链 3.0。他在书中强调区块链技术在政府、工业、健康、文化、科学和艺术领域的应用，区块链技术开始支持广义上的行业应用。区块链和传统业务的结合改变了传统业务的商业模式，是区块链的核心价值。

区块链在国内快速升温的"导火索"是2016年1月20日中国人民银行在其官方网站上发表的一条新闻《中国人民银行数字货币研讨会在京召开》，官方首次公开对区块链的肯定。这也为国内研究区块链技术在行业的应用提供了基本的政策支持。

10.7.3　区块链的分类及其特点

按节点进入区块链的难易程度和方式，可以把区块链分为公有链（public blockchain）、联盟链（consortium blockchain）和私有链（private blockchain），不同的区块链种类因其性质的不同可分别应用在不同的业务场景。

（1）公有链。任何节点都可以自由地加入和退出，实现了完全的去中心化，共识机制一般采用工作量证明（proof of work）或者权益证明（proof of stake），用户对区块产生的共识形成的影响力取决于他们在链上的算力及拥有资源的占比。该类链的特点为：链上信息对所有节点公开可见，链上的用户都可以发送交易，也可以参与共识过程，生成新的区块。该链的缺点为：信息所有人共享，个人信息的隐私性得不到保证。它们一般适用于虚拟货币、面向大众的电子商务等业务，比如比特币网络和以太网网络。

（2）联盟链。成员的加入需要经过联盟的审批，链上的读写和参与记账的权限按照事先约定的规则来制定，共识过程由预先选定的节点控制，可以根据应用场景来决定对外的开放程度，对信息的共享仅限于开放的参与节点，保密性要强于共有链。该类链的特点是信息只针对联盟内成员开放，节点的接入需要通过特定的网关，联盟链平台提供成员管理、认证、授权、监控和审计等功能。金融联盟链R3和Linux基金会超级账本（hyperledger）项目都属于联盟链架构，其可应用与银行间的支付、结算和清算系统，以及跨境电子商务中的物流信息、跨境支付等业务。

（3）私有链。仅在组织内使用，外部节点不可加入，应用场景为在企业内部的数据库管理、审计等，价值主要是提供安全、可追溯、不可篡改及自动执行的运算平台，可以同时防范来自内部和外部数据的安全攻击。

10.7.4　区块链的特征及应用价值

区块链本质是数字分布式账本，由一系列算法、技术和工具集构成，以分布式、不可篡改和可信的方式保证交易记录的完整性、可信和不可抵赖性，各参与方按照事先约定的规则达成共识并存储数据。

资料10-2

1. 区块链的特征

（1）点对点的通信。区块链网络上的节点不依赖于任何中心系统，节点之间可以直接相互通信，实现了去中心化。

（2）分布式记账技术。分布式记账的账本在区块链网站上每个节点间传播，每个节点拥有一份相同的数据，这种设计既可以防止因中心节点故障而导致账本丢失，也可以防止中心节点的不诚实造成的错误记账。

（3）数据防篡改及不可抵赖。区块链技术使用非对称加密算法和哈希算法保证链上数据不被篡改和滥用，密码学保证了数据的不可抵赖性、完整性及数据源验证。

（4）分布式共识算法。区块链的一个核心特性是：区块链上的数据只有满足共识协议才可被写入链，该特性也是区块链去中心化和构建信任的基础。

区块链组合了以上技术，构成了信任的基础，因此可以构建一个去中心化的跨国自治网络，以更低的成本、更高的可靠性和速度处理、协调经济交易行为。

2. 区块链的应用价值

区块链的核心价值是其去中心化的信用机制，同时，信用机制也是大部分经济活动的基石，随着移动互联网等 ICT 技术的广泛应用，网络空间的信用作为数字世界的基石也愈发显得重要。在传统上，信用的维护是靠一个中心机构实现的，比如银行、交易中心及跨境电子商务平台，如果中心机构不可信，那么信用就失去了基石。所以，使用区块链可以解决跨境电子商务的信用问题，消除了中心机构的"超级信用"问题，也能保证信用机制的安全和高效运行。世界各国已经认识到区块链的价值，图 10-25 所示为根据中国信通院《区块链白皮书（2020 年）》整理的各国政府区块链项目类型分布，可以看到区块链技术在世界范围内已经应用到多个领域。

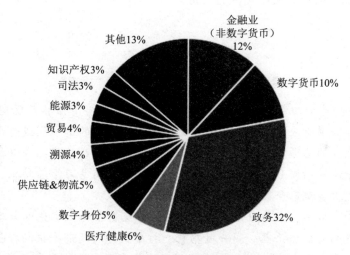

图 10-25 各国政府区块链项目类型分布

（来源：信通院《区块链白皮书（2020 年）》）

本章小结

※ 数据仓库是一个面向主题的、集成的、非易失的、随时间变化的数据集合，用于支持管理决策过程。

※ 联机分析处理的基本操作有切片、切块、旋转和钻取，它在电子商务中的应用有销售数据分析、客户属性分析和产品数据分析。

※ 数据挖掘就是从大量的、不完全的、有噪声的、模糊的、随机的数据中，提取隐含在其中的、人们不知道的但又是潜在有用的信息和知识的过程。

※ 商务智能的功能有成熟的数据仓库管理功能、强大的数据挖掘和数据分析功能、便捷的信息呈现功能、知识发现功能、运营分析功能和企业战略决策支持功能。

※ 大数据具有体量大、速度快、种类多和价值高四大特征,大数据技术包括数据采集、预处理、存储、可视化等。

※ 一般来说,目前大家比较公认的云架构被划分为基础设施即服务、平台即服务和软件即服务三个层次,对应名称分别为 IaaS、PaaS 和 SaaS。

※ 按节点进入区块链的难易程度和方式,可把区块链分为公有链、联盟链和私有链。

 复习思考题

1. 数据仓库的特点有哪些?
2. 数据挖掘有哪些功能?
3. 商务智能的技术包括哪些?
4. 简述商务智能系统组成。
5. 简述大数据、云计算及区块链的应用。

 案例分析

消费者不是"韭菜",大数据得讲"规矩"

近日,国家网信办等四部门联合发布了《互联网信息服务算法推荐管理规定》。根据规定,算法推荐服务提供者应当向用户提供不针对其个人特征的选项,或者向用户提供便捷的关闭算法推荐服务的选项。算法推荐服务提供者向消费者销售商品或者提供服务时,应当保护消费者公平交易的权利,不得根据消费者的偏好、交易习惯等特征,利用算法在交易价格等交易条件上实施不合理的差别待遇等违法行为。

所谓根据消费者偏好、交易习惯"在交易价格等交易条件上实施不合理的差别待遇",实际上就是我们说的大数据杀熟。同一段路程,打车软件对两部手机的报价不一样,旅行App 和网购平台"看人下菜碟",为老顾客提供高定价商品……消费者被差别对待,越是熟客越吃亏。大数据杀熟有违商业伦理,透支消费者信任,属于变相价格歧视,还可能侵犯消费者的知情权、自主选择权和公平交易权。

特别是,由于互联网平台和商家占据信息优势和技术优势,且市场环境瞬息万变,商品价格随时变动,甚至每天都会出现几次涨跌,消费者很难识破杀熟行为。互联网平台掌握用户信息,可以根据算法对消费者"画像",并提供有差别的定价和服务,实施隐蔽而精准的杀熟。消费者则处于弱势地位,既不了解商家的定价策略,也无法知晓商家针对不同地区、时间段的购物者的定价差别。

除非在同一时间段内,在同一地区,有多个具有相同"会员级别"的消费者购买相同商品,否则,莫说普通消费者,即便监管部门也难以分辨何谓正常的价格变动、何谓杀熟。因此,在技术进步背景下,如果不对大数据杀熟说不,消费者难以享受到技术进步带来的红利,只能沦为被算法算计的"韭菜";而互联网商业也会失去便民属性,沦为强势商家宰割消费者的"帮凶"。

消费者应该平等地享受互联网和大数据发展带来的红利。《互联网信息服务算法推荐管理规定》禁止大数据杀熟，要求互联网平台提供便捷的关闭选项，且应提供选择或者删除用于算法推荐服务的个人标签，精准施策、有理有力。当然，具体执行过程中还应加大查处力度、执法力度、处罚力度，并需要以大数据技术反制大数据杀熟，真正让权利长出"牙齿"，让算法守好"规矩"。

（来源：消费者不是"韭菜"，大数据得讲"规矩"[EB/OL].（2022-01-06）.
https://news.gmw.cn/2022-01/06/content_35429237.htm.）

案例讨论：

1. 大数据"杀熟"产生的原因是什么？
2. 大数据"杀熟"给消费者带来哪些不良影响？

参 考 文 献

[1] 卢金钟，雅玲. 电子商务概论[M]. 北京：清华大学出版社，2017.
[2] 卢金钟，张昭俊，王永生. 新编电子商务概论[M]. 北京：清华大学出版社，2012.
[3] 卢金钟，雅玲. 新编电子商务概论[M]. 2版. 北京：清华大学出版社，2015.
[4] 张昭俊. 电子商务物流管理[M]. 北京：清华大学出版社，2013.
[5] 特班，乔恩. 电子商务：管理与社交网络视角[M]. 9版. 北京：机械工业出版社，2020.
[6] 刘玉霞. 电子商务英语[M]. 北京：清华大学出版社，2013.
[7] 吴吉义. 电子商务概论与案例分析[M]. 北京：人民邮电出版社，2008.
[8] 赵莉，吴学霞. 电子商务概论[M]. 武汉：华中科技大学出版社，2009.
[9] 黄海滨. 电子商务概论[M]. 上海：上海财经大学出版社，2006.
[10] 仝新顺，王初建、于博. 电子商务概论[M]. 2版. 北京：清华大学出版社，2017.
[11] 徐丽娟. 电子商务概论[M]. 北京：机械工业出版社，2004.
[12] 邵兵家. 电子商务概论[M]. 2版. 北京：高等教育出版社，2006.
[13] 朱美虹. 电子商务与现代物流[M]. 北京：中国人民大学出版社，2009.
[14] 屈冠银. 电子商务物流管理[M]. 北京：机械工业出版社，2018.
[15] 戴建中. 电子商务概论[M]. 北京：清华大学出版社，2009.
[16] 仝新顺，陈金法. 电子商务概论[M]. 郑州：中原出版传媒集团，中原农民出版社，2008.
[17] 王伟军. 电子商务概论[M]. 北京：首都经济贸易大学出版社，2008.
[18] 彭欣. 网络营销实用教程[M]. 2版. 北京：人民邮电出版社，2008.
[19] 刘扬林. 网络经济学基础[M]. 北京：清华大学出版社，2008.
[20] 朱小立. 电子商务应用[M]. 北京：机械工业出版社，2008.
[21] 闵敏，吴凌娇，王莉. 电子商务实用基础[M]. 北京：机械工业出版社，2014.
[22] 黄宗捷. 网络经济学[M]. 北京：中国财政经济出版社，2001.
[23] 闫丽丽，金志芳. 电子商务概论[M]. 北京：化学工业出版社，2008.
[24] 刘培刚，郑亚琴. 网络经济学[M]. 上海：华东理工大学出版社，2007.
[25] 孙运传，邵伟萍，张宁. 电子商务[M]. 2版. 北京：北京理工大学出版社，2007.
[26] 陈宝昌，倪红耀. 电子商务概论[M]. 北京：中国财政经济出版社，2009.
[27] 沈美莉，陈孟建，马银晓. 电子商务基础[M]. 北京：电子工业出版社，2010.
[28] 邹德军. 电子商务应用案例[M]. 北京：机械工业出版社，2010.